OEUVRES
DE VOITURE

Paris. — Imprimerie de G. Gratiot, rue Mazarine, 30.

OEUVRES
DE VOITURE

LETTRES ET POÉSIES

NOUVELLE ÉDITION

REVUE EN PARTIE SUR LE MANUSCRIT DE CONRART

CORRIGÉE ET AUGMENTÉE DE LETTRES ET PIÈCES INÉDITES

Avec le Commentaire de Tallemant des Réaux

DES ÉCLAIRCISSEMENTS ET DES NOTES

PAR M. A. UBICINI

TOME PREMIER

PARIS

CHARPENTIER, LIBRAIRE-ÉDITEUR

39, RUE DE L'UNIVERSITÉ

1855

DE LA VIE ET DES OUVRAGES DE VOITURE

Il y a des gens qui ont reçu par dessus tout le don de l'à-propos. Voiture fut de ces heureux ou de ces habiles. S'il s'était moins pressé de venir, dit quelque part La Bruyère, il arrivait trop tard. Il fit mieux : il se retira à temps. Sa mort précéda d'une quinzaine d'années les débuts de notre grande époque littéraire. En effet les *Provinciales* sont de 1656 ; *Andromaque* parut dix ans plus tard, en même temps que les premières comédies de Molière et les premières satires de Despréaux. Corneille seul avait pris les devants. Or, Voiture était mort dès 1648. Cet homme qui représente si exactement l'époque, ou, si l'on veut, le milieu littéraire où il vécut, s'en alla avec lui. Ce fut son dernier trait d'esprit. Si Boileau l'eût rencontré sur son chemin, croit-on qu'il lui eût fait grâce plus qu'à Chapelain, à Scudéri, à l'abbé de Pure, ses éternelles victimes ? L'abbé de Pure, Voiture, ces deux noms étaient faits l'un pour l'autre. Le critique n'y prit pas garde, lui qui était toujours à l'affût d'une rime. Une fois seulement il y songea ; mais la rime, au lieu d'un rapprochement, amenait une antithèse :

> Et ne savez-vous pas que, sur ce mont sacré,
> Qui ne vole au sommet tombe au plus bas degré ;
> Et qu'à moins d'être au rang d'Horace ou de Voiture,
> On rampe dans la fange avec l'abbé de Pure ?

L'éloge est excessif sans doute, quoiqu'il y eût plus d'un rapprochement à faire entre le courtisan de Mécène et le favori de l'hôtel de Rambouillet. Voiture n'écrit pas pour écrire. Son neveu et son premier éditeur, Pinchêne, dans la préface qu'il fit imprimer en tête des œuvres de son oncle, a bien soin de nous avertir « qu'il n'a jamais fait profession de poésie que pour son divertissement et sans regarder sa gloire. » Pour moi, je le croirais assez. Il ne se pique point d'autre chose, sinon d'être un causeur aimable, un galant de profession, comme on disait alors. S'il courtise les Muses, c'est qu'elles sont femmes, et qu'il a accoutumé d'en conter à toutes, « depuis le sceptre jusqu'à la houlette, depuis la couronne jusqu'à la cale[1]. » Un jour cependant, comme il eut attrapé la cinquantaine, il s'avisa d'y songer. Ses maîtresses étaient toutes ou vieilles ou mariées; les fleurs de son esprit se fanaient comme les roses de leur teint; il lui avait fait faire tant de tours de gibecière qu'on commençait à voir le fond du sac. « Vous verrez, disait-il à Mme de Rambouillet, qu'il y aura quelque jour d'assez sottes gens pour chercher çà et là ce que j'ai fait, et après, le faire imprimer; cela me fait venir quelque envie de le corriger. » Mais il était trop tard. Il avait escompté la renommée, comme font ces fils de famille, pressés de jouir, et qui placent leur bien à fonds perdu. En ce temps, où l'esprit représentait un patrimoine, il eut des rentes et n'eut point de capital. De là vient, que

Il s'en alla comme il était venu.

On y fut pris néanmoins de son vivant: et c'est tout simple. A voir ces prodigues, si sûrs d'eux-mêmes, si confiants dans le lendemain, on reçoit comme argent comptant ce qu'ils veulent bien vous donner et on leur fait crédit du reste. Ce n'est que plus tard qu'on s'aperçoit qu'ils ne possédaient rien en propre. Ils se sont hâtés de vivre, et, arrivés au terme, ils disparaissent sans presque laisser de traces.

Devons-nous les plaindre? non. Il y a là un grand exemple et une haute moralité. C'est grand dommage toutefois, quand

---

[1] Sarrazin, *Pompe funèbre de Voiture.*

cet oubli posthume va si loin qu'on ne s'enquiert plus ni de ce qu'ils ont été, ni de ce qu'ils ont laissé après eux. Il y a toujours dans leurs œuvres une portion intéressante, c'est eux-mêmes. Comme en eux tout est personnel, leurs écrits, vers ou prose, sont de véritables mémoires, d'autant plus sincères qu'ils y parlent d'eux-mêmes, pour ainsi dire, à leur insu; et comme en même temps ils n'ont rien d'original, comme leur personnalité ne leur appartient pas, il se trouve qu'en se peignant *au vif*, comme eût dit Montaigne, c'est leur époque, ou tout au moins une portion de leur époque, qu'ils ont représentée.

I.

Nous savons fort peu de choses des premières années de Voiture. Il était né à Amiens, en 1598. Son père était un riche marchand de vins suivant la cour, « homme qui aimait la bonne chère et fort connu des grands, » dit Pellisson. Alors, comme on sait, le cabaret était le rendez-vous de la belle compagnie. C'était le temps des conspirations, des billets doux et des duels. On s'y réunissait pour cabaler contre le Cardinal; on y donnait rendez-vous à ses maîtresses, et quand il prenait fantaisie de dégainer, on se battait à la porte de la rue, sous le réverbère. Le jeune Vincent lia de bonne heure connaissance avec cette jeunesse tant soit peu débraillée, dont Cinq-Mars fut l'un des derniers représentants; et comme il avait pris ses façons sans peine, qu'il portait galamment la toque et la plume, elle n'hésita pas à le reconnaître plus tard, et le poussa dans le monde.

Son éducation, d'ailleurs, avait été soignée. Comme il était de complexion délicate et ne buvait que de l'eau, son père, ne le jugeant propre à rien [1], l'envoya très-jeune au collège de Boncour, et donna sa place dans la maison pater-

---

[1] Il avait coutume de dire qu'on l'avait changé en nourrice. Voyez Pellisson, *Histoire de l'Académie française*.

nelle à son frère cadet, bon compagnon comme lui, qui entra plus tard au service du roi de Suède, et fut emporté par un boulet de canon à je ne sais quelle bataille [1].

Au sortir de Boncour, il alla étudier en droit à l'université d'Orléans. Mais le droit ne lui prenait pas tout son temps; le jeu et le duel en avaient une bonne part. C'est du moins ce que Sarrazin donne à entendre dans un passage de sa *Pompe funèbre* : « Comme Vetturius cribloit de nuit dans l'université d'Orléans, et comme un matois Normand lui coupa les doigts [2]. » Ce matois Normand était M. le président Des Hameaux, qui devint conseiller d'État et premier président à la Cour des aides de Rouen.

Il revint à Paris. Des stances assez médiocres, mais remarquables pourtant pour l'âge du jeune poëte, composées, en 1614, en l'honneur de Gaston, frère du Roi [3], lui avaient valu la périlleuse faveur de ce prince, qui l'agréa en qualité de contrôleur général de sa maison [4]; charge qu'il échangea par la suite contre celle d'introducteur des ambassadeurs. Il renoua connaissance vers la même époque avec un de ses anciens condisciples de Boncour, Claude de Mesme d'Avaux, le futur négociateur de la paix de Munster, qui devint avec le cardinal de La Valette le principal artisan de sa fortune. Une certaine conformité de

---

[1] Voiture avait eu un frère aîné, qui mourut jeune. Pinchêne, et un autre neveu, de la fortune duquel il prit également soin, étaient les enfants d'une sœur dont je n'ai pu découvrir le nom.

[2] Voiture dit lui-même dans une de ses lettres : « Tout grand jurisconsulte que je suis » (t. 1, p. 279), et Tallemant ajoute dans son *Commentaire* : « Il avoit étudié pour être avocat. »

[3] Ces stances furent imprimées, en 1614, chez Julliot, ainsi qu'une pièce latine en l'honneur du premier président de Verdun, qu'il avait composée deux ans auparavant. Ces deux pièces, que nous avons jugé inutile de reproduire, ont été insérées à la suite des OEuvres dans l'édition de 1734 et les éditions subséquentes.

[4] Voyez les *Mémoires de Gaston*, où il est dit, à la date de l'année 1615, que « le sieur de Voiture fut fait contrôleur général de Monsieur, moyennant vingt mille écus de récompense au commandeur de Sillery, à qui la charge avoit été donnée. » Il doit y avoir une erreur de date : ou peut-être s'agit-il de Voiture le père.

goûts et d'études avait lié les deux jeunes gens dès le collège : ils se retrouvèrent avec plaisir. Esprit cultivé, causeur agréable, ami du plaisir, mais dans une sage mesure, d'Avaux était très-répandu dans les cercles des beaux esprits et des écrivains en renom. Il y poussa son ancien camarade, et, pour achever de le mettre en réputation, il lui donna sa maîtresse.

C'était la jolie Mme de Saintot[1]. Par malheur, le mari jaloux mourut : la veuve se mit en tête de se faire épouser. Voiture fit tout ce qu'il put pour la guérir de cette fantaisie; il la rebuta; il refusa de recevoir de ses lettres; il fut des années sans la voir : rien n'y faisait. Lors du départ de la nouvelle reine de Pologne (1645), elle le suivit jusqu'à Péronne, craignant qu'il n'allât jusqu'à Hambourg, seule, à pied, logeant dans de méchantes hôtelleries, sans autre lit parfois qu'un carrosse de louage, « elle qui avoit été la femme la plus propre de Paris. » On rit beaucoup de cette incartade. Dès qu'elle voyait deux personnes ensemble, elle s'approchait d'elles et leur disait : « N'est-ce pas que c'est un ingrat? » Cependant lorsque Voiture fut atteint de la maladie qui l'emporta, la fidèle Mme de Saintot accourut et ne quitta plus son chevet. Il y avait vingt-quatre ans que leur liaison avait commencé. C'était une affection véritable et comme il s'en voyait peu en ce temps-là[2].

---

[1] Elle s'appeloit Vion; son mari étoit trésorier de France (*Note de Tallemant*). — Le même, dans ses *Historiettes* (t. IX, p. 27 et suiv.), raconte au long cette aventure.

[2] Ce fut le seul malheur dont elle ne put jamais se consoler. Dans son portrait, tracé par elle-même en 1658, et qui nous a été conservé par Conrart (*Mss.* in-folio, t. IX, p. 775), elle fait allusion au coup cruel qui l'avait frappée dix ans auparavant : « La perte que j'ai faite depuis est le seul malheur qui ne partira jamais de ma mémoire. C'est une personne si parfaite et si accomplie, que les mérites en sont connus et estimés de tout le monde. Depuis cette infortune-là, ma vie est toujours languissante, et je trouve partout à dire (*sic*) cette chère personne. Ses conseils me manquent dans mes desseins, la force de son esprit dans mes résolutions et sa consolation dans mes déplaisirs. Je sais trop bien que

Ce fut dans les commencements de cette liaison, vers 1624 ou 1625, que Chaudebonne rencontra Voiture dans le monde : « Monsieur, lui dit-il, vous êtes trop galant homme pour demeurer dans la bourgeoisie : il faut que je vous en tire. » Il le conduisit à l'hôtel de Rambouillet, et le signala ainsi à la renommée : *inde monstratus fatis Vetturius*.

Cette célèbre compagnie brillait alors de tout son éclat. Il n'y avait pas encore bien longtemps que le vieux Malherbe, malgré les glaces de l'âge, avait composé pour l'illustre marquise cet anagramme d'*Arthénice* (Catherine), sous lequel elle fut célébrée par tous les beaux esprits du temps, à commencer par lui, et qu'elle-même rappelle dans son épitaphe :

> Ici gît Arthénice, exempte des rigueurs
> Dont la rigueur du sort l'a toujours poursuivie,
> Et si tu veux, passant, compter tous ses malheurs,
> Tu n'auras qu'à compter les instants de sa vie.

Ce quatrain, qu'on aurait tort de prendre trop à la lettre, n'est pas pire que beaucoup d'autres de la même espèce. Elle n'était pas, d'ailleurs, coutumière du fait. Elle courtisait peu les Muses, « elle qui toute sa vie sacrifia aux Grâces. » Elle avait retenu des Espagnols, ses auteurs favoris, cette sentence qu'elle traduisit dans la suite à Saint-Évremond : « Il faut être sot pour ne pas faire quatre vers dans sa vie ; il faut être fou pour en faire six. »

Lorsque Mme de Rambouillet composa cette épitaphe pour elle-même, quelques années seulement avant sa mort, l'âge et les infirmités, joints aux malheurs des temps, avaient créé le vide autour d'elle. Mais à l'époque où Voiture lui fut présenté, rayonnant du triple éclat de la beauté, de l'esprit et de la vertu, elle voyait affluer autour d'elle tout ce qu'il y avait de considérable à la cour et dans les lettres. J'ai nommé Chaudebonne, « le plus intime

ma vie sera trop courte pour réparer une semblable perte, et qu'elle me semblera trop longue après l'avoir soufferte. »

des amis de Mme de Rambouillet, » dit Tallemant, et Malherbe, son plus ancien adorateur, non moins raisonnable en amour qu'en poésie[1]. C'étaient, en outre, en fait de grands seigneurs, le cardinal de La Valette, de l'illustre maison d'Épernon, et avec lequel Voiture contracta tout d'abord certaines habitudes de familiarité; le comte de Guiche, devenu plus tard le duc de Gramont; le marquis de Montausier, et son frère puîné, le *mourant* de la belle Julie, dont il devint l'époux; Arnauld de Corbeville, que la marquise appelait son *poëte-carabin*, parce qu'il était mestre-de-camp général des carabins de France; enfin, plus tard, le jeune duc d'Enghien, avec la Moussaye, Coligny et tout le reste de la cabale : et parmi les beaux esprits, séparés les uns des autres par une dizaine d'années au plus, Racan, Chapelain, Balzac, Godeau, *le nain de la princesse Julie*, Vaugelas, tous, à l'exception du dernier, depuis longtemps sur le retour, dans la fleur de l'âge et de la renommée, et continuateurs de cette école française qui, reconnaissant Malherbe pour son maître, s'éloignait de plus en plus de la tradition de Ronsard et de ses disciples.

La société n'était guère moins bien choisie en femmes. Les plus distinguées par le rang et la naissance briguaient la faveur d'en faire partie. La *chambre bleue*, nous ne devons pas l'oublier, n'était pas seulement le temple de la politesse et du bon goût, c'était un sanctuaire d'honneur. Y être

---

[1] Sitôt que je la vis, je lui rendis les armes,
. . . .
Et de tout mon pouvoir essayai de lui plaire,
Tant que ma servitude espéra du salaire;
Mais comme j'aperçus l'infaillible danger
Où, si je poursuivois, je m'allois engager,
Le soin de mon salut m'ôta cette pensée;
J'eus honte de brûler pour une âme glacée,
Et, sans me travailler à me faire pitié,
Restreignis mon amour aux termes d'amitié.

(Malherbe, *Fragment pour Mme la marquise de Rambouillet*, 1624 ou 1625.)

admis, constituait un brevet d'honnêteté, dans la double acception du mot : d'où vient que Voiture compare quelque part Mme de Rambouillet à la rose « qui met en bonne odeur tout ce qu'elle accompagne. »

C'étaient, en première ligne, pour le rang, l'esprit et la beauté, et sans parler de Mlle de Rambouillet, la reine du logis, Mme la Princesse et sa fille Mlle de Bourbon (depuis la duchesse de Longueville), Marie de Gonzague, la future reine de Pologne, et sa sœur, célèbre sous le nom de princesse Palatine, Mme de Combalet (duchesse d'Aiguillon), nièce du cardinal-duc, puis Mmes de Clermont et de Vigean et leurs filles, enfin Mlle Paulet, inférieure pour le rang à celles que je viens de citer, mais non pour le cœur, et que la fierté de ses sentiments, autant que la couleur de ses cheveux, avait fait surnommer *la lionne*.

Voiture, quoiqu'il ne fût pas encore en réputation — pourtant, une lettre qu'il avait fait imprimer en une nuit au devant d'un exemplaire de l'*Arioste*, adressé à Mme de Saintot, avait occasionné naguère un grand bruit — et malgré son origine plus que bourgeoise, ne fut nullement embarrassé parmi cette société de marquis et de beaux esprits. Il n'y avait rien en lui qui sentît le cabaret de son père. Outre qu'il s'abstint toute sa vie de boire de vin, j'ai dit qu'il était né pour la cour. Il ne fallait pas trop se fier à cette mine « entre douce et niaise » qui lui donnait à *ses heures de digestion*, comme disait le marquis de Rambouillet, l'air d'un mouton qui rêve. C'était bien le plus coquet des humains, prenant son avantage en toute chose, avec une façon de dire que vous eussiez juré qu'il se moquait des gens en leur parlant. Beau joueur, perdant galamment ses écus et les prêtant de même; d'ailleurs, bon pour un coup d'épée [1]. Bref, rien ne lui manquait, et, dit Martin Pinchêne, « il approchoit fort près, au jugement de toutes les dames, des perfections qu'elles se sont proposées

---

[1] Voyez, dans Tallemant, t. IV, p. 42 et suiv., le récit de ses duels.

pour former celui que les Italiens décrivent sous le nom de parfait courtisan, et que les François appellent un galant homme. » Dix années plus tard il eut, au lieu de Sarrazin, servi de patron à Mlle de Scudéri pour son Amilcar :

« Ah ! ma chère, il a l'humeur enjouée ; on voit bien que c'est un Amilcar. »

Une seule chose l'enrageait ; il était petit de taille, mais si petit que Mlle de Rambouillet l'appelait *el re Chiquitto*.

« C'étoit, ce me semble, assez de dire *Chico* ; mais, du style de la demoiselle qui l'a écrit, je m'étonne encore qu'elle n'a pas mis *Chiquitico*. »

Il cherchait à s'en consoler avec Godeau, le futur évêque de Vence et de Grasse, en lui répétant sans cesse que « c'est dans les plus petits vases que l'on enferme les essences les plus exquises. » Mais quoi qu'il dît, il avait de la peine à prendre là-dessus son parti.

Voici, du reste, son portrait tel qu'il l'a tracé lui-même dans une de ses lettres :

« Ma taille est deux ou trois doigts au-dessous de la médiocre ; j'ai la tête assez belle, avec beaucoup de cheveux gris (c'était en 1636, après son retour des Flandres, il avait alors trente-huit ans) ; les yeux doux, mais un peu égarés, et le visage assez niais. En récompense, une de vos amies vous dira que je suis le meilleur amant du monde, et que pour aimer en cinq ou six lieux à la fois, il n'y a personne qui le fasse si fidèlement que moi. »

« Je ne comprends pas, dit-il ailleurs, comme il se peut faire qu'un homme aime ainsi sept personnes à la fois ; car, pour moi, je n'en ai jamais aimé que six, lorsque j'en aimois le plus, et il faut être bien infâme pour en aimer sept. »

Il fit pis que cela, il les aima toutes. Il n'y eut jamais pareil conteur de fleurettes. Après avoir entendu la messe chaque matin, par vraie dévotion, il fallait qu'il galantisât tout le jour, *par une corruption d'esprit invétérée*, suivant l'expression de Chapelain. C'est ainsi qu'il avait trouvé le secret de vivre en même temps selon le siècle et selon l'Évangile. Ce besoin de cajoler était tel, qu'un jour, c'est Tallemant qui raconte, étant venu voir Mlle de Chalais qui était auprès de Mlle de Kerveno, il en voulut conter à celle-ci qui n'avait que douze ans. Mlle de Chalais l'en empêcha; mais elle l'en laissa dire tout son soûl à la cadette, qui n'en avait que sept. Ensuite elle lui dit : « Il y a encore une fille là-bas, dites lui un mot en passant. »

On le laissait dire, persuadé que cela n'avait rien de dangereux. Nous savons, sur la foi de Ménage, qu'à l'hôtel de Rambouillet il n'y avait que de la galanterie et point d'amour. Ce n'est pas qu'on n'en parlât beaucoup, même on ne parlait guère d'autre chose; mais on se contentait d'en parler. On voyageait à petites journées dans ce royaume de Tendre dont Mlle de Scudéri n'avait pas encore donné la carte, et sans aller plus loin que Tendre-sur-Estime, Tendre-sur-Reconnaissance ou Tendre-sur-Inclination. Rarement on se hasardait sur la mer Dangereuse. Et si quelques couples, plus hardis, avaient pénétré jusqu'aux Terres Inconnues, au contraire des autres navigateurs, ils se taisaient sur leurs découvertes.

Voiture, dans une lettre à Mlle Paulet, dit, en parlant de Mlle de Rambouillet, depuis Mme de Montausier : « Il n'y a jamais eu une dame qui ait si bien entendu la galanterie, ni si mal entendu les galants. » Il se souvenait de ce jour où, lui donnant la main pour monter un degré, il voulut s'émanciper de lui baiser le bras, et de la disgrâce où il avait été pour s'être permis une telle hardiesse; et s'il parle désormais de feux, de flèches et de cœurs navrés, chacun sait ce qu'il faut entendre là-dessous. « Vous aurez de la peine à comprendre cette énigme, écrit-il à Mlle Paulet, si vous ne vous souvenez pas que j'ai accoutumé de parler un peu d'amour dans toutes mes lettres. » Il dit ailleurs : « Après avoir écrit cette lettre, il m'a semblé qu'il y avait cinq ou six dragmes d'amour; mais il y a si longtemps que je n'en ai parlé, que je n'ai pu m'en retenir; et puis je suis si petit, que vous savez bien qu'il n'y a pas de danger en moi. » Mlle Paulet fut pendant longtemps une de ses correspondantes les plus assidues ; mais il n'y avait pas d'amour entre eux. C'était une amitié passionnée comme celle de Pellisson pour Mlle de Scudéri, et, comme tout ce qui tient à la passion, mêlée de troubles et d'orages. La *lionne* était irascible, et pour un rien entrait en fureur. Ces brusques allures ne s'accommodaient pas à l'humeur paisible de Voiture ; ils se brouillèrent souvent et furent des années sans se voir [1].

Quoi qu'il en soit, le voilà implanté à l'hôtel de Rambouillet. Il n'en est qu'à deux pas [2] ; aussi y dîne-t-il tous les jours ; il est l'oracle de la ruelle, et, futur Acaste, aussitôt que le cercle est formé, il fait assaut d'esprit avec Célimène, tandis qu'Alceste-Montausier, assis à l'écart dans un fauteuil, prendrait volontiers un bâton pour le mettre dehors, et se tue à répéter : « Mais cela est-il plaisant? mais trouve-t-on cela divertissant? » Cependant, si douce que fût cette existence, il fallut qu'il s'y arrachât à plusieurs reprises pour courir les grands chemins de Lorraine, de Flandre, d'Espagne, à la suite, ou pour le compte de son aventureux patron. On sait quel brouillon était Gaston. Lorsqu'après son mariage clandestin avec la princesse Marguerite de Lorraine (novembre 1631), il eut résolu cette folle équipée, qui devait avoir son dénouement dans la plaine de Castelnaudary, Voiture, qui avait passé tout l'hiver de 1631 à 1632 à Paris, dut suivre, bon gré mal gré, la fortune de son maître. Mêlé à cette petite armée d'aventuriers, qui traversaient la France en pillards pour se réunir dans le Languedoc aux troupes du duc de Montmorency, il affecte, au commencement, des allures étourdies ; pas plus que toute cette Fronde en germe, il ne paraît envisager la moralité ni les suites de son action, et il plaisante avec Mlle Paulet sur son nouvel accoutrement. Mais, à mesure que l'on gagne du pays et que l'on perd du terrain, qu'il voit autour de lui les mines s'allonger et les

---

[1] Il avoit été question de mariage entre eux, et même une parente de la demoiselle, Mme Anne, craignoit fort que ce mariage ne se fît. (*Commentaire de Tallemant sur Voiture*). Voyez t. I, p. 163.

[2] Voiture demeurait rue Saint-Honoré ; l'hôtel de Rambouillet était situé, comme l'on sait, rue Saint-Thomas-du-Louvre.

fronts s'assombrir, lorsque, au sortir de Vouroi, le bruit de l'approche des troupes royales commença à faire penser chacun à sa conscience, Voiture s'inquiéta à son tour, et comme on vint à lui proposer d'accompagner M. de Fargis en Espagne en qualité de fondé de pouvoirs de Monsieur, il saisit avec empressement cette occasion de se démêler de la bagarre (juillet 1632).

Il arriva à Madrid, dans le moment que Gaston faisait sa jonction avec Montmorency. L'Espagne n'était point pour lui une terre nouvelle. Il y avait déjà fait un voyage, selon ce que nous apprend Pinchêne, sans dire quand ni à quelle occasion. Il avait la mine et le teint d'un véritable Espagnol, parlait le castillan comme un docteur de Salamanque, et composait même des vers que n'eussent point désavoué, dit-on, Calderon ni Lope de Vega. Lorsque le départ de son collègue l'eut laissé seul chargé du poids des négociations, il n'en parut point accablé [1]. Il s'était fait bien venir, dès le début, du comte d'Olivarès : ce qui lui facilita le succès de sa mission. Vers le milieu de l'automne, il s'apprêtait à retourner en France, lorsque le bruit de la nouvelle sortie de Monsieur (11 novembre) le força de rebrousser chemin et vint tout remettre en question. Alors le découragement s'empare de lui. Ni les entretiens de son collègue, le comte de Maure [2], ni les lettres de Mlle Paulet, ni les belles dames de Madrid avec lesquelles il conjugue le verbe *j'aime* [3], ne peuvent le distraire de sa mélancolie. Il n'aspire qu'au retour. Il écrit lettres sur lettres à Bruxelles pour presser l'envoi de son remplaçant, M. de Lingendes. M. de Lingendes arrive (14 mai 1633) ; mais alors il est retenu par le manque

---

[1] Il est difficile de préciser l'objet de la mission que Voiture eut à remplir à Madrid. Cependant, on conserve dans les archives de Simancas une copie des instructions données à son successeur, M. de Lingendes ; sans doute elles devaient être conformes.

[2] Celui qui fut plus tard le mari de la belle Doni d'Attichy, l'intime amie de Mme de Sablé. Il était à Madrid pour le compte de la reine-mère, de même que Voiture pour celui de Gaston.

[3] Voyez la lettre espagnole à une dame, en lui envoyant le verbe *J'aime*, t. I, p. 154.

d'argent. Vingt fois il se croit à la veille de son départ, et toujours quelque nouvel obstacle l'arrête. Enfin, toutes les difficultés sont levées; il a fait ses adieux à doña Antonia, à doña Inès, à Isabelica, à la Guzmana, *ed a tutte quante*; il a pris congé du comte d'Olivarès, qui lui a répété, à deux reprises, en lui disant adieu : « Ne manquez pas, au moins, de m'écrire; si ce n'est d'affaires, ce sera de belles choses. » Le voilà en route pour Séville, où on lui a assuré qu'il se trouvait un navire en partance pour l'Angleterre; car de traverser la France, à cette heure que tous les amis ou les partisans de Monsieur ont été condamnés à mort, et que les tableaux de leurs armes, rompus par la main du bourreau, sont appendus à la frontière, il n'y a pas à y songer, et risque pour risque, mieux vaut celui d'être noyé que d'être pendu. Il s'arrête quelques jours à Grenade, passe de là à Ceuta, selon la promesse qu'il a faite à Mlle Paulet, d'aller voir « le lieu de sa naissance et ses parents qui règnent dans les déserts de ce pays-là, » gagne Séville par Cadix et San-Lucar, et, voyant que le vaisseau dont on lui a parlé n'est pas encore prêt à partir, il se rend à Lisbonne, où il trouve un autre bâtiment anglais, qui est à la veille de compléter son chargement. C'est un joli petit navire de vingt-cinq pièces de canon, solidement armé contre les pirates, qui ne porte que lui de passager et huit cents caisses de sucre. Voilà qui est au mieux : il ne peut manquer d'arriver « confit »; ou, s'il fait naufrage, ce lui sera au moins une consolation de mourir « en eau douce ».

Il débarqua à Londres au commencement de novembre et se rendit ensuite par Douvres à Bruxelles, où il arriva dans les premiers jours de l'année suivante.

Il y demeura la plus grande partie de cette année, et ne revint à Paris que vers la fin de 1634 ou le commencement de 1635, après que Gaston eut fait son accommodement avec la cour. Il avait été absent près de trois années.

Son retour fut un véritable triomphe; l'hôtel de Rambouillet était en fête; Godeau, qui s'était glissé chez la marquise en son absence, et qui aurait voulu prendre sa place — comme s'il eût pu y avoir deux Voiture! — avait perdu ses airs conquérants; on se le disputait, on se l'arrachait comme on avait fait ses lettres pendant son absence. Mais ces délices durèrent peu ; il fallut suivre Gaston dans son exil de Blois. Lorsque ce prince fut rentré définitivement en grâce et fut investi l'année suivante de la lieutenance-générale du royaume pendant l'absence du roi et du cardinal, Voiture revint en même temps que lui à Paris. C'est alors qu'il composa sa fameuse lettre sur la prise de Corbie, modèle d'éloquence, de raison et de conduite. Parmi les motifs qui dictèrent cette démarche à notre auteur, tous ne furent pas désintéressés. Il ne retrouvait plus la France en 1636 ce qu'il l'avait laissée quatre ans auparavant, au lendemain de la journée des Dupes. Le coup de hache de Toulouse avait tué l'opposition : la puissance de Richelieu ne trouvait plus de contradicteur. Voyant que son maître s'était réconcilié avec la cour, Voiture songea à pousser sa fortune de ce côté. Il avait connu à l'hôtel de Rambouillet une nièce du cardinal, Mme de Combalet, la même qui fut faite depuis duchesse d'Aiguillon de son chef, après avoir rêvé une destinée plus brillante[1] ; et depuis ils avaient été en commerce de lettres et de galanterie. A Madrid même, d'où il n'ose lui écrire directement, les lettres qu'il envoie à Mlle de Rambouillet, à Mlle Paulet, sont remplies des plus douces flatteries à son endroit. C'était un charmant ennemi que Voiture : et avec quel art, tout en servant les intérêts de Gaston, son maître, il ne perd pas le sien de vue, et saisit l'occasion de faire sa cour à la nièce du cardinal, toute puissante sur son esprit, et, dit-on, aussi sur son cœur. Au retour de Flandres, elle lui avait fait obtenir par l'entremise de Puy-Laurens, le brevet de gentilhomme ordinaire et de maître d'hôtel de Madame, et Voiture l'en avait remerciée par une des plus charmantes lettres qui soient sorties de sa plume[2]. Il en était là, lorsque la prise de

---

[1] Le cardinal avait voulu la marier avec Gaston, après avoir fait rompre le mariage de ce prince avec la princesse de Lorraine.

[2] Lettre 82, p. 246. — « M. de Puylaurens ayant épousé Mlle de Pontchâteau ; élevée par Mme d'Aiguillon, dans le temps qu'il fut

Corbie lui offrit une occasion de lui prouver plus efficacement sa reconnaissance, en acquérant des titres directs à la faveur du cardinal. Je ne sais si la première idée vint de lui, ou si elle lui fut suggérée par d'autres, peut-être par Mme de Combalet elle-même : car pour ce qui est du personnage auquel il est censé répondre, je le soupçonne grandement de n'avoir jamais existé [1]. Toujours est-il qu'elle nous a valu un des plus beaux panégyriques que nous possédions. L'auteur, par la justesse et l'impartialité de son jugement, se place à deux siècles de son temps et de son modèle ; il se fait postérité, chose rare et difficile, surtout dans les temps de troubles et d'agitations politiques. Il n'y aurait presque rien à retrancher de cette lettre pour en faire un modèle classique du genre le plus pur. Plus rien d'affecté, de maniéré ; un style ferme et large sous une forme incisive. La prose française du dix-septième siècle est créée par Voiture vingt ans avant Pascal.

Sur la fin de 1638 nous le retrouvons en Italie, à Florence d'abord, où il remplit un personnage officiel, ayant été désigné par le cardinal pour porter au grand-duc la nouvelle de la naissance du Dauphin, qui fut Louis XIV ; ensuite à Rome, où il est allé solliciter un procès pour Mlle de Rambouillet [2]. C'est là qu'il fut présenté à l'Académie des Humoristes, dont, à quelque temps de là, il fut élu membre, bien à son insu. « Il y a, écrit-il à Costar, parmi eux (les Romains) une académie de certaines gens qui s'appellent les *Humoristes*, qui est à peu près comme qui diroit *bizarres* ; et, en effet, ils le sont tant qu'il leur a pris fantaisie de me

en liberté ne sembloit être qu'un corps et qu'une âme avec elle. Voiture la pria de faire que Puylaurens lui fît donner le brevet de maître d'hôtel de Madame. Or, M. le cardinal voulant faire rompre le mariage de Monsieur avec la princesse de Lorraine, Voiture prit l'occasion de dire des cajoleries à Mme de Combalet, et de la flatter de l'espérance que ce sera elle qui épousera Monsieur » (*Commentaire de Tallemant*).

[1] Voyez la note de la page 267.

[2] Il paraîtrait, d'après Pellisson, qu'il aurait fait un second voyage à Rome, mais on ne dit pas à quelle époque.

recevoir dans leur corps, et de m'en faire donner avis par une lettre que m'a écrite un de leur compagnie. » Cinq à six ans auparavant, il avait été compris, en même temps que Vaugelas, dans la première liste des académiciens français (1634). Mais l'Académie le vit rarement ; il en usait avec elle comme avec ces maîtresses dont on fait montre en public, mais qu'on visite le moins possible dans le particulier. Il préférait la chambre bleue d'Arthénice. Cela n'empêcha que l'Académie tout entière ne prît le deuil à sa mort.

Peu après son retour en France (1639), il eut la charge de maître d'hôtel du roi [1], et accompagna en cette qualité la cour durant les séjours qu'elle fit, cette année et l'année suivante, à Grenoble et à Amiens. A Amiens, bien que Tallemant et d'autres l'aient accusé d'avoir cherché à cacher sa naissance, il fut loger chez son père. C'était le temps de sa plus haute faveur ; il était couru de tout le monde, des femmes surtout. « Les femmes, dit Ménage, firent sa fortune et ruinèrent sa santé. » Alors elles en étaient à la seconde partie de leur tâche, et Dieu sait comme elles s'en acquittaient ! La maison ne désemplissait pas ; il y pleuvait des billets doux et des messagers galants ; le malheureux ne savait à laquelle entendre :

> Pendant ces jours, durant ces tristes scènes,
> Que faisiez-vous dans vos cloîtres déserts,
> Chastes Iris....?

Ce n'était plus là comme à l'hôtel de Rambouillet ; tellement que son père eut peur qu'il n'y laissât ses os. Il y

---

[1] Ni Tallemant, ni les autres biographes ne désignent l'époque à laquelle Voiture fut pourvu de cette charge : néanmoins l'on peut conjecturer d'un passage d'une de ses lettres à Mlle de Rambouillet, datée du 10 septembre 1640 (Voyez p. 343), qu'il l'exerçait déjà à cette époque. Il est désigné en cette même qualité dans la *Gazette de France* du 22 décembre 1645, à l'occasion de l'arrivée à Péronne de la nouvelle reine de Pologne, que Voiture avait eu charge de servir jusqu'à son entrée dans les Pays-Bas (Voyez t. II, p. 32). — Les maîtres d'hôtel du roi étaient au nombre de douze, servant par quartier, et comptaient parmi les officiers supérieurs de la bouche de Sa Majesté.

avait déjà été attrapé deux fois : il pouvait n'en réchapper pas une troisième. Le bonhomme prit ses mesures avec lui, qui ne demandait pas mieux que d'être tiré de peine, et dès qu'il voyait un carrosse s'arrêter à la porte : « Il n'y est pas, » criait-il, et le carrosse s'en revenait tristement, croisant un carrosse rival qui allait et retournait de même.

A deux ans de là, en 1642, Voiture suivit de nouveau la cour dans ce voyage de Roussillon, que termina brusquement la catastrophe de Cinq-Mars et de de Thou. Il se trouvait à Narbonne lors de l'arrestation du premier, et il nous a transmis, dans une lettre inédite conservée dans les papiers de Conrart, certaines particularités sur ce fait étrange qui se trouvent confirmées par le témoignage de Mme de Motteville et de Tallemant. Une autre lettre, que les éditeurs crurent également à propos de supprimer, et adressée à Mlle de Rambouillet après la découverte du complot, offre un certain intérêt historique, et fait d'autant plus regretter que toute la partie de la correspondance de Voiture, relative aux affaires du temps, ait été perdue.

C'est ainsi que Voiture passa plusieurs années loin de Paris. De là cette multitude de lettres qu'il adressait de tous les coins de l'Europe et de la France à ses amis et amies, et dont nous ne possédons vraisemblablement que la moindre partie. C'était bien le moins qu'il fît pour ces infortunés dont il avait comme emporté l'âme en partant. On soupirait, on s'inquiétait ; il courait des bruits alarmants sur son compte comme sur celui du soleil :

> Nous l'avons en passant, madame, échappé belle.

Montausier était le seul qui attendît patiemment. « Ses chiens et ceux de Voiture ne chassaient pas ensemble, » précisément parce qu'ils poursuivaient le même gibier. Lui, cependant, ne pouvait s'empêcher de regretter les doctes entretiens de l'hôtel de Rambouillet, le pavillon de gaze de la chambre bleue et les yeux bruns de Mme de Sablé, sans oublier les confitures de Mlle de Bourbon, dont il raffolait. Aussi bien était-il un peu embarrassé de son rôle parmi les belles d'Espagne ou de Languedoc, et, à vrai dire, ces dames avaient des procédés tout à fait incongrus en galanterie. Il fallait courir la poste avec elles ; lui, délicat, aimait à voyager en litière ; elles brûlaient les relais ; lui, badinait volontiers par les hôtelleries. Il souffrait là une indigence de conversation qui le rendait le plus malheureux du monde ; et, ne sachant que faire de tant de belles fleurs qui éclosent chaque matin dans son esprit, il en compose des bouquets pour Mlle de Rambouillet, ou Mlle Paulet, ou Mme d'Aiguillon :

« Le printemps est ici arrivé quand et quand nous. Nous y trouvons partout des puces et des violettes. Je vous les souhaite toutes de bon cœur ; car je serai bien aise, mademoiselle, que vous ne dormiez pas trop en mon absence, et je vous désire tout ce que je vois de beau. »

Ce fut le dernier de ses grands voyages. A partir de cette époque (1642), il ne s'absente guère de Paris que pour aller passer une couple de semaines, soit à Chantilly auprès de Mme la Princesse, soit à Liancourt chez la duchesse de Liancourt, Jeanne de Schomberg, soit à Ruel chez Mme d'Aiguillon. C'est à Ruel qu'il improvisa pour la reine Anne d'Autriche ces stances que Mme de Motteville trouve « plaisantes et hardies, » et où il ne craignit pas de rappeler le souvenir de Buckingham [1].

Voiture avait su se faire bien venir de cette princesse. En 1643, elle lui fit donner une pension de 1,000 écus sur l'abbaye de Conches. L'année précédente, son ancien condisciple d'Avaux, devenu surintendant des finances, le nomma son premier commis, aux appointements de 4,000 livres, sans qu'il fût tenu, il le dit lui-même, à écrire une panse d'*a*. Ces pensions et les émoluments qu'il tirait de ses autres charges à la cour, lui composaient, année moyenne, un revenu de dix-huit mille livres environ. « Il seroit mort riche, dit Pellisson, sans la passion qu'il avoit pour le

---

[1] Naturellement ces stances, *un peu vives*, furent omises dans le recueil des œuvres de Voiture ; mais elles nous ont été conservées heureusement par Huet. Voyez t. II, p. 307.

jeu. » Il était joueur, mais joueur incorrigible ; c'était l'unique chose qu'il tînt de son père. « Vous voulez que je vous dise de mes nouvelles. Eh bien! je perdis à trois dés, il y a trois mois, quinze cents écus, je dis bien payés. Voilà une dangereuse mousquetade! » Une autre fois, au rapport de Pellisson, il perdit quinze cents pistoles en une seule nuit. Là dessus il fait vœu de ne plus toucher de dés. Mais au bout d'un mois, il n'y tient pas, et il va trouver le coadjuteur pour être relevé de son serment. On lui dit que Sa Grandeur était sortie ; mais il trouve dans le cabinet Laigues, capitaine des gardes de Monsieur, qui lui dit : « Moquez-vous de cela, jouons. » Il s'attable, et perd trois cents pistoles.

Il ne guérit pas davantage de sa passion pour les femmes. En 1646, comme il avait déjà passé son neuvième lustre, étant à la veille de partir pour rejoindre son ami d'Avaux à Munster, il lui écrit pour s'excuser, alléguant une affaire qui lui est survenue : « non pas précisément une affaire, mais

Una malarum quas amor curas habet. »

J'aime à lire la réponse de d'Avaux, empreinte d'une gravité que tempère une pointe de raillerie amicale : « Oh! le piteux spectacle qu'un amoureux de cinquante ans, qui noircit ses cheveux et sa barbe, afin qu'une rieuse lui réponde : *Filio negavi jam tuo!* J'ai peine que je ne vous die en cet endroit toutes les injures que nos comiques mettent à la bouche d'une femme qui surprend son mari en débauche. Tout de bon, cela m'étonne et me choque pour l'amour de vous. Dix lustres que vous confessez, et quelque olympiade qui court, devroient vous avoir racheté il y a longtemps[1]. » D'Avaux voyait avec peine son ami gaspiller son temps et son esprit. Il le sentait, et avec raison, capable de meilleures choses que celles qu'il a faites. Philosophe et chrétien, il eût voulu préserver en même

---

[1] *Lettre manuscrite de d'Avaux*, du 6 décembre 1646, dans la copie de Conrard, in-4, t. X, p. 661.

temps sa vertu et son talent. Voiture répliqua en se jouant à son ordinaire : « Cette lettre, disait-il, qui est fort belle et même flatteuse au commencement, a une fort vilaine queue : *Atrum desinit in piscem*... Quand vous auriez passé votre vie sur les hauteurs d'une colonne, ou dans les déserts de la Thébaïde, vous ne parleriez pas d'autre sorte. »

A deux ans de là, comme il eut attrapé la cinquantaine, il tomba amoureux de Mlle de Rambouillet [1], et s'étant pris de querelle à son sujet avec Chavaroche, l'intendant de la maison, ils se battirent la nuit, aux flambeaux, dans le jardin même de l'hôtel.

« Voiture, rapporte Tallemant, ne survécut guère à cet exploit; le jeu lui avoit fait venir la goutte ; peut-être les dames y avoient-elles contribué. Il mourut au bout de quatre ou cinq jours de maladie, pour s'être purgé ayant la goutte. »

J'ai dit que la fidèle Mme de Saintot l'assista jusqu'à ses derniers moments; la fille de Renaudot, le gazetier, qu'il avait brouillée avec son mari, accourut de son côté, ce qui fit dire à Mlle Paulet qu'il était mort comme le Grand Seigneur, entre les bras de ses sultanes. Il avait eu deux filles, l'une qui reçut le nom de La Touche, et qui fut chez la marquise de Sablé et ensuite chez Mme Le Page; elle mourut vraisemblablement avant son père. L'autre devint religieuse, au rapport de Tallemant, qui mentionne le fait, sans dire ni quelle était sa mère, ni ce qu'elle devint. Ses neveux, qu'il avait pourvus avantageusement, Pinchêne, et deux autres, dont l'un, devenu chanoine de Laval, puis grand-vicaire de Notre-Dame, à la sollicitation de Mme d'Aiguillon, résigna sa chanoinie à son frère ou à son cousin, s'éteignirent également sans postérité.

II.

Voici le moment de parler des lettres et des autres ou-

---

[1] C'était la plus jeune des filles de Mme de Rambouillet (Angelique-Clarice d'Angennes), qui épousa en 1658 le comte de Grignan.

vrages de Voiture. On me pardonnera de m'être étendu un peu longuement sur son histoire, parce que ses qualités et ses défauts comme écrivain s'expliquent par les habitudes de sa vie et le milieu où il a vécu. Il rechercha les succès des femmes ; son neveu Pinchêne l'en loue, je ne voudrais pas trop l'en blâmer : *omnia sana sanis*. Mais enfin c'est d'elles qu'il emprunta la grâce un peu affectée de son style, en même temps qu'il puisait dans leurs entretiens ces phrases « vides de sentiments, qui n'ont régné que depuis son temps et qui doivent aux femmes leur naissance. » D'autre part, il fut presque, suivant la remarque de Chateaubriand, le premier bourgeois qui s'introduisît dans la haute société, et comme ce n'était qu'à force d'esprit qu'il pouvait justifier cette introduction, le sien fut constamment en haleine, et acquit, par un exercice continuel, cette souplesse, ce ton de familiarité décente, cet art d'assaisonner la louange, que Voltaire retrouva et perfectionna quatre-vingts ans plus tard.

Cette remarque suffit, ce me semble, à renverser l'hypothèse qu'on a voulu accréditer de nos jours d'une prétendue égalité entre les grands seigneurs qui fréquentaient l'hôtel de Rambouillet et les écrivains, en quelque renom qu'ils fussent, qui prenaient place à côté d'eux, mais sans les coudoyer. Je crois que M. Rœderer, porté d'instinct vers la Fronde, exagère ici les tendances libérales de l'hôtel de Rambouillet, en haine de la Cour, comme il accorde un peu trop à ses doctrines littéraires aux dépens de Boileau, de Racine, de Molière et des autres classiques du grand siècle. Il suffit, pour s'en convaincre, de parcourir les longues histoires de la Calprenède, de Mlle de Scudéri et des autres romanciers. Tous les habitués du samedi, c'est-à-dire la bourgeoisie de l'époque, cette bourgeoisie qui est peinte en buste dans le *Cyrus* et la *Clélie*, et dont Tallemant achève le portrait dans ses *Historiettes*, y figurent sous des noms grecs ou romains ; c'est Acante, Herminius, Zénocrate, etc. Mais ils ont changé d'état aussi bien que de nom ; de lieutenants au bailliage, de procureurs ou d'échevins, ils sont devenus rois ou fils de rois ; ou si l'un d'eux se cache, en commençant, sous quelque nom bourgeois, soyez sûr qu'avant la fin du douzième volume, un événement inattendu viendra lui développer une naissance plus illustre. Mais la meilleure preuve, c'est la réponse même que fit Mme de Rambouillet à M. de Blérancourt, un jour que celui-ci lui disait d'un ton de découverte : « Savez-vous que ce M. de Voiture ne manque pas d'esprit ? — Mais, monsieur, répliqua-t-elle, pensiez-vous que ce fût pour sa noblesse ou pour sa belle taille qu'on le recevait partout comme vous avez vu ? »

C'était donc son esprit plutôt que sa personne que l'on recevait à l'hôtel de Rambouillet. Il ne l'ignore pas ; aussi se tient-il sur ses gardes. Si la marquise fronce le sourcil à une plaisanterie un peu hasardée, si une expression trop familière a mal sonné aux oreilles du comte de Guiche, il se sauve par un tour d'adresse. Si l'on en croit Tallemant, il s'en fallut d'une scapinade qu'il ne fût traité un jour comme le chevalier de Rohan-Chabot traita Voltaire ; le bâton était déjà levé : « Monseigneur, dit le poëte au gentilhomme qu'il avait offensé, la partie n'est pas égale ; vous êtes grand et je suis petit ; vous êtes brave et je suis poltron ; vous voulez me tuer ; eh bien, je me tiens pour mort. » J'ai peine, je l'avoue, à croire l'anecdote vraie. Voiture n'était pas à cela près d'un coup d'épée. S'il n'était pas noble par sa naissance, il l'était par sa charge, et je ne pense pas qu'aucun gentilhomme, à l'hôtel de Rambouillet et ailleurs, l'eût dénié pour adversaire. D'ailleurs, une telle arlequinade répugnait à la fierté de son caractère, attestée par ses écrits et par Tallemant lui-même. J'aime mieux supposer que la tolérance dont on usait à son égard était un privilége de son esprit, ou, si l'on veut, de sa position, différente de celle des autres beaux-esprits ses confrères. Voiture n'était point un auteur à gages, comme Sarrazin, qui *était* à Mme la princesse de Conti ; Esprit, l'académicien, à Mme de Longueville, et plus tard au chancelier Séguier ; Bois-Robert à M. le cardinal ; la Menardière, à Mme de Sablé ; Costar, à l'abbé de Lavardin ; Vaugelas lui-même, le sévère et généreux Vaugelas, à M*me* de Carignan ; il ne recevait de pension que de la cour ; par là, il se tirait de pair d'avec les autres écrivains à la suite, et marchait de niveau avec les grands seigneurs, sans qu'il se crût pour cela leur égal. Cette situation comportait une foule de nuances délicates, dont il se démêla toujours avec un tact et une adresse infinie. Dans toutes les occasions où il croit sa dignité blessée, il se tient sur la réserve. Mais, partout ailleurs, quelle souplesse merveilleuse, quelle grâce coquette, quelle courtisanerie il déploie dans ses lettres au duc d'Enghien, au cardinal de La Valette, au comte de Guiche, à Chavigny, à Chaudebonne, au marquis de Pisani lui-même, son plus intime ami. On ne prend pas tant de précaution avec ses égaux. C'est pour eux qu'il fait briller les mille facettes de son esprit, pour eux qu'il met en réserve ses coquetteries les plus féminines, ses tours les plus inattendus, toute la quintessence de son génie. Jamais il n'a fait autant pour la femme qu'il a le plus cajolée. Voltaire cite comme un modèle de goût et de délicatesse cette lettre au président de Maisons, dont le début semble emprunté à Horace :

Septimius, Claudi, nimirum intelligit unus, etc.

N'est-ce pas bien joli aussi ce commencement de lettre à M*lle* de Rambouillet :

« Mademoiselle, il faut avouer que je suis de bonne amitié ; j'ai regret de ne vous point voir, comme si j'y perdois quelque chose, et je m'imagine que je ne passe pas si bien le temps ici que lorsque j'avois l'honneur d'être auprès de vous. »

Il est vrai qu'une fois l'habitude prise, il semble ne plus pouvoir s'en départir ; il écrit à tous du même style, voire à Esprit, à Costar, à Godeau, mais pourtant avec une légère pointe de raillerie. Toute sa correspondance fourmille de traits fins et délicats ; il est vrai qu'on y compterait en nombre presque égal les phrases alambiquées, les pointes frivoles, les équivoques grossières. Est-ce bien la même plume, qui a tracé la lettre au président de Maisons, qui écrit à Chapelain :

« Je suis fâché de votre clou et je vous en plains. Mais, à ce que je puis juger, ce n'est rien au prix de celui que j'ai. Le mien est *latus clavus*,

Cum lato purpura clavo;

et si vous en aviez un pareil sur le nez, vous l'auriez sur tout le visage. Il me fait encore grand mal, cela me dispense de vous aller voir; car, afin que vous le sachiez, il y a *jus lati clavi*. »

Passe encore dans un billet adressé à Chapelain; mais comprend-on qu'il écrive du même ton, et sur le même sujet, à Mme la Princesse, mère du grand Condé? Et ce rondeau pour Mlle de Bourbon « qui avoit pris médecine, » n'est-il pas aussi bien étrange?

On a objecté à Voiture, et comme un manque de goût, et comme un oubli de sa dignité, la fameuse lettre *de la berne*[1]. D'abord rien ne prouve que l'aventure qui y a donné lieu fût vraie. Peut-être n'était-ce qu'une invention, un *conte en l'air*, pour amuser mademoiselle de Bourbon, âgée alors de dix à douze ans. Mais le fait, fût-il véritable, perd toute sa gravité, si l'on songe que ces sortes de plaisanteries étaient tout à fait dans les habitudes de la haute société d'alors, principalement à l'hôtel de Rambouillet. Nous savons par Tallemant qu'un des plus grands plaisirs de la marquise était de surprendre les gens; c'était chaque jour de nouvelles malices pour attraper les habitués de la maison, comme de leur servir un repas où il ne se trouvait rien sur la table que des choses qu'ils n'aimaient pas, ou de rétrécir leurs habits pendant leur sommeil afin de leur persuader, quand ils les reprenaient le matin, qu'ils avaient enflé pendant la nuit. Voiture excellait dans ces sortes de tours, auxquels se prêtaient volontiers les plus illustres parmi les assistants. Ne s'avisa-t-il pas un beau jour de faire grimper des ours, de véritables ours, jusque sur le paravent de la marquise? Une autre fois qu'on le croyait parti, on le vit sortir tout à coup du fond de

---

[1] Voyez lettre 9, à Mlle de Bourbon, p. 40.

l'alcôve avec une robe de femme, tout farci de serviettes des pieds à la tête, pâle comme un spectre, et suivi de toutes les femelles de la maison, le visage enfariné comme lui.

Cet attrait de mauvaise plaisanterie, comme l'appelle Châteaubriand, dont le goût se conserva longtemps dans les provinces, en passant des habitudes de la vie dans le langage, et en se combinant avec l'amour du genre burlesque que la France avait emprunté à l'Italie et à l'Espagne, engendra le *badinage*, que Voiture mit à la mode et dont la trace demeure visible encore dans notre littérature quinze ou vingt ans après lui. Rappelons-nous la fameuse lettre de Mme de Sévigné : « Je m'en vais vous mander la chose la plus étonnante, etc. » Voiture n'écrit pas d'un autre style lorsqu'il s'adresse à Chapelain : « Certes, quand il me vient en la pensée que c'est au plus judicieux homme de notre siècle, à l'ouvrier de la *Couronne impériale*, au métamorphoseur de la Lionne, au père de la *Pucelle*, que j'écris, etc. » Notez que ce qui assura la vogue momentanée de ce style, c'est qu'il souffre un gaspillage considérable d'esprit. La lettre de *la Carpe au Brochet* et la lettre 123e à Mlle de Rambouillet peuvent être regardées comme des modèles du genre.

J'avoue que j'ai peine, après cela, à m'expliquer cette phrase de M. Rœderer sur Voiture : « Voiture, dans sa première jeunesse, écrivit à la manière du temps, avec recherche et affectation. Mais il eut le bon esprit, dès son entrée dans le monde, d'être simple et naturel avec les personnes qu'il savait être ennemies du bel esprit et des pointes, sauf à se dédommager avec les autres. Il est toujours naturel quand il écrit au marquis de Salles, à Mlle de Rambouillet, à la marquise sa mère, au marquis de Pisani, son frère ; ses lettres sont l'opposé quand elles s'adressent à des *précieuses*. » Pour moi je n'y fais pas de différence, outre que Voiture fut admis à l'hôtel de Rambouillet presqu'à son début dans le monde. Il est vrai qu'il dit lui-même, dans une lettre à Mlle Paulet : « Depuis que M. de Chaudebonne m'a réengendré avec M. et avec Mme de Rambouillet, j'ai pris d'eux un autre esprit, et j'étois un sot garçon en ce temps où Mlle du Plessis dit que j'étois si joli. » Mais cela ne veut pas dire autre chose, sinon que Voiture compléta son éducation à l'hôtel de Rambouillet; nous le savions déjà. Quant à la demoiselle de la maison, comme il l'appelle souvent, je ne sais pas si elle était ennemie du bel esprit et des pointes; mais nulle part il ne s'en montre plus prodigue que dans les lettres qu'il lui adresse [1].

Le même ton de badinage se retrouve dans ses lettres amoureuses, que Pinchêne distingue soigneusement, dans sa seconde édition, de celles qu'il appelle de pure galanterie. Pour moi je serais assez porté à les confondre, à l'exception d'un petit nombre qui trahissent une plus grande intimité, et qui par là même offriraient un certain piquant de curiosité, si l'on pouvait arriver à percer le mystère des initiales et des pseudonymes. Quoiqu'il vécût de régime, il fallait bien qu'il soutînt le fardeau de sa renommée, et après être *mort* quatre fois le jour en vers et en prose dans le salon de Mme la marquise telle ou telle, il ressuscitait le soir dans l'alcôve de quelque bourgeoise sentimentale, ou de quelque provinciale chercheuse d'esprit. On savait qu'il en avait les mains pleines, et ne demandait pas mieux que de les ouvrir. La vogue de Mme de Saintot avait tourné toutes les têtes [2].

M. Rœderer va trop loin dans l'admiration qu'il professe pour l'hôtel de Rambouillet, et la distinction radicale qu'il prétend établir entre les véritables et les fausses précieuses est plus apparente que réelle. Je ne prétends pas les assimiler complétement. Je reconnais sans peine deux générations de précieuses dont la dernière a nécessairement outré les tendances de la première; mais ne me niez point non

---

[1] M. Cousin prouve, en citant un billet de Mme de Rambouillet à Godeau, qu'elle n'écrivait pas si simplement. Voyez la *Jeunesse de Mme de Longueville*, in-8, p. 137.

[2] Dans le commencement de sa liaison avec Voiture, Mme de Saintot s'exprimait mal en français; bientôt on vint à ne plus parler que de son esprit, et on faisait voir des copies de ses lettres jusqu'à Bruxelles. Voyez lettre 74, p. 229, et Tallemant, t. IV, p. 28.

plus que les unes ne fussent contenues dans les autres, que la chambre bleue d'Arthénice ne se trouvât de plain-pied avec le salon de Sapho. Cela n'empêche pas que l'hôtel de Rambouillet ne tienne une place honorable dans l'histoire littéraire du dix-septième siècle. Une grande partie du mouvement intellectuel de l'époque y était concentré; il rivalisait de zèle avec l'Académie, nouvellement instituée, et lui fut un utile auxiliaire dans ses travaux sur la langue. Bossuet y « prêchottait » à l'âge de seize ans; Corneille, à trente-quatre, y lisait *Polyeucte.*

Mais ceux-ci ne faisaient que passer. Parmi les écrivains à demeure, Voiture mérite une place à part. Il créa la finesse et la délicatesse de la langue, en même temps que Balzac en créait la pompe et l'éclat. Il affina le style, assouplit la phrase, inventa des tours, des combinaisons nouvelles, et posséda à un certain degré l'art d'écrire. La lettre sur Corbie, le fragment de l'éloge du comte d'Olivarès, sont des modèles de style sobre et contenu, comme la lettre 113e à l'évêque de Lisieux, et les lettres 153e et 154e au duc d'Enghien et au marquis de Pisani, sont des modèles de délicatesse et de bienséance épistolaire. Cependant il n'a rien laissé de complet et de durable. Il était de ces architectes dont parle Mlle de Scudéri, qui bâtissent à grands frais des palais d'argile :

> Et, comme ils ont l'éclat du verre,
> Ils en ont la fragilité.

Il a beaucoup lu, mais pas assez réfléchi, pas assez comparé. Sa vue est courte, et semble faite pour les horizons étroits, parce qu'il ne le porte guère en dehors de lui-même et de son entourage. Les plaisirs et la politique ne lui ont point laissé de temps pour l'étude. Ne lui parlez pas des Grecs; il vous répondrait que, tout Français, de par Francus descendant d'Hector, il ne veut rien avoir à démêler avec les ennemis de ses pères. Les Latins, à la bonne heure; on voit qu'il les a pratiqués de longue main : Horace surtout, Virgile, Catulle et Térence. En même temps il a retenu quelque chose de la manière de Sénèque :

il aiguise sa phrase, taille son style à facettes comme lui, et se donne une peine infinie pour ressembler toujours à lui-même : *Nunquam ipsa, semper alia, etsi semper ipsa, quando alia*, comme dit Tertullien de la queue du paon. De plus, il s'était nourri des Italiens et des Espagnols, nos maîtres à cette époque : il avait connu Lope de Véga, dans sa vieillesse, à Madrid, et le Marini lorsqu'il vint en France avec la reine Marie de Médicis. Ainsi l'Espagne, l'Italie, un peu l'antiquité, un peu le moyen âge, voilà les sources littéraires où il a puisé [1].

C'en est assez pour qu'il se pique d'érudition; mais c'est seulement quand il écrit à Costar : à pédant, pédant et demi. Cette partie de sa correspondance, que j'ai cru devoir détacher du reste, parce qu'elle forme comme une œuvre à part, est curieuse à étudier comme indice des préoccupations littéraires de l'époque. On ne se rend pas suffisamment compte, de notre temps, de ce qu'ont été, dans le développement de notre littérature, les Balzac, les Chapelain, les Conrart, les Ménage, et toute cette société qui donna naissance à l'Académie. On a trop vu leurs ridicules, et pas assez leurs travaux et les services qu'ils rendirent à la langue. Voiture, quoique jeté dans un monde à part, ne les perdit pas de vue entièrement. Il était le trait d'union entre l'érudition et le bel esprit.

La fin de cette correspondance présente un intérêt d'un genre tout différent : c'est une série de billets adressés à Costar, qui n'ont point été imprimés dans les œuvres de Voiture, et qui nous le montrent dans le cercle de la vie bourgeoise et familière. C'est là véritablement qu'il faut

---

[1] C'est ce qu'exprime parfaitement l'épitaphe latine que Ménage composa pour notre auteur :

> *Etruscæ Charites, Camœnæ Iberæ,*
> *Hermes Gallicus et Latina Siren,*
> *Risus, Deliciæ, Dicacitates,*
> *Lusus, Ingenium, Joci, Lepores,*
> *Et quidquid fuit Elegantiarum,*
> *Quo* VETTURIUS, *hoc jacent sepulcro.*

chercher l'homme, l'homme droit et honnête, fier, délicat, obligeant et dévoué à ses amis. Son crédit, comme sa bourse, est à tous ceux qui en ont besoin. Il partage le sentiment de son amie Mme de Sablé, « que tous les plaisirs sont insipides au prix de celui que l'on trouve à faire du bien. » Et quelle noble manière d'obliger ! Balzac lui écrit pour lui emprunter quatre cents écus en lui envoyant son billet. Voiture renvoie le billet avec un autre du double de la somme, ainsi conçu : « Je confesse devoir à M. de Balzac huit cents écus pour l'honneur qu'il m'a fait d'avoir pour agréable que je lui en prêtasse quatre cents. » Il n'y a presque pas un de ces petits écrits (on sait que c'était alors une mode toute nouvelle que Mmes de Sablé et du Maure contribuèrent également à répandre) [1] qui ne renferme un trait à l'honneur de son caractère.

Voiture mérite moins comme poëte que comme prosateur. Quand ses lettres et celles de Balzac parurent, personne ne s'était encore avisé d'écrire en prose comme eux, et il courait par les ruelles des milliers de pièces qui valaient le sonnet à Uranie et le fameux rondeau

<blockquote>Ma foi, c'est fait de moi, car Isabeau, etc.</blockquote>

Cependant quelques fragments de ses élégies, les stances à la reine Anne d'Autriche, une grande partie de l'épître au prince de Condé, que Voltaire n'a pas dédaigné d'emprunter, sont de la meilleure facture poétique. Mais sa versification est en général incorrecte ; il se moque des règles[2], ou bien il sauve la prosodie aux dépens de la grammaire[3], accouple des vers d'inégale mesure dans des stances inégales, n'évite pas toujours l'hiatus[4], prend la

---

[1] L'habitude de s'écrire par billets, dit Ménage dans ses *Observations*, fut introduite par Mme de Sablé et Mme du Maure, *il y a trente ou quarante ans*; c'est-à-dire vers 1630.

[2] La centurie que voici (t. II, p. 352).
Les tuileries sont fort belles (t. II, p. 368).

[3] S'il vous avait *vu* coiffée (t. II, p. 424).

[4] Elle est bonne *et* habile (t. II, p. 357).

rime comme elle vient, sans trop y regarder, comme quand il accouple ensemble *Buckingham* et le père *Vincent*, *Descartes* et *Montmartre*. C'est dans ce sens qu'il faut entendre le reproche que lui fait Tallemant, d'avoir introduit le *libertinage* dans la poésie : non pas cependant qu'il fût irréprochable dans l'autre acception du mot. Mais il ne donnait pas l'exemple, il le suivait.

En résumé, Voiture n'est nullement l'homme de tous les temps, comme le sont les écrivains de génie; il n'est pas même l'homme de son siècle : souvent le génie se contente de cela ; il est l'homme de la société dans laquelle il vit. Quelquefois l'œil de l'observateur découvre dans l'espace, à des distances infinies, un de ces météores qui brillent pour disparaître, satellite fortuit de quelque monde éphémère. Tel fut Voiture. Il n'a pas de lumière propre; il reflète. Ce fut son grand mérite aux yeux de ses contemporains ; ce sera son tort devant la postérité.

III.

Quelques mots maintenant sur cette édition comparée aux éditions précédentes.

Après que Voiture se fut décidé à faire le triage et la révision de ses écrits afin de les donner au public, la mort qui vint le surprendre (26 mai 1648) ne lui en laissa pas le temps. Un de ses neveux, celui qui paraît avoir été le plus dans son intimité, Martin Pinchêne, se chargea de ce soin conjointement avec Chapelain et Conrart, qui le secondèrent de leur mieux dans cette tâche difficile. Voiture n'avait pas gardé une copie exacte de tous ses écrits; il fallut tirer du cabinet de ses amis et de ses correspondants ce qui manquait dans le sien. Ensuite l'on dut choisir, retrancher ce qui paraissait ou trop négligé, ou trop compromettant. De là de nombreuses lacunes qu'il paraît impossible aujourd'hui de combler. Ce n'est pas tout : même parmi les pièces conservées, il y avait plus d'un passage scabreux. Pour dérouter, les éditeurs ôtèrent les noms propres et les remplacèrent, soit par des initiales, soit par des étoiles; ailleurs, ils les travestirent, comme dans l'endroit où *Lima* est mis pour Paris, à propos de l'enlèvement de Mme d'Aiguillon; d'autres fois, ils altérèrent sans nécessité l'original. Ces mutilations répandirent dès lors sur le texte une obscurité que le temps a augmentée jusqu'à le rendre insaisissable. M. Cousin, qui constate aussi le fait et qui l'explique avec une grande justesse d'aperçus, ajoute : « Mme de Sévigné, dans sa passion pour celui qui avait été un des maîtres de sa jeunesse, s'écrie : « Tant pis pour ceux qui ne l'entendent pas! » Mais l'aimable marquise en parle bien à son aise; elle avait une connaissance intime des mœurs, des choses, des hommes, des femmes, des aventures, des petits accidents auxquels se rapportent les vers et la prose de Voiture. » Est-elle bien sûre d'ailleurs de l'entendre? Pinchêne, et Tallemant lui-même, « quoiqu'il y travaillât depuis la mort de l'auteur, » avouent leur impuissance à tout expliquer. « Quelque jour, dit-il, si cela se peut sans offenser trop de gens, je les ferai imprimer avec des notes, et je mettrai au bout les autres pièces que j'ai pu trouver de la société de l'hôtel de Rambouillet. »

Cette recherche occupa les éditeurs un assez long temps; car la première édition de Voiture ne parut qu'au commencement de 1650, bien que le privilége du roi porte la date du 16 juillet 1648, six semaines environ après la mort de Voiture. Le succès fut tel, rapporte Pellisson, qu'il fallut en faire une seconde au bout de quelques mois. Cette nouvelle édition, qui porte également la date de 1650, contenait, de plus que la précédente, *huit* lettres adressées à Mlle de Rambouillet (8e, 70e, 72e, 73e, 104e, 105e, 111e et 117e); les *sept* à Mme de Sablé[1] (17e, 18e, 19e, 20e, 21e, 106e et 120e); *quatre* à M. de Chantelou (173e, 180e, 184e et 185e); *une* à Mme *** (204e), et *une* à Cos-

---

[1] Voyez, au sujet de la suppression de ces lettres, Cousin, *Mme de Sablé*, p. 311.

tar (8ᵉ) : en tout *vingt et une*. En revanche, *trois* qui étaient dans la première édition, sans parler d'un grand nombre de *post-scriptum* et de fins de lettres, avaient disparu de la seconde. Sur ces trois, il y en avait une « à Mᵐᵉ de Rambouillet, en lui envoyant le roman de *Polexandre*, » qui avait été attribuée faussement à Voiture; elle était d'Arnauld le carabin.

Trois autres éditions, conformes en tout à la seconde, se succédèrent de 1650 à 1656. C'est sur un exemplaire de l'édition de 1656 (la 5ᵉ), conservé à la bibliothèque de l'Arsenal, que se trouve porté à la marge le précieux commentaire, découvert par M. Soulié, qui l'attribuait à Huet, et que M. de Monmerqué a démontré être une copie (incomplète encore) du travail de Tallemant sur Voiture.

Le privilége accordé à Courbé ayant passé successivement aux libraires Thomas Jolly et Louis Billaine (1657), et de ceux-ci à Guillaume de Luyne, puis à la veuve Mauger (1678) et à Claude Robustel, les œuvres de Voiture furent réimprimées en huit ou dix éditions in-12, de 1657 à 1745, avec quelques additions de pièces et de fragments, tels que le fragment de l'Éloge du comte d'Olivarès, et l'*Histoire d'Alcidalis et de Zélide*, mais sans aucun changement dans l'ancien texte, et toujours avec l'accompagnement des malencontreuses étoiles dont le mystère devenait de plus en plus impénétrable.

Ces difficultés achevèrent de dégoûter de la lecture d'un auteur, d'ailleurs passé de mode ; et, à partir de 1745, le public cessa tout à fait de s'occuper de Voiture. Frappé de cet abandon, où il entrait pour le moins autant de la faute des premiers éditeurs que de la sienne propre, j'essayai, il y a une dizaine d'années, de remédier à leur insuffisance. La tâche était, sinon aisée, du moins possible. La découverte du commentaire de Tallemant à l'Arsenal, la publication des *Historiettes* par M. de Monmerqué, et surtout les précieux manuscrits de Conrart, où il y a tant à découvrir encore, éclaircissaient beaucoup de passages obscurs et permettaient de combler un grand nombre de lacunes. Je commençai dès lors à amasser les matériaux de mon travail, dont je publiai un assez long extrait dans le *Moniteur* du 9 et du 11 décembre 1845.

Depuis, des publications d'un genre tout différent m'ont éloigné de mon premier dessein, et ce n'est que cette année que j'ai pu terminer ce travail commencé il y a dix ans.

Il n'a pas dépendu de moi de le rendre plus complet. On jugera du nombre et de l'importance des additions par ceci, que la meilleure édition des œuvres de Voiture (1745, 2 vol. in-12) contient en tout (non compris le roman d'Alcidalis) 668 pages, tandis que celle-ci en compte plus de 900.

Voici le classement que j'ai cru devoir adopter :

1° *Les lettres*, au nombre de deux cent douze, c'est-à-dire toutes les lettres anciennes et nouvelles des éditions, augmentées de quatre lettres inédites [1] et d'un grand nombre de fragments et de *post-scriptum*, également inédits. La plupart de ces lettres ne portaient point d'indication de dates ni de lieux; j'ai comblé autant qu'il était en moi cette lacune, en rétablissant l'ordre chronologique auquel les éditeurs n'avaient pas toujours eu égard;

2° *La correspondance avec Costar*, composée de quinze lettres, collationnées sur les *Entretiens de Voiture et de Costar* (1654, in-4°), et de dix-sept billets, dont il y en a seize que j'ai tirés des mêmes *Entretiens* et qui n'ont jamais été publiés dans les Œuvres;

---

[1] J'entends dire par là qu'elles ont été omises dans les diverses éditions de Voiture. M. Cousin en a donné plusieurs dans son *Histoire de Mme de Sablé*; les autres ont été insérées par M. Halphen, dans son *Étude sur Voiture* ; mais je les avais signalées moi-même, bien longtemps avant cette époque, dans le recueil d'où elles ont été extraites. M. Halphen dit, dans une note de son article : « Cette lettre et la précédente sont indiquées comme *inédites* dans le manuscrit de Conrart. La mention est de la main de M. Soulié, ancien conservateur des manuscrits de la bibliothèque de l'Arsenal, ainsi que nous l'a fait savoir M. Ravaisson, bibliothécaire actuel. » J'en demande bien pardon au spirituel critique ; mais la mention dont il parle est de moi, et non de M. Soulié, et elle date de 1845. Je n'attache pas à cette rectification plus d'importance qu'elle ne vaut; c'est une simple erreur de nom que j'ai voulu redresser.

3° *Les lettres amoureuses*, au nombre de soixante et une, dont cinq inédites. Les cinq premières sont classées parmi les lettres ordinaires dans les éditions;

4° *Les lettres en vieux langage*, qui sont également séparées dans les éditions;

5° *Les pièces diverses*, parmi lesquelles figure le fragment sur le comte d'Olivarès;

6° Enfin *les Poésies*, que j'ai divisées en huit catégories : Élégies, Stances, Sonnets, Rondeaux, Chansons, Épîtres et Lettres en vers, Vers en vieux langage, Poésies diverses. Elles forment en tout quatre-vingt-onze pièces, parmi lesquelles il y en a cinq inédites, outre un grand nombre de fragments qui ont été rétablis.

Le commentaire de Tallemant a été joint au texte sous forme de note, et indiqué par la lettre (T.), afin de le distinguer de mes propres annotations. Les lettres et les fragments inédits, ou qui ne se trouvent pas dans les anciennes éditions, ont été mis entre crochets [ ].

J'aurais voulu pouvoir placer dans ce recueil le fragment de l'*Histoire d'Alcidalis et de Zélide*, que Voiture avait commencée dès 1628, de moitié avec Mlle de Rambouillet, pour l'amusement de Mlle de Bourbon. Le roman demeura inachevé, je ne sais pourquoi, et fut complété dans la suite par un sieur Desbarre. Quoique Costar fasse grand bruit de ce fragment, qu'il compare à la Vénus d'Apelles, et dont il loue surtout « la judicieuse économie du dessin, l'agréable variété de l'événement, etc., » je n'y ai rien trouvé que de très-ordinaire. C'est une de ces éternelles histoires d'amour renouvelées de l'*Astrée* et des romans d'alors. Un prince amoureux d'une princesse qui est enlevée; l'amant et l'amante qui courent l'un après l'autre sans pouvoir se rejoindre; le tout avec accompagnement obligé de corsaires, de tempêtes, de fêtes, de carrousels, de descriptions, sur lesquelles Costar se récrie. Le génie de Voiture était peu propre aux ouvrages de longue haleine; la grâce piquante de son esprit, si voisine de l'afféterie, et qui pouvait charmer dans une lettre de deux ou trois pages, dégénérait en fadeurs insupportables dans un livre de quelque étendue et écrit sur un ton sérieux. Le roman manque surtout de cette judicieuse économie dont parle Costar, et je mentionne ce détail parce qu'il est commun à tous les écrits du même genre à la même époque. L'auteur ne laisse jamais rien à deviner au lecteur ; toutes les fois qu'un changement doit survenir dans la fortune de l'un des personnages, il en avertit cent pages à l'avance. Le procédé est presque toujours le même. Le héros ou l'héroïne se lamentent. L'auteur s'interrompt tout à coup : « De quoi vous plaignez-vous, Alcidalis? Réservez ces larmes à une autre occasion ; il viendra bientôt un temps où vous aurez plus de sujet de vous plaindre. » Puis vient le sommaire de tout ce qui va suivre. C'est un peu la forme du poëme épique. Cette forme régna longtemps dans le roman. La plupart des romans grecs que nous avons sont des imitations en prose de l'*Odyssée*.

Une perte bien plus regrettable, c'est celle de la correspondance politique de Voiture. De tant de missions importantes qu'il remplit en Espagne, en Italie et ailleurs, il ne reste plus aujourd'hui aucune trace. Cependant, outre les relations qu'il devait envoyer à ses commettants, nous savons par Pellisson qu'il avait laissé plusieurs mémoires autographes composés pendant son séjour en Espagne. J'ai fait tous mes efforts pour restituer, autant qu'il était en moi, l'écrivain bel esprit ; mais le négociateur politique est tout entier à retrouver.

Paris, 20 octobre 1855.

A. UBICINI.

ÉLOGE DE VOITURE

PAR SON NEVEU MARTIN PINCHÊNE[1].

AU LECTEUR.

Dans le dessein que j'ai d'honorer la mémoire d'un oncle que j'estimois infiniment, et dont le souvenir me sera toujours précieux, j'ai cru, lecteur, être obligé en te faisant part de ses écrits de te dire quelque chose de sa personne. Que si j'en parle à son avantage, je te prie de ne me point tenir suspect pour être son parent, et de croire au contraire que cette qualité m'oblige d'y apporter plus de retenue que n'auroit pu faire en cette occasion le moins passionné de ses amis. Il n'a pas tenu à moi que je ne me sois dispensé de lui rendre un si juste devoir, tant pour mon peu de capacité, que pour la répugnance que je trouvois en moi-même à publier la vertu d'un homme de qui j'étois si proche. Mais je me suis laissé gagner aux persuasions de ses amis et des miens, qui m'ont fait entendre qu'en me chargeant du soin de faire voir ses œuvres, je m'étois engagé à celui de t'entretenir de son mérite, et de te rendre quelque compte de sa

---
[1] Première édition, in-4, 1650.

vie[1]. Je dirai donc de lui, avec moins d'ornements et d'artifices que de franchise et de vérité, tout ce qu'un semblable sujet me peut permettre. Et pour te faire une peinture de son âme qui aille au delà de ce qui t'en peut paroître dans ses écrits, quelques beautés et quelques agréments qui s'y rencontrent, j'oserai bien t'assurer qu'il avoit en lui beaucoup d'autres qualités pour le moins aussi considérables, et capables toutes seules de le tirer du commun et de le faire passer pour un des ornements de son siècle. Il avoit plusieurs talents avantageux dans le commerce du monde, et entre autres ceux de réussir admirablement en conversation familière, et d'accompagner d'une grâce qui n'est pas ordinaire tout ce qu'il vouloit faire ou qu'il vouloit dire. Il avoit la parole agréable, la rencontre heureuse, la contenance bien composée, et quoiqu'il fût petit et d'une complexion délicate, il étoit fort bien fait et extrêmement propre sur soi. Encore qu'il ait passé la meilleure partie de sa vie dans les divertissements de la cour, il ne laissoit pas d'avoir beaucoup d'étude et de connoissance des bons auteurs. Il possédoit bien ce qu'on appelle les belles lettres : et ce qui l'a fait valoir davantage est qu'il en savoit autant que personne le droit usage, et avoit une grande

---

[1] Ceci a été mis exprès par ces messieurs (*Chapelain* et *Conrard*), pour répondre à la *Pompe funèbre de Voiture*, où Sarrazin le fait peu honnête homme. Cependant Martin vouloit qu'on l'imprimât à la fin de ce livre, croyant que cette pièce fût à la louange de son oncle. (*Notes manuscrites de Tallemant.*)

adresse à s'en servir. Quand il traitoit de quelque point de science, ou qu'il donnoit son jugement de quelque opinion, il le faisoit avec beaucoup de plaisir de ceux qui l'écoutoient, d'autant plus qu'il s'y prenoit toujours d'une façon galante, enjouée, et qui ne sentoit point le chagrin et la contention de l'école. Il entendoit la belle raillerie, et tournoit agréablement en jeu les entretiens les plus sérieux. Cette merveilleuse adresse d'esprit l'a fait bien accueillir des premiers seigneurs de la cour et des princes mêmes. Il avoit une noble hardiesse à se produire, tempérée d'une douceur et d'une civilité polie, avec laquelle il savoit se démêler judicieusement de la compagnie du grand monde : et en cela particulièrement il a réussi, et a été de pair avec les plus galants hommes de son temps. Il s'est trouvé pourvu par la nature de lettres de faveur et de je ne sais quel caractère qui l'a fait chérir et honorer des plus grands au delà de sa condition; et l'on peut dire de lui que l'on n'a jamais vu de courtisan de la sorte le porter si haut qu'il l'a porté, puisque, étant d'une naissance médiocre, il est mort entre les plus grandes connoissances et les plus célèbres amitiés de la cour. M. le cardinal de la Valette a été un des premiers qui l'ait poussé auprès des princes et des princesses. Il étoit dès lors introducteur des ambassadeurs près son Altesse Royale, et tant pour cette qualité que pour son propre mérite, il n'auroit point manqué d'emplois s'il eût voulu s'appliquer aux affaires. Mais il étoit né pour d'autres choses, et c'eût été dommage pour la gloire des Muses et l'entretien des honnêtes gens de son siècle, qu'il s'y fût adonné tout entier. Il n'a pas laissé d'avoir quelques emplois assez honorables. Il a été longtemps à la cour d'Espagne par l'ordre et pour les affaires de son maître, monseigneur le duc d'Orléans, où il a entretenu familièrement le comte-duc d'Olivarès, et d'autres grands d'Espagne, qui faisoient un particulier état de son esprit. Comme il avoit toujours aimé la langue du pays, et qu'il y avoit fait un autre voyage, il la possédoit si bien, qu'il y fit des vers espagnols qui furent pris pour être de Lopez, un de leurs plus excellents auteurs. Il a encore été envoyé par le feu roi vers le grand-duc, pour la naissance du roi d'à présent, et ces deux voyages achevèrent de le confirmer dans la connoissance qu'il avoit déjà des langues espagnole et italienne, qu'il a très-bien entendues. Il auroit pu obtenir assez d'autres commissions honorables; mais l'amour qu'il a toujours eu pour les lettres ne lui a pas permis de se charger de plus grandes obligations pour les affaires, auxquelles il a préféré le repos. Il a toujours aimé naturellement les gens d'esprit et de savoir, de quelque qualité qu'ils fussent, et en a été pareillement aimé. Entre les personnes de condition, et employées aujourd'hui dans le ministère de l'État, M. d'Avaux a jeté le premier fondement de sa réputation, qui, appuyée sur un homme d'un jugement si exquis et d'une vertu si éminente et si généralement approuvée, ne pouvoit manquer de se soutenir. Depuis, M. de Chavigny n'a pas peu contribué à l'établir, par les marques d'estime qu'il lui a données. MM. les maréchaux de Schomberg et de Gramont l'ont honoré d'une amitié très-étroite. Et pour monter plus haut, feu Mgr le Prince et toute sa maison, lui a encore fait l'honneur de le voir de bon œil. Mgr le Prince d'aujourd'hui l'a aimé et écouté souvent avec plaisir, et comme tu verras par ses lettres, lui a donné la liberté de lui écrire souvent avec beaucoup de familiarité. Mgr le prince de Conti commençoit aussi à le goûter bien fort, sans oublier ici l'estime que Mgr le duc d'Orléans son maître faisoit de lui, et l'affection qu'il lui a toujours témoignée. Il étoit bien aussi dans l'esprit du roi, de la reine, et de Mgr le cardinal d'à présent, duquel il avoit l'honneur d'être connu de longue main, et d'avoir reçu quelquefois des marques de bienveillance. Il a été singulièrement aimé de la plus célèbre maison où la vertu ait été de tout temps connue et honorée, j'entends l'hôtel de Rambouillet. Outre le maître et la maîtresse, tout ce qui y aborde d'honnêtes gens de l'un et de l'autre sexe le chérissoient et en faisoient grand cas. Entre les savants et les hommes de lettres d'une condition plus conforme à la sienne, M. de Balzac, M. Chapelain, et beaucoup d'autres encore qu'il seroit trop long de nommer, l'ont estimé vivant, et ont encore sa mémoire en singulière recommandation ; et l'on peut dire que de tous ceux qui ont aujourd'hui quelque réputation d'esprit, il n'y en a guère qui n'aient goûté et admiré le sien. J'ose avancer cette parole en sa faveur, et je m'assure que l'Académie entière, de laquelle il étoit, ne m'en désavouera pas. Mais je me trompe si le suffrage d'aucun homme, pour qualifié qu'il soit dans l'ordre de la fortune et de la suffisance[1], lui est plus avantageux que l'approbation de ces femmes illustres, qui ont fait de son entretien et de ses écrits un de leurs plus agréables divertissements. Ce sexe a le goût très-exquis pour la délicatesse de l'esprit, et il faut prendre ses mesures bien justes pour être toujours lu ou écouté favorablement au cercle et au cabinet ; c'est en quoi celui dont je t'entretiens a été un grand maître. Il a très-bien pratiqué cet oracle d'un ancien, que c'est bien souvent un tour d'adresse que d'éviter de plaire aux docteurs : aussi vouloit-il plaire à d'autres, je veux dire à la cour, dont les dames sont la plus belle partie. Je me contenterai d'en nommer trois qui tireront facilement après elles la voix et le consentement des autres, protestant qu'en cet endroit je fais beaucoup moins de réflexion

---

[1] Suffisance, *capacité, mérite* :

> On parle assez souvent de votre suffisance,
> Mais on ne parle point de votre probité.
>
> (GOMBAULD.)

sur la condition de mes témoins que sur leur mérite. Mme la duchesse de Longueville doit sans doute de grands biens de naissance et de fortune au sang de Bourbon et de Montmorency, mais elle n'est guère moins redevable à son père et à sa mère pour les avantages de l'esprit. En effet, il semble qu'elle ait hérité de l'un ces lumières et cette clairvoyance qu'il avoit en toutes sortes d'affaires, et qu'elle possède avec l'autre les rares et précieuses qualités qui font toujours considérer Mme la princesse comme la merveille de notre siècle. Elle y a joint tant de grâces et tant de belles acquisitions par le commerce des meilleurs livres, que c'est à bon titre que les nations étrangères disent d'elle, à l'envi de la France, tout ce qui se peut dire de plus glorieux d'une personne bien faite et d'une âme bien raisonnable. Tout le monde la regarde comme on faisoit autrefois la statue de cet excellent ouvrier, qui étoit si achevée que les autres sculpteurs l'appelèrent la règle. Le don qu'elle a d'un discernement parfait, je ne dis pas entre les bonnes et les mauvaises choses, mais entre le bien et le mieux, cette justesse de sa raison, sa force et son étendue, qui lui font pénétrer les défauts les plus cachés et les traits les plus délicats des ouvrages de l'esprit, lui donnent droit de prononcer souverainement en telles matières. Mmes les marquises de Sablé et de Montausier ne sont pas sitôt nommées que notre âme se remplit de l'image de deux personnes accomplies en elles-mêmes et dans toutes les belles connoissances. Je n'entreprends pas leur éloge, mais je sais que des princes, des ambassadeurs et des secrétaires d'État gardent leurs lettres comme le vrai modèle des pensées raisonnables et de la pureté de notre langue. Cette princesse et ces dames veulent bien que je dise d'elles, pour la gloire de notre auteur, qu'elles ont jugé qu'il approchoit de fort près des perfections qu'elles se sont proposées pour former celui que les Italiens nous décrivent sous le nom de parfait courtisan, et que les François appellent un galant homme. Mais il est temps que je t'entretienne de ses mœurs, qui ont bien été aussi recommandables en lui comme les autres choses. Il était parfaitement bon ami, et c'est cette bonne condition de son cœur, autant que celle de son esprit, qui lui en a acquis un si grand nombre. M. le président de Maisons l'a cordialement chéri, et lui en a rendu à lui et aux siens des témoignages pleins de tendresse et de générosité jusque après sa mort. Il n'a jamais contracté d'amitié avec personne qui se soit démentie, et comme elle étoit fondée sur la vertu de ceux qu'il aimoit, plutôt que sur leur fortune, elle n'a point cessé par leur disgrâce. Il a eu les mœurs aussi douces comme il avoit l'esprit, il a été sans animosité et sans envie pour les ouvrages et pour la gloire d'autrui, il a jugé des choses sainement et sans passion, et n'a jamais médit ni pris plaisir à diminuer la réputation de personne.

Il a toujours eu le sentiment qu'on doit avoir de la religion, a été charitable envers les pauvres, et ceux qui l'ont connu dès sa jeunesse l'ont toujours trouvé fort éloigné de toute sorte de libertinage [1]. Quoiqu'en autre chose il ait aimé la raillerie, il n'a jamais rien écrit de satirique, et l'on ne voit rien de lui qui ne soit à l'avantage de ceux dont il a parlé. Cette dernière qualité, lecteur, t'invite à user de sa réputation comme il a fait de celle des autres, et à l'épargner autant qu'il te sera possible. Je ne doute point qu'il ne se rencontre quelque chose dans ses écrits digne de ta censure, comme il s'en trouve dans tous les autres, puisque ceux mêmes qui font profession d'être des plus grands maîtres n'en sont pas exempts, et que personne n'a encore trouvé le secret d'écrire au gré de tout le monde. Mais je te prie de ne considérer pas tant ses écrits en détail comme en gros, de n'y peser pas tant les paroles que le bon sens, et d'y remarquer le génie et l'esprit que tu y trouveras possible beau partout. Je pourrois ici entreprendre de défendre ses œuvres : mais quel crédit leur pourroit donner une approbation comme la mienne? Peut-être que celle de quantité d'honnêtes gens de ses amis feroit un plus grand effet sur ton esprit. Mais il faut plutôt croire qu'elles se soutiendront assez d'elles-

---

[1] Plus tard (1654) Girac fit une dissertation contre Voiture, où il l'accusait d'irréligion et de libertinage. Costar répondit à cette imputation dans la *Défense des ouvrages de Voiture*.

mêmes sans autre recommandation, et il est juste de laisser cela à la discrétion de ton jugement. Si plusieurs personnes de condition dont les noms t'ont été marqués ci-devant, et beaucoup d'autres encore, n'en avoient souhaité et même sollicité l'impression, tu ne serois pas aujourd'hui en la peine d'en dire ton sentiment. Ses proches, de leur mouvement propre, ne les auroient jamais données au public, soit par la modestie dont ils étoient obligés de seconder la sienne, soit dans la connoissance qu'il n'a jamais rien écrit à cette fin. Et ce n'est pas une des moins louables conditions de ses mœurs, de ce qu'il a fait si peu de vanité d'une chose, que tu pourras trouver qu'il savoit si bien faire. Mais il est certain que ce sont ses amis plutôt que lui-même qui ont publié ses ouvrages, et qu'il n'a jamais rien écrit que pour eux; ce qui n'est que trop évident par des périodes et des pages mêmes tout entières de divers sens, tellement nés dans son sujet, et étroitement attachés aux circonstances des temps, des lieux et des personnes, que hors de là ils ne sauroient être trouvés bons, ni goûtés et estimés selon leur juste valeur. C'est ce qui m'a obligé de te faire souvent de longs titres qu'il a fallu mettre par nécessité, à moins que de te donner ses écrits sans leur prêter en même temps les moyens de se faire entendre. A cela, et à la conduite de tout ce recueil, m'a servi beaucoup l'assistance et le conseil de quelques-uns de ses amis, et entre autres de

MM. Chapelain et Conrart, à qui j'ai cette obligation de s'y être offert de bonne heure, d'y avoir mis la main avec beaucoup d'affection pour la mémoire de l'auteur. C'est avec eux particulièrement que je me suis conseillé du choix que je devois faire de ses lettres : car, dans la quantité que j'en ai recouvrée, nous avons trouvé à propos d'en tirer les plus propres à être vues, et de ne les pas produire toutes indifféremment. Quant à ce qui est de l'ordre que je leur ai donné, je me suis réglé à peu près selon le temps auquel j'ai cru qu'elles avoient été écrites. Que si tu n'y trouves pas toujours cet ordre bien observé comme il seroit à souhaiter, tu t'en prendras à la négligence de l'auteur plutôt qu'à la mienne [1]; et à ce

---

[1] Dans la préface placée en tête de la seconde édition, et que reproduisent les éditions subséquentes, Pinchêne ajoute :

« Il mettoit fort peu de dates à ses lettres, principalement celle de l'année, ce qui a été cause que je n'ai pu leur donner une suite sans beaucoup de peine. Tu trouveras au reste, comme je t'avois promis, cette nouvelle édition beaucoup plus correcte que la première, et peut-être assez pour être content. Tu la trouveras aussi augmentée de beaucoup de lettres, et de quantité de vers encore, qui m'ont été donnés depuis. Les mots françois que tu y verras en lettres italiques plus fréquemment qu'en la première édition ont été mis ainsi pour faire connoître que ce sont des termes qui demandent une particulière explication, laquelle je n'ai pas voulu entreprendre de te faire, de peur de m'y tromper, n'en n'ayant su avoir tout l'éclaircissement nécessaire, quelque enquête que j'en aie faite. Ce sera donc au lecteur à s'en informer de ceux qui ont eu plus de part dans le secret de ses conversations. Il suffit que j'aie marqué de la façon que j'ai dit tous ces mots qui portent un sens

qu'on m'a donné de ses lettres à divers temps depuis que l'on en a commencé l'impression. Tu excuseras, au reste, si elle n'est pas extrêmement correcte; le peu d'exemplaires qu'on en a tiré n'est seulement qu'un essai pour voir si ses écrits agréeront au public, et, s'ils sont recherchés, tu les auras à la seconde édition en meilleur ordre et plus exactement corrigés. Ce n'est pas avoir fait peu pour cette fois-ci que d'avoir débrouillé ces papiers qui étoient en un extrême désordre, et d'avoir tiré du cabinet de ses amis ce qui nous manquoit dans le sien. J'en ai fait une recherche assez diligente, et les ai toutes rassemblées pour t'en faire le présent que nous te donnons aujourd'hui. De tout ce que j'en ai recouvré, quoiqu'il y eût encore quelque autre chose, et entre autres une histoire en forme de nouvelle sous le nom d'*Alcidalis*, avec un discours des affaires d'Espagne du temps qu'il y étoit, et du gouvernement du comte-duc d'Olivarès, mais tous deux par fragments et fort imparfaits, nous n'avons trouvé que ses lettres et ses vers qui se pussent donner au public [1].

extraordinaire. Ses lettres purement amoureuses seront ici distinguées de celles qui sont de galanterie, pour la satisfaction de ceux qui ne les ont pas trouvées de la beauté et de la force des autres; mais comme elles n'ont pas laissé de plaire à plusieurs, et que chacun a son goût, nous avons trouvé à propos en cette nouvelle édition de les mettre à part, afin qu'elles n'y soient que pour ceux qui les voudront voir, sans interrompre la suite de la lecture des autres. »

[1] Ces pièces furent ajoutées plus tard sous le titre de *Nouvelles œuvres de M. de Voiture*. Voyez l'*Introduction*.

Je ne veux point m'étendre à l'avantage des uns ni des autres. Il suffit que je te dise de ses lettres que tu n'y trouveras pas une uniformité de style lassante et ennuyeuse, que tu y verras les inventions, les figures et les paroles même extrêmement variées, et que tout y est écrit facilement et nettement, avec un air et un agrément tout particulier. Il se pourra faire que sa façon d'écrire te semblera un peu trop familière pour quelques personnes de la condition de celles à qui il écrivoit; mais tu considéreras qu'il s'étoit acquis ce privilége par l'habitude qu'il avoit contractée à traiter de cette sorte avec les plus grands, et par la liberté qu'ils lui en donnoient eux-mêmes : ce qui faisoit que l'on ne trouvoit point mauvais de lui ce qui n'auroit peut-être pas réussi à tout autre. Il en a toutefois usé avec beaucoup de discrétion, et dans des matières si chatouilleuses et si délicates, il s'est toujours gouverné avec beaucoup de jugement. Pour ce qui est de sa poésie, si elle ne te semble écrite avec tout l'art et toutes les règles qu'une sévérité bien exacte le peut requérir, tu y rencontreras en récompense un si beau génie, des passions si tendres et si bien touchées, et partout des grâces si naturelles et si naïves, que tu avoueras qu'il n'y a point d'art ni d'étude qui les vaille. Ce n'est pas pourtant qu'il en ait manqué en ce qu'il a fait, mais il l'a conduit avec tant d'adresse qu'il n'y paroît pas et n'y éclate point au prix de la beauté du naturel. Il faut encore ajouter à cela qu'il n'a jamais fait profession de poésie que pour son divertissement et sans regarder sa gloire. Tu lui départiras celle que tu trouveras qu'il a méritée, et sans que pour cet effet je brigue ta faveur, j'ai assez bonne opinion de tout ce qu'il a fait pour m'en remettre à ta justice. Si, pour le faire valoir davantage, j'avois à comparer son génie avec quelqu'un de ceux des anciens, ne pourroit-on pas dire, pour la poésie, qu'il auroit quelque rapport avec la douceur de celui de Catulle, et pour la fine et délicate raillerie de ses lettres et sa façon de tourner en jeu les choses graves et sérieuses, avec l'esprit de Lucien? Mais disons plutôt qu'en ce point il n'est comparable qu'à lui-même, et que comme avant lui nous n'en avons point vu qu'il n'ait surpassé, il sera malaisé que l'on en voie après lui qui s'en acquitte d'aussi bonne grâce. Il a été d'ailleurs bien plus retenu que pas un de ces deux auteurs. Surtout, en sa façon d'écrire, reluit la naïve familiarité de Térence et la pureté et propriété des termes, avec laquelle il a imité en notre langue la perfection de la sienne, par où il a assez donné à connoître le fruit qu'il a fait en la lecture de ce judicieux écrivain, qu'il a chéri par-dessus les autres. Mais ces jugements ne sont pas de ma portée, et je ferai mieux de les laisser à de plus savants que moi. Cependant, tu ne trouveras pas mauvais que, comme une matière qui m'est plus propre, je donne à un sexe qu'il a toujours honoré le reste de ce discours, et que je le prie de lui continuer après sa mort ses bonnes grâces, qu'il a su gagner durant sa vie; car, dans la délicatesse du goût des dames et l'extrême politesse qu'elles demandent dans les écrits et dans l'entretien, il a toujours eu le bonheur de leur plaire et de réussir auprès d'elles. Et comme cette belle moitié du monde, avec la faculté de lire, a encore celle de juger aussi bien que nous, et est aujourd'hui maîtresse de la gloire des hommes autant comme les hommes mêmes, c'est par elle que j'ai résolu de finir. Souffrez donc, beau sexe qu'il a de tout temps singulièrement respecté, que je conclue par la prière que je vous veux faire de lui conserver le glorieux avantage de votre estime, et qu'après avoir laissé les hommes dans la liberté de leurs jugements, je brigue la faveur des vôtres. Accordez-lui vos suffrages et vos applaudissements; voyez les ouvrages qui sont sortis de ses mains d'aussi bon œil qu'il a vu en vous le plus bel ouvrage qui soit sorti des mains de la nature; prenez courageusement son parti contre ceux qui le voudront reprendre, et ne dites jamais rien de lui qu'à son honneur, puisqu'il n'a jamais rien écrit que pour votre gloire. Avouez avec moi que les amours et les grâces étoient nées avec lui, et que si elles ne vivoient encore en vous, elles seroient mortes avec lui-même. Si j'en dis trop au jugement de quelques-unes, elles donneront cet excès à la passion que j'ai de l'honorer, et si je n'en dis pas assez au sentiment de quelques autres, elles le donneront à la proximité du sang, et à la modestie avec laquelle, comme son parent, j'étois obligé de parler de lui.

LETTRES
DE VOITURE

1. — A MADAME DE SAINTOT[1]

(En lui envoyant le *Roland furieux* d'Arioste, traduit en françois par de Rosset[2]).

[Antérieure à 1625[3].]

Madame, voici, sans doute, la plus belle aventure que Roland ait jamais eue, et lorsqu'il défendoit seul la couronne de Charlemagne, et qu'il arrachoit les sceptres des mains des rois, il ne faisoit rien de si glorieux pour lui qu'à cette heure qu'il a l'honneur de baiser les vôtres. Le titre de furieux, sous lequel il a couru jusqu'ici toute la terre, ne doit pas empê-

---

[1] *Mss. de Conrart*, in-4°, t. X, p. 690. — Elle s'appeloit Vion, dit Tallemant, et son mari étoit trésorier de l'épargne. Nous la retrouverons plus tard, mais pour quelques moments seulement. Cette femme, dans la vie de laquelle Voiture joue un si grand rôle, tient peu de place dans ses ouvrages.

[2] François de Rosset : on a de lui un volume d'histoires tragiques, des poésies de divers auteurs, la traduction de la deuxième partie de *Don Quichotte*, etc. (Voyez les notes de Brossette sur la XVᵉ satire de Boileau.)

[3] Nous ne saurions fixer exactement la date de cette Lettre, qui est placée la quatrième dans les anciennes éditions ; nous voyons seulement par un passage de Tallemant qu'elle est antérieure à l'entrée de Voiture à l'hôtel de Rambouillet (*Historiettes*, t. IV, p. 28). Or, la Lettre 3, adressée au cardinal de la Valette en 1625, nous montre qu'à cette époque Voiture était déjà en pied chez l'illustre marquise.

cher que vous ne lui accordiez cette grâce, ni vous faire craindre sa rencontre. Car je suis assuré qu'il deviendra sage auprès de vous, et qu'il oubliera Angélique, sitôt qu'il vous aura vue. Au moins, je sais par expérience que vous avez déjà fait de plus grands miracles que celui-là, et que d'un seul mot vous avez su guérir autrefois une plus dangereuse folie que la sienne [1]. Et certes elle seroit au delà de tout ce qu'Arioste nous en a jamais dit, s'il ne reconnoissoit l'avantage que vous avez sur cette dame, et n'avouoit que si elle étoit mise auprès de vous, elle auroit recours, avec plus de besoin que jamais, à la force de son anneau. Cette beauté, qui de tous les chevaliers du monde n'en trouva pas un armé à l'épreuve, qui ne frappa jamais les yeux de personne dont elle ne blessât le cœur, et qui brûla de son amour autant de parties du monde que le soleil en éclaire, ne fut qu'un portrait mal tiré des merveilles que nous devons admirer en vous. Toutes les couleurs, et le fard de la poésie, ne l'ont su peindre si belle que nous vous voyons, et l'imagination même des poëtes n'a pu monter jusque-là. Aussi, à dire le vrai, les chambres de cristal et les palais de diamant sont bien plus aisés à imaginer, et tous les enchantements des Amadis, qui vous semblent si incroyables, ne le sont pas tant, à beaucoup près, que les vôtres. Dès la première vue, arrêter les âmes les plus résolues et les moins nées à la servitude; faire naître en elles une

---

[1] C'est de lui vraisemblablement qu'il veut parler. Il avait voulu courtiser Mme de Saintot; mais elle était engagée en ce temps-là avec le comte d'Avaux.

sorte d'amour qui connoisse la raison et qui ne sache ce que c'est que du désir, ni de l'espérance ; combler de plaisir et de gloire les esprits à qui vous ôtez le repos et la liberté, et rendre parfaitement content de vous ceux à qui vous ne faites point du tout de bien ; ce sont des effets plus étrangers et plus éloignés de la vraisemblance que les hippogriffes et les chariots volants ni que tout ce que nos Romains nous content de plus merveilleux. Je ferois un livre plus gros que celui que je vous envoie, si je voulois continuer ce discours. Mais ce chevalier qui n'a pas accoutumé de quitter le premier rang à personne se fâche de me laisser si longtemps auprès de vous, et s'avance pour vous faire ouïr l'histoire de ses amours. C'est une faveur que vous m'avez beaucoup de fois refusée. Et pourtant je souffrirai sans jalousie qu'il soit en cela plus heureux que moi, puisqu'il me promet, en récompense, de vous présenter ce mot de ma part, et de vous le faire lire avant toute autre chose. Il ne falloit pas un cœur moins hardi que le sien pour cette entreprise, et je ne sais encore comment elle lui réussira. Néanmoins, il est, ce me semble, bien juste, puisque je lui donne moyen de vous entretenir de ses passions, qu'il vous raconte quelque chose des miennes ; et que parmi tant de fables, il vous dise quelques vérités. Je sais bien que vous ne les voulez pas toujours entendre. Mais puisque vous n'en pouvez être touchée, et que cela est trop peu de chose pour vous obliger à quelque ressentiment, il n'y a pas de danger que vous sachiez que je vous estime plus seule que tout le reste du monde, et que je tirerois moins de vanité de le commander [1], que de vous obéir et d'être, madame, votre, etc.

2. — A MONSIEUR DE BALZAC [2].

[1625 [3].]

Monsieur, s'il est vrai que j'ai toujours tenu dans votre mémoire le rang que vous me dites, vous n'avez pas eu, ce me semble, assez de soin de mon contentement d'avoir tant tardé à me donner une si bonne nouvelle, et souffert si longtemps que je fusse le plus heureux homme du monde sans le savoir. Mais peut-être que vous avez jugé que cette fortune étoit tellement au delà de ce que je devois espérer, qu'il vous falloit avec loisir chercher des termes pour me la rendre croyable, et qu'il étoit besoin que toute la rhétorique fût employée, pour me persuader que vous ne m'aviez pas oublié. Et certes, en cela au moins êtes-vous bien juste, que ne voulant me donner pour toute l'affection que vous me devez, que des paroles, vous les avez choisies si riches et si belles que, sans mentir, je suis en doute si les effets valent beaucoup mieux. Je crois certainement que toute autre amitié que la mienne en seroit bien payée. Il me déplaît seulement que tant d'artifice et d'éloquence ne me puissent déguiser la vérité, et qu'en cela je ressemble à vos bergères, qui sont trop grossières pour être trom-

---

[1] Le P. Bouhours, *Remarques nouvelles sur la Langue françoise*, p. 145, blâme cette expression comme incorrecte.

[2] *Mss. de Conrart*, p. 625.

[3] En réponse à une lettre de Balzac du 7 octobre 1625 (liv. IV, Lett. 14).

pées par un habile homme ¹. Mais pardonnez-moi si je me défie de cette science, qui peut trouver des louanges pour la fièvre quarte et pour Néron, et que je connois être plus puissante en vous qu'elle ne fut jamais en personne. Toutes ces gentillesses que j'admire dans votre lettre me sont des preuves de votre bon esprit plutôt que de votre bonne volonté, et de tant de belles choses que vous avez dites à mon avantage, tout ce que j'en puis croire pour me flatter, c'est que la fortune m'ait donné quelque part en vos songes. Encore je ne sais si les rêveries d'une âme si relevée que la vôtre ne sont pas trop sérieuses et trop raisonnables pour descendre jusques à moi, et je m'estimerois trop favorablement traité de vous, si vous avez seulement songé que vous m'aimiez. Car de m'imaginer que vous m'ayez gardé quelque place parmi ces grandes pensées, qui sont occupées à cette heure à faire les partages de la gloire ², et à donner récompense à toutes les vertus du monde, j'ai trop bonne opinion de votre esprit pour m'en persuader cette bassesse, et je ne voudrois pas que vos ennemis eussent cela à vous reprocher. Je sais bien que la seule affection que vous puissiez avoir justement, est celle que vous vous de-

---

¹ « Cependant, au lieu où je suis, comme je n'ai que de petites joies, je n'ai pas aussi de grands déplaisirs ; je suis éloigné en pareil degré de la défaveur et de la bonne fortune, et cette déesse inconstante, qui est toujours occupée à ruiner les villes et les États, n'a pas loisir de venir faire du mal au village. J'y vois des bergères qui ne savent que oui et non, et qui sont trop grossières pour être trompées par un habile homme. » (*Lettre de Balzac à Voiture.*)

² Balzac fit une dissertation *de la Gloire* à Mᵐᵉ de Rambouillet (in-folio, t. II, p. 454).

vez, et ce précepte de se connoître soi-même, qui est pour tous les autres une leçon d'humilité, doit avoir pour votre regard un effet tout contraire, et vous oblige de mépriser tout ce qui est hors de vous. Aussi je vous jure que, sans prétendre aucune part en votre amitié, je me fusse contenté que vous eussiez voulu conserver avec quelque soin celle que je vous avois vouée, et que vous l'eussiez mise, sinon entre les choses que vous estimiez, au moins entre celles que vous ne voulez pas perdre. Mais pour m'avoir ici laissé auprès de cette belle rivale dont vous me parlez[1], sans mentir, vous n'avez pas été assez jaloux : et vous lui donnez tant d'avantage que j'ai quelque raison de croire que vous vous êtes entendu avec elle à me nuire. Et en cela, ce me semble, je me dois plaindre avec plus de raison que vous, de ce qu'elle s'est enrichie de vos pertes, et que vous lui avez laissé gagner ce que je pensois avoir sauvé de sa tyrannie, en le mettant entre vos mains. Pour peu de défense que vous eussiez voulu apporter, la meilleure partie de moi-même vous resteroit encore, et par votre négligence, vous l'avez rendue en son pouvoir; et vous lui avez permis d'avancer tellement ses conquêtes sur moi, que quand je vous aurois donné tout ce qui me reste, vous n'auriez pas la moitié de ce que vous avez perdu. Je vous assure, néanmoins, que d'un autre côté, vous avez regagné en mon estime la même place que l'on vous a ôtée en mon affection, et qu'au même

[1] Balzac, dans sa lettre, raillait agréablement Voiture sur le temps qu'il passait auprès de sa maîtresse en se plaignant du tort que lui faisait cette *belle rivale*.

temps que j'ai commencé à vous aimer moins, j'ai été contraint de vous honorer davantage. Je n'ai rien vu de vous depuis votre départ qui ne m'ait semblé au-dessus de ce que vous avez jamais fait : et par ces derniers ouvrages, vous avez gagné l'honneur d'avoir surmonté celui qui a passé tous les autres.

Cependant, je trouve étrange qu'avec tant de raison que vous avez d'être content vous ne le puissiez être, et que, tous les grands hommes étant satisfaits de vous, il n'y ait que vous seul qui ne le soyez pas [1]. Aujourd'hui toute la France vous écoute. Il n'y a plus personne qui sache lire, à qui vous soyez indifférent. Tous ceux qui sont jaloux de l'honneur de ce royaume, ne s'informent pas plus de ce que fait M. le maréchal de Créqui [2] que de ce que vous faites, et nous avons plus de deux généraux d'armée qui ne font pas tant de bruit avec trente mille hommes [3] que vous en faites dans votre solitude. Ne vous étonnez donc point qu'avec tant de gloire vous ayez beaucoup d'envie, et souffrez

---

[1] « Et vous viendrez m'aider quelquefois à me consoler du malheur du siècle et de l'injustice des hommes. » (*Lettre de Balzac à Voiture.*) Dans une autre lettre en latin, adressée au même, sans date, Balzac se plaint amèrement des outrages auxquels il est chaque jour en butte ; *adde quot plaustra conviciorum, etc.* (*Œuvres*, in-folio, t. II, p. 68).

[2] Charles de Blanchefort et de Canaples, marquis de Créqui, épousa Madeleine de Bonne, fille du connétable de Lesdiguières. Il fut tué au siège de Brême, en 1638, à l'âge d'environ soixante-douze ans.

[3] M. le connétable (de Lesdiguières) et M. le maréchal de Créqui entrèrent en Italie, au commencement de février, avec douze mille hommes de pied et douze mille chevaux. (*Mémoires de Bassompierre.*)

doucement que ces mêmes juges, devant qui Scipion a été criminel, et qui ont condamné Aristide et Socrate, ne vous donnent point tout d'une voix ce que vous méritez. C'est de tout temps que le peuple a cette coutume, de haïr en autrui les mêmes qualités qu'il y admire. Tout ce qui est hors de sa règle l'offense, et il souffriroit plus volontiers un vice commun qu'une vertu extraordinaire. De sorte que si nous avions en usage cette loi, qui permettoit de bannir les plus puissants en autorité ou en réputation, je crois que l'envie publique se déchargeroit sur votre tête et que M. le cardinal de Richelieu ne courroit pas tant de fortune que vous. Mais gardez-vous bien d'appeler votre malheur ce qui n'est que le malheur du siècle, et ne vous plaignez plus de l'injustice des hommes, puisque tous ceux qui ont quelque valeur [1] sont de votre côté, et que vous avez trouvé entre eux un ami que peut-être vous pourrez perdre encore une fois. Au moins, je vous assure que je ferai tout ce qui me sera possible pour vous remettre en état de le pouvoir faire, puisqu'aujourd'hui il y a tant de vanité à être des vôtres. J'en ai fait jusqu'ici une profession si publique, que si d'aventure je ne me puis empêcher que je ne vous aime moins que de coutume, je vous jure que vous serez le seul à qui je l'oserai dire, et que je témoignerai toujours à tout le monde que je suis autant que jamais, monsieur, votre, etc.

---

[1] Voyez le P. Bouhours, *Remarques nouvelles sur la Langue françoise*, p. 156.

3. — A MONSEIGNEUR LE CARDINAL DE LA VALETTE[1].

[A Paris, 1625.]

Monseigneur, jusqu'à ce que la Rochelle ait été rendue[2], je crois qu'il a été nécessaire que vous ne quittassiez point le roi, et qu'une si grande affaire comme celle-là avoit besoin, pour être achevée, de votre présence et de l'assistance de votre génie. Mais si vous ne revenez bien vite, à cette heure que vous n'avez plus de prétexte de vous y arrêter, vos affaires seront en plus mauvais termes que celles des huguenots, et dans le temps de la félicité publique, et que tout le monde espère d'être en repos, vous seul ne jouirez point de la paix et aurez une dangereuse guerre sur les bras. Il y a déjà quelques jours, monseigneur, que l'on commence à murmurer ici de ce que vous demeurez là trop longtemps. Quelques ennemis couverts, que vous avez auprès de vous, ont écrit que vous ne vous y ennuyez pas assez, et j'ouïs l'autre jour lire une lettre où l'on assuroit que l'on vous y voit rire quelquefois. Cela irrita ici contre vous les esprits de tout le monde. Une dame, qui ne se fâche pas légèrement[3], mais qui ne pardonne jamais, témoigna d'en être fort offensée, et Mlle de Rambouillet[4] et Mlle Paulet[5] s'en hérissè-

---

[1] Voyez la note 1 de la Lettre 10.
[2] La flotte protestante fut battue et dispersée le 15 septembre, ce qui permet de fixer approximativement la date de cette lettre.
[3] Mme de Rambouillet. Voyez Lettre 6.
[4] Voyez Lettre 8.
[5] Voyez Lettre 12.

rent[1] toutes et en rugirent horriblement, et proposèrent à l'heure même d'aller piller votre logis. Si vous saviez, monseigneur, aussi bien que moi, de quelle sorte leur haine est à craindre, et combien de maux ont à endurer ceux qui souffrent leur persécution, vous abandonneriez toutes choses, pour revenir en diligence, et ne vous arrêteriez pas un moment en chemin, que pour boire du lait à toutes les postes : car si une fois elles conspirent contre vous, votre dignité ne vous sauroit mettre à couvert, vous serez partout en alarme et en inquiétude, et il n'y aura plus dans le monde un lieu de sûreté pour vous. Pour moi, monseigneur, dans les tourments qu'elles me donnent, si je vois quelque consolation, c'est seulement en l'espérance de votre retour, et je m'imagine que ce me sera quelque soulagement, que d'avoir l'honneur de vous voir, et le plaisir de n'être plus obligé d'écrire à personne. Ne vous étonnez donc pas, s'il vous plaît, que je le souhaite ardemment, puisque j'y ai tant d'intérêt, et que je suis passionnément votre, etc.

4. — A MONSEIGNEUR LE MARQUIS DE RAMBOUILLET
(Ambassadeur pour le Roi en Espagne[2]).

A Paris, ce 8 mars 1627.

Monseigneur, je n'eusse pas cru qu'il pût arriver que je vous donnasse jamais quelque sujet de plainte;

[1] Voyez Lettre 12, note 4.
[2] *Mss. de Conrart*, p. 633. Charles d'Angennes, marquis de Rambouillet, maréchal de camp et chevalier des ordres, marié en 1600 à Catherine de Vivonne, mort en 1652 à Paris. Il avait été envoyé précédemment ambassadeur à Turin, afin de négocier la réconciliation de la Savoie avec l'Espagne.

ni que l'on dût faire un jour des pasquins contre moi dans Madrid. Et sans mentir, j'eusse eu bien de la peine à me consoler de l'un et de l'autre, si au même temps que j'ai reçu ces nouvelles fâcheuses, je n'eusse appris celles de votre santé, et de la grande réputation que vous acquérez tous les jours parmi des hommes qui, devant que de vous avoir vu, ne savoient rien admirer qu'eux-mêmes. Mais puisque je compte toutes vos prospérités entre les miennes, je crois qu'il ne m'est pas permis d'être triste, en un temps où tout le monde parle si avantageusement de vous, et je ne me puis empêcher que je ne me réjouisse toutes les fois que j'entends dire ici que vous avez appris aux Espagnols à être humbles, et qu'ils ne vous honorent pas moins que si vous étiez de la maison des Gusmans ou de celle des Mendoces. Par là, monseigneur, vous pouvez juger que je n'ai pas l'âme si dure que vous dites, et qu'au moins j'ai cela de commun avec tous les honnêtes gens, que je prends beaucoup de part à tous les bons succès qui vous arrivent. Il est vrai que j'étois résolu de tenir ce sentiment secret, sans vous en rien communiquer. Car dans les grandes affaires que vous traitez maintenant, je croyois que c'eût été être perturbateur du repos public, que de vous divertir par une mauvaise lettre de la moindre de vos pensées, et quelque permission que j'en aurois eue de vous, je n'aurois pas encore été assez hardi pour m'en servir, si je n'avois une autre aventure extraordinaire à vous conter.

Vous saurez donc, monseigneur, que le dimanche vingt-unième du mois passé, environ sur les douze

heures de la nuit, le roi et la reine, sa mère, étant
assemblés avec toute la cour, on vit en l'un des bouts
de la grande salle du Louvre, où rien n'avoit paru auparavant, éclater tout à coup une grande clarté, et
paroître en même temps entre une infinité de lumières
une troupe de dames, toutes couvertes d'or et de
pierreries, et qui sembloient ne faire que descendre
du ciel. Mais particulièrement l'une d'elles étoit aussi
aisée à remarquer entre les autres que si elle eût été
toute seule, et je crois certainement que les yeux des
hommes n'ont jamais rien vu de si beau. C'étoit celle-
là même, monseigneur, qui, en une autre rencontre,
avoit été tant admirée sous le nom et les habits de
Pyrame [1], et qui une autre fois s'apparut dans les roches
de Rambouillet avec l'arc et le visage de Diane [2]. Mais

[1] Mlle de Rambouillet avoit représenté Pyrame à Rambouillet (T.)

[2] Elle représentoit Chariclée, comme elle est dépeinte à l'entrée
du roman (T.). — C'était une galanterie de Mme de Rambouillet
à M. de Lisieux : « Il y a au pied du château une fort grande prairie, au milieu de laquelle par une bizarrerie de la nature, se trouve
comme un cercle de grosses roches, entre lesquelles s'élèvent de
grands arbres qui font un ombrage très-agréable. La marquise
proposa à M. de Lisieux d'aller se promener dans la prairie. Quand
il fut assez près de ces roches pour entrevoir à travers les feuilles
des arbres, il aperçut en divers endroits je ne sais quoi de brillant.
Étant plus proche, il lui sembla qu'il discernoit des femmes, et
qu'elles étoient vêtues en nymphes. La marquise, au commencement, ne faisoit pas semblant de rien voir de ce qu'il voyoit. Enfin,
étant parvenus jusqu'aux roches, ils trouvèrent Mlle de Rambouillet et toutes les demoiselles de la maison vêtues effectivement en
nymphes, qui, assises sur ces roches, faisoient le plus agréable
spectacle du monde. » (Tallemant, *Historiettes*, t. III, p. 217). —
Ces fêtes et ces déguisements étaient tout à fait dans le goût du

ne pensez pas vous imaginer plus de la moitié de sa beauté, si vous ne vous figurez que celle que vous lui avez vue, et sachez que cette nuit-là les fées avaient répandu sur elle ces beautés et ces grâces secrètes qui mettent de la différence entre les femmes et les déesses. Mais lorsqu'elle eut pris le masque, en même temps que les autres le prirent, pour commencer le ballet qu'elles vouloient représenter, et qu'ainsi elle eût perdu l'avantage que son visage lui donnoit sur elles, sa taille et sa bonne grâce la rendirent aussi recommandable qu'auparavant, et en quelque lieu qu'elle retournât ses pas, elle tiroit avec elle les yeux et les cœurs de toute l'assemblée. De sorte qu'abjurant l'erreur où j'étois, de croire qu'elle ne dansât pas parfaitement bien, j'avoue à cette heure qu'il n'y a qu'elle seule qui sache bien danser[1] : et ce même jugement a été donné si généralement de tout le monde, que ceux qui ne voudroient pas encore entendre tous les jours ses louanges seroient contraints de se bannir de la cour.

C'est pour vous dire, monseigneur, que pendant que vous recevez de grands honneurs où vous êtes, vous perdez ici de grands contentements, et que la fortune, quelque grand emploi qu'elle vous donne ailleurs, vous fera toujours beaucoup de tort toutes les fois qu'elle vous tirera de votre maison. Car enfin, après

---

temps. Voyez plus bas, Lettre 10, la description de la fête donnée à Mme la Princesse à La Barre par Mme Du Vigean.

[1] On faisoit la guerre à Voiture que quelquefois il faisoit des questions fort naïves. Un jour, après avoir ouï-dire cent fois que Mlle de Rambouillet dansoit admirablement bien, il lui alla demander tout bonnement si elle savoit danser (T.)

avoir passé les Pyrénées, quand vous passeriez encore cette mer qui sépare l'Europe et l'Afrique, et qu'allant plus avant vous voulussiez voir cette autre partie du monde, qu'il sembloit que la Nature eût exprès éloignée pour mettre en sûreté les trésors et les richesses, vous n'y pourriez rien trouver de si rare que ce que vous avez laissé ici, et en tout le reste de la terre il n'y a rien d'égal à ce que vous avez à Paris. Cela me fait croire que vous n'en serez absent que le moins qu'il vous sera possible, et qu'aussitôt que les affaires du roi vous le permettront, vous reviendrez ici posséder des biens, dont il n'y a que vous seul qui soyez digne. Mais, monseigneur, je ne sais si l'on ne s'est point trop fié à une nation qui a déjà usurpé tant de choses sur nous, que de vous avoir mis en son pouvoir, et je crains que les Espagnols ne vous veuillent non plus rendre que la Valteline. Et certes, cette crainte me donneroit de la peine, si je ne savois bien, que ceux du conseil d'Espagne ne sont plus maîtres de leurs résolutions, depuis que vous êtes en ce pays-là, et que vous y avez déjà trop fait de serviteurs, pour y recevoir quelque violence. Nous devons donc espérer, qu'aussitôt que le soleil qui brûle les hommes, et qui tarit les rivières, commencera à s'échauffer, vous reviendrez ici retrouver le printemps que vous avez déjà passé de delà, et y revoir des violettes, après avoir vu tomber les roses.

Pour moi, je souhaite cette saison avec impatience : non pas tant à cause qu'elle nous doit rendre les fleurs et les beaux jours, que pour ce qu'elle vous doit ramener ; et je vous jure que je ne la trouverois pas belle, si elle revenoit sans vous. Je pense que vous croirez aisément ce que je vous dis. Car je sais bien que vous m'estimez assez bon, pour désirer avec passion un bonheur qui regarde tant de personnes, et de plus, vous savez que je suis particulièrement, monseigneur, votre, etc.

5. — A MONSEIGNEUR LE DUC DE BELLEGARDE[1]
(En lui envoyant l'*Amadis*).

[1627.]

Monseigneur[2], en une saison où l'histoire est si brouillée, j'ai cru que je vous pouvois envoyer des fables, et qu'en un lieu où vous ne songez qu'à vous délasser l'esprit, vous pourriez accorder à l'entretien d'Amadis quelques-unes de ces heures que vous donnez aux gentilshommes de votre province[3]. J'espère que, dans la solitude où vous êtes, il vous divertira quelquefois agréablement, en vous racontant ses aventures, qui seront sans doute les plus belles du monde, tant que vous ne voudrez pas que l'on sache les vôtres. Mais

---

[1] *Mss. de Conrart*, p. 639. — Roger de Saint-Lary, duc de Bellegarde, pair et grand écuyer de France, mourut le 13 juillet 1646, âgé de près de quatre-vingt-quatre ans.

[2] *Var.* Monsieur (T.). — Il y eut postérieurement une dispute pour savoir si l'on devait aux maréchaux de France le *monseigneur* en écrivant. Voyez la lettre de Mme de Sévigné à Mme de Grignan, du 19 août 1675.

[3] Le duc de Bellegarde était gouverneur de la Bourgogne. Le cardinal de Richelieu l'ayant fait exiler à Saint-Fargeau, son gouvernement fut donné à M. le Prince (voir la *Gazette de France* du 18 septembre 1631). Il fut rappelé avec les maréchaux d'Estrées, de Vitry, de Bassompierre et les autres exilés quelques jours avant la mort du roi (1er mai 1643).

quoi que nous lisions de lui, si faut-il avouer que vos fortunes sont aussi merveilleuses que les siennes, et que de tant d'enchantements qu'il a mis à fin, il n'y en a pas un que vous n'eussiez pu achever, si ce n'est, peut-être, celui de l'Arc des loyaux amants [1]. En effet, monseigneur, vous avez fait voir à la France un Roger plus aimable et plus accompli que celui de Grèce et que celui de l'Arioste; et sans armes enchantées, sans le secours d'Alquife ni d'Urgande [2], et sans autres charmes que ceux de votre personne, vous avez eu dans la guerre et dans l'amour les plus heureux succès qui s'y peuvent souhaiter. Aussi, à considérer cette courtoisie si exacte et qui ne s'est jamais démentie, cette grâce si charmante, dont vous gagnez les volontés de tous ceux qui vous voient, et cette grandeur et fermeté d'âme qui ne vous a jamais permis d'aller contre le devoir, ni même contre la bienséance, il est bien difficile de ne se pas imaginer que vous êtes de la race des Amadis. Et je crois, sans mentir, que l'histoire de votre vie sera quelque jour ajoutée à tant de livres que nous avons d'eux. Vous avez été l'ornement et le prix de trois cours différentes [3]; vous avez su avoir des rois pour rivaux, sans les avoir pour ennemis, et posséder en même temps leur faveur et celle de leurs maîtresses [4]; et en un siècle où la discrétion, la civilité et

---

[1] Allusion à un passage de l'*Amadis*. Voyez *Bibliothèque des romans*, juin 1779, p. 50.

[2] Fées du roman d'*Amadis*.

[3] Henri III, Henri IV, Louis XIII.

[4] On sait les amours de Bellegarde et de Gabrielle d'Estrées. Sa dernière galanterie fut avec la reine Anne d'Autriche; mais Buc-

la vraie galanterie étoient bannies de cette cour, vous les avez retirées en vous, comme dans un asile où elles ont été admirées de tout le monde sans pouvoir être imitées de personne. Et certes, une des principales raisons qui m'a persuadé de vous envoyer ce livre, a été de vous faire voir quel avantage vous avez sur ceux mêmes qui ont été formés à plaisir pour être l'exemple des autres, et combien il s'en faut que l'invention des Italiens et des Espagnols ait pu aller aussi haut que votre vertu. Cependant, je vous supplie très-humblement de croire qu'entre tant d'affections qu'elle vous a acquises, elle n'a fait naître en personne tant d'admiration ni de véritable passion qu'en moi, et que je suis plus que je ne puis dire, et avec toute sorte de respect, monseigneur, votre, etc.

6[1]. — A MADAME LA MARQUISE DE RAMBOUILLET[2].

[De Nancy, ce 23 septembre 1629.]

Madame, depuis que je n'ai eu l'honneur de vous

kingham fit quitter la place à notre courtisan d'Henri III. Voiture en fit un pont-breton, qui ne se trouve plus dans le recueil de ses œuvres ; il disait :

> L'astre de Roger,
> Ne luit plus au Louvre ;
> Chacun le découvre,
> Et dit qu'un berger
> Arrivé de Douvre,
> L'a fait déloger.

[1] Cette lettre est placée la sixième dans les éditions de Voiture ; mais il est facile de conjecturer, par les termes mêmes du commencement, qu'elle a dû être la première écrite durant le séjour de Voiture à Nancy. (Voyez la note 2 de la page 35.)

[2] Catherine de Vivonne, marquise de Rambouillet, fille de Jean

voir, j'ai eu des maux qui ne se peuvent dire. Mais je n'ai pas laissé, avec tout cela, de me souvenir de ce que vous m'aviez commandé. En passant par Épernay, je fus voir de votre part M. le maréchal de Strozzi[1], et son tombeau me sembla si magnifique que, voyant en quel état j'étois, et me trouvant là tout porté, j'eus envie de me faire enterrer avec lui. Mais on en fit quelque difficulté, pour ce que l'on trouva que j'avois encore trop de chaleur. Je me résolus donc de faire porter mon corps jusqu'à Nancy, où enfin, madame, il est arrivé si maigre et si défait, que je vous assure que l'on en met en terre beaucoup qui ne le sont pas tant. Depuis huit jours que j'y suis je n'ai pu encore me remettre, et plus je me repose, plus je m'en trouve las. Aussi, il y a si grande différence des quinze jours que j'ai eu l'honneur d'être avec vous, aux quinze derniers que j'ai passés, que je m'étonne comme je la puis souffrir; et il me semble que M. Margone[2], qui est ici maître d'école, et moi, sommes les deux plus pitoyables exemples que l'on puisse voir du changement dans la fortune. J'ai des étouffements et des faiblesses qui me

de Vivonne, marquis de Pisani, et de Julia Savelli, dame romaine, née en 1588, épousa le marquis de Rambouillet le 26 janvier 1600, et mourut le 27 décembre 1665.

[1] Mme de Rambouillet dit à Voiture qu'il allât voir en passant à Épernay le tombeau de ce maréchal, qui étoit l'oncle de sa mère (T.).

[2] C'étoit un riche financier qui, ses affaires étant en décadence, se retira chez le président Le Cogneux. Depuis il s'en sépara, et on le retrouva maître d'école en Lorraine, où Le Cogneux le prît et l'a toujours eu depuis (T.). — Il avait été anciennement receveur-général à Soissons, et avait épousé la troisième fille d'Étienne du Puget, trésorier de l'épargne (M. de Pommereuse).

prennent de jour à autre sans que l'on puisse trouver ici de thériaque, et je suis plus malade que je ne fus jamais en un lieu où il n'y a point de remède pour moi. De sorte, madame, que je crains fort que Nancy ne me soit aussi funeste qu'il le fut au duc de Bourgogne, et qu'après avoir échappé de grands périls et résisté à de grands ennemis, aussi bien que lui, je ne sois destiné à finir ici mes jours. J'y résisterai pourtant autant qu'il me sera possible : car il est vrai que j'appréhende de ne plus vivre, quand je songe que je n'aurois plus l'honneur de vous voir ; et après avoir failli à recevoir la mort par la main d'une des plus aimables demoiselles du monde[1], et manqué tant de belles occasions de mourir en votre présence, il me fâcheroit fort de m'être venu faire enterrer à cent lieues de vous, et de penser que quelque jour, en ressuscitant, j'aurois le déplaisir de me trouver encore une fois en Lorraine. Je suis, madame, votre, etc.

7. — A LA MÊME

(Sous le nom de Callot, excellent graveur, en lui envoyant de Nancy un livre de ses figures [2]).

[Fin de 1629, ou commencement de 1630[3].]

Madame, de tant de différentes imaginations que mon esprit a produites, la plus raisonnable que j'ai eue est celle de vous présenter ce livre, à vous, ma-

---

[1] Mlle Paulet. Un jour, à Suresne, elle tira en jouant une épée et en pensa blesser Voiture (T.).

[2] *Mss. de Conrart*, p. 637.

[3] Gaston d'Orléans arriva à Nancy vers le milieu de septembre 1629, et revint à Paris dans le courant de février de l'année suivante.

dame, qui excellez sur toute autre en cette partie de l'âme qui fait les peintres, les architectes et les statuaires, et qui la défendez, par votre exemple, du blâme que l'on lui donne de ne se trouver jamais en éminence avec un parfait jugement. Car, outre cette grande lumière d'esprit qui vous fait voir d'abord la vérité des choses, vous avez une imagination qui, mieux que toutes celles du monde, en sait discerner la beauté. Et comme il n'y a personne aujourd'hui qui ait tant d'intérêt que les choses parfaites soient estimées, il n'y en a point aussi qui les sache louer si bien que vous. C'est vous flatter bien modestement, madame, que de dire que vous les savez connoître, puisque je pourrois assurer que, quand il vous plaît, vous les savez faire en perfection. En effet, il est arrivé beaucoup de fois qu'en vous jouant vous avez fait des dessins que Michel-Ange ne désavoueroit pas [1]; et de plus, on vous peut vanter d'avoir mis au monde un ouvrage

---

[1] Elle fut elle-même l'architecte de l'hôtel de Rambouillet, qui fut construit sur ses dessins. « Plus tard, ajoute Tallemant, la reine-mère, quand elle fit bâtir le Luxembourg, ordonna aux architectes d'aller voir l'hôtel de Rambouillet, et ce soin ne leur fut pas inutile. » Mlle de Scudéri, dans son *Cyrus*, parle d'elle en ces termes, sous le nom de *Cléomire* : « Cléomire se connoît à tout : les sciences les plus élevées ne passent point sa connoissance; les arts les plus difficiles sont connus d'elle parfaitement. » Sans doute l'on aurait tort de prendre ces compliments tout à fait à la lettre, mais, même en faisant la part des exagérations de l'amitié et de la galanterie, on aura encore l'indice d'un certain talent. Au commencement du dix-septième siècle, et même longtemps après, il était rare de voir des personnes de la haute noblesse se livrer à la pratique des arts de dessin. Mme de Rambouillet se distinguait par là de ses contemporains.

qui passe tout ce que la Grèce et l'Italie ont jamais vu de mieux fait, et pourroit faire honte à la Minerve de Phidias. Il n'est pas difficile d'entendre que c'est de Mlle votre fille que je veux parler, en laquelle seule on peut dire, madame, que vous avez fait plusieurs miracles. Mais il faudroit une main plus hardie que la mienne pour entreprendre de représenter ce qui est en vous et en elle, et je ne le pourrois pas en un gros livre, moi qui sais mettre dans une feuille de papier des armées tout entières, et y faire voir en leur grandeur la mer et les montagnes. Je me contenterai donc de dire, avec beaucoup de respect et de vérité, que je suis, madame, votre, etc.

8. — A MADEMOISELLE DE RAMBOUILLET[1].

[Même date.]

Mademoiselle, tous les moyens que vous m'aviez appris pour ne me pas ennuyer, me sont inutiles en ce pays, et plus vos conseils me semblent raisonnables, moins je trouve de sujet de me consoler de ne plus ouïr une personne qui raisonne si parfaitement. Tous ceux que je vois ici m'assurent que le séjour en est fort agréable, et il n'y a pas un de la suite de Monsieur

---

[1] Cette lettre manque dans la première édition. — Julie-Lucine d'Angennes, quatrième fille de la marquise de Rambouillet, née en 1607, mariée le 13 juillet 1625 à Charles de Sainte-Maure, marquis, puis duc de Montausier; morte en 1671. Elle eut une fille unique, qui épousa le duc d'Uzès, en 1664.

qui n'ait une altesse à entretenir, ou une princesse pour le moins. Mais quelque galante que soit la cour de Lorraine, je m'y trouve aussi seul que je faisois, il y a huit mois dans les voyages de la Beauce, et je me souviens d'avoir vu quelquefois meilleure compagnie dans les ruisseaux de Paris que je n'en ai encore rencontré dans la chambre de la duchesse. Je ne sais si c'est un effet de la rate dont je suis tourmenté depuis quelque temps ; mais il me semble qu'il n'y a plus dans le monde de personnes conversables que celles que j'ai vues au dernier voyage que j'ai eu l'honneur de faire avec vous ; et je m'entretiendrois beaucoup plus agréablement avec M. *** que je ne ferois avec Mme la duchesse [de Lorraine[1]]. La mélancolie que j'ai dans le cœur et dans les yeux me fait paroître tous les visages comme si je les voyois au travers de la fumée de l'eau-de-vie[2], et je n'aperçois rien ici qui ne me semble effroyable. Ces heures, que M. le marquis appelle les heures de la digestion[3], me durent depuis le matin jusqu'au soir, et je suis de si mauvaise compa-

[1] (T.) — Nicole de Lorraine, duchesse de Bar, fille de Henri II, surnommé *le Bon* ; elle avait épousé son cousin germain, Charles IV, duc de Lorraine. Le caractère, la conduite et la destinée de ce prince ont été peints fidèlement dans une petite pièce de vers de Pavillon, intitulée le *Testament de Charles IV*. Voyez la lettre de Mme de Sévigné à sa fille du 29 septembre 1675 (édit. Sautelet, 1826).

[2] Mme de Rambouillet, un jour, après avoir fait fermer toutes les fenêtres, mit le feu dans de l'eau-de-vie, ce qui fit paroître le teint de toutes les personnes de la compagnie de la couleur de satin de la Chine (T.).

[3] Le marquis de Rambouillet appeloit ainsi les heures qu'il employoit à la dispute ; et c'étoit d'ordinaire après le repas (T.).

gnie que M. de Chaudebonne s'en fâche : et je vois bien tout de bon qu'il le trouve mauvais. Mais j'ai fait ma paix avec lui en lui promettant qu'il m'entendra parler un de ces jours deux heures de suite, et que je lui conterai une histoire plus agréable que celle d'Héliodore, et faite par une personne plus belle que Chariclée. Vous jugez bien, mademoiselle, que c'est celle de Zélide et d'Alcidalis que je lui ai promise [1] : car il n'y en a point d'autre au monde de qui cela se puisse dire. Quelque stupide que je sois devenu, ne craignez point qu'en la contant je lui fasse rien perdre de sa beauté. Car, dans tous mes maux, je me suis encore conservé ma mémoire tout entière, et je crois qu'elle me servira fidèlement quand ce sera pour vous, puisque vous y avez autant de part que personne, et que je suis plus que je ne puis dire, mademoiselle, votre, etc. [2].

[1] C'est cette Nouvelle dont j'ai parlé dans l'Introduction ; le commentaire de Tallemant nous apprend à quelle occasion elle fut composée : « Mlle de Rambouillet, ne sachant plus où prendre des contes pour Mlle de Bourbon, qui étoit bien jeune en ce temps-là (elle avoit douze ans de moins que Mlle de Rambouillet), fit une petite histoire comme une nouvelle de Cervantes : l'amant était Alcidalis et l'amante Zélide. Voiture écrivit cette aventure, mais il négligea de la finir. » Tallemant rapporte la même chose encore plus en détail dans l'*Historiette* de Mme de Montausier, t. III, p. 235.

[2] Tallemant place ici la date de 1627 : c'est évidemment une erreur.

9. — A MADEMOISELLE DE BOURBON [1].

[..... 1630 [2].]

Mademoiselle, je fus berné, vendredi après-dîner, pour ce que je ne vous avois pas fait rire dans le temps que l'on m'avoit donné pour cela [3] ; et Mme de Rambouillet en donna l'arrêt à la requête de Mlle sa fille et de Mlle Paulet. Elles en avoient remis l'exécution au retour de Mme la princesse et de vous. Mais elles s'avisèrent depuis de ne pas différer plus longtemps, et qu'il ne falloit pas remettre des supplices à une saison qui devoit être toute destinée à la joie. J'eus beau crier et me défendre, la couverture fut apportée, et quatre des plus forts hommes du monde furent choisis pour cela. Ce que je puis vous dire, mademoiselle, c'est que jamais personne ne fut si haut que moi, et que je ne croyois pas que la fortune me dût jamais tant élever.

[1] *Mss. de Conrart*, p. 843. — Anne-Geneviève de Bourbon, fille de Henri, deuxième du nom, prince de Condé, et de Charlotte-Marguerite de Montmorency, née le 27 août 1619. Elle épousa, le 2 juin 1642, Henri d'Orléans, duc de Longueville, et mourut le 25 avril 1679.

[2] De la dernière quinzaine d'avril à la dernière quinzaine d'octobre. — LL. MM. partirent de Paris dans les premiers jours d'avril, après avoir laissé la lieutenance-générale au duc d'Orléans, et ne furent de retour, à cause de la maladie du roi, qu'aux environs de la Toussaint.

[3] Mlle de Bourbon étant indisposée, on lui envoya Voiture pour la divertir ; mais elle dit qu'il avoit fort mal réussi et que jamais il n'avoit été si mal plaisant. Mlle Paulet et Mlle de Rambouillet dirent qu'il le falloit berner de n'avoir pas fait rire Mlle de Bourbon. Quelque temps après, il lui écrivit cette lettre comme elle étoit à Lyon avec la reine (T.).

A tous coups ils me perdoient de vue et m'envoyoient plus haut que les aigles ne peuvent monter. Je vis les montagnes abaissées au-dessous de moi, je vis les vents et les nuées cheminer dessous mes pieds, je découvris des pays que je n'avois jamais vus et des mers que je n'avois point imaginées. Il n'y a rien de plus divertissant que de voir tant de choses à la fois, et de découvrir d'une seule vue la moitié de la terre. Mais je vous assure, mademoiselle, que l'on ne voit tout cela qu'avec inquiétude lorsque l'on est en l'air, et que l'on est assuré d'aller retomber. Une des choses qui m'effroyoient le plus étoit que lorsque j'étois bien haut, et que je regardois en bas, la couverture me paraissoit si petite qu'il me sembloit impossible que je retombasse dedans, et je vous avoue que cela me donnoit quelque émotion. Mais parmi tant d'objets différents qui en même temps frappèrent mes yeux, il y en eut un qui, pour quelques moments, m'ôta de crainte et me toucha d'un véritable plaisir ; c'est, mademoiselle, qu'ayant voulu regarder vers le Piémont pour voir ce que l'on y faisoit, je vous vis dans Lyon que vous passiez la Saône. Au moins, je vis sur l'eau une grande lumière et beaucoup de rayons à l'entour du plus beau visage du monde. Je ne pus pas bien discerner qui étoit avec vous, parce qu'à cette heure-là j'avois la tête en bas, et je crois que vous ne me vîtes point, car vous regardiez d'un autre côté; je vous fis signe tant que je pus, mais comme vous commençâtes à lever les yeux, je retombois, et une des pointes de la montagne de Tarare vous empêcha de me voir. Dès que je fus en bas, je leur voulus dire de vos nouvelles et les assurai que je vous avois vue. Mais ils se prirent à rire comme si j'eusse dit une chose impossible, et recommencèrent à me faire sauter mieux que devant. Il arriva un accident étrange, et qui semblera incroyable à ceux qui ne l'ont point vu : une fois qu'ils m'avoient élevé fort haut, en descendant je me trouvai dans un nuage, lequel étant fort épais, et moi extrêmement léger, je fus un grand espace embarrassé dedans sans retomber, de sorte qu'ils demeurèrent longtemps en bas tendant la couverture, et regardant en haut sans se pouvoir imaginer ce que j'étois devenu. De bonne fortune il ne faisoit point du tout de vent : car s'il y en eût eu la nuée, en cheminant, m'eût porté de côté ou d'autre; ainsi je fusse tombé à terre, ce qui ne me pouvoit arriver sans que je me blessasse bien fort. Mais il survint un plus dangereux accident : le dernier coup qu'ils me jetèrent en l'air je me trouvai dans une troupe de grues, lesquelles d'abord furent étonnées de me voir si haut; mais quand elles m'eurent approché, elles me prirent pour un des pygmées avec lesquels vous savez bien, mademoiselle, qu'elles ont guerre de tout temps, et crurent que je les étois venu épier jusque dans la moyenne région de l'air. Aussitôt elles vinrent fondre sur moi à grands coups de bec, et d'une telle violence, que je crus être percé de cent coups de poignards; et une d'elles qui m'avoit pris par la jambe, me poursuivit si opiniâtrément qu'elle ne me laissa point que je ne fusse dans la couverture. Cela fit appréhender à ceux qui me tourmentoient de me remettre encore à la merci de mes ennemies : car elles s'étoient amassées en grand nombre, et se tenoient suspendues en l'air attendant que l'on m'y renvoyât. On me rapporta donc en mon logis, dans la même couverture, si abattu qu'il n'est pas possible de l'être plus. Aussi, à dire le vrai, cet exercice est un peu violent pour un homme aussi faible que je suis. Vous pouvez juger, mademoiselle, combien cette action est tyrannique, et par combien de raisons vous êtes obligée de la désapprouver. Et sans mentir, à vous qui êtes née avec tant de qualités pour commander, il vous importe extrêmement de vous accoutumer de bonne heure de haïr l'injustice, et de prendre ceux qu'on opprime en votre protection. Je vous supplie donc, mademoiselle, de déclarer premièrement cette entreprise un attentat que vous désavouez, et pour réparation de mon honneur et de mes forces, d'ordonner qu'un grand pavillon de gaze [1] me sera dressé dans la chambre bleue de l'hôtel de Rambouillet [2], où je serai servi et traité magnifiquement huit jours durant par les deux demoiselles [3] qui m'ont

---

[1] Il y en avoit un effectivement (T.).

[2] « La chambre bleue, si célèbre dans les *Œuvres de Voiture*, étoit parée d'un ameublement de velours bleu rehaussé d'or et d'argent... C'étoit le lieu ou *Arthénice* (la marquise de Rambouillet) recevoit ses visites. « Les fenêtres sans appui qui règnent de haut en bas, depuis son plafond jusqu'à son parterre, la rendent très-gaie, et laissent jouir sans obstacle de l'air, de la vue et du plaisir du jardin. » (Sauval, *Antiquités de Paris*, t. II, p. 201.) — Tallemant fait également la description de cette fameuse chambre bleue : « Mme de Rambouillet est la première, etc. » (*Historiettes*, t. III, p. 313.) — Le comte de Laborde (*le Palais Mazarin*), en citant ce passage, y relève une inexactitude : suivant lui, la chambre n'était pas peinte, mais bien tapissée de velours tendu dans des encadrements dorés.

[3] Mlle Paulet et Mlle de Rambouillet.

été cause de ce malheur; qu'à un des coins de la chambre on fera à toute heure des confitures; qu'une d'elles soufflera le fourneau, et l'autre ne fera autre chose que mettre du sirop sur des assiettes, pour le faire refroidir et me l'apporter de temps en temps. Ainsi, mademoiselle, vous ferez une action de justice, et digne d'une aussi grande et aussi belle princesse que vous êtes; et je serai obligé d'être avec plus de respect et et de vérité que personne du monde, mademoiselle, votre, etc.

10. — A MONSEIGNEUR LE CARDINAL DE LA VALETTE[1].

[Fin de 1630[2].]

Monseigneur, je vois bien que les anciens cardinaux prennent une grande autorité sur les derniers reçus[3], puisque vous ayant écrit beaucoup de fois sans avoir reçu une de vos lettres, vous vous plaignez de ma paresse. Cependant je vois tant d'honnêtes gens qui m'assurent que vous me faites trop d'honneur de vous souvenir de moi, et que je suis obligé de vous écrire pour

---

[1] *Mss. de Conrart*, p. 803. — Louis de Nogaret, cardinal de la Valette, archevêque de Toulouse, mort à Rivoli le 28 septembre 1639, était frère du duc de la Valette, qui fut disgracié en 1638. Il fut un des premiers et des plus constants protecteurs de Voiture. On l'appelait dérisoirement le *cardinal-valet* par opposition au *cardinal-ministre*.

[2] Voyez plus bas, page 47, note 1.

[3] Le cardinal avoit fait faire une robe de chambre de toile d'or incarnat. Voiture était avec lui quand on la lui apporta; il la lui fit mettre pour la mieux voir; après cela il lui proposa d'aller en cet état à l'hôtel de Rambouillet : ils y furent, et Voiture disoit qu'il étoit aussi cardinal (T.).

vous en remercier très-humblement, que je veux bien suivre leur conseil et passer par dessus ce qui peut être en cela mon intérêt. Vous saurez donc, monseigneur, que six jours après l'éclipse, et quinze jours après ma mort[1], Mme la princesse, Mlle de Bourbon[2], Mme du Vigean[3], Mme Aubry[4], Mlle de Rambouillet, Mlle Paulet et M. de Chaudebonne et moi partîmes de Paris, sur les six heures du soir, pour aller à la Barre, où Mme du Vigean devoit donner la collation à Mme la princesse. Nous ne trouvâmes en chemin aucune chose digne d'être remarquée, si ce n'est qu'à

---

[1] Après qu'il eut fait son épitaphe sur le chemin de Bagnolet, où on lui avoit fait tant de mal qu'il disoit qu'il en étoit mort (T.). — Le savant Huet nous a conservé cette épitaphe :

> Ci-gît un petit argentet,
> Qui mourut par les mains rebelles
> De trois méchantes demoiselles,
> Sur le chemin de Bagnolet.
> Mais bien que sa mort fût cruelle,
> Son destin fut bien glorieux,
> Puisqu'il mourut devant les yeux
> De la princesse la plus belle
> Qui fut jamais dessous les cieux.

Voyez la lettre où il parle de deux demoiselles qui lui mirent l'éventail dans la gorge. (*Notes recueillies sur l'exemplaire de l'édition in-4° (1650) de la Bibliothèque impériale ayant appartenu à Huet.*)

[2] Anne de Neubourg. Voyez plus bas, page 57, note 2.

[3] Françoise le Breton-Villandry, femme de Jean Aubry, ou Auberi, conseiller d'État ordinaire. Son nom reviendra assez fréquemment dans la suite de ces lettres. Elle mourut en 1634. Voyez la lettre 75.

[4] Mme du Vigean possédait à la Barre, tout près de Montmorency, une charmante résidence où elle recevait magnifiquement la plus haute et la meilleure compagnie.

Ormesson nous vîmes un grand chien qui vint à la portière du carrosse me faire fête [ce dont je fus fort joyeux[1]]. (Vous serez, s'il vous plaît, averti, monseigneur, que toutes les fois que je dirai nous trouvâmes, nous vîmes, nous allâmes, c'est en qualité de cardinal que je parle). De là, nous arrivâmes à la Barre et entrâmes dans une salle où l'on ne marchoit que sur des roses et de la fleur d'orange. Mme la Princesse, après avoir admiré cette magnificence, voulut aller voir les promenoirs en attendant l'heure du souper. Le soleil se couchoit dans une nuée d'or et d'azur, et ne donnoit de ses rayons qu'autant qu'il en faut pour faire une lumière douce et agréable; l'air étoit sans vent et sans chaleur, et il sembloit que la terre et le ciel, à l'envi de Mme du Vigean, vouloient festoyer la plus belle princesse du monde. Après avoir passé un grand parterre et de grands jardins tous pleins d'orangers, elle arriva en un bois où il y avoit plus de cent ans que le jour n'étoit entré qu'à cette heure-là, qu'il y entra avec elle. Au bout d'une allée grande à perte de vue, nous trouvâmes une fontaine qui jetoit toute seule plus d'eau que toutes celles de Tivoli. A l'entour étoient rangés vingt-quatre violons, qui avoient de la peine à surmonter le bruit qu'elle faisoit en tombant. Quand nous nous en fûmes approchés, nous découvrîmes dans une niche qui étoit dans une palissade,

---

[1] Ces mots, retranchés par les éditeurs, sont donnés d'après l'original par Tallemant, qui ajoute : « Ce qu'il (Voiture) dit exprès, parce qu'on lui faisoit la guerre qu'il n'aimoit que les grands vilains chiens qui avoient le museau long. » Il revient encore sur cette particularité dans la lettre suivante.

une Diane à l'âge de onze ou douze ans ¹, et plus belle que les forêts de Grèce et de Thessalie ne l'avoient jamais vue. Elle portoit son arc et ses flèches dans ses yeux, et avoit tous les rayons de son frère à l'entour d'elle. Dans une autre niche auprès étoit une de ses nymphes, assez belle et assez gentille pour être une de sa suite. Ceux qui ne croient pas les fables, crurent que c'étoit Mlle de Bourbon et la pucelle Priande ². Et à la vérité elles leur ressembloient extrêmement. Tout le monde étoit sans proférer une parole, en admiration de tant d'objets, qui étonnoient en même temps les yeux et les oreilles, quand tout à coup la déesse sauta de sa niche, et avec une grâce qui ne se peut représenter, commença un bal qui dura quelque temps à l'entour de la fontaine.

Cela est étrange, monseigneur, qu'au milieu de tant de plaisirs, qui doivent remplir entièrement et attacher l'esprit de ceux qui en jouissoient, on ne laissa pas de se souvenir de vous, et que tout le monde dit que quelque chose manquoit à tant de contentements, puisque vous et Mme de Rambouillet n'y étiez pas. Alors je pris une harpe, et chantai :

Pues quiso mi suerte dura,
Que faltando mi Señor
*Tambien faltasse mi dama*³.

Et continuai le reste si mélodieusement et si tris-

---

¹ Mlle de Bourbon, comme il le dit lui-même quelques lignes plus bas : ce qui place la date de cette lettre vers 1630 ou 1631, Mlle de Bourbon étant née, ainsi que nous l'avons vu, en 1619.

² Mlle Aubry, depuis Mme de Noirmoutier (T.).

³ (*Traduction.*) Puisqu'un destin rigoureux
   Veut qu'en perdant mon seigneur
   Je perde aussi ma dame.

tement, qu'il n'y eut personne en la compagnie à qui les larmes n'en vinssent aux yeux, et qui ne pleurât abondamment. Et cela eût duré trop longtemps, si les violons n'eussent vitement sonné une sarabande si gaie, que tout le monde se leva aussi joyeux que si de rien n'eût été. Et ainsi sautant, dansant, voltigeant, pirouettant, cabriolant, nous arrivâmes au logis, où nous trouvâmes une table qui sembloit avoir été servie par les fées. Ceci, monseigneur, est un endroit de l'aventure qui ne se peut décrire. Et certes, il n'y a point de couleurs ni de figures en la rhétorique qui puissent représenter six potages, qui d'abord se présentèrent à nos yeux. Cela y fut particulièrement remarquable, que n'y ayant que des déesses à la table et deux demi-dieux, à savoir M. de Chaudebonne et moi, tout le monde y mangea, ne plus ne moins que si c'eussent été véritablement des personnes mortelles. Aussi, à dire le vrai, jamais rien ne fut mieux servi : et entre autres choses, il y eut douze sortes de viandes et de déguisements, dont personne n'a encore jamais ouï parler et dont on ne sait pas encore le nom. Cette particularité, monseigneur, a été rapportée par malheur à Mme la maréchale de [Saint-Luc [1]], et quoiqu'on lui ait donné vingt dragmes d'opium plus que d'ordinaire, elle n'a jamais pu dormir depuis [2].

[1] (T.).

[2] La maréchale de Saint-Luc étoit fille du maréchal de Saint-Géran, du premier lit. Il la maria à M. de Chazeron, qui étoit encore assez jeune, pour aller en Italie voir le pays. Là, il prit une v..... si maligne qu'il en mourut, et sa femme n'en a jamais pu guérir. Elle épousa le maréchal de Saint-Luc, qui ne craignit pas qu'on lui pût rien donner qu'il n'eût déjà. Il avoit le meilleur cui-

Au commencement du souper, on ne but point à votre santé, pour ce que l'on fut fort diverti : et à la fin on n'en fit rien non plus, pour ce qu'à mon avis on ne s'en avisa pas. Souffrez, s'il vous plaît, monseigneur, que je ne vous flatte point, et qu'en fidèle historien, je vous raconte nûment les choses comme elles sont : car je ne voudrois pas que la postérité prît une chose pour l'autre, et que d'ici à deux mille ans on crût que l'on eût bu à vous, cela n'ayant point été. Il est vrai que je suis obligé de rendre témoignage à la vérité que ce ne fut pas manque de souvenir; car durant le souper on parla fort de vous, et les dames vous y souhaitèrent; et quelques-unes de fort bon cœur, ou je ne m'y connois pas.

Au sortir de table, le bruit des violons fit monter tout le monde en haut, où l'on trouva une chambre si bien éclairée, qu'il sembloit que le jour qui n'étoit plus dessus la terre s'y fût retiré tout entier. Là, le bal commença, en meilleur ordre et plus beau qu'il n'avoit été à l'entour de la fontaine. Et la plus magnifique chose qui y fût, c'est, monseigneur, que j'y dansai. Mlle de Bourbon jugea qu'à la vérité je dansois mal, mais que je tirois bien des armes, pour ce qu'à la fin de toutes les cadences il sembloit que je me misse en garde. Le bal continuoit avec beaucoup de plaisir, quand tout à coup un grand bruit que l'on entendit dehors obligea toutes les dames à mettre la

sinier de la cour, ce qui fut un grand charme pour elle, car son mal lui avoit donné une faim épouvantable, et qui ne se pouvoit assouvir; elle rejetoit tout incontinent, et ne pouvoit dormir la nuit qu'avec de l'opium (T.). Voyez également les *Historiettes*, t. V, p. 223.

tête à la fenêtre : et l'on vit sortir du grand bois qui étoit à trois cents pas de la maison un tel nombre de feux d'artifice, qu'il sembloit que toutes les branches et les troncs des arbres se convertissent en fusées; que toutes les étoiles du ciel tombassent, et que la sphère du feu voulût prendre la place de la moyenne région de l'air. Ce sont, monseigneur, trois hyperboles, lesquelles appréciées et réduites à la juste valeur des choses valent trois douzaines de fusées. Après s'être remis de l'étonnement où cette surprise avoit mis un chacun, on se résolut de partir, et on reprit le chemin de Paris à la lueur de vingt flambeaux. Nous traversâmes tout l'Ormessonnois, les grandes plaines d'Épinay, et passâmes sans aucune résistance par le milieu de Saint-Denis. M'étant trouvé dans le carrosse auprès de Mme [du Vigean], je lui dis, de votre part, monseigneur, un *Miserere* tout entier [1], auquel elle répondit avec beaucoup de gentillesse et de civilité. Nous chantâmes en chemin une infinité de *savants* [2], de *petits-doigts*, de *bonsoirs*, de *ponts-bretons* [3],

---

[1]. Mme du Vigean étoit sourde et ne l'avouoit pas, si bien qu'elle ne répondoit qu'au hasard. Le cardinal de la Valette disoit à Voiture : « On pourroit lui dire un *Confiteor*, un *Ave*, un *Miserere*, qu'elle répondroit de même. Je te prie de l'éprouver en la première rencontre » (T.).

[2] Vaudevilles (T.).

[3] Les *petits-doigts*, les *bonsoirs*, les *ponts-bretons* étaient des chansons et des airs populaires, comme les *Noëls*, les *alleluia*. Tallemant (*Historiettes*, t. IV, p. 26) nous a conservé un pont-breton *inédit* de Voiture :

> J'ai vu Belesbat
> Doux comme une fille,
> Puis j'ai vu Croisillés

[Prenez votre ton, monseigneur :

> Goulas et Vigean
> Ont une querelle
> Pour la péronnelle,
> Et le prêtre Jean ;
> Il en a dans l'aile,
> Le petit Vigean.

Ceci, monseigneur, n'est pas du corps de la lettre, mais il vient de me venir en l'esprit et je ne puis tenir de le chanter, et je vous supplie très-humblement d'en faire autant en mémoire des *gros-d'eau*].[1]

Nous étions environ une lieue par delà Saint-Denis, et il étoit deux heures après minuit. Le travail du chemin, le veiller, l'exercice du bal et de la promenade m'avoient extrêmement appesanti, quand il arriva un accident que je crus devoir être cause de ma totale destruction. Il y a une petite bourgade entre Paris et Saint-Denis, que l'on nomme la Villette. Au sortir de là, nous rencontrâmes trois carrosses, dans lesquels s'en retournoient les violons que nous avions fait jouer tout le jour. Voici, monseigneur, qui est horrible ! Le diable alla mettre en l'esprit de Mlle [de Rambouillet] de leur faire commander de nous suivre et d'aller donner des sérénades toute la nuit. Cette proposition me fit dresser les cheveux en la tête. Cependant tout le monde l'approuva. On fit arrêter les carrosses, on leur alla dire le commandement. Mais, de bonne fortune, les bonnes gens avoient laissé leurs violons à la Barre,

> Dans son célibat,
> Comme un crocodile
> Qui vient du sabbat.

[1] (T.). Ce même fragment se lit également au *mss. de Conrart*.
— Quant à l'explication de ce mot *gros-d'eau*, voyez p. 143, note 2.

et Dieu les bénie. Par là, monseigneur, vous pouvez juger que Mlle [de Rambouillet] est une aussi dangereuse demoiselle pour la nuit qu'il y en ait au monde, et que j'avois grand'raison chez Mme [Aubry], de dire qu'il falloit faire sortir les violons, et qu'il ne falloit rien pour se rembarquer, tant qu'on les voyoit présents. Nous continuâmes notre chemin assez heureusement, si ce n'est qu'en entrant dans le faubourg, nous trouvâmes six grands plâtriers tout nus, qui passèrent devant notre carrosse [du côté de la portière où étoient Mlle de Rambouillet et Mlle Paulet [1]]. Enfin nous arrivâmes à Paris. Et ce que je m'en vais vous dire est plus épouvantable que tout le reste. Nous vîmes qu'une grande obscurité couvroit toute la ville, et au lieu que nous l'avions laissée, il n'y avoit que sept heures, pleine de bruit, d'hommes, de chevaux et de carrosses, nous trouvâmes un grand silence et une effroyable solitude partout, et les rues tellement dépeuplées que nous n'y rencontrâmes pas un homme, et vîmes seulement quelques animaux qui, à la lueur des flambeaux, se cachoient. Mais, monseigneur, je vous dirai le reste de cette aventure une autre fois :

Qui è'l fin del canto, e torno ad Orlando:
Addio, signor; a voi mi ricommando.

11. — AU MÊME.

[A Paris... 1630 ?]

Monseigneur, comme nous avons été au milieu de

---

[1] *Mss. de Conrart.* L'exemplaire de Tallemant donne également cette addition, mais avec une variante : « où étoient Mlle de Bourbon et Mme Aubry. » — La leçon de Conrart nous paroît être la

notre voyage, un vent de nord-ouest s'est levé de terre, et s'est renforcé de telle sorte qu'il nous a contraints de gagner ce lieu, qui est un petit port de mer appelé Montrouge. La pluie a été si violente et l'orage si grand, que c'est une merveille que nous nous soyons sauvés ; et sans les prières des gens de bien qui se sont trouvés avec nous, je crois que nous étions perdus. Mlle de Rambouillet, dans le fort du péril, a voué que deux mois durant vous iriez tous les huit jours à confesse ; et moi, à un grand coup de vent, j'ai promis que vous jeûneriez trois jours entiers. Nous vous supplions très-humblement, monseigneur, de nous acquitter exactement de nos vœux, car nous ne sommes pas tellement hors de danger que nous devions rien mépriser. L'air est encore extrêmement brouillé, et nous voyons des signes du ciel et des éclairs qui nous font tout transir. C'est une chose pitoyable de nous voir en ce lieu. Mais tant que ce vent tirera, ce seroit une témérité trop grande d'en partir. L'on nous a dit que l'on tâchera à nous trouver ici du pain, et que, dans huit jours, il pourra y avoir des fèves. Sur cette espérance, monseigneur, nous vous baisons très-humblement les mains, et moi particulièrement qui suis, monseigneur, votre, etc.

12. — AU MÊME.

[1630?]

Monseigneur, j'étois en doute si je devois vous parler d'une affaire qui m'est extrêmement importante. Mais

véritable ; il ne serait pas vraisemblable que Mlle de Bourbon fût à la portière (*Note de M. de Monmerqué*).

Mme la marquise de Rambouillet m'a assuré qu'il n'y avoit point de danger ; et je ne fais point de difficulté de la croire, vous ayant ouï dire beaucoup de fois qu'elle est une des plus prudentes personnes du monde, et que l'on ne peut faillir par son conseil..... Ayant déjà reçu tant de bien de vous, je n'eusse pas osé vous importuner de cette affaire, si elle eût été pour moi de moindre conséquence ; mais, monseigneur, je sais bien que vous ne vous lassez jamais de bien faire, et j'espère que vous, qui n'avez pas épargné votre bien pour me secourir, serez bien aise de sauver le mien en cette occasion, et de me faire le plus important plaisir que je puisse jamais recevoir de personne. Je vous supplie très-humblement, monseigneur, de me pardonner, et de croire que je suis avec toute sorte de respect, monseigneur, votre, etc.

13 (INÉDITE)[1]. — AU MÊME[2].

[A Paris, ... 1631[3].]

Si ce n'étoit en qualité de secrétaire d'une dame, je n'aurois jamais osé entreprendre de vous écrire ; mais Mme la maréchale de Saint-Luc m'a commandé de vous faire de très-humbles remerciements de sa part,

---

[1] *Mss. de Conrart*, p. 798.

[2] Le nom est en blanc dans le manuscrit ; j'ai mis celui du cardinal de la Valette, parce que la lettre m'a paru être tout à fait dans le ton de celles que Voiture lui adresse ordinairement ; mais je n'oserais rien affirmer.

[3] La maréchale de Saint-Luc, dont il a été question précédemment (voyez p. 48), mourut au mois de janvier 1632 ; c'est ce qui m'a induit à placer ici cette lettre, qui ne sauroit être postérieure à l'année 1631, quoiqu'elle ait pu être écrite beaucoup plus tôt.

et de vous dire que si elle eût été assez hardie, elle vous eût écrit elle-même. Elle a trouvé la lettre qu'elle a eue pour le concierge de Ruel plus obligeante et plus civile qu'elle ne l'eût su désirer, et je lui ai fait voir dans celle de M. de Chaudebonne avec quelle affection et combien de compliments vous (la?) lui avez envoyée. Aussi se tient-elle infiniment obligée de toutes les civilités dont vous avez voulu accompagner cette faveur, et elle dit qu'elle prend cela à bon augure, et qu'elle espère à cette heure recouvrer ce qu'elle a eu de beauté, puisqu'il vous a plu de prendre tant de soins d'elle. Il est vrai, monseigneur, que vous accomplissez avec plus de grâce que personne du monde tous les services que vous rendez aux dames; mais outre cela il y a encore quelque chose en votre fortune qu'ils sont mieux reçus qu'ils seroient de pas un autre. Pardonnez-moi, s'il vous plaît, si j'ose vous en tant dire, mais on me fait écrire tout ce qui est ici, et cette lettre, monseigneur, est dictée par une dame, quoiqu'elle soit écrite par votre, etc.

14. — A MADEMOISELLE PAULET [1].

[1630 ou 1631.]

Mademoiselle, il n'y eut jamais de si beaux enchan-

[1] *Mss. de Conrart*, p. 697. — Angélique Paulet, née vers 1592, morte en 1651. Elle était fille de Charles Paulet, secrétaire de la chambre du roi, inventeur de l'impôt qui fut appelé de son nom *la Paulette*. Somaise lui a donné place dans le *Grand Dictionnaire historique des Précieuses*, où elle est désignée sous le nom de *Parthénie*. Elle est *Élise* dans *Cyrus* (septième partie, liv. Ier), où Mlle de Scudéri rapporte son histoire tout au long. Enfin Talle-

tements que les vôtres, et tous les magiciens qui se sont servis d'images de cire n'en ont point fait de si étranges effets que vous. Celle que vous avez envoyée a rempli d'étonnement tous ceux qui l'ont vue; et ce qui est beaucoup plus admirable, et que je pense que toute la magie ne peut faire, elle a donné de l'amour à Mme la marquise de Rambouillet, et à moi de la joie le même jour que vous êtes partie. Je ne comprends pas comme cela m'est pu arriver. Mais la lettre et le présent qui vinrent de votre part me firent oublier tous mes maux, et je reçus la petite Europe[1] avec autant de contentement que si l'on m'eût donné celle qui fait une des trois parties du monde et que l'on divise en plusieurs royaumes. Aussi vaut-elle davantage, puisqu'elle vous ressemble. Et Mme la marquise, sous ce prétexte, me l'ôta par force, et jura Styx qu'elle ne sortiroit point de son cabinet. Ainsi Europe a été ravie pour la seconde fois, et beaucoup plus glorieusement, ce me semble, que lorsqu'elle fut enlevée par Jupiter. Il est vrai que pour m'apaiser l'on m'a donné deux chiens qui ont le museau si long, qu'à mon avis ils valent bien une demoiselle[2], et je ne sais s'il y en a une

mant lui a consacré un long article dans ses *Historiettes*. Nous la retrouverons souvent dans notre chemin.

[1] Qu'est-ce que cette Europe, que Mlle Paulet avait donnée en présent à Voiture, et qui lui fut prise par Mme de Rambouillet? Sans doute une petite statuette ou une peinture représentant l'enlèvement d'Europe : c'est du moins ce que donnent à entendre ces mots : « Ainsi Europe a été ravie pour la seconde fois, » que nous trouvons un peu plus bas. Nous savons aussi que Mme de Rambouillet était curieuse de tout objet d'art.

[2] Mme de Rambouillet lui donna deux chiens pour son Europe (T).

dans Paris pour qui je les voulusse donner. Aussi bien, en l'humeur où je me trouve, je ne dois plus converser avec les créatures raisonnables; et dans le désespoir où je suis, je voudrois être en un désert entre les griffes du plus cruel des lions. [Mais, sans mentir, mademoiselle, vous leur avez appris à dire et à faire tant de galanteries, que je passerois plus volontiers avec eux en Afrique que ne je m'en irois à Nanci; et je tiens que l'on ne doit avoir de l'amitié que pour les lions¹], moi qui disois que l'on ne devoit aimer que les chiens. Vous qui les avez rendus galants, faites, s'il vous plaît aussi, qu'ils soient reconnoissants, et qu'ils se souviennent quelquefois de moi, puisque je les honore plus que personne du monde, et que je suis, mademoiselle, votre, etc.

15. — A MADAME DU VIGEAN
(En lui envoyant une élégie qu'il avait faite, et qu'elle lui avait demandée plusieurs fois².)

[Même date.]

Madame, voilà cette élégie que vous m'aviez beau-

---

¹ *Mss. de Conrart.* — Voiture joue ici sur le mot de *lionne* qu'il donnoit à Mlle Paulet, à cause de son ardeur, et de ses cheveux, et de son courage... Cela s'entendra mieux par la suite (T). — Tallemant s'exprime à peu près dans les mêmes termes dans l'historiette de Mlle Paulet : « L'ardeur avec laquelle elle aimoit, son courage, sa fierté, ses yeux vifs et ses cheveux trop dorés, lui firent donner le surnom de *Lionne.* » Voiture fait dans ses Lettres de fréquentes allusions à cette plaisanterie. Voyez surtout les lettres 53 et 54.

² *Mss. de Conrart*, p. 851. — Anne de Neufbourg, mariée à François Poussard, marquis du Vigean. Sa fille cadette inspira une vive passion au duc d'Enghien, depuis prince de Condé, et finit

coup trop demandée, et qui jusqu'ici avoit été ouïe de quelques-uns, mais qui n'avoit encore été lue de personne. Je voudrois bien qu'il m'en arrivât autant qu'à vous, qui, après avoir caché longtemps la plus belle chose du monde[1], avez ébloui en la montrant tous ceux qui l'ont vue. Mais c'est être trop amoureux de mes vers que de leur souhaiter cet avantage; et je ne voudrois pas qu'ils fussent meilleurs, puisqu'ils n'ont pas été faits pour vous. Si vous les trouvez fort mauvais, vous m'en devez savoir d'autant plus de gré de ce que les connoissant comme vous, je n'ai pas laissé de vous les envoyer. Et, sans mentir, pour m'obliger à cela, il ne falloit pas avoir moins de puissance sur moi que celle que vous y avez acquise depuis quelques jours; et sans votre commandement, madame, ils n'eussent jamais été ailleurs que dans ma mémoire. Mais il est temps qu'ils en sortent pour laisser place à quelque objet plus agréable; et ce que Mlle Paulet[2] me fit voir l'autre jour l'occupe tellement à cette heure, que je ne sais s'il y aura plus de lieu pour pas une autre chose. Je vois bien, madame, que je vous fais un poulet, en ne pensant faire qu'une lettre d'excuse et

---

par se faire carmélite. Voyez Tallemant, *Historiettes*, t. III, p. 20; les *Mémoires* de Mlle de Montpensier, à l'année 1637; et principalement M. Cousin, la *Jeunesse de Mme de Longueville*.

[1] Sa gorge, qu'elle avoit fort belle, et qu'elle n'avoit jamais montrée (T.). — L'usage était alors de se découvrir la gorge: d'où vient que dans les *Portraits* si fort en vogue à cette époque, il en est toujours fait mention, comme des yeux, de la bouche, etc. Mme du Vigean, à ce qu'il paraît, faisait exception à la règle générale.

[2] Mlle Paulet, qui ôta les mouchoirs de dessus cette gorge (T).

de compliment. Mais je voudrois bien que les autres fautes que vous trouverez ici fussent aussi excusables que celle-là. Cependant je vous jure qu'il y a bien longtemps que je ne m'étois tant engagé, et qu'il y a beaucoup de personnes à qui je n'en voudrois pas dire autant, quand bien elles me tiendroient l'épée sur la gorge. Mais puisqu'il n'y peut avoir de scandale, vous devez, ce me semble, madame, recevoir favorablement ce commencement d'affection, pour voir comme je ferois si je devenois amoureux, et ce qui en arriveroit si on me laissoit faire.

16. — A MADEMOISELLE DE RAMBOUILLET
(Sur la mort de son frère, qui mourut de peste, et qu'elle assista pendant sa maladie [1]).

[Septembre ou octobre 1631 [2].]

Mademoiselle, n'ayant pas moins d'admiration de votre courage et de votre bon naturel que de ressen-

[1] *Mss. de Conrart*, p. 613. — Ce frère de Mlle de Rambouillet avait huit ans quand il mourut. Mme de Rambouillet, sa fille et Mlle Paulet l'assistèrent jusqu'à la fin. Fléchier n'a eu garde d'omettre ce trait dans son Oraison funèbre. C'est de cette époque que date la première connaissance de la belle Julie et de M. de Montausier. Le dévouement avec lequel Mlle de Rambouillet avait assisté son jeune frère pendant les neuf jours que dura sa maladie firent du bruit dans le monde; tout ce qu'il y avait de personnes distinguées à la cour et à la ville allèrent en foule témoigner à Mme et à Mlle de Rambouillet l'admiration qui était due à leur vertu et la part qu'elles prenaient à la perte qu'elles venaient de faire. Le marquis de Salles y alla des premiers, et à la seule vue de Mlle de Rambouillet, il se sentit, dit son biographe, *percé d'un trait imperceptible*.

[2] « La contagion diminue fort en cette ville par la bonne police qu'on y a apportée » (*Gazette de France*, du 6 novembre 1631. De Paris). Elle avait sévi durant toute cette année 1631 avec une

timent de votre douleur, je suis si fort touché de l'un et de l'autre, que si j'étois capable de vous donner les louanges qui vous sont dues, et la consolation dont vous avez besoin, j'avoue que je serois bien empêché par où commencer : car quelles obligations peuvent être également plus pressantes que de rendre à une si éminente vertu les honneurs qu'elle mérite, et à une si violente affliction le soulagement qu'elle désire? Mais j'ai tort de désunir ces deux choses, puisque votre charité les a si parfaitement unies, que l'assistance incomparable que vous avez rendue à feu M. votre frère, vous doit être maintenant une consolation nonpareille, et que Dieu vous donne en cela par justice ce que les autres lui demandent par grâce; sa bonté infinie ne pouvant laisser sans reconnoissance une action si extraordinaire de bonté que celle qui vous a fait mépriser votre vie, pour porter les devoirs de la meilleure sœur du monde au delà de vos obligations, et par une constance admirable demeurer ferme au milieu d'un péril qui fait trembler les plus courageux. Cette même raison ne me peut permettre de douter qu'il ne vous en préserve et qu'il ne verse sur vous pour récompense de votre vertu les bénédictions que vous souhaite, mademoiselle, votre, etc.

17. — A MADAME LA MARQUISE DE SABLÉ [1].
[Même date.]

Madame, pour vous consoler de la mauvaise nou-

grande intensité; les hôpitaux ne pouvaient suffire à contenir les malades.

[1] *Mss. de Conrart*, t. X, p. 565. Insérée pour la première fois,

velle que vous avez déjà apprise, je ne sais point de meilleur moyen que de vous faire peur pour vous-même. Sachez donc que moi qui vous écris j'ai été, trois jours durant, en une maison où deux personnes mouroient de la peste. Jamais vous ne fîtes mieux que de sortir de Paris, puisque c'étoit le temps où les honnêtes gens devoient être affligés. Mme de Rambouillet a perdu son petit-fils, qui est mort de la peste en trois jours¹, et elle n'a pas voulu sortir de sa maison tant qu'il a été en vie. Vous pouvez juger, madame, que rien ne m'a pu empêcher d'être toujours parmi eux, puisque vous n'étiez point ici. Mais j'ai peur que je ne vous épouvante trop, et que le remède dont je veux guérir votre ennui ne soit plus violent que le mal. Sachez donc que moi qui vous écris ne vous écris point, et que j'ai envoyé cette lettre à vingt lieues d'ici pour être copiée par un homme que je n'ai jamais

de même que les suivantes, dans la seconde édition. Voyez l'*Introduction*. — Madeleine de Souvré, femme de Philippe-Emmanuel de Laval, marquis de Sablé, seigneur de Bois-Dauphin, fils du maréchal de Bois-Dauphin, morte en 1678, à l'âge de soixante-dix-neuf ans *. Voyez son *Historiette* dans Tallemant (t. IV, p. 74). Elle est *Stéphanie* dans le *Grand Dictionnaire des Précieuses*, et *Parthénie* dans *Cyrus* (sixième partie, liv. Ier). Voiture la courtisa, et il ne tint pas à lui que l'on ne crût qu'il avait été aussi heureux que M. de Montmorency. Mlle de Scudéri raconte toute cette intrigue en détail. Mme de Sablé était des amies de Mademoiselle, qui la mit (1658) dans son *Histoire de la Princesse de Paphlagonie*, ainsi que Mlle de Vandy et les autres dames de sa société.

¹ Le biographe de M. de Montausier (Paris, 1729, 2 vol. in-12) dit que la maladie dura neuf jours.

* D'après le *Nécrologe de Port-Royal*, cité par M. Cousin.

vu¹. Je prends beaucoup de part, madame, au déplaisir que vous avez ; je vois bien que ce malheur ne pouvoit arriver en une plus malheureuse saison. La modération que je connois en votre esprit et la négligence que vous avez pour toutes les choses du monde me font espérer que vous aurez meilleur marché de cette affliction qu'une autre ; et que la perte de cinquante mille livres de rente qui sortent de votre maison², par où une autre plus intéressée que vous seroit principalement touchée, ne vous affligera que médiocrement. Mais, madame, je ne me puis résoudre de répondre par une lettre de consolation au plus obligeant poulet du monde : car la dernière partie de votre lettre ne se peut appeler qu'ainsi. Je vous supplie très-humblement, madame, soyez bien aise de m'avoir écrit aussi favorablement que vous avez fait. Car dans tous les ennuis que j'ai, j'ai reçu cette joie aussi sensiblement que si je n'avois point du tout de déplaisir, et je ne me puis estimer malheureux tant que j'aurai l'honneur d'être aimé de vous. Je suis si heureux et si

¹ Ceci est une raillerie de notre auteur. « Elle a l'honneur d'être une des plus grandes visionnaires du monde sur le chapitre de la mort, » dit Tallemant en parlant de Mme de Sablé. Lui et Mademoiselle (*Histoire de la Princesse de Paphlagonie*) font des récits incroyables de ses peurs et de ses imaginations continuelles (*Historiettes*, t. IV, p. 81). Cela faillit la brouiller une fois avec Mlle de Rambouillet. Voyez M. Cousin, *Mme de Sablé*, p. 16 et suiv.

² Par la mort de M. l'évêque de Cominges, son frère (**T.**). Cependant Mme de Sablé n'était pas autrement riche ; avec cela qu'elle n'était guère d'humeur à bien gouverner sa maison. L'amour, la *friponnerie* (bonne chère), la dévotion plus tard, lui prenant tout son temps.

hardi que je n'en doute point du tout : et mon bonheur est fort grand en cela, que le bien du monde que j'estime le plus, est celui que je crois posséder le plus assurément. Vous doutez si peu de moi, madame, que je sais bien que vous recevrez de meilleur cœur les assurances que je vous témoigne avoir de votre affection que celles que je pourrois donner de la mienne [1]; et vous qui souhaitez mon bien en toutes choses, ne sauriez rien désirer davantage pour moi, sinon que je croie que vous m'aimez. Ceux qui ont vu quel changement votre absence a fait en moi et quelle part de mon esprit vous avez emportée avec vous, vous pourront témoigner quelque jour, que je me rends en quelque sorte digne de cet honneur. Mais, madame, je ne puis m'empêcher de vous dire que M. Le Maître[2], qui vit avec quelle tendresse je vous dis adieu, se sera bien confirmé en l'opinion qu'il avoit[3], et qu'il croit bien voir un jour nos chiffres gravés ensemble sur les arbres de Bourbon. Au moins suis-je bien aise de ce qu'il a vu, que notre affection est bien reconnue et qu'elle est réciproque. Pour moi, madame, je vous dis encore ce dont je vous assurai, en partant, que je n'estimerai ni n'aimerai jamais rien tant au monde que vous, et que je serai toujours avec toute sorte de respect, madame, votre, etc.

[1] Voyez les *Doutes sur la langue française*, p. 259.

[2] Fermier de Bourgon, terre de Mme de Sablé (T.).

[3] Ces bonnes gens, qui ne croient pas qu'on puisse aimer que d'amour, voyant que Voiture se trouvoit mal, soit pour s'être levé trop matin, ou pour n'avoir pas mangé, prirent sa foiblesse pour une pâmoison amoureuse, cela lui étant arrivé devant Mme de Sablé (T.).

Post-scriptum inédit. — [Madame, M. de Chaudebonne m'écrit que Monsieur trouvera bon que je prenne un passe-port : cela et quelques affaires me retiendront ici encore quelque temps. Je vous remercie très-humblement des lettres que vous m'avez envoyées, et je ferai exactement tout ce que vous me commandez [1]].

Au bas de la lettre précédente était ce billet à Mlle de Chalais :

A MADEMOISELLE DE CHALAIS [2].

Mademoiselle, je n'aurois pas voulu vous mettre en hasard, non plus que madame, en vous faisant lire cette lettre. Mais je crois que les personnes qui ont pris de la teinture d'or [3] ne peuvent prendre de mauvais air. Pour moi, je prends tous les matins trente grains d'antimoine, et six yeux de ce poisson que vous savez [4]. Avec cela je puis aller partout sans rien craindre. Conservez-moi, s'il vous plaît, toujours l'honneur que vous me faites de m'aimer, car si cela vient à me manquer, je prendrois mon antimoine sans être préparé [5]. Je suis, mademoiselle, de tout mon cœur, votre, etc.

18. — A LA MÊME [6].

[A Paris, fin de 1631 [7]].

Madame, j'ai reçu avec votre lettre la plus grande joie que j'aie eue depuis que vous n'êtes plus ici. Si

---

[1] *Mss. de Conrart.*

[2] C'étoit une fille d'esprit qui étoit à elle, mais qui ne la servoit plus ; au contraire, Mlle de Chalais avoit une servante à elle (T.).

[3] Elle en avoit pris pour quelque incommodité de la jaunisse (T.).

[4] Des yeux d'écrevisse (T.).

[5] Il prenoit assez souvent de l'émétique (T.).

[6] *Mss. de Conrart*, p. 551.

[7] Cette lettre et les suivantes, adressées également à Mme de

vous vous souvenez avec combien d'amitié et d'esprit sont écrites toutes celles que vous me faites l'honneur de m'envoyer, vous n'en douterez pas et vous n'auriez pas l'opinion que vous avez de ma négligence, si la fortune n'avoit fait perdre la dernière que je vous ai écrite. C'est une perte qui vous doit toucher, puisqu'il y en avoit une aussi de Mlle de Rambouillet. Elle vous supplie de savoir de Mme de Saint-Amand[1], à qui elle s'adressoit, ce qu'elle est devenue, car elle en est en peine pour beaucoup de choses qu'elle vous mandoit. Pour moi, madame, je vous assure que je prends tant de plaisir à vous écrire, que je n'en trouve guère davantage à ne rien faire, et mes lettres se font avec une si véritable affection, que si vous les jugez bien, vous les estimerez davantage que celles que vous me redemandez. Celles-là m'étoient à charge et celles-ci me soulagent extrêmement. N'est-il pas vrai, madame, que je vous aurois fait grand dépit, si j'avois mis encore cinq ou six fois, celles-ci et celles-là, et que vous vous seriez étonnée de la nouveauté de ce style? Je l'ai pensé faire, pour voir ce que vous diriez, mais je n'ai plus envie de rire depuis que vous n'êtes plus ici. J'en serois parti il y a longtemps, si le changement de quelques affaires ne m'y avoit retenu. Ma

---

Sablé, ont été écrites vraisemblablement pendant l'hiver de 1631 à 1632, comme Voiture se préparait à aller retrouver Monsieur, qui, après son mariage avec la princesse de Lorraine (décembre 1631) avait rejoint la reine-mère à Bruxelles (janvier 1632).

[1] La femme de l'auteur du *Moïse sauvé*, vraisemblablement. Nous savons par Tallemant que ce dernier était un des habitués de l'hôtel de Rambouillet.

paresse est née sous la plus heureuse constellation qu'il est possible. Elle trouve toujours quelque prétexte à toutes les choses qu'elle ne veut pas faire, et j'ai remis de huit en huit jours mon partement, sans qu'il y ait de ma faute d'être demeuré jusqu'à cette heure. Je crois, madame, que vous ne trouverez pas cela étrange, vous qui y seriez encore, si le chariot des pestiférés ne vous en eût chassée. Mais je suis résolu de m'arracher de Paris dans dix ou douze jours : et je crois que je n'y aurai pas beaucoup de peine. Au moins la plus forte racine qui m'y tenoit fut ôtée le jour que vous en partîtes, et si quelque chose m'y pouvoit à cette heure retenir, ce seroit Mme et Mlle de Rambouillet, qui me disent tous les jours que je m'en dois aller. Je vous puis assurer, madame, sans pécher contre la franchise que je vous dois, que vous êtes aimée de ces deux personnes, autant que vous le sauriez désirer, et je les entends tous les jours parler de vous avec tant de tendresse, qu'une des choses que j'aime à cette heure autant en elles est l'affection qu'elles vous portent. Ne doutez donc non plus d'elles que de moi, et ne mettez point leur amitié entre les biens que vous pouvez perdre.

Je suis extrêmement aise de ce que vous avez assuré les autres qui ne sont pas de cette nature, et que vous ayez mis l'ordre que vous désiriez dans vos affaires. [Mais je crains que cela ne vous ait plus coûté qu'il ne vaut ; et ce que vous dites que vous avez achevé en un jour avec M. le marquis de Sablé, j'ai peur que vous n'y ayez mis un jour et une nuit]. Je vous remercie très-humblement de ce que parmi les vôtres, vous ne laissiez pas d'avoir soin des miennes. Dans la négligence que j'ai pour cela, il est nécessaire pour moi que je sache ce qu'il faut faire, de si bonne part que je n'y ose désobéir, et que je reçoive les avis d'une personne qui commande en conseillant. Ce qui me mettoit si en peine, et qui m'avoit retenu, est en meilleur état que je n'avois espéré, et je crois que nous y donnerons ordre moyennant quelque argent que nous contribuons pour cela. Mais je croirai en être sorti heureusement, s'il ne m'en coûte que cela. Et puis, madame, je me soucie moins que jamais d'avoir du bien, à cette heure que je suis assuré que vous en aurez. Au pis aller, avec les secrets que j'ai dans la chimie et dans la médecine, vous me pourrez bien retirer chez vous, et vous [me] ferez habiller en gentilhomme quand vous voudrez que je vous mène. Vous avez bien jugé que j'aurois besoin de votre faveur auprès de Mlle d'Attichy[1], et je vous supplie très-humblement, madame, de lui écrire pour moi. Je ne l'ai vue qu'une fois depuis votre partement. Cela, et ce que M. Nerli[2] lui aura pu dire, lui feront bien croire, comme j'espère, que vous recommanderez une personne qui ne vous est pas indifférente et qui vous est assez fidèle pour mériter ce soin-là de vous. Si elle le croit ainsi, je pense,

---

[1] Une jeune dame, belle et spirituelle, d'une sensibilité voisine de l'exaltation, Mlle Anna-Doni d'Attichy, depuis la comtesse de Maure (Cousin, *Mme de Sablé*). — Elle était fille du maréchal de Marillac et d'un commis d'Adjacetti, nommé Doni, qui se disait gentilhomme. Elle épousa depuis le comte de Maure, cadet du marquis de Mortemart, de la maison de Rochechouart.

[2] M. Le Maître, fermier de Bourgon (T.).

madame, qu'elle en jugera mieux que de beaucoup d'autres choses, car il est vrai (et pardonnez-moi, madame, si je ne vous le dis pas avec assez de respect) que je n'aime rien au monde tant que vous, et que je suis de tout mon cœur, madame, votre, etc.

Post-scriptum inédit.—[Mlle de Chalais est bien sage et bien discrète. J'avois toujours bien attendu cela de cette fille-là. Je vous supplie très-humblement, madame, de l'exhorter à continuer et à m'aimer toujours. Mais, madame, vous ne me dites rien de Mlle Arnou [1]].

19. — A LA MÊME [2].

[De Paris, au commencement de 1632].

Madame, j'ai admiré votre jugement en voyant le commencement de votre lettre : car il est vrai que vous avez vu plus tôt que moi un sentiment qui étoit caché dans mon cœur. Il me sembloit que j'avois une extrême hâte de partir. Mais quelque plaisir que j'aie d'avoir de vos nouvelles, j'avoue que quand j'ai vu Robineau [3], j'ai eu quelque frayeur de penser que je n'avois plus de prétexte de demeurer ici, et je crois que j'eusse été bien aise d'attendre encore sept ou huit jours cette joie. Cependant, madame, quelque déplaisir que je puisse avoir, j'en serois aisément consolé par le soin que vous avez de moi, et je suis extrêmement content de voir que vous avez plus écrit de lettres pour moi en une nuit, que vous n'en avez fait en quatre

---

[1] *Mss. de Conrart.*
[2] *Mss. de Conrart*, t. X, p. 559.
[3] Messager de Mme de Sablé, qui apportait à Voiture des lettres de recommandation pour les Flandres.

ans pour Mme Desloges¹ et pour Mme d'Aubigny². C'est sans doute la plus grande preuve d'affection que je pusse tirer de vous, principalement en la considérant avec la circonstance que vous m'écrivez; et je ne dois point douter que vous n'employassiez toutes choses à l'avancement de ma fortune, puisque vous y employez votre peine. Je reconnois cela, madame, avec ce cœur que vous savez que j'ai; et outre le contentement que je reçois en cela pour mon regard, j'en ai encore un extrême de voir que vous êtes aussi généreuse et aussi bonne amie que je l'ai toujours désiré. Aussi je vous jure que je suis si satisfait en cela de ma fortune, que je crois que je la négligerai aux autres choses, et que je mépriserai l'amitié des reines toutes les fois que je songerai que j'ai la vôtre. Soyez donc, s'il vous plaît, madame, extrêmement satisfaite de ce que vous avez fait pour moi, sans vous soucier de ce qui en réussira, ni du fruit que me produiront vos lettres. Et si vous les avez écrites pour me faire avoir du bien ou des honneurs, soyez assurée qu'elles ont déjà fait l'effet que vous avez désiré. Je ne manquerai pas de les donner

---

¹ Marie de Bruneau, dame des Loges, née vers 1585, morte le 1ᵉʳ juin 1641. — « Elle avoit, dit Tallemant, une conversation enjouée, un esprit vif et accort, et elle a été la première personne de son sexe qui ait écrit des lettres raisonnables. » Voyez son *Historiette*, t. IV, p. 211. — Balzac lui adressa plusieurs lettres. C'est elle qui dit une fois à Voiture, après un conte plaisant que celui-ci venait de faire : « Celui-là n'est pas bon ; percez-nous-en d'un autre. » Le manuscrit de Conrart (in-folio, t. 113) renferme une notice sur Mme des Loges, qui paraît avoir été écrite par une de ses filles.

² Elle alla depuis en Pologne avec la princesse Marie (T.).

avec l'ordre que vous me commandez. Vous avez bien fait, au reste, d'en excuser le style; car, sans mentir, ce jargon de Marfise, de Merlin et d'Alexis [1], me semble insupportable. Cependant je ne laisse pas de remarquer parmi tout cela beaucoup d'esprit et une merveilleuse adresse, et surtout une extrême envie de faire quelque chose pour moi. Je trouve extrêmement plaisant ce que vous dites à Mlle de Rambouillet, que si on n'y prend garde j'irois en Flandre comme j'irois à Vaugirard, et, à mon avis, ce mot-là tout seul vaut une bonne lettre. Il est vrai, madame, que sans le soin qu'on a eu de m'en avertir, je fusse allé avec le messager de Bruxelles; et, pour dire le vrai, je fais ce voyage avec tant de regret, que je ne puis m'imaginer que je dois craindre d'être arrêté; et sans Mme [du Tremblay [2]], je souhaiterois de passer le reste de l'hiver dans une chambre de la Bastille, pourvu qu'on me la donnât bien chaude. [Le Coigneux [3]] est tout à fait ruiné. M. de [Chaudebonne] étoit depuis quatre mois dans une étroite amitié avec lui et avec M. [de Bellegarde]. Vous pouvez juger, madame, qu'il n'en sera pas mieux, ni moi aussi. Mlle d'Attichy m'a promis des merveilles, et avec autant d'affection que vous auriez pu faire. Je vous assure que je n'ai pas mérité cela d'elle, et que je ne sais si je le pourrai mériter jamais.

[1] Ceux qui avoient suivi Monsieur écrivoient sous des noms inconnus (T.).

[2] Femme du gouverneur de la Bastille et belle-sœur du P. Joseph.

[3] La petite cour de Monsieur était remplie d'intrigues. Le Coigneux, qui était son chancelier, fut disgracié pour avoir tenté de s'opposer à son mariage avec la princesse de Lorraine. (Voyez *Historiettes*, t. V, p. 62.

Soyez en sûreté de Mme de Villeroy, et de toute autre chose. J'ai reçu tous vos avis, et je les garderai toujours. Mme et Mlle de Rambouillet vous aiment extrêmement. Je vous dis adieu, madame, les larmes aux yeux; et je vous assure que je vous aime autant que vous le méritez, et plus que vous ne sauriez l'imaginer.

20. — A LA MÊME [1].

[A Paris, même date.]

Madame, sans mentir, c'est une extrême ingratitude à vous de n'avoir pas pris la peine de me faire réponse; et c'est être paresseuse à un point qui ne se peut souffrir, que de l'être plus que moi. Quelque beau prétexte que j'eusse d'être six mois sans vous écrire, je n'ai pu laisser partir Robineau sans vous assurer qu'après tout cela je suis plus à vous que jamais. Il est vrai, madame, que vous ne me sauriez perdre, quelque négligence que vous ayez pour moi. Je voudrois bien quelquefois, comme Mlle de Chalais, me pouvoir sauver de votre service [2], et il y a bien ici quelques personnes qui se résoudroient à m'enlever. Mais je n'y puis consentir, et il me semble que ce seroit me perdre que de me sauver de la sorte. Mme de Rambouillet m'a commandé de vous dire que, sur le besoin qu'elle a cru que vous aviez d'une personne habile et adroite pour être en la place de celle que vous aviez perdue, elle vous a envoyé Mlle [Forestier], qui de bonne fortune n'avoit pas encore trouvé de condition. Elle croit que

---

[1] *Mss. de Conrart*, p. 569.
[2] Ce fut quand elle alla chez Mme de Kerveno; elle retourna après chez la marquise de Sablé (T.).

vous la recevrez comme une personne qu'elle vous a choisie, et l'a fait partir il y a deux jours [1]. Je ne vous aurois pas écrit cette raillerie, si on ne me l'avoit commandé; car, en vérité, madame, j'ai le cœur trop outré du peu de soin que vous avez de moi. Déchargez-le de cet ennui, s'il vous plaît, car il vous jure qu'il est tout à vous. Je suis, madame, votre, etc.

Post-scriptum. — J'étois prêt à partir, et tout résolu, quand les nouvelles du délogement de Monsieur [2] m'ont arrêté; je l'irai trouver dès que je saurai certainement où il est. Mais je vous supplie très-humblement, madame, que j'aie auparavant votre congé et une de vos lettres.

21. — A LA MÊME [3].

[De Paris, même date]

Madame, si vous ne vous souciez point de mon plaisir ni de mon repos, au moins ayez soin de ma fortune. Je suis sur le point de partir sans aucune remise, que jusqu'à ce que j'aie eu de vos nouvelles. Je crains que les lettres que vous m'aviez données ne soient trop vieilles. Si vous avez encore conservé quelque intelligence en ce pays-là, je crois qu'il seroit à désirer pour moi que vous m'en donnassiez d'autres, où vous prendriez occasion de parler en ma faveur, si vous le trou-

---

[1] « Tout cela se fit pour rire ; cette demoiselle n'étoit nullement son fait. C'étoit pour l'épouvanter : car cette demoiselle étoit une capricieuse et une querelleuse (T.).

[2] Gaston, durant son voyage à Bruxelles (du 28 janvier au 18 mai 1632), faisait de fréquentes absences par des motifs, soit de politique, soit de plaisir.

[3] *Mss. de Conrart.* t. X. p. 567.

vez à propos. Mais si vous ne le jugez pas ainsi, au moins sera-t-il bien que vous parliez pour vous, et que par vos lettres vous renouveliez les assurances de votre fidélité et de votre service; et cela, madame, sera toujours quelque sorte de recommandation pour moi. Je vous supplie très-humblement de me les envoyer avec toute la diligence possible, car je n'attends que cela pour partir. Je vous dis adieu, madame, avec tant d'affection et de tendresse, qu'il seroit encore plus dangereux que Nerli[1] vît celui-ci que l'autre; et je vous jure que j'ai plus de regret de m'éloigner de vous, que de quitter celle que je laisse ici. Aussi, madame, me serez-vous toujours plus considérable que tout le reste du monde; et si vous saviez de quelle sorte cela est, vous en seriez satisfaite, vous qui ne sauriez être contente, à moins d'avoir les cœurs tout entiers. Je vous dis ceci avec la même fidélité que les dernières paroles que je dirois en mourant. Il n'y aura jamais personne que j'aime, que j'honore, ni que j'estime tant que vous, et je serai toujours, madame, en quelque temps, et en quelque lieu que ce soit, votre, etc.

22. — A MADEMOISELLE DE RAMBOUILLET
(Sous le nom du roi de Suède[2]).

[Mars 1632.]

Mademoiselle, voici le lion du Nord et ce conqué-

---

[1] C'est ce M. Le Maître (T.). Voyez plus haut, page 63.
[2] *Mss. de Conrart*, p. 593. — Mlle de Rambouillet ayant témoigné en plusieurs rencontres qu'elle admiroit le roi de Suède et qu'elle s'informoit toujours de ses succès, on lui faisoit la guerre qu'elle l'aimoit. Un jour elle alla à l'hôtel de Condé avec un nœud de

rant dont le nom a fait tant de bruit dans le monde qui vient mettre à vos pieds les trophées de l'Allemagne, et qui, après avoir défait Tilly et abattu la fortune de l'Espagne et les forces de l'empire, se vient ranger sous le vôtre. Parmi les cris de joie et les chants de victoire que j'entends depuis tant de jours, je n'ai rien ouï de si agréable que le rapport qu'on m'a fait que vous me voulez du bien; et dès lors que je l'ai su, j'ai changé tous mes projets et arrêté en vous seule cette ambition qui embrassoit toute la terre. Cela n'est pas tant avoir retranché mes desseins, comme les avoir élevés. Car encore la terre a ses bornes, et le désir d'en être le maître est quelquefois tombé en d'autres âmes que la mienne; mais cet esprit qu'on admire en vous, et qui ne se peut mesurer ni comprendre, ce cœur qui est si fort au-dessus des sceptres et des couronnes, et ces grâces qui vous font régner sur toutes les volontés, sont des biens infinis que personne que moi n'a jamais osé prétendre; et ceux qui désireroient plusieurs mondes ont fait en cela des souhaits plus modérés que moi. Que si les miens peuvent réussir, et si la fortune, qui me fait vaincre partout, m'accompagne encore auprès de vous, je n'envierai pas à Alexandre toutes ses conquêtes, et je

---

diamants que le roi d'Espagne avoit donné à M. de Rambouillet, en son ambassade. Mme de Châteauroux y étoit qui alla s'imaginer qu'on avoit dit que c'étoit le roi de Suède qui avoit fait ce présent, préoccupée du bruit de cet amour. On rit beaucoup de cette bévue, et Voiture, qui le sut, fit travestir cinq ou six hommes en Suédois, qui vinrent en carrosse à l'hôtel de Rambouillet présenter le portrait du roi de Suède et cette lettre comme ambassadeurs envoyés par ce prince (T.).

croirai que ceux qui ont commandé à tous les hommes n'ont pas eu un empire de si belle étendue que moi. Je vous en dirois davantage, mademoiselle ; mais je vais à ce moment donner la bataille à l'armée impériale, et prendre, six heures après, Nuremberg [1]. Je suis, mademoiselle, votre très-passionné serviteur,

GUSTAVE-ADOLPHE.

23. — A MONSEIGNEUR LE CARDINAL DE LA VALETTE.

[A Paris, avril 1632.]

Monseigneur, quoique j'espère être dans quelques jours plus près de vous que je ne suis, je crois qu'il est à propos que j'en prenne congé dès cette heure, et que je vous die qu'enfin, après beaucoup de peine, je suis résolu d'aller trouver mon maître, voyant que je n'en ai plus ici. Selon que je puis entendre, ce n'est pas me mettre du côté des plus forts, et je ne crois pas que je le fortifie guère par ma présence. Au moins je vois bien, par l'exemple de M. de Lorraine, et le peu de secours qu'il a apporté aux affaires de l'empereur, que les grands hommes ne font pas toujours toutes choses, et qu'ils ont besoin de l'assistance des autres et de celle de la fortune. Tant y a, monseigneur, que je ferai toujours une grande action en sortant de Paris, et je crois qu'il faut autant de courage et de force pour quitter cette ville, que pour en prendre autant que le roi de Suède en tient en Allemagne. Il est vrai, monseigneur, qu'il y a moins de difficultés,

[1] Gustave-Adolphe entra à Nuremberg dans le courant de mars, ce qui permet de fixer approximativement la date de cette lettre.

à cette heure que vous n'y êtes pas, et j'avoue que la fortune m'a aidé beaucoup à m'y résoudre, en vous en tirant : car, sans mentir, je doute si j'eusse jamais pu en sortir, tant que j'eusse eu l'honneur de vous y voir et que j'eusse pu y demeurer avec un si beau prétexte que celui d'être auprès de vous. Mais, monseigneur, les personnes qui me pourroient ici donner de la joie, remettent toutes les leurs à votre retour, et tous les desseins de bals et de comédies se diffèrent jusques à ce temps-là. Je ne sais pas, monseigneur, si c'est votre absence ou celle de la cour qui ôte quelque chose de leur gaieté; mais je vous assure que je ne leur vois plus rien faire de bon cœur, que quand elles parlent de vous. Dans un si grand nombre des plus aimables personnes du monde, dont vous possédez l'affection, je n'ai garde de croire, monseigneur, que la mienne vous puisse être considérable. Mais il me semble que je serois ingrat si je m'empêchois de vous dire que les grâces que j'ai reçues de vous, ont fait en moi l'effet qu'elles doivent en un cœur bien reconnoissant, et qu'entre tant d'hommes à qui vous avez fait du bien, il n'y en a point qui soit tant que moi, votre, etc.

24. — A MADEMOISELLE PAULET [1].

[De Bruxelles, mai 1632.]

Mademoiselle, je vous remercie très-humblement de ce que vous ne vous plaignez point de moi ; et je vous assure aussi que vous en avez moins de raison que qui que ce soit au monde. Je m'étonne de ce que

---

[1] *Mss. de Conrart*, p. 699.

vous dites que les personnes qui me font l'honneur de m'aimer [1] me blâment de ma paresse, et qu'elles-mêmes en ont tant qu'elles me font reprocher cela par un [2] autre. En l'état où je suis, il seroit bien plus raisonnable de m'envoyer des consolations que des plaintes; et ce ne sont guère ceux qui sont affligés, qui sont bannis et qui perdent leurs biens, qui divertissent les autres. En disant ceci, ne croyez pas, s'il vous plaît, que je me plaigne de cette rare personne que son mérite et son peu de santé mettent au-dessus de toutes sortes de devoirs [3]. Mais celles qui écrivent de gaieté de cœur, et seulement pour dire des gentillesses [4], ne sont pas, ce me semble, excusables, de ne m'avoir pas fait cet honneur. Je vous assure qu'il n'y eut jamais une tristesse pareille à la mienne, et si j'osois écrire des lettres pitoyables, je dirois des choses qui vous feroient fendre le cœur. Mais, pour vous dire le vrai, je serai bien aise qu'il demeure entier, et je craindrois que, s'il étoit une fois en deux, il ne fût partagé en mon absence. Vous voyez comme je me sais bien servir des jolies choses que j'entends dire. Mais vous, mademoiselle, de qui je tiens celle-ci, et

---

[1] Mme la Princesse, Mlle de Bourbon, le cardinal de la Valette, M., Mme et Mlle de Rambouillet et quelques autres, pour pouvoir avoir des nouvelles de Voiture qui avoit suivi Monsieur, se servirent de Mlle Paulet pour entretenir commerce, sans qu'on les soupçonnât de rien. Outre cela, Voiture étoit un peu féru de la dame (T.).

[2] Var. *une* (*Mss. de Conrart*).

[3] Mme de Rambouillet.

[4] Mlle de Rambouillet, Mme de Sablé et les autres amies de l'hôtel de Rambouillet.

dont je n'oublie pas un bon mot, deux ans après que je l'ai ouï dire, ayez soin de m'en demander quelques-uns, puisque j'en sais si bien profiter, et envoyez-moi quelques paroles dont je me doive souvenir aussi longtemps que de celles-là. Toutes celles que j'ai vues jusqu'ici de votre part sont si indifférentes, qu'elles n'ont rien diminué de mon ennui, et je vous supplie très-humblement de m'en envoyer qui aient plus de vertu, vous qui savez donner aux vôtres toute celle qu'il vous plaît [1]. Sinon, je croirai que cette réconciliation si précipitée, qui fut faite si peu de temps devant mon départ, fut fausse, et qu'il n'y a eu rien de sincère en vous que votre froideur et votre indifférence [2]. Vous pouvez juger s'il est possible que je vive avec cette imagination, et si vous n'êtes pas la plus méchante personne du monde, si vous me mettez en ce hasard. Je vous conjure d'avoir plus soin de moi. Car vous y êtes extrêmement obligée, puisqu'il est vrai que je suis plus que jamais, mademoiselle, votre, etc.

Post-scriptum. — Après avoir écrit cette lettre, il m'a semblé qu'il y avoit cinq ou six dragmes d'amour. Mais il y a si longtemps que je n'en ai parlé, que je n'ai pu m'en retenir, et puis je suis si petit, que vous savez bien qu'il n'y a pas de danger en moi. [Je vous envoie une lettre que je vous supplie très-humblement, mademoiselle, de bailler au gentilhomme

---

[1] *Var.* qui vous plaît (*Mss. de Conrart*).

[2] Mlle Paulet et Voiture se brouillèrent souvent. La dernière querelle, suivie cette fois d'une rupture complète, eut lieu après le retour de Flandres. Voyez Tallemant, *Historiettes*, t. IV, p. 41.

que vous appelez votre serviteur ¹, et qui me fit l'honneur de pleurer quand je lui dis adieu. Monsieur partit d'ici mardi ². J'étois déjà à cheval pour partir avec lui ; mais mon cheval de bagage s'estropia en sortant à vingt pas de mon logis. Ainsi, sans dire adieu à M. de Chaudebonne, qui étoit à trois cents pas devant moi, j'ai été contraint de demeurer ici. J'en espère partir dans trois ou quatre jours avec M. de Jouy et plusieurs autres qui sont demeurés]. Au reste, cet homme dont vous me parlez est mort, il y a longtemps ³ : il ne reste qu'à l'enterrer ; mais on le laisse là par négligence.

25. — A LA MÊME ⁴.

Du port Digoin, sur la Loire, le 27 juin [1632 ⁵].

Mademoiselle, ce fut un grand bonheur pour moi de recevoir votre lettre devant que de partir de Bruxelles et de recevoir tant de consolation à la veille d'avoir tant de peine. Depuis, je n'ai eu aucun déplaisir, quoique j'aie eu beaucoup de mal. Car je ne veux pas qu'il

¹ Le cardinal de la Valette qui l'appeloit en riant : *ma maîtresse* (T.).
² 18 mai 1632.
³ M. de Chaudebonne (T.). — Ceci est dit par plaisanterie.
⁴ *Mss. de Conrart*, p. 701.
⁵ Voyez l'Introduction. — Parti de Dijon le 22 juin, Gaston coucha le 23 à Couches, le 24 au mont Saint-Vincent, le 27 à Digoin, le 28 à Vichy ; le 29 il passa l'Allier, et séjourna jusqu'au 6 ; le 6, il vint coucher à Artonne, près Riom ; le 7, à Vouroi, où il demeura quatre jours ; le 11, à Orsay, le 13 au Bourget, d'où il se dirigea vers Albi, Castres et Milhau (*Gazette de France*. — De Pézénas, le 29 juillet 1632).

soit dit qu'un homme dont vous avez soin puisse être malheureux, et j'aurois honte que la fortune eût sur moi plus de pouvoir que vous. J'ai cheminé douze jours sans m'arrêter, depuis le matin jusqu'au soir. J'ai passé par des pays où le blé est une plante rare, et où l'on conserve les pommiers avec autant de soin que les orangers en France. Je me suis trouvé en des lieux où les plus vieilles personnes ne se souviennent pas d'avoir jamais vu de lit; et pour me rafraîchir, je me trouve à cette heure dans une armée, où les plus robustes sont fatigués. Cependant, je vis encore et je ne vois ici personne qui se porte mieux que moi. Je ne sais pas à quoi attribuer une force si extraordinaire, qu'à l'effet de votre lettre, et il me semble que je suis comme ces hommes qui font des choses surnaturelles, après avoir avalé un billet. En arrivant, je me suis fait enrôler, par la faveur de M. de Chaudebonne, dans une compagnie de cravates, et je vous puis dire, sans vanité, mademoiselle, qu'il n'y a personne qui y fasse mieux que moi. Je n'ai point pourtant encore enlevé de femme ni de fille, pour ce que je me suis trouvé las du voyage et que je n'étois pas en trop bonne consistance; et tout ce que j'ai pu faire, a été de mettre le feu à trois ou quatre maisons[1]. Mais je me fortifie tous les jours, et je suis plus déterminé qu'il n'est possible de croire. Tout de bon, je suis tout autre que vous ne m'avez vu; et telle personne s'est sauvée autrefois de mes mains qui ne m'échapperoit

---

[1] Les mémoires du temps contiennent de tristes récits des excès que les soldats de Gaston commirent en France tout le long de leur route.

pas à cette heure. Je crois, pourtant, quelque méchant que je me fasse, que vous ne croyez pas que je le sois tant, et que vous ne pensez pas que l'on me doive beaucoup craindre, et mêmement vous, mademoiselle, puisque vous savez bien que vous avez toute sorte de pouvoir sur moi, et que je suis de tout mon cœur, votre, etc.

Post-scriptum. — Mademoiselle, en partant de Bruxelles j'envoyai quelques tableaux à celui qui vous doit donner cette lettre. Je le priai de vous les porter, et je vous supplie très-humblement, mademoiselle, de les donner à la personne, à qui vous jugez que je les envoie, et de lui dire que c'est une partie de mon pillage, et que je lui donne cela en rabattant sur ce que je lui dois de la mourre [1].

26. — A LA MÊME [2].

De Vouroy, ce 10 juillet [1632].

Mademoiselle, vous auriez plus souvent de mes nouvelles, si je pouvois; mais pour l'ordinaire, nous arrivons en des lieux où l'on trouve plus aisément toute autre chose, que de l'encre et du papier. Et puis

---

[1] Il avoit joué à la mourre avec Mlle de Rambouillet (T.). Les éditions postérieures à l'édition de 1656, annotée par Tallemant, portent : *de l'amour.* J'ai préféré l'autre variante, comme étant plus dans le goût de Voiture. — Quant à la *mourre*, c'est un jeu que les Italiens ont emprunté des Latins, et qui consiste à deviner à l'improviste combien l'adversaire a levé ou baissé de doigts : *dignus est quicum in tenebris mices.* De *micare* on a fait *micatura*, et de *micatura* mourre (*Menagiana*).

[2] *Mss. de Conrart,* p. 703.

il faut écrire avec tant de retenue qu'étourdi comme je suis, je ne prends jamais la plume que je ne tremble de peur d'en trop dire, et que je ne fasse d'étranges efforts pour m'en empêcher. Même à cette heure, je meurs d'envie d'écrire des choses qu'il est plus à propos de taire, et que peut-être vous-même ne trouveriez pas trop bonnes. Car il me souvient que par votre dernière vous m'avez défendu de parler d'amour : et il faut que je vous obéisse quelque peine que j'y aie. Et je ne puis pourtant, mademoiselle, que je ne vous dise que, quelque autre passion que j'aie pour la guerre, il y en a quelque autre qui est bien plus forte en moi, et que je connois que nos premières inclinations sont toujours les maîtresses. Nous ne trouvons rien qui nous résiste. Nous nous approchons tous les jours du pays des melons, des figues et des muscats, et nous allons combattre en des lieux où nous ne cueillerons point de palmes qui ne soient mêlées de fleurs d'oranges et de grenades. Mais je vous assure que je quitterois volontiers ma part de toutes nos victoires pour avoir l'honneur d'être à cette heure à vos pieds, et que j'estimerai toujours moins le titre de conquérant que celui de votre, etc.

Post-scriptum inédit. — [Je vous assure que j'aime toujours tout ce que je dois aimer, mieux que jamais [1]].

---

[1] Mme de Rambouillet, *e tutte quante.*

27. — A MADEMOISELLE DE RAMBOUILLET [1].

[Juillet 1632 [2].]

Mademoiselle, je n'ai garde de trouver rien à redire à votre prudence, puisqu'elle est jointe avec tant de bonté, et qu'elle ne s'emploie pas moins à pourvoir aux biens des autres, qu'aux vôtres mêmes. J'avoue que je me fusse étonné d'être le premier malheureux que vous eussiez abandonné, et que vous eussiez fait sur moi l'apprentissage de cette vertu impitoyable, qui n'a encore pu compatir avec votre générosité. Aussi puisque les actions qui se font avec péril sont plus estimées que les autres, il ne faut pas toujours chercher toute sorte de sûreté à bien faire, et vous êtes, ce me semble, mademoiselle, particulièrement obligée d'avoir soin des misérables, puisqu'avec des paroles seulement, vous pouvez changer [3] leur condition. Celles que vous m'avez fait l'honneur de m'envoyer ont fait en moi tout l'effet que vous pouvez imaginer, et je n'ai été depuis tourmenté de rien, que du regret de ne pouvoir témoigner le ressentiment que j'en ai. Il est vrai, mademoiselle, que lorsque vous ne voulez pas être méchante, vous êtes la plus accomplie personne du monde, et la bonté qui est si aimable en tous les sujets où elle se trouve est beaucoup plus estimable en vous, en qui elle est mieux accompagnée

---

[1] *Mss. de Conrart*, p. 611.

[2] Cette lettre ne porte point de date ; peut-être était-elle jointe à la précédente.

[3] Changer au sens actif, c'est-à-dire « faire changer. »

qu'elle ne fut jamais en personne. Je n'eusse pas tant différé à vous remercier très-humblement de celle qu'il vous a plu avoir pour moi, si j'en eusse trouvé l'occasion, et je mets cette lettre entre les mains de la fortune, sans voir comme elle pourra passer au travers de tant de difficultés et de feux qui nous entourent. Je crois pourtant qu'elle sera assez heureuse pour ne se point perdre, puisque c'est à vous qu'elle s'adresse, et que vous ne manquerez pas de la recevoir par ce bonheur que vous dites que vous avez en toutes les petites choses. J'en aurois ici beaucoup à vous dire qui ne sont pas petites, et que je voudrois bien que vous sussiez. Mais je crois que vous voulez que je sois prudent aussi bien que vous, et que je n'écrive rien qui soit sujet à être expliqué. Cependant, quoique nous soyons du parti contraire, je crois que je puis dire sans crime qu'il n'y a personne dans le nôtre que je suivisse si volontiers que vous, et que je serai toute ma vie, avec toute sorte de respect et de véritable estime, votre, etc.

28. — A M. DE CHAUDEBONNE[1].

A Madrid, ce 11 septembre 1632.

Monsieur, si je meurs, votre philosophie vous consolera assez. Mais je crois que ce sera avec quelque

---

[1] Chaudebonne était de la maison du Puits-Saint-Martin, de Dauphiné, et le meilleur des amis de Mme de Rambouillet, dit Tallemant. Ce fut lui qui, après avoir introduit Voiture dans le grand monde, le fit entrer chez Monsieur, à qui il était lui-même. Au retour des Flandres, il se jeta dans la dévotion; il commençait à en prendre le chemin dès les Pays-Bas. Voyez lettre 66.

peine, et qu'il y a longtemps que la Fortune ne vous a rien fait perdre qui vous fût si cher. Je pense qu'il seroit bien mal à propos que je vous donnasse ici des assurances de mon affection. Vous connaissez mon cœur comme celui qui l'avez fait en partie, et vous savez les obligations que je vous ai. Cela étant, il est impossible que vous ne voyiez bien que vous l'avez tout entier. Je reconnois, monsieur, que c'est à vous à qui je dois le meilleur de ma vie, et à qui j'espère devoir la résolution que j'aurai à la mort. Si j'en viens jusque-là, comme il est assez douteux, je vous supplie très-humblement de consoler mon père autant que vous pourrez, et dire adieu pour moi à toutes mes amies, que je quitterai avec quelque sorte de regret. Je vous supplie aussi très-humblement de vouloir reconnoître pour moi les obligations que j'ai à M. de Puylaurens. Pour ce qui est de l'amitié que vous avez pour moi, je vous prie de la continuer toujours : car c'est une chose que je ne me puis résoudre de perdre, même en quittant le monde. Adieu, monsieur, je suis comme vous savez, votre, etc.

29. — A MADEMOISELLE PAULET [1].

[De Madrid, novembre 1632.]

Mademoiselle, il ne manque à vos fortunes que d'avoir été criminelle d'État, et voici que je vous en fais naître une belle occasion. La fortune qui n'a pas accoutumé d'en perdre pas une de vous mettre en jeu, ne manquera pas peut-être à se servir de celle-ci. Je

---

[1] *Mss. de Conrart*, p. 711.

vois bien que je vous mets en quelque péril en vous écrivant, sans que cette considération m'en puisse empêcher. Par là vous pouvez juger qu'il n'y a rien que je ne hasardasse pour vous faire souvenir de moi, puisque je vous hasarde vous-même, vous que je tiens chère et précieuse ¹ entre toutes les choses du monde. Je vous dis ceci, mademoiselle, en un temps où je ne voudrois pas mentir, même dans un compliment. Car, afin que vous le sachiez, j'ai su extrêmement profiter de la maladie que l'on vous aura dit que j'ai eue. Elle m'a fait prendre de bonnes résolutions; que si je ne les avois pas, je les voudrois acheter de toute ma santé. Je vois bien que vous vous rirez de ceci, vous qui connoissez ma foiblesse, et que vous ne croirez pas que je garde de simples résolutions, moi qui ai rompu tant de vœux. Il est vrai pourtant que j'ai vu jusqu'ici toutes les Espagnoles, comme si c'étoit encore les Flamandes de Bruxelles, et que j'espère d'être homme de bien au lieu du monde, où il y a de plus grandes tentations, et où le diable se met sous de plus agréables formes. Dans cette grande réformation, il ne me reste qu'un scrupule; c'est qu'il me semble que je pense trop souvent en vous, et que je désire avec trop d'impatience d'avoir l'honneur de vous revoir. En modérant toutes mes affections je n'ai pu encore réduire celle que je vous porte au point où il nous est permis d'aimer notre prochain, c'est-à-dire autant que nous-mêmes, et je crains que vous n'ayez plus de part en mon âme qu'il ne faudroit en donner

---

¹ *Var.* « [Laquelle, sans mentir], je tiens, etc. »

à une créature. Voyez, s'il vous plaît, mademoiselle, quel remède il y a à cela, ou plutôt quelle excuse il y a pour le défendre : car, de remède, je crois qu'il n'y en a point, et qu'il est impossible que je ne sois pas toujours avec toute sorte de passion, mademoiselle, votre, etc.

30. — A LA MÊME [1].

[De Madrid, décembre 1632.]

Mademoiselle, à un si grand malheur que le mien, il ne falloit pas une moindre consolation que celle que vous m'avez donnée, et j'ai reçu votre lettre comme une grâce que le ciel m'envoyoit après ma condamnation. Je ne saurois pas appeler d'un autre nom que celui-là la nouvelle qui m'a contraint de revenir ici [2], et je vous assure qu'il y a beaucoup d'arrêts de mort qui sont moins rigoureux. Mais, au milieu de tous mes maux, il me seroit mal de me plaindre, puisque j'ai l'honneur d'être dans votre souvenir; et l'on se peut, ce me semble, passer des faveurs de la fortune quand on est si heureux que d'avoir des vôtres. Ce sera donc par cette raison que je me consolerai de demeurer ici, et non par celle que vous dites, qu'il vaut mieux être exilé en pays étranger que d'être captif en sa patrie. Vous ne voyez que la moitié de mon malheur, si vous ne considérez que je suis l'un et l'autre tout ensemble; et si vous y songez bien, vous trouve-

---

[1] *Mss. de Conrart*, p. 713.
[2] La nouvelle de la dernière sortie de Monsieur (12 novembre). Voyez la *Gazette de France*, sous la rubrique de Madrid, le 20 décembre 1632.

rez que deux choses, qui semblent incompatibles, se rencontrent en moi, d'être banni et prisonnier en même temps. Vous aurez de la peine, mademoiselle, à entendre cette énigme, si vous ne vous souvenez que j'ai accoutumé de parler un peu d'amour en toutes mes lettres. Que si, comme vous le dites, je dois avoir ici quelque liberté, que je n'aurois pas en France, je vous supplie très-humblement que ce soit celle-là; et trouvez bon que je vous assure qu'il y a beaucoup de passion dans l'affection que j'ai de vous servir [1]. Je serois trop ingrat si pour une personne qui fait des choses si extraordinaires pour moi, je n'avois qu'une amitié ordinaire : et tout au moins je dois être amoureux de votre générosité. L'on m'a mandé l'obligation que j'avois à un gentilhomme, et à une dame [2] à qui j'en ai déjà beaucoup d'autres, et le soin qu'ils ont d'envoyer quelquefois savoir de mes nouvelles. Pour tous les autres, ils sont demeurés dans un si profond silence, qu'il y a six mois que je ne les ai pas seulement ouï nommer; je ne sais si c'est oubli ou prudence, et, pour dire vrai, je ne vois guère de chose en cela. Encore me semble-t-il être plus excusable de ne rien dire à une personne dont on ne se souvient point, que de s'en souvenir et ne lui en donner aucun témoignage. Je vous laisse à juger, mademoiselle, quel lustre cela donne à ce que vous avez fait pour moi, et combien je vous suis obligé de m'avoir écrit une

---

[1] Voyez *Doutes sur la langue française*, p. 72.

[2] Sans doute Mme de Rambouillet et le cardinal de la Valette. Voiture ne les nommait pas toujours, de peur de les compromettre, en cas qu'il arrivât malheur à ses lettres.

grande lettre en un temps où les autres ne m'oseroient pas faire une recommandation. Aussi je vous jure que, si je ne puis reconnoître cette bonté comme je voudrois, je la loue au moins et l'estime comme elle mérite, et que je suis autant qu'il m'est possible, mademoiselle, votre, etc.

31. — A MONSIEUR GOULAS,

Conseiller et secrétaire des commandements de S. A. R. monseigneur le duc d'Orléans.

De Madrid, ce 15 janvier 1633.

Monsieur, j'implore votre secours, si tous mes autres amis m'ont oublié, et je vous fais souvenir que vous m'avez appris autrefois que cela ne vous arriveroit jamais. Je suis retourné en ce lieu pour y attendre les commandements de monseigneur, et il me semble que je suis reculé en un bout du monde, d'où personne n'a soin de me tirer. Je vous supplie très-humblement de me faire savoir, si vous ne l'avez déjà fait, ce que l'on ordonne que je fasse. Ayez, s'il vous plaît, cet avantage sur M. de Chaudebonne, et faites voir que le plus homme de bien de la terre, et qui aime le mieux ses amis, n'est pas si exact à les suivre (*sic*) que vous. Outre qu'il vous en reviendra quelque gloire, je reconnoitrai cette obligation comme je dois, et il me semble que je la reconnois déjà en quelque sorte, puisque je vous écris, et que je ne lui écris point. Mais, puisque son amitié est si endormie, je voudrois bien la réveiller avec un peu de jalousie, et je serois bien aise qu'il sache que je suis avec toute sorte de passion, et autant que personne du monde, monsieur, votre, etc.

Post-scriptum. — Monsieur, je ne crois pas que vous soyez si malheureux que de ne connoître point M%%mc%% la comtesse de Barlemont, et que vous ayez perdu tant de temps à Bruxelles. Je vous supplie très-humblement de me permettre de l'assurer ici, qu'en quelque lieu que je me sois trouvé, elle a toujours été dans mon esprit comme la plus illustre femme que j'aie jamais vue, et qui mérite le plus d'être aimée, honorée et servie.

32. — A MONSIEUR DE CHAUDEBONNE [1].

[De Madrid, février ou mars 1633.]

Monsieur, je vous écrivis il y a douze jours [2], et vous remerciai de deux lettres qu'enfin j'ai reçues de vous. Si vous saviez le contentement qu'elles m'ont apporté, vous auriez regret de ne m'avoir pas écrit davantage, et de ne m'avoir pas donné cette consolation en un temps où j'en avois tant besoin. Madrid, qui est le plus agréable lieu du monde pour les sains et les débauchés, est le plus ennuyeux pour les gens de bien et pour les malades; et à cette heure que le carême empêche les comédies, je ne sache pas qu'il y ait un seul plaisir dont on puisse jouir en conscience. L'ennui et la solitude où je me suis trouvé ont fait au moins en moi un bon effet : car ils m'ont réconcilié avec les livres que j'avois quittés depuis quelque

---

[1] *Mss. de Conrart*, p. 905.

[2] Cette lettre manque, de même que beaucoup d'autres.

temps, et ne trouvant point ici d'autres plaisirs, j'ai été contraint de choisir celui de la lecture. Préparez-vous donc, monsieur, à me voir quasi aussi philosophe que vous, et imaginez-vous combien doit avoir profité un homme qui, durant sept mois, n'a fait autre chose que d'étudier ou d'être malade. Que s'il est vrai qu'une des principales fins de la philosophie est le mépris de la vie, il n'y a point de si bon maître que la colique, et Socrate ni Platon ne persuadent pas si puissamment; elle m'a donné depuis une leçon de dix-sept jours dont il me souviendra longtemps, et m'a fait considérer beaucoup de fois combien nous sommes foibles, puisqu'il ne faut que trois grains de sable pour nous abattre. Que si elle me fait être de quelque secte, ce ne sera pas de celle qui maintient que la douleur n'est point un mal, et que le sage est toujours heureux. Mais quoi qu'il arrive, monsieur, je ne saurois être ni l'un ni l'autre sans être auprès de vous; et rien ne me peut tant aider pour tous les deux que votre exemple et votre présence. Je ne saurois pourtant dire quand je sortirai d'ici, et, attendant de l'argent, et des hommes qui viennent par la mer, j'ai peur d'y demeurer plus que je ne voudrois : car ce sont deux choses qui ne viennent pas toujours à point nommé. Je vous supplie donc très-humblement de ne me pas oublier si longtemps que vous avez fait, et de me témoigner, en me faisant l'honneur de m'écrire, que vous reconnoissez la vraie affection avec laquelle je suis, monsieur, votre, etc.

33. — A MONSIEUR LE MARQUIS DU FARGIS[1].

Madrid, ce 18 mars 1633.

Monsieur, j'ai une extrême satisfaction de mon jugement, d'avoir toujours cru que vous ne m'aviez pas oublié, quelque apparence que je visse du contraire, et de ce que ma mauvaise fortune ne m'a pu obliger à avoir seulement un soupçon de vous. J'ai toujours rejeté sur elle les manquements que l'on pouvoit croire venir d'ailleurs ; et en un temps où elle sembloit me vouloir priver de toutes les choses qui m'étoient les plus chères, je pouvois bien croire qu'elle m'empêcheroit de recevoir de vos lettres. De sorte, monsieur, que je n'ai point usé de cette rigoureuse justice avec laquelle vous dites que je vous pouvois condamner ; et je serois bien fâché d'avoir si légèrement fait le procès à une personne qui a partout tant de témoins de sa générosité et de sa vertu, et contre qui il n'y a dans le monde que le cardinal de Richelieu qui puisse avoir cette volonté. Je vous avoue pourtant que, quelque foi que j'eusse en vous, j'ai été extrêmement aise de voir des preuves de ce que je croyois, et quoique l'honneur que vous m'avez fait de m'écrire, et le témoignage que vous me donnez de votre amitié, ne m'ait pas rendu plus assuré, il m'a rendu plus content. Si cette joie pouvoit être augmen-

---

[1] Charles d'Angennes, seigneur du Fargis, comte de la Rochepot, cousin-germain du marquis de Rambouillet, homme de cœur, d'esprit et de savoir, dit Tallemant, mais d'une légèreté étrange. Il était à Monsieur, et le suivit. Sa femme était dame d'atours de la reine (1629), et remplit constamment auprès d'elle le rôle de conciliatrice. Voyez Tallemant, *Historiettes*, t. II, p. 237.

tée par quelque chose, c'est par les assurances qu'il vous plait me donner des bonnes grâces de M. de Puylaurens [1]. Je sais, monsieur, que vous avez assez de part dans son esprit pour pouvoir répondre de ses inclinations, et vous savez avec quelle passion je désire de pouvoir mériter la sienne. Aussi quand je lis dans votre lettre ce que vous me mandez, que vous avez donné ordre pour ma subsistance pour un temps de deçà, et que je ne vois point d'ailleurs de quelle sorte vous y avez pourvu, ni par quel moyen, j'interprète cela, que vous avez jugé que l'assurance d'être aimé de deux si excellentes personnes suffisoit pour me rendre heureux, et que cet honneur pouvoit suspendre tous mes maux pour un temps.

L'on attend ici avec impatience MM. de Lingendes [2]; et vu les grandes tempêtes qu'il a fait et le long temps qu'ils mettent à arriver, j'en serois en peine, n'étoit que l'on m'a dit qu'ils avoient été pris par les Hollandois, et que cela leur a fait perdre un mois de temps. Le comte-duc m'a témoigné qu'il importeroit extrêmement qu'ils fussent ici et qu'il regrettoit fort que l'on perdît tant de temps, pour ne pas savoir ce que Son Altesse désire. Selon que je puis juger, il a autant d'envie que jamais de servir et de faire assister Son Altesse, et montre en cela beaucoup de passion. Je crois, monsieur, que vous donnerez avis de ceci à M. de Puylaurens, à qui je n'en écris rien, parce que la lettre

[1] Voyez la lettre suivante.
[2] M. de Lingendes avait précédé Voiture à Madrid en qualité d'envoyé spécial de Gaston. Lui et du Fargis faisaient seulement l'*intérim*.

que je lui envoie étoit déjà fermée, n'ayant vu le comte-duc qu'hier au soir. Je n'oserois, ni ne puis sortir de ce lieu devant l'arrivée de MM. de Lingendes; mais dès qu'ils seront ici, et que l'ordre que vous dites que l'on a donné en ma faveur aura produit quelque effet, rien ne m'y sauroit retenir; et, usant du choix que vous me faites l'honneur de me mander que l'on me laisse, je partirai d'ici en diligence, et irai, monsieur, vous rendre moi-même les grâces très-humbles que je vous dois pour tant d'obligations que je vous ai. Je sais qu'au moins pour les premiers jours, ma conversation ne vous sera pas ennuyeuse, et que vous aurez du plaisir à m'entendre dire combien vous êtes ici estimé et aimé de tout le monde, et quelques particularités que je réserve à ce temps-là. Je souhaite qu'il arrive bientôt, et que je vous puisse assurer, mieux que je ne puis faire ici, avec combien de passion je suis, monsieur, votre, etc.

34. — A MONSIEUR DE PUYLAURENS [1].

De Madrid, ce 13 mars 1633.

Monsieur, j'ai reçu la lettre que vous m'avez fait l'honneur de m'écrire avec plus de joie que je n'en

[1] Puylaurens (Antoine de Large, duc de), d'une famille noble de Languedoc, favori de Gaston, le suivit dans ses deux retraites en Lorraine et à Bruxelles. Il eut une grande part à son accommodement avec la cour, en 1634; Richelieu le combla de biens et d'honneurs, et lui fit épouser une de ses nièces, Mlle de Pontchâteau, après l'avoir fait duc et pair en cette considération. Le cardinal croyait l'engager par là dans ses intérêts et obtenir de lui qu'il portât son maître à ne pas soutenir la validité de son mariage avec Marguerite de Lorraine; mais l'ayant trouvé ferme sur un point

espérois jamais avoir ici. Et moi, à qui il reste tant d'autres choses à désirer, qui suis éloigné de tant de chemin du lieu où je me souhaite, qui me vois ici languissant, et qui n'en puis sortir sans de grandes difficultés, j'ai été en repos de tout quand j'ai vu que vous aviez soin de moi. Que si, comme vous dites, j'ai quelque part dans votre amitié, je trouve que ce bonheur me doit tenir lieu de tous les autres, et que ceux à qui vous avez donné des biens et des honneurs n'ont pas été si bien partagés que moi. C'est, je vous assure, monsieur, la seule consolation que j'ai reçue en ce pays, auquel le peu de santé que j'ai toujours eue ne m'a pas permis d'être capable d'aucun divertissement, et où je n'ai point vu de femmes que sur le Prade ou sur le théâtre. Ainsi, sans me faire de violence, je pourrai demeurer d'accord avec vous de ce que vous dites au préjudice des dames de Madrid, en faveur de celles de Bruxelles, et devant que leur présence ou la vôtre semble m'y obliger, je souscris dès cette heure à tout ce que vous sauriez penser à leur avantage. L'innocence, la jeunesse et la beauté, pour lesquelles vous dites que vous les estimez, sont des qualités que l'on n'a jamais ici vues ensemble et qui ne sont pas même si communes où vous êtes, qu'elles ne me laissent lieu de deviner le sujet pour qui vous prenez ce parti avec tant de passion [1]. Que si d'aventure c'est la même personne que j'imagine, j'irois, monsieur, contre mon inclination et mon juge-

auquel il attachait tant d'importance, il le fit arrêter (14 février 1635) et jeter à la Bastille, où il mourut la même année.

[1] La princesse de Chimay, dont il étoit amoureux (T.).

ment, si je n'étois pas de votre avis : je vous avoue que quand Xarife, Daraxe et Galiane [1] reviendroient encore au monde, l'Espagne n'auroit rien qu'elle lui pût opposer. Les artifices dont elles usent deçà [2] et les illusions avec lesquelles elles se font paroître ce qu'elles ne sont pas, ne sauroient représenter rien de si beau, et le blanc même d'ici n'est pas si blanc qu'elles. Les plus parfaites beautés qui y soient ne se peuvent pas plus comparer à la sienne, que le bronze et l'ébène à l'or et à l'ivoire, et entre les beaux visages d'ici et le sien, il y a la même différence qu'entre une belle nuit et un beau jour. De sorte, monsieur, que moi, qui ai dit beaucoup de fois qu'il n'y avoit que les dames espagnoles qui méritassent d'être aimées, je confesse qu'une seule de la cour où vous êtes suffit pour les vaincre toutes, et que l'unique avantage qu'elles aient sur celles de delà, c'est qu'elles savent être plus amoureuses. Encore je doute que ceci soit bien universellement vrai, et si la même fortune que vous avez partout ailleurs vous accompagne en Flandre, vous aurez appris à quelques-unes à ne leur céder pas même en cela. Mais ce discours se doit réserver à la confidence que vous me promettez, quand je serai auprès de vous, l'espérance de laquelle redouble l'impatience que j'avois de mon retour. Je vous supplie donc très-humblement, monsieur, de vous souvenir de cette promesse, et prenez garde, s'il vous plaît, que la multitude de vos aventures ne vous en fasse oublier pas une circonstance. Pour moi, au

[1] Héroïnes des romans ou des chansons de chevalerie.
[2] *Deçà*, de ce côté des Pyrénées.

lieu que tous ceux qui vous approchent songent à leur fortune et vous demandent des charges ou des pensions, je ne désirerai jamais aucune chose de vous avec tant d'affection que l'honneur de votre entretien, et je ne crois pas que vous me puissiez rien donner qui vaille davantage. Je sais que c'est un bien dont vous êtes moins libéral que de tous les autres, et qu'il y a bien peu de personnes à qui vous en fassiez part volontiers. Mais la passion que j'ai pour toutes les vôtres me doit faire être de ce nombre, et l'extrême fidélité avec laquelle je serai en toutes occasions, monsieur, votre, etc.

35. — AU MÊME.

De Madrid, ce 6 avril [1633].

Monsieur, cet homme que vous pensiez avoir délivré d'Espagne n'a pu encore sortir de Madrid, et la fortune ne m'a pas été en cela si favorable que vous. Quelque contraire que je l'aie, je souffre patiemment le mal qu'elle me fait, quand je songe au bien que vous me voulez, et j'estime beaucoup plus d'être de vos amis que des siens, sachant que vous les savez mieux choisir et mieux conserver. Il semble qu'elle ait arrêté les vents pour moi seul, et que la mer soit navigable pour toutes sortes de personnes, si ce n'est pour MM. de Lingendes[1]. L'impatience avec laquelle je les attends me donne tant d'inquiétude, que je vous assure, monsieur, que mes maladies ne m'ont pas

---

[1] Ils n'arrivèrent à Madrid que vers le milieu de mai. Voyez la *Gazette de France*, sous la rubrique de Madrid, le 14 mai 1633.

tourmenté davantage. En cette occasion, souvent je me ressouviens de vous, et ne puis m'empêcher de souhaiter cette tranquillité d'esprit que j'ai admirée autrefois lorsque, sur le penchant d'une des plus importantes affaires du monde, je vous ai vu avec le même visage que toujours, et moins empêché que pas un, en une chose où vous aviez plus de soin et d'intérêt que tous les autres. En cela, monsieur, j'avoue que je vois une différence infinie entre votre âme et la mienne; mais cette même considération qui me fait connoître ma foiblesse semble aussi en même temps l'excuser, puisqu'il est vrai que le désir d'être auprès de vous et d'y remarquer de semblables actions, fait une grande partie de l'impatience que j'ai de me voir hors de ce lieu. Quand j'en serai sorti par votre moyen, je mettrai cette obligation entre les plus considérables que j'aie d'être toujours, monsieur, votre, etc.

36. — A MADEMOISELLE PAULET [1].

De Madrid, [mars 1633].

Mademoiselle, j'avois beaucoup plus d'intérêt que vous que les richesses que vous m'avez envoyées ne tombassent pas en d'autres mains que les miennes. De tous les biens qui me sont restés, il n'y en a point que j'aimasse mieux perdre que ceux que vous me faites, et je me passerai de tous les autres tant que je jouirai de ceux-là. Si les pierres que vous m'avez données ne peuvent rompre les miennes, elles m'en feront au moins porter la douleur avec patience; et il me semble que je ne me dois jamais plaindre de ma

---

[1] *Mss. de Conrart*, p. 705.

colique, puisqu'elle m'a procuré ce bonheur. Je ne puis pourtant m'empêcher de vous dire que cette générosité vous a pensé coûter bien cher, et qu'il ne s'en est guère fallu que ces pierres n'aient été des pierres de scandale pour vous. Celui avec qui je demeure [1] sait que vous me faites l'honneur de m'écrire, depuis que je lui fis voir le billet où vous lui faisiez vos baise-mains. J'étois avec lui lors que vos lettres me furent rendues. Il reconnut ou devina votre écriture en voyant le dessus, et je ne niai pas que ce n'en fût. J'eus la curiosité de voir premièrement un papier qui me sembloit plus pesant que les autres; et, l'ayant ouvert, j'en tirai en sa présence un bracelet le plus brillant et le plus galant qui fût jamais. Je ne vous puis dire combien je fus surpris de trouver une chose que j'attendois si peu de vous, et de voir que j'eusse été si peu discret en la première faveur que vous m'avez faite. Je devins plus rouge que le ruban que vous m'aviez envoyé, et celui devant qui j'étois prit un visage aussi sévère que si c'eût été [Mlle d'Attichy [2]] qui me l'eût donné. Mais ayant vu votre lettre, je trouvai que ce qui paroissoit être une faveur étoit un remède, et que le bracelet n'étoit pas envoyé à un galant, mais à un malade. Quoi que vous disiez, mademoiselle, il me semble que je suis extrêmement bon :

---

[1] Le comte de Maure, envoyé à Madrid par la reine-mère, comme Voiture par Monsieur (T.). — Le comte de Maure avait suivi Marie de Médicis lors de sa sortie de France. Voyez *Archives de Simancas.*

[2] Mlle d'Attichy, dont le comte de Maure étoit amoureux, et qu'il épousa depuis (T.).

car moi, qui donnerois tout ce que j'ai au monde, et que vous eussiez fait pour moi une galanterie comme celle-là, j'eus du contentement en ce rencontre que ce n'en fût pas une, et fus bien aise de me trouver moins heureux, et que vous parussiez moins coupable. Ainsi pour ce coup l'éjade[1] a eu pour vous un effet que vous n'attendiez pas d'elle, et sa vertu a défendu la vôtre qui étoit accusée, et prête, ce me semble, d'être jugée bien rigoureusement. Après cela je ne la puis tenir que bien précieuse, et venant de si bonne main j'ai une grande foi en elle.

J'avois besoin de ce remède en un pays où il n'y en a point d'autre, et où l'on doit plutôt attendre du secours des pierres que des hommes. Que s'il vous souvient d'une particularité que l'on nous a dite autrefois de ce lieu, vous plaindrez bien davantage ceux qui ont la colique. Quand vous ne saurez pas ce que je veux dire, je n'en serai pas fâché : car, pour un homme qui a pu imaginer un moment que vous l'aviez favorisé, ce discours n'est pas trop galant. Je vous dirai seulement, mademoiselle, que vous êtes extrêmement obligée d'avoir soin de moi. Car, outre que vous avez eu le même mal, je vous apprends que pour cette fois le mien vient de la même cause, et que les médecins de Madrid me donnent les mêmes conseils que nous ont donnés autrefois M. Grange et M. de Lorme[2]. Dans

---

[1] L'éjade paraît être une sorte de pierre précieuse (*Note de M. de Monmerqué*).

[2] Charles de Lorme, premier médecin de Henri IV et de Louis XIII, mourut en 1678, âgé de quatre-vingt-quatorze ans. Balzac lui a adressé plusieurs lettres.

vos plus sombres humeurs, vous n'avez jamais été plus solitaire, plus farouche ni plus inhumaine que je le suis ici. Vous ne sauriez vous imaginer combien la vie que j'y fais est différente de la mienne passée; et vous vous étonnerez quelque jour quand je vous dirai que j'ai passé huit mois sans parler à une femme, sans gronder, sans disputer, sans jouer, et, ce qui est plus étrange, sans me chauffer une seule fois. Cela est épouvantable seulement à raconter. J'ai souffert un hiver plus perçant que celui de France, en un lieu où l'on ne voit point de robe de chambre, ni de cheminées, et où l'on ne fait jamais de feu, sinon pour le gain d'une bataille ou la naissance d'un prince. Dans cette misère, j'ai souhaité souvent le feu de l'hôtel de Rambouillet, et regretté le temps que je refusois d'être le cyclope d'une plus aimable personne [1] que celle qui gouverne leur maître. Il faut être bien savant pour entendre ceci. Mais si vous devinez celle dont je veux parler, je vous supplie très-humblement, mademoiselle, de me permettre de l'assurer ici que je l'honore avec plus de passion que jamais, et que je me consolerois de mon absence, si je croyois qu'elle eût fait en elle le même effet qu'en moi. Car, sans mentir, elle a redoublé l'affection que j'ai eu de tout temps de la servir, et m'ayant fait oublier tous les dépits qu'elle m'a faits, je ne me souviens plus que des excellentes qualités qui la rendent aimable et admirable. Quelque mine que je fasse, il m'étoit toujours resté sur le cœur quelque chose contre elle; et ce n'a été qu'en ma der-

[1] Mlle de Rambouillet lui disoit qu'il raccommodât le feu et il n'en vouloit rien faire (T.).

nière maladie que je lui ai pu pardonner le tour qu'elle me fit une fois en votre présence, lorsqu'elle me pensa tuer avec une aiguière d'eau [1]. Mais, à cette heure, j'ai changé tous les désirs de vengeance en souhaits de la voir, de l'honorer et de la servir; et s'il y a quelque personne au monde que j'aime plus qu'elle, c'en est seulement une qu'elle aime aussi plus qu'elle-même [2]. Pour celle-là, je lui garderai toujours dans mon esprit et dans mon estime un rang tout particulier. Elle n'aura jamais dans mon affection de compagne ni de pareille, non plus qu'elle n'en a point dans le monde, et si je ne vous aimois que d'amitié, j'avoue que je ne vous aimerois pas tant qu'elle.

Ne froncez pas le sourcil pour cela, et ne trouvez pas étrange que je n'évite pas dans mes lettres les choses qui vous peuvent choquer, puisque vous n'avez pas cette considération pour moi dans les vôtres. Car quel besoin étoit-il de me dire de ces deux personnes [3] qu'elles ont fait des connoissances nouvelles qui leur pourroient faire oublier les anciens amis? Et à quel propos mettre cela à la fin de la plus obligeante lettre du monde? Si mon mal se pouvoit guérir, comme la fièvre quarte, par une grande appréhension, cette

[1] Il ne craignoit rien tant que d'être mouillé, et Mlle de Rambouillet lui jeta un jour une aiguière d'eau sur la tête (T.).

[2] Mme de Rambouillet.

[3] M. Godeau (T.). — Il faut ajouter Chandeville, « grand garçon bien fou, et neveu de Malherbe, c'est-à-dire versificateur. » Il s'appelait Éléazar de Sarcilly, sieur de Chandeville; né en 1611, mort en 1633. On a de lui quelques vers insérés dans le *Recueil de diverses poésies des plus célèbres autheurs de ce temps* (Paris, 1651, in-12).

malice pourroit être bonne à quelque chose, et encore vous serois-je peu obligé, quand vous m'auriez guéri de la colique, en me donnant de la jalousie. Voyez donc, s'il vous plaît, à me mettre en repos là-dessus. Car, sans mentir, cela a troublé le mien, et j'en ai moins bien dormi depuis. J'avois déjà quelque disposition à cette crainte, non pas que je doute aucunement de la bonté de ces dames; mais je songe souvent quelle dangereuse chose c'est qu'un grand éloignement. En un mot, mademoiselle, il n'y a que vous dont je me doive assurer; car, pour résister à une si longue absence, ce n'est pas assez d'être constante, il faut encore être opiniâtre. Mais puisque vous m'avez fait la faveur de me mettre au nombre de vos amis, je sais bien que mon malheur ne vous en fera pas dédire, et que vous ne voudriez pas que la fortune vînt à bout d'une chose qu'autrefois tant de bons religieux et tant de gens de bien n'ont pu faire. Que s'il y a quelque autre personne qui me fasse l'honneur de m'aimer, je jouis de ce bonheur avec crainte, et comme d'un bien que je puis perdre, et dont le temps m'ôte, peut-être, tous les jours quelque chose. Vous me dites que la maîtresse de la vôtre ne m'a pas oublié [1]. Je ne sais si je pourrois déchiffrer cela. Votre maîtresse, n'est-ce pas une demoiselle qui a les yeux fort éveillés, et le nez un peu retroussé [2], fine, fière, dédaigneuse, glorieuse et civile, bonne et méchante, qui gronde souvent et qui néanmoins plaît toujours, qui est fort

---

[1] Mlle Brosse étoit à Mme la Princesse. Mlle Paulet appeloit cette demoiselle *ma maîtresse* (T.).

[2] Cela est dit pour rire : elle l'avoit crochu (T.).

honnête fille et qui a une mère qui l'étrangle [1], et que j'aimai une fois depuis Bagnolet jusqu'à Charonne ? Si c'est celle-là, sa maîtresse [2], sans mentir, mérite de l'être de tout le monde, et j'ai soutenu huit mois durant, dans cette cour, qu'il n'y a rien sous le ciel de si beau ni de si bon qu'elle. Tous mes déplaisirs ensemble ne m'ont pas été si sensibles que le sien, et j'ai répandu beaucoup de larmes où elle a eu la plus grande part. Aussi faut-il avouer que cela est étrange et bien digne de pitié, que sa naissance ait été si heureuse, et que sa vie le soit si peu, et qu'une personne ait eu ensemble toutes les grâces et toutes les disgrâces du monde. Je reçois l'honneur qu'elle me fait avec tout le respect et toute la joie que je dois ; et je prie Dieu qu'il la console comme elle console les autres. Cette bonté devroit faire beaucoup de honte à cette dame, sur qui l'on trouva une fois trois poux [3]. Mais il me semble que votre maîtresse vous est trop fidèle de ne me rien dire ; et que, sans me donner sujet de jalousie, elle me pouvoit faire quelque compliment. Vous avez grand soin de m'assurer de l'amitié de votre serviteur [4]. Si ce n'est le même que je pense, je ne trouverois guère bon que vous vous en souvinssiez tant. Mais celui-là mérite toutes choses, et il n'y a rien que je lui puisse envier. Pour

[1] Cette mère étoit le mal de mère (T.). Voyez le *Dictionnaire de Trévoux*, au mot *mère*.

[2] Madame la Princesse.

[3] Mme Aubry étoit la plus propre personne du monde, et à cause qu'on trouva un jour trois poux sur elle, on lui en faisoit la guerre (T.).

[4] M. de Pisani (T.).

Mme de Clermont¹, quand vous ne m'en diriez aucune chose, je ne laisserois pas d'être assuré qu'elle me fait l'honneur de m'aimer ; connoissant sa charité, comme je fais, je ne puis douter de son affection, et c'est assez d'être du nombre des affligés pour être de celui de ses amis.

Dans la joie que je reçois de l'honneur que me font tant de rares personnes, j'ai une extrême tristesse de voir que vous ne me dites rien d'un homme² dont vous savez que le souvenir m'apporteroit une grande consolation. Je sais bien, mademoiselle, que ce n'est pas votre faute, et que c'est-à-dire que vous n'avez aucune autre chose à m'en faire savoir. Il n'y a rien dans mon malheur qui me touche davantage que cela, ni que j'aie tant de peine à souffrir. J'ai peur qu'il ne trouve pas bon que je parle de lui. Mais cette considération, ni pas une autre, ne me sauroit obliger à être ingrat, ni empêcher que je ne publie partout où je me trouverai, qu'il n'y a point d'homme au monde qui mérite plus que ses amis l'aiment et que ses ennemis l'estiment.

Si M. le comte de Guiche³ est à la cour, permettez-moi, s'il vous plaît, que je le supplie très-humblement de songer quelquefois à moi, et de donner un exemple

---

¹ La marquise de Clermont-d'Entragues (Louise Luillier, dame de Boullencourt, etc.), amie particulière de Mlle Paulet, qui mourut chez elle, en Gascogne (1651). M. de Grasse (Godeau) vint exprès de Provence pour assister la mourante à ses derniers moments, et adressa une épître sur sa mort à Mme de Clermont.

² Le cardinal de la Valette (T.).

³ Voyez plus bas, lettre 129.

de sa constance en aimant une personne si éloignée et si inutile. J'eus l'autre jour du plaisir en trouvant Mlle de Montausier dans la gazette [1]. Mais il me semble qu'il seroit plus raisonnable que le damoiseau [2] y fût, et, selon que je le connois, je ne croirois pas que la renommée de mademoiselle sa sœur dût aller plus loin que la sienne. Je voudrois bien qu'il sût que je suis toujours son très-humble serviteur, et que je lui souhaite tout le bonheur et toutes les belles aventures qu'il mérite. J'excepte pourtant une demoiselle [3] pour qui je l'ai craint autrefois, et j'assure ici celle-là même qu'elle sera la plus ingrate du monde, si jamais elle m'oublie pour qui que ce soit ; car, sans mentir, la passion que j'ai pour elle est au delà de tout ce qu'elle en sauroit penser. Que si après cela elle la paye d'une trahison, j'emploierai quelque jour le fer et le poison pour me venger. Vous ne sauriez deviner, mademoiselle, celle de qui je veux parler, et c'est un secret trop important pour le confier à personne : je vous supplie seulement de faire voir cet endroit à Mlle du Pin [4]. Mais je m'accoutume à faire de longues

---

[1] Elle étoit à Rome avec Mme de Brassac (sa tante), dont le mari étoit ambassadeur ; elle étoit nommée en quelque nouvelle de cérémonie (T.). — Catherine de Montausier, mariée d'abord au marquis de Lenoncourt, et en secondes noces au marquis de Laurières, de la maison de Pompadour.

[2] M. le marquis de Montausier, qui fut tué depuis dans la Vatteline. Son frère, depuis duc de Montausier, n'était alors que le marquis de Salles. Il paraît que le marquis de Montausier fut blessé de ce surnom de *damoiseau.* Voyez la lettre qui lui est adressée.

[3] Mlle Aubry (T.).

[4] Mlle du Pin, parente de Mme Aubry (T.). — Elle s'appelait

lettres et j'ai peur de vous lasser : cependant, il me reste encore mille choses, et je me fais une extrême violence de me contenter de vous dire que je suis, mademoiselle, votre, etc.

37. — A MADEMOISELLE PAULET[1].

[De Madrid, mars 1633].

Mademoiselle, je reçus, il y a un mois, une lettre que vous me faisiez l'honneur de m'écrire du 20 janvier. Le dernier ordinaire m'en a apporté une autre du 26 du mois passé ; et j'ai eu avec toutes les deux beaucoup de papier qu'il vous a plu m'envoyer. Vous pouvez juger qu'il n'est pas raisonnable, quoi que vous disiez, que je réforme les louanges que je vous donne, ni que je commence à dire moins de bien de vous, lorsque j'en reçois le plus. Je ne pus pas répondre à la première, parce que j'étois malade au temps que le courrier partit ; et comme les joies des misérables ne durent guère, le lendemain que je l'eus reçue ma colique me reprit, à laquelle je ne songeois plus, et je payai avec dix-sept jours de douleur un jour de contentement. Mme de Clermont me fait un honneur

---

Angélique, et était sœur naturelle de Gédéon Tallemant, le maître des requêtes. Tallemant, l'auteur des *Historiettes*, en parle en plusieurs endroits, notamment t. IX, p. 97. Voyez également le *Voyage de Chapelle et de Bachaumont*.

> Mais cette agréable du Pin,
> Qui dans sa manière est unique,
> A l'esprit méchant et bien fin,
> Et si jamais Gascon s'en pique,
> Gascon fera mauvaise fin.

[1] *Mss. de Conrart*, p. 719.

que je ne saurois mériter, et je ressens, comme je dois, l'extrême obligation que je lui ai. Mais je ne croirai pas qu'elle m'aime tant qu'elle dit, ni que j'aie beaucoup de part en ses prières, si je continue à avoir si peu de santé et si peu de fortune. C'en est une, au reste, pour moi, plus grande que je ne saurois jamais espérer, que la dame, que vous savez que je mets toujours au-dessus de toutes les autres [1], veuille avoir soin de ce qui me regarde. Il n'y a point d'oracle que je tienne plus certain que sa prévoyance, et je reçois ses conseils et ses commandements, comme s'ils me venoient du ciel. Quoique je ne trouve point dans mon esprit d'assez haute place pour elle, je la puis assurer que je l'y ai tenue toujours présente dans tout ce qui m'est arrivé. Elle m'a souvent consolé dans mes plus sensibles déplaisirs, et la partie de mon âme où elle étoit a été exempte des troubles et des désordres où mes misères m'ont mis. Je la révère comme la plus noble, la plus belle, et la plus parfaite chose que j'aie jamais vue. Mais tout le respect et toute la vénération que j'ai pour elle ne peuvent empêcher qu'avec cela je ne l'aime tendrement, comme la meilleure personne qui soit au monde. J'avoue que mademoiselle sa fille n'est guère moins bonne, s'il est vrai, comme vous dites, mademoiselle, qu'elle se souvienne de moi. Je voudrois bien payer en quelque sorte cet honneur; mais il me semble que ce n'est pas assez d'un cœur pour madame sa mère et pour elle, et que, quand l'une a pris

---

[1] La marquise de Rambouillet (T.).

sa part, il en reste trop peu pour l'autre. La faveur que me font trois si excellentes personnes me soulage de toutes mes peines, et m'en donne quand et quand¹ une nouvelle, de ne pouvoir jamais m'en rendre digne, ni témoigner, comme je voudrois, le ressentiment que j'en ai. Puisque cela mérite des grâces infinies, je vous supplie très-humblement, mademoiselle, d'employer les vôtres, et cette éloquence qui vous est si naturelle, pour les remercier ; et assistez-moi en ce besoin, vous qui m'êtes toujours si secourable.

Quand je songe que vous et elles me faites l'honneur de vous ressouvenir de moi, je m'étonne qu'étant si heureux en cela, je sois si malheureux d'ailleurs, et qu'il puisse arriver tant de mal à un homme qui a tant d'anges tutélaires. Je n'ai encore pu résoudre lequel est le plus grand, du bonheur d'en être aimé ou du malheur d'en être absent, et je trouve qu'il n'y a personne que l'on puisse tant envier que moi, ni que l'on doive tant plaindre. J'ai encore plus de raison de dire ceci, si je ne me trompe point, en lisant votre lettre. Et s'il est vrai que la dame ², dont vous défendez tant la générosité sans que l'on l'accuse, m'ait fait l'honneur de m'écrire, je reçois doucement toutes les réprimandes que vous me faites sur ce sujet. Je vous supplie pourtant de croire que mon dessein n'a pas été de me plaindre particulièrement d'elle. Mais n'ayant reçu des recommandations que de deux ou trois personnes, je me plaignois en

---

¹ Quand et quand, *ensemble, en même temps.* (*Dict. de Trévoux.*)
² Mlle de Rambouillet (T.).

général de toutes les autres, de qui je n'avois pas ouï un mot depuis que je suis ici. Il est vrai qu'elle auroit, ce me semble, plus de tort que pas une, elle qui a la plus grande mémoire du monde, d'en manquer seulement pour ses amis; et sa pensée ayant passé beaucoup de fois les Pyrénées pour Alcidalis, et pour imaginer en Espagne des personnes qui n'y furent jamais [1], j'aurois sujet de m'étonner qu'elle ne songeât pas à celles qui y sont et qui sont à elle. Que si elle m'a fait l'honneur que vous dites, elle a beaucoup passé mon espérance, et fait bien davantage pour moi que je n'eusse osé demander. Mais cela ayant été, c'est une perte à laquelle je ne me puis résoudre. Je sais, mademoiselle, que sans que je vous en dise rien, vous imaginerez bien avec quel regret je la souffre. Mais vous qui prenez la peine de m'envoyer les lettres de Balzac, et la copie de toutes les belles choses, vous ne devriez pas, ce me semble, oublier celle-là. J'ai vu avec beaucoup de plaisir ce qu'on lui a envoyé sur la mort du roi de Suède [2], et je suis bien aise de voir que les beaux esprits lui rendent toujours l'hommage et la reconnoissance qu'ils lui doivent. Le sonnet m'a semblé fort beau et la lettre fort galante [3]. J'y ai remarqué que celui qui l'a fait

---

[1] La scène du roman d'*Alcidalis* se passe en Espagne.

[2] Gustave-Adolphe périt à Lutzen, le 6 novembre 1632.

[3] Le sonnet et la lettre sont de M. d'Andilly (T.). Ils se trouvent l'un et l'autre dans les *Mss. de Conrart*, t. XIV, p. 49. Godeau s'escrima de son côté. C'était bien longtemps faire durer une assez méchante plaisanterie. Mlle Paulet avait grand soin d'envoyer toutes ces belles choses-là à Voiture, en Espagne.

devoit bien connoître l'humeur de la personne à qui il écrivoit, puisque ayant perdu un amant, il ne lui en dit pas un mot de consolation. De bonne fortune pour nous, elle est plus tendre pour ses amis, et puisqu'elle se souvient de celui qui est le moindre des siens, et qui même ne sauroit jamais mériter ce nom, tous les autres sont en sûreté. Pour moi, quoi que j'aie ouï dire quelquefois à cet homme que vous dites qui est si sévère[1], et pour qui je n'ose rien mettre ici, j'ai cru qu'il étoit impossible qu'une personne qui fait naître de l'amitié en tous ceux qui la voient n'en eût point en elle, et qu'ayant reçu tant d'excellentes qualités de madame sa mère, elle n'eût point une des plus belles, d'être la meilleure amie du monde. Vous voyez, mademoiselle, comme je me sais corriger des fautes dont vous me reprenez. J'ai cru les avoir réparées par ce que je viens de dire, et avoir satisfait aux reproches que vous me faisiez, de vous louer à son préjudice. J'ai mieux aimé me dédire de ce que j'avois pensé d'elle, que de ce que j'avois dit de vous, et il m'a été plus aisé d'augmenter ses louanges que de retrancher les vôtres.

J'ai reçu votre Judith[2] de fort bon cœur; je dis de fort bon cœur, pour ce qu'elle le mérite, et aussi pour l'amour de vous; car je pense que vous aimez particulièrement cette histoire, et que vous êtes bien aise de voir une action de sang et de meurtre approuvée dans l'Écriture. Je n'ai pu m'empêcher en la lisant de m'imaginer que je vous voyois tenant une épée dans une

[1] M. de Chaudebonne (T.).
[2] Ouvrage de Godeau (T.).

main, et la tête de M. de [Saint-Brisson ¹] dans l'autre. Vous me dites que celui qui l'a faite est le même qui a traduit les Épîtres de saint Paul. Vous ne songez pas, mademoiselle, qu'une personne qui a eu tant de maladies et de déplaisirs doit avoir perdu la mémoire de beaucoup de choses, principalement occupant tout ce qui lui reste en des sujets où elle est si bien employée. Vous m'avez mis en une pareille peine dans une autre lettre, en me disant que votre serviteur m'a fait ses recommandations. Quel moyen de deviner cela? D'abord je me suis imaginé que c'étoit un cardinal ², et puis un docteur en théologie ³ ; après j'ai pensé que ce pourroit être un marchand de la rue Aubry-Boucher ⁴, ou un commandeur de Malte ⁵, un conseiller de la cour ⁶, un poëte ⁷, ou un prévôt de la ville ⁸, et il n'y a pas une condition de gens où je

---

¹ M. de Saint-Brisson, amoureux de Mlle Paulet (T.). Voyez note 8.

² Le cardinal de la Valette.

³ Il se nommoit Dubois ; on l'appeloit vulgairement le fastidieux M. Dubois (T.).

⁴ Bodeau, marchand linger. C'est lui qui, à l'entrée du roi, au retour de la Rochelle, s'avisa, étant capitaine de son quartier, d'habiller tous ses soldats de vert, parce que le vert étoit de la couleur de sa belle. Sa femme étant venue à mourir, il se remaria avec une personne qu'il voulut à toute force, parce qu'elle avoit de l'air de Mlle Paulet. *Historiettes*, t. IV, p. 13.

⁵ Le commandeur de Sillery (T.).

⁶ C'est pour augmenter les diverses conditions, dit Tallemant ; celui-là étoit pour faire le compte.

⁷ Bordier, poëte royal pour les ballets, un impertinent qui la pensa faire devenir folle (T.). Voyez lettre 51.

⁸ Saint-Brisson Séguier, un gros dada qui, tous les matins, de-

n'aie trouvé quelque sujet de douter. Que si d'aventure c'est un jeune gentilhomme fort blond et fort blanc, et qui a extrêmement de l'esprit [1], rien ne me pouvoit arriver qui me donnât plus de contentement que le témoignage qu'il me rend de se souvenir de moi, et je tâcherai toute ma vie à mériter son affection par mes très-humbles services. Dans quelque pauvreté que je sois, je voudrois qu'il m'eût coûté mille écus, et pouvoir jouer une partie à la paume avec lui. Cela n'eût pas été impossible, si on m'eût laissé la liberté de suivre mon avis : car j'avois résolu assurément de retourner par Paris, et vous m'eussiez pu voir un de ces jours de la religion de M. d'Aumont [2]. Mais je me soumets et j'obéis, quoique avec assez de peine. Je ne puis dire assurément quand je partirai d'ici, si dans un mois, dans deux, ou dans trois. J'y ai dit à un homme l'obligation qu'il vous avoit de votre souvenir [3]. Il vous remercie très-humblement, et m'a donné charge de vous dire qu'il est votre très-humble serviteur. Nous tenons notre ménage en-

---

mandait *l'avoine*; son valet de chambre l'appelait ainsi. Il y avait un vaudeville :

> Et le gros Saint-Brisson
> Dépense plus en son,
> Que Guillaume en farine (T.).

[1] M. de Pisani.

[2] Étant amoureux en Flandres, il partit de Paris en habit de Minime pour aller voir sa dame. Sa sœur, Mme de Chappes, le reconnut, en ayant eu soupçon à son cheval qui étoit des plus beaux et à sa bonne mine. Il étoit fort propre et le mieux botté de la cour. C'est lui de qui l'on conte de si plaisantes visions (T.). Voyez les *Historiettes*, t. II, p. 66.

[3] Le comte de Maure (T.).

semble, et vivons dans la plus grande amitié qu'il est possible. J'en demande pardon à la dame que vous savez[1], et je lui laisse à juger, elle qui s'entend à l'avenir, ce que cela me promet, et si je ne pourrai pas être quelque jour en bonne subsistance[2], aussi bien que lui.

Voici, mademoiselle, une grande lettre, à laquelle vous n'avez que la moindre part, et où je n'ai rien dit de ce qui me touche le plus. Voilà ce que c'est de ne point répondre aux galanteries que je vous écris, de m'envoyer des lettres où vous ne me parlez que de vos amies et ne me dites quasi rien de vous. Quelque dessein pourtant que j'eusse de m'en venger, je ne puis m'empêcher de déclarer ici que je redis pour vous seule toutes les paroles d'estime et d'affection que j'ai dites pour chacune d'elles, et que je suis tout d'une autre sorte, mademoiselle, votre, etc.

38. — A LA MÊME[3].

[De Madrid, avril 1633.]

Mademoiselle, vous devez croire plus que personne que le changement de pays n'en a point apporté en mon esprit : car je vous assure qu'il n'y en aura jamais en moi pour ce qui vous regarde. Si vous pensez que j'ai des affections à tous prix, croyez aussi que ces prix-là sont justes et proportionnés à la valeur des personnes. Tant que je suivrai cette règle, vous devez être assurée que je n'aurai point de passion plus vio-

---

[1] Mlle d'Attichy.
[2] Ce mot étant un jour échappé au comte de Maure au sens qu'il est ici, Voiture en railla (T.).
[3] *Mss. de Conrart*, p. 715.

lente que celle de vous servir. Si cela est selon la raison, il n'est pas moins selon mon inclination, et vous devez croire que je ne m'empêcherai jamais de vous aimer, vous qui dites tant que je ne me saurois contraindre et que je ne suis point prudent en tout ce qui est de mon plaisir. Je n'en ai point, je vous jure, de plus grand qu'à vous honorer et à m'imaginer souvent toutes les bontés et les beautés que je connois en vous. Quoique les présents que vous me faites soient empoisonnés, je les reçois de fort bon cœur et je recevrai toujours de même tout ce qui me viendra de votre part. J'ai été bien aise, mademoiselle, de trouver ma justification dans les mêmes pièces par lesquelles on me pensoit convaincre. Ces deux arcs de couleur noire, dont il est parlé dans les Stances du Garçon [1], montrent qu'elles n'étoient pas pour la de-

---

[1] Ces vers où il trouve sa maîtresse travestie en garçon (T.). Voici le passage auquel il est fait allusion :

> Sur un front blanc comme l'ivoire,
> Deux petits arcs de couleur noire
> Étoient mignardement voûtés ;
> D'où ce dieu qui me fait la guerre,
> Foulant aux pieds mes libertés,
> Triomphe sur toute la terre.

Mais, avec tout cela, cet endroit de la lettre de Voiture n'en reste pas moins obscur pour nous. Là où le commentaire de Tallemant ne dit rien, nous sommes réduits aux conjectures les plus vagues et les plus hasardées. Je crois voir que Mlle Paulet lui faisait son procès au sujet de ces stances, dont, sans doute, une copie lui était parvenue, et qu'elle l'accusait de les avoir composées pour une demoiselle qu'elle lui nommait. Quelle est cette demoiselle à qui le vers,

> Deux petits arcs de couleur noire,

ne sauroit convenir? Elle est blonde assurément. J'imaginerais Mlle de Rambouillet ou Mlle Paulet elle-même, si je ne trouvais

moiselle. Elle mérite ce nom-là aussi bien que Mlle de Neufvic[1], et je vous assure que les tablettes sont venues en ses mains de la même sorte. L'affaire de Mlle Mandat[2] est encore plus innocente, et si vous en avez ouvert les lettres, c'est une grande méchanceté que de m'en faire tant la guerre. J'ai lu néanmoins avec honte les stances que vous m'avez envoyées, et je me trouve bien plus coupable d'avoir fait de mauvais vers que de mauvaises galanteries. Cela m'a fait voir que depuis que M. de Chaudebonne m'a réengendré avec Mme ou Mlle de Rambouillet, j'ai pris d'eux un autre esprit, et que j'étois un sot garçon en ce temps où Mlle du Plessis[3] dit que j'étois si joli. Mais, mademoiselle, quand on me voudra faire de ces affronts, je vous en supplie de ne vous en point charger. On mande à votre *mari*[4] qu'il ait bien du soin de moi et qu'il m'enveloppe dans de la soie et dans du coton, et on fait en même temps tout ce qu'on peut pour me faire mourir. Je trouve l'avis de Mlle de Bour-

quelques lignes plus bas que ces stances furent composées avant l'entrée de Voiture à l'hôtel de Rambouillet.

[1] Mlle de Neufvic. Voyez Tallemant, *Historiettes*, t. I, p. 79.

[2] On découvrit qu'il adressoit des paquets à une demoiselle Mandat; mais il ne lui écrivoit point. C'étoit une personne qui prêtoit son nom ou une adresse simplement afin qu'on allât retirer les lettres qui arrivoient sous son couvert (T.). — Le même Tallemant, dans ses *Historiettes*, parle (t. VII, p. 206) d'un conseiller Mandat, sans autre indication. Il dit ailleurs qu'il était conseiller au grand conseil et amant de Mme d'Ecquevilly.

[3] Fille de Henri de Guénegaud, seigneur du Plessis et garde des sceaux, et d'Isabelle de Choiseul, femme de beaucoup de mérite, fort liée avec Mme de La Fayette, Mme de Sévigné et Mlle de Scudéri.

[4] Le comte de Maure, qu'elle appeloit en plaisantant *son mari* (T.).

bon excellent de me conserver dans du sucre ¹. Mais il en faudroit beaucoup pour adoucir tant d'amertumes, et j'aurois après cela le goût des petits citrons confits. Avec mille grâces très-humbles, je ne puis reconnoître l'extrême honneur qu'elle me fait de se souvenir de moi. Je souhaite de tout mon cœur que cette Aurore ² (car ce nom que vous lui donnez lui vient bien) soit suivie d'un aussi beau jour qu'elle le mérite, et que tous ceux de sa vie soient exempts de nuages, et aussi clairs et sereins que son visage et son esprit. Je baise très-humblement les mains, et avec toute la passion que je dois, à Mme de Clermont et à Mlles ses filles ³. Je remercie très-humblement M. Godeau ⁴ des vers qu'il m'a envoyés. Je les ai trouvés comme le reste de ses ouvrages, lesquels je relis tous les jours; et je n'étudie quasi plus que dans les choses qu'il a faites.

39. — A MONSIEUR ***.

De Madrid, ce 17 d'avril [1633].

Monsieur, le malheur qui a retardé mes lettres, et qui vous a empêché de les recevoir devant que vous me fissiez l'honneur de m'écrire pour la seconde fois, a été au moins heureux en cela qu'il vous a donné occasion de faire une si grande bonté, et à moi de recevoir tant de témoignages de la vôtre. Vos intérêts

---

¹ Il revient plus loin sur cette plaisanterie.
² Mlle de Bourbon. Voyez t. II, la chanson commençant par ce vers :
Notre Aurore vermeille, etc.
³ Plus tard Mmes d'Avaugour et de Marsin. Voyez Tallemant, t. VI, p. 138.
⁴ Voyez plus bas, p. 139.

me touchent de telle sorte plus que les miens, que je vous assure, monsieur, qu'en cela je n'ai pas eu tant de joie de connoître que vous m'aimez beaucoup que de voir que vous savez parfaitement aimer ceux qui sont à vous, et que votre générosité mérite toutes les louanges qu'on lui donne. Vous ne le sauriez mieux faire paroître qu'en ayant soin d'une personne qui vous est si inutile et en laquelle je ne vois rien qui vous puisse obliger à cela, que l'extrême inclination que j'ai à votre très-humble service. Si d'aventure, monsieur, vous y voyez quelque autre chose, je tâcherai de ne pas démentir votre jugement, et d'être tel que l'on ne vous accuse pas de faire de mauvais choix et d'employer mal une chose si précieuse que votre affection. C'est déjà, ce me semble, quelque disposition à cela que de vous honorer aussi particulièrement que je fais, et il n'y a qu'une âme bien faite qui peut avoir une si juste et si grande passion qu'est celle que j'ai d'être, monsieur, votre, etc.

40. — A MONSIEUR DE CHAUDEBONNE,
Chevalier d'honneur de madame la duchesse d'Orléans.

De Madrid, 17 mai 1633 [1].

Monsieur, j'ai cru avoir trouvé un trésor quand, dans un même paquet, j'ai reçu trois de vos lettres. Ce bonheur me fait croire que ma fortune est changée et que je vais entrer dans une saison plus heureuse.

---

[1] Toutes les éditions portent 17 *avril* : c'est une erreur, à cause de ce qui est dit, en commençant, de l'arrivée de M. de Lingendes, laquelle n'eut lieu que le 12 mai, ainsi qu'il est rapporté dans la *Gazette de France* de cette année.

L'arrivée de MM. de Lingendes me confirme encore cette opinion et me fait espérer de sortir bientôt de ce lieu. Au moins, mon devoir ne m'y arrête plus, et une des chaînes qui m'attachoient ici est rompue. Il ne reste plus que celle de la nécessité, laquelle, si elle n'est la plus forte, est sans doute la plus pesante, et je crois que j'aurai peine à m'en défaire. Ce que je vous puis dire, monsieur, c'est que jamais esclave n'est sorti d'Alger et n'a fui de son maître avec tant de joie que j'irai trouver le mien. Je vous supplie très-humblement d'y prendre part, et que la présence de M. de Vaugelas ne vous empêche pas de trouver la mienne à redire. On m'a appris qu'il est logé avec vous. Je vois bien quel hasard je cours en cela, et combien il est difficile que je garde la place que j'avois dans votre amitié et qu'il ait celle qu'il mérite. Je ne sais pas ce que vous en ferez, mais il est difficile que vous soyez en cela juste et constant tout ensemble. Je vous conseille pourtant, monsieur, d'avoir plus d'égard à vous et à lui qu'à moi : j'aime mieux quitter quelque chose de mon droit, et si vous me demandez mon avis, la justice est la dernière vertu que l'on doit violer. Je crains que ceci ne paroisse pas tant modération que prudence, et que l'on attribue à finesse en moi de feindre de demeurer d'accord d'une chose que je ne puis empêcher. Quand il seroit ainsi, encore cela auroit-il son prix, et ce n'est pas peu de sagesse de pouvoir dissimuler en un intérêt si sensible. Voyez, monsieur, en quelle bonne humeur m'ont mis vos lettres. J'ai oublié tous les soins qui m'agitoient, et il me semble qu'il ne me reste plus rien à craindre, si ce n'est que vous aimiez M. de Vaugelas plus que moi. Cependant il me faut trouver moyen de sortir de ce lieu, et résoudre si je m'en dois retourner par la France ou par la mer, et quel péril j'aime mieux courir d'être noyé ou d'être pendu. Mais pourvu que vous m'aimiez toujours, je ne me donnerai point de peine du reste, et je dois, ce me semble, être assuré contre la fortune, moi qui ai l'honneur de vous avoir connu si particulièrement, et qui suis depuis si longtemps, monsieur, votre, etc.

Post-scriptum. — Monsieur, j'avois à mettre ici mille très-humbles baise-mains pour beaucoup de personnes. Mais cela voudroit plus de temps que je n'en ai. Je crois qu'il vaut mieux les faire tous à Mme la comtesse de Barlemont.

41. — A MADEMOISELLE PAULET [1].

[De Madrid, mai 1633.]

Mademoiselle, puisque la faveur que vous m'avez faite de m'écrire ne pouvoit recevoir de prix, et qu'il n'étoit pas en moi de la mériter, vous ne la deviez pas discontinuer, quoique j'aie témoigné de manquer à la reconnoître. L'état où j'étois, il y a deux mois, me contraignit de laisser partir l'ordinaire sans vous écrire, et si cela a été cause, comme il y a apparence, que celui-ci ne m'ait point apporté de vos lettres, je vous assure que c'est le plus grand mal que ma colique m'ait jamais fait. Puisqu'elles me sont si nécessaires, ne refusez pas, s'il vous plaît, mademoiselle,

---

[1] *Mss. de Conrart*, p. 725.

de me donner secours ; et vous qui êtes si charitable pour ceux qui sont en affliction, témoignez de l'être pour une personne qui en a de tant de sortes. Vous y êtes davantage obligée, puisque la plus grande des miennes, et à laquelle je sais moins résister, est de me voir éloigné de vous. Que si, avec regret, j'en ai quelque autre sensible, c'est pour des personnes que vous n'aimez pas moins que vous-même. Je vous supplie très-humblement de leur dire souvent que la passion que j'ai pour elles ne se peut dire, et conservez-moi toujours quelque place dans leur esprit, vous qui en avez une si grande, afin qu'au moins nous puissions être là ensemble, si nous ne le pouvons ailleurs. Pour vous, mademoiselle, je vous supplie encore une fois de ne me point abandonner. L'honneur de recevoir de vos lettres est un bien que je n'eusse pu espérer, mais dont je ne me saurois plus passer à cette heure que j'y suis accoutumé. Ne me l'ôtez donc pas, après me l'avoir donné si généreusement, et n'allez pas en cela contre deux vertus qui vous sont si naturelles, la libéralité et la constance. N'étant pas en mon pouvoir de payer cette obligation, au moins je ferai des souhaits pour cela, et ne demanderai jamais rien de si bon cœur à la fortune, que de pouvoir témoigner que je suis beaucoup plus que je ne le dis, mademoiselle, votre, etc.

Post-scriptum inédit. [On m'écrit que M. Guillemot a eu une inspiration de moi, et qu'il assure que je serai bientôt en France. Je ne sais pas pourquoi il le dit, ni comment il le fera ; mais je suis bien aise de voir qu'il est toujours admirable, et qu'il se souvient de moi. Que cela pourtant ne vous fasse point de peur.

Je reçus il y a deux mois une lettre à M. d'Aluin, que vous me faisiez l'honneur de m'envoyer. Mon père me mande que j'écrive si j'ai reçu un livre de M. Godeau; je ne sais si c'est cela : j'avois oublié tout à fait M. Godeau, et j'ai cru quelque temps que c'étoit un livre de M. Bodeau[1] dont mon père me parloit : jugez avec quel étonnement.]

42. — A MONSIEUR DE CHAUDEBONNE[2].

De Madrid, ce 8 juin 1633.

Monsieur, en me louant de mon éloquence, vous deviez avoir soin de ma modestie, et craindre de me faire perdre une bonne qualité que j'ai, en m'en voulant donner une que je n'ai pas. J'ai reçu pourtant vos louanges avec beaucoup de joie, non pas que je croie de moi ce que vous m'en dites, mais pour ce que ce m'est une grande marque de votre amitié, et qu'il faut que vous m'aimiez beaucoup, puisque, en ma faveur, vous vous êtes trompé en une chose de laquelle d'ailleurs vous êtes si bon juge. Ainsi, monsieur, je trouve qu'il est plus à mon avantage de croire que je ne suis pas digne de l'honneur que vous me faites; et ce qui me donne bonne opinion de votre amitié me rend plus glorieux que ce qui me la donneroit de moi-même. Aussi bien quand je serois aussi éloquent que vous

---

[1] Ce M. Bodeau était le marchand de la rue Aubry-Boucher qui se mettait au nombre des adorateurs de Mlle Paulet. Voyez plus haut, p. 112.

[2] *Mss. de Conrart*, p. 912.

dites, je n'en voudrois pas tirer de plus grand fruit, que de gagner en votre âme la place que je connois par là que j'y ai déjà, et de vous persuader de m'aimer autant que vous faites. Que si, après cela, je désirois encore quelque chose, ce seroit de remercier, avec les plus belles paroles du monde, les dames que vous dites qui me font l'honneur de se souvenir de moi[1]. Mais particulièrement j'emploierois pour l'une d'elles toutes les fleurs et toutes les grâces de la rhétorique, et lui écrirois dès cette heure une lettre d'amour si galante, qu'elle seroit disposée de m'écouter à mon retour. Puisqu'elles sont trois, il me semble que pas une ne se doit offenser de cela : elles seroient bien rigoureuses, si elles vouloient m'ôter la liberté des souhaits et m'empêcher de faire des châteaux en Espagne, puisque c'est le seul contentement que j'y aie. Je commence d'avoir plus d'espérance de mon retour que je n'en avois eu jusqu'ici; le plaisir que j'aurai d'en sortir me récompensera de l'ennui que j'ai eu d'y demeurer, et je jouis déjà par avance de la joie que je recevrai en vous voyant. Ainsi, monsieur, toutes choses sont mêlées : le bien et le mal se rencontrent partout, et quand l'un n'est pas au commencement, il ne manque pas de se trouver à la fin. Je suis encore incertain du chemin que je prendrai; je crois pourtant que j'irai m'embarquer à Lisbonne. Si on eût laissé cela à mon choix, je fusse passé par la France, quelque danger qu'il y pût avoir. Ce n'est pas que j'aime fort à m'affermir l'âme, ni à prendre, comme vous, un

---

[1] Les dames de Flandres (T.).

chemin périlleux, quand j'en puis prendre un autre;
mais le plus court me semble aisément le plus sûr;
et puis, pour vous dire le vrai, je ne saurois m'imaginer que je sois destiné à être pendu. Néanmoins, on
me commande d'aller par ailleurs, et les personnes à
qui vous avez donné toute sorte de pouvoir sur moi, et
qui en devroient avoir sur tout le monde, me l'ordonnent si expressément, qu'il ne m'est pas permis seulement de le mettre en délibération. Cependant, en me
défendant de me hasarder, elles me font mettre à la
merci de la mer et des pirates. Je vous puis dire pourtant que je n'ai peur ni de l'un ni de l'autre, et je crains
davantage les bonaces qui me peuvent retarder le bonheur de vous voir. Je me passerai de tous les autres,
pourvu que je puisse avoir bientôt celui-là et le moyen
de vous témoigner quelque jour, en vous servant, que
vous avez rendu un autre homme aussi généreux que
vous, et que je suis autant que je dois, monsieur,
votre, etc.

Post-scriptum. — Pour ne point mettre ici cette longue suite de noms que vous dites être ennuyeux, je ne
fais de baise-mains à personne. Mais je ne puis m'empêcher de vous supplier très-humblement, monsieur, de
donner ordre que si Mme la comtesse de Moret[1], et M. son
mari et M. son frère m'ont oublié, au moins ils me reconnoissent à mon retour. Je ne puis comprendre par quel
malheur je n'ai rien ouï dire de leur part, leur ayant

---

[1] Joséphine de Bueil, comtesse de Bourbon-Moret. Elle mourut
empoisonnée au mois d'octobre 1651. Son mari et son frère étaient
à Bruxelles avec Monsieur.

écrit deux lettres. Je suis pourtant assuré qu'ils ne peuvent manquer de bonté pour moi, eux qui en ont pour tout le monde.

43. — A MONSIEUR DE PUYLAURENS[1].

De Madrid, ce 8 juin 1633[2].

Monsieur, en cinq ou six lignes vous avez compris tout ce que je pouvois ouïr de plus agréable au monde, et en me promettant en la présence de mon maître votre conversation et votre amitié, vous avez touché tous mes souhaits. Me proposant cette espérance, il n'y a point de difficultés que je ne trouve supportables. La mer me semblera aisée à passer pour aller jouir de tant de biens, et tous les plus honnêtes gens de la terre s'embarquèrent autrefois pour un moindre prix que celui-là. Mais il faut rompre premièrement les enchantements de Madrid, et surmonter le destin de cette cour, qui veut que chacun y soit arrêté dix ou douze mois, après le dernier jour qu'il pensoit y être. Cela, monsieur, est si vrai, qu'ayant fait cet hiver un effort pour en échapper devant ce terme, la force du charme me ramena de quarante lieues loin; et je m'y trouve aujourd'hui aussi pris que jamais. J'attends pourtant quelques effets de ce que vous dites que vous avez écrit en ma faveur; et si cette aventure doit être achevée par un des plus honnêtes gens du monde, j'espère que je vous devrai ma délivrance. Je sais, monsieur, que ce n'est pas la plus belle que vous au-

---

[1] *Mss. de Conrart*, p. 919.

[2] Les diverses éditions portent 1635, ce qui est une erreur manifeste.

rez mise à fin; mais ce sera, je vous assure, une des difficiles et des plus justes : car sans mentir vous avez quelque intérêt d'avoir soin d'une personne qui vous honore si véritablement que je fais; et tenant le lieu où vous êtes, il n'y a rien que vous ne trouviez plus aisément que des affections aussi pures que la mienne. Ceux qui occupent des places comme la vôtre sont d'ordinaire traités comme les dieux; plusieurs les craignent, tous leur sacrifient, mais il y en a peu qui les aiment, et ils trouvent plus aisément des adorateurs que des amis. Pour moi, monsieur, je vous ai toujours considéré vous-même, séparé de ce qui n'en est pas. Je vois des choses en vous plus éclatantes que votre fortune, et des qualités avec lesquelles vous ne sauriez jamais être un homme ordinaire. Vous jugerez que je dis ceci avec beaucoup de connoissance, si vous vous souvenez de l'entretien que j'eus l'honneur d'avoir avec vous dans cette prairie de Chirac, où, m'ayant ouvert votre cœur, je vis tant de résolution, de force et de générosité que vous achevâtes de gagner le mien. Je connus alors que vous aviez de si saines opinions de tout ce qui a accoutumé à tromper les hommes, que les choses qu'ils considéroient le plus en vous étoient celles que vous y estimez le moins, et que personne ne juge d'un tiers avec moins de passion que vous jugez de vous-même. Je vous avoue, monsieur, qu'en ce temps-là, vous voyant tous les jours marcher sur des précipices avec une contenance gaie et assurée, et ne jugeant pas que la constance pût aller jusque-là, je trouvois quelque sujet de croire que vous ne les aperceviez pas tous. Mais vous m'apprîtes qu'il n'y

avoit rien en votre personne, ni à l'entour, que vous
ne connussiez avec une clarté merveilleuse; et que
voyant à deux pas de vous la prison et la mort, et tant
d'autres accidents qui vous menaçoient, et d'autre
côté, les honneurs, la gloire et les plus hautes récompenses, vous regardiez tout cela sans agitation, et
voyiez des raisons de ne pas trop envier les unes et de
ne point craindre les autres. Je fus étonné qu'un
homme nourri toute sa vie entre les bras de la fortune sût tous les secrets de la philosophie, et que
vous eussiez acquis de la sagesse en un lieu où tous les
hommes la perdent. Dès ce moment, monsieur, je vous
mis au nombre de trois ou quatre personnes que j'aime
et que j'honore sur tout le reste du monde; et ajoutant beaucoup de respect et d'estime à la passion que
j'avois toujours eue pour vous, j'en formai une autre
affection beaucoup plus grande. C'est celle-là que j'ai
encore et que je conserverai toute ma vie en un si haut
point, qu'il est vrai que vous devez la reconnoître et
témoigner que ce vous est quelque contentement que
je sois autant que je le suis, monsieur, votre, etc.

44. — A MONSIEUR DU FARGIS [1].

De Madrid, ce 8 juin 1633.

Monsieur, à ce que je vois, vous êtes aussi libéral
de louanges comme de toute autre chose; et ne me
pouvant secourir autrement dans la nécessité où je
suis, vous m'envoyez au moins les plus belles paroles
du monde. Je ne les saurois mieux employer qu'en

---

[1] *Mss. de Conrart*, p. 922.

vous les rendant à vous-même, et si je ne me sers de celles-là, j'avoue que je n'en trouve point pour reconnoître l'honneur que vous me faites. Aussi, monsieur, je crois que vous me les avez écrites, prévoyant le besoin que j'en aurois; et en me donnant tant de sujet de vous louer, vous avez eu soin de me donner aussi de quoi le pouvoir faire. Cette faveur m'oblige à recevoir patiemment les reproches que vous me faites; et comme je reçois de vous des honneurs qui ne me sont pas dus, il est raisonnable que j'en souffre des plaintes que je n'ai pas méritées. Sans cela, je vous demanderois raison de ce que vous m'accusez de l'extrême envie [que j'ai] de sortir de ce lieu, et pourquoi vous appelez haine ce que vous pourriez attribuer à affection. Je connois aussi bien que personne les délices d'Espagne; mais je pense, monsieur, que vous croyez qu'il n'y en a point de si grandes pour moi que d'être auprès de mes amis : et si Paris même a pu me déplaire par l'absence de mon maître, vous ne devez pas trouver étrange que je me sois ennuyé à Madrid, et que je n'aie point eu de plaisir en un lieu où je n'ai pu avoir de santé. Mais quand cette passion seroit aussi injuste que vous dites, vous ne devriez pas me reprocher une injustice que je fais pour l'amour de vous, ni trouver mauvais que j'aie une trop grande passion de vous voir. Si je rencontre au lieu où vous êtes les mêmes incommodités que je fais ici, elles ne me sembleront pas les mêmes quand je les porterai en votre compagnie, et je m'étonne que vous me dites cela dans votre lettre, où vous me mandez qu'il y a de là des personnes avec qui ce que l'on éprouve de plus amer dans la vie vous sembleroit doux. Je vous assure, monsieur, que je suis capable aussi de cette sorte de consolation, et quoi que vous vouliez dire, je ne puis craindre où vous serez le chagrin ni la nécessité, quand je songe que dans les montagnes d'Auvergne nous avons toujours trouvé avec vous la gaieté et la bonne chère. Il y a des trésors en votre personne dont je saurai jouir en dépit de la mauvaise fortune, et avec lesquels je ne saurois jamais être pauvre ni triste. Voilà ce qui me donne tant d'impatience de me voir hors de ce lieu; et si tous mes amis ne me le défendoient, je prendrois au sortir d'ici le plus court chemin pour vous aller trouver, et j'eusse moi-même détaché en passant les tableaux que vous dites que l'on a mis de vous sur la frontière[1]. Je crois, monsieur, que vous n'avez pas l'imagination si tendre qu'il vous faille consoler de cela; et vous, à qui la mort même, de tant près que vous l'ayez vue, n'a jamais pu faire peur, il est à croire que vous n'aurez pas été touché de sa peinture. Ce ne sera pas sur celle-là que la postérité jugera de vous. La fortune, qui n'est pas toujours injuste, en fera voir quelques autres plus à votre avantage; et pour ces tableaux, elle vous donnera quelque jour des statues. Tous les changements qu'elle a faits en votre vie me semblent comme ces pièces de talc

[1] Les tableaux de ses armes, rompus par la main du bourreau. Tous ceux qui avaient suivi Monsieur eurent leur tour : le duc d'Elbeuf, les sieurs de Puylaurens, de Coudrey-Montpensier et Goulas furent effigiés par arrêt du parlement de Dijon du 14 janvier 1633. Le duc d'Elbeuf et le marquis de la Vieuville, chevaliers de l'ordre, furent dégradés lors de la grande promotion qui se fit le jour de la Pentecôte, la même année, dans l'église des Augustins.

que l'on applique sur les portraits, qui laissent voir toujours le même visage et ne changent que ce qui est alentour de la personne¹. Elle se joue ainsi avec les grands hommes. Elle se plaît de les voir sous diverses formes, et en moins de rien elle met sous un dais ceux qu'elle a fait voir sur un échafaud. Je souhaite, monsieur, que je trouve ce changement à mon arrivée. Et pour ce qui est de moi, je désire seulement d'avoir bientôt l'honneur de vous voir, et que toutes mes fortunes soient tellement jointes aux vôtres, que je ne sois jamais heureux ni malheureux qu'avec vous. Je suis, monsieur, votre, etc.

45. — A MADEMOISELLE PAULET².

[De Madrid, juin 1633.]

Mademoiselle, rien ne peut être dans vos lettres plus agréable qu'elles-mêmes. J'ai trouvé dès le commencement de la vôtre ce que vous ne me vouliez faire espérer qu'à la fin, et vous m'avez donné le contentement que vous me promettiez d'ailleurs. Il est à croire que vous n'avez pas lu ce qui y étoit ajouté d'une autre main³, et que vous qui ne m'envoyez que de l'or et des pierreries, ou des paroles qui valent mieux que cela, n'auriez pas voulu m'envoyer des injures. J'avoue pourtant que je mérite en quelque sorte celle que l'on m'a écrite, et que je ne suis guère galant, puisque je

---

¹ *Alentour* et *autour* se prenaient encore l'un pour l'autre. Ce ne fut que quelques années plus tard, après les travaux sur la langue de Vaugelas et de Ménage, qu'on fit le premier adverbe et le deuxième préposition.

² *Mss. de Conrart*, p. 727.

³ De la main de Mlle de Rambouillet (T.).

n'ai pas la hardiesse de l'être avec vous. C'est une honte extrême que je vous aie écrit tant de longues [1] lettres sans qu'il y ait rien eu de ce style dont une de vos amies dit qu'il lui semble que c'est toute poésie [2]; et qu'étant éloigné de vous de tant de lieues, je n'ose encore vous rien dire de ce que je pense. Mais je ne veux plus me déshonorer pour l'amour de vous, et si vous ne me faites faire des satisfactions de ce reproche, je suis résolu de vous écrire des lettres toutes pures d'amour, pleines de feux, de flèches et de cœurs navrés, et je ferai tant de galanteries, que l'on se repentira de m'avoir offensé. Dès cette heure même, j'ai toutes les peines du monde de m'en empêcher, et je ne trouve point d'autre moyen pour me retenir, que de songer à cette excellente personne [3], de qui j'ai appris à prévoir en chaque chose tous les inconvénients qu'il y a à craindre, et dont le seul ressouvenir m'oblige à être respectueux et prudent. Vous, mademoiselle, qui savez tout ce qui se passe en mon esprit, je vous supplie très-humblement de lui dire de quelle sorte elle y est, et avec quel ressentiment et quelle véritable affection je paye l'honneur qu'elle me fait. Vous pouvez, ce me semble, étant aussi bonne que vous êtes, obliger de la même sorte Mme de Clermont à continuer de m'aimer et de prier Dieu pour moi.

[1] *Var.* grandes (C.).
[2] Mlle de Rambouillet disoit des douceurs de Voiture : C'est toute poésie (T.).
[3] Mme la marquise de Rambouillet (T.). — C'est plutôt, je crois, Mlle de Rambouillet, et une allusion à ce jour où il voulut s'émanciper de baiser le bras à la belle Julie, qui s'en montra fort offensée. Voyez l'Introduction.

Je ferai de mon côté tout ce qui me sera possible pour me rendre digne des grâces qu'elle me peut obtenir, et il est difficile qu'un homme que vous prêchez et pour qui elle prie ne se convertisse point. Mais qu'elle sache, s'il vous plaît, que je demande encore plus son affection que ses prières; et quoique je croie qu'elle me peut rendre saint, constant et heureux, je ne désire pas tant tout cela que d'être aimé d'elle.

J'ai lu avec des sentiments de joie qui ne se peuvent exprimer ce que vous me dites de la divine personne [1] devant qui je fis une fois mon épitaphe [2]. Je la puis assurer que lorsque j'avois deux éventails dans la gorge, et que j'étois entre les mains de mes plus grandes ennemies, je n'étois pas plus à plaindre que je le suis, et qu'il est plus à souhaiter de mourir en sa présence que de vivre loin d'elle. Après l'extrême honneur qu'elle me fait, il ne me resteroit plus rien à désirer pour ma gloire, si ce n'est que j'eusse été si heureux que la demoiselle que l'on voulut enlever une fois à Lima [3] se fût souvenue de moi. Mais le ciel veut que madame sa mère soit toujours au monde sans pareille, et que si d'aventure il y a quelque chose d'aussi beau qu'elle, il n'y ait au moins rien d'aussi

---

[1] Mme la Princesse (T.).

[2] Voyez plus haut, p. 45, note 1.

[3] Quand la reine-mère envoya des gens pour enlever Mme d'Aiguillon, afin de mettre par ce moyen le cardinal à la raison, Mlle de Rambouillet étoit avec elle. Elles alloient de compagnie voir Mme de Rambouillet qui étoit allée prendre l'air à Saint-Cloud, qui est le lieu où le coup se devoit faire. Besençon découvrit l'entreprise. On a mis *Lima* au lieu de Saint-Cloud, de peur qu'on ne devinât la chose (T.).

bon. Il me semble que celle pour qui je fis une fois rire les Dryades¹, Mme de [Combalet]² (je crois qu'il n'y auroit pas danger de mettre son nom tout au long), ne devroit pas être si animée contre les rebelles, qu'elle ne me fît l'honneur de se souvenir quelquefois de moi. S'il est vrai ce que l'on dit que nous l'ayons voulu enlever, ç'aura été de la même sorte que les Grecs ravirent l'image de Pallas du pouvoir de leurs ennemis, et sur la créance que l'on a eue que le bonheur et la victoire se trouveroient toujours du parti où elle seroit; mais enfin je n'ai rien su de ce dessein. Elle sait que si j'en ai pour elle, ç'a été par la bonne voie; et elle se peut souvenir que ma recherche a été toujours pleine de respect et d'honneur. Tout de bon, quelque passion que j'aie pour nos affaires, je ne puis m'empêcher d'en avoir pour elle. Toutes les fois que je la considère, j'arrête mes souhaits, et j'ai de la peine à être assez affectionné à mon parti. J'ai été plus généreux à la louer qu'elle ne l'est à se souvenir de moi. Il n'y a pas huit jours que je l'ai su ici représenter si semblable à elle-même que je la fis aimer, ou au moins estimer extrêmement à un homme qui ne doit pas vouloir du bien à tous ses parents³. Je

---

¹ Voyez les stances (à Mme d'Aiguillon) commençant par ce vers:

La terre, brillante de fleurs, etc.

² Marie de Vignerot, nièce du cardinal de Richelieu, mariée en 1620 à Antoine du Roure de Combalet. Le cardinal acheta pour elle, en 1638, le duché d'Aiguillon. Voyez lettre 82.

³ Monsieur, frère du roi (T.). — C'est évidemment une erreur : Monsieur se trouvait alors à Bruxelles. Il est plus vraisemblable que Voiture veut parler du duc d'Olivarès.

suis très-humble serviteur de votre *serviteur*[1], et je l'assure qu'il n'a pas plus de passion pour vous que j'en ai pour lui. Vous me dites, mademoiselle, qu'il y a un des vôtres[2] qui ne se soucie plus de personne que de moi, et que cela mérite bien que je m'en tienne extrêmement obligé. Mais cela mériteroit bien aussi que vous me fissiez entendre plus clairement quel il est. Plût à Dieu que ce fût celui que je voudrois ! je serois consolé de toutes choses. Vous devinerez bien pour qui je fais ce souhait. Je ne sais s'il y a du hasard à lui parler de moi ; mais je vous supplie très-humblement, mademoiselle, que cela ne vous arrête pas. Quelque mine qu'il fasse, il ne le faut pas craindre. Il est meilleur que l'on ne pense. Au moins je connois cela de lui, qu'il lui est impossible de n'aimer pas ceux qui l'aiment. J'ai eu envie, beaucoup de fois, de lui envoyer demi-douzaine d'Espagnoles des plus belles et des plus brillantes. Ne vous scandalisez pas, mademoiselle, ce sont des larmes[3]. Et si en passant par Grenade je puis trouver quelque jolie Sarrasine[4], je ne manquerai pas de la lui faire tenir.

Je crois que je prendrai ce chemin en partant d'ici, et pour suivre les conseils, ou plutôt les commandements que j'ai reçus, je me détournerai de deux cents lieues,

[1] Le cardinal de la Valette, qui quelquefois se disoit serviteur de Mlle Paulet (T.) ; — ou plutôt M. de Pisani ; car il paraît, d'après le même Tallemant, que l'un et l'autre prenaient ce titre. Voyez plus bas, p. 144.

[2] Le cardinal de la Valette.

[3] Plante originaire d'Espagne et des contrées de l'Orient.

[4] C'est la plante appelée de nos jours *aristoloche*, et dont les racines entraient dans la composition de la thériaque.

et en ferai cinq cents en mer. Le péril et l'incommodité qu'il y a ne me fâchent pas tant que le regret de ne pas passer par la France. Quoique je me sois engagé il y a longtemps à le promettre, j'aurai une peine extrême à le tenir, et jamais résolution ne m'a tant coûté à prendre. Si on m'eût laissé en ma liberté, j'eusse pris le grand chemin avec la même franchise et la même sûreté que toujours, et je fusse allé d'ici droit au Bourg-la-Reine[1]. Au moins j'eusse eu le plaisir de passer encore une nuit à Paris ; et j'avois résolu de vous donner en passant de la *ravegarde* et de la *raoussette, mais je vous dis fort, fort, ma foi*[2]. Je pense qu'en me dissuadant ce dessein, et en ayant peur pour moi, on a eu peur de moi aussi, et que l'on s'est imaginé que l'on le sauroit au bureau d'adresse[3], et que je me fourrerois étourdiment parmi tout le monde. Mais j'avois résolu d'en user plus discrètement. Je me fusse contenté de donner des sérénades à trois ou quatre personnes, faire cinq ou six

[1] Mlle Paulet demeurait avec Mme de Clermont, qui avait une maison à Bourg-la-Reine.

[2] Il se moque de M. de Villars, qui, en parlant, disoit toujours : *By, ma foi! by, sur ma foi! by, en ma foi!* Quand j'étois au Havre, je faisois danser les fillettes ; je leur donnois *by, ma foy!* de la *ravergarde* et de la *raoussette* (ce sont danses de Languedoc), mais je vous dis *fort, fort, ma foy* (T.).

[3] On appeloit ainsi, disent les auteurs du *Dictionnaire de Trévoux*, un bureau établi à Paris par Théophraste Renaudot, fameux médecin, où on trouvoit les avis de plusieurs choses dont on a besoin. C'étoit là aussi que se faisoit la *Gazette* : d'où le nom de *bureau d'adresse* donné dans la suite aux maisons où se débitoient beaucoup de nouvelles.

hurlades, et puis passer. Mais il faut obéir et croire que ce que l'on nous commande est le meilleur. On me doit savoir gré pourtant de cette soumission, laquelle, ce me semble, est tout à la fois obéissance et sacrifice. Au moins on ne me doit plus reprocher que je sois obstiné, puisque je ne l'ai pas été en cette occasion. Cela, et prendre tant de plaisir à écrire que je ne puisse plus achever mes lettres, sont deux notables changements en moi. Pardonnez-moi l'un pour l'amour de l'autre; et souvenez-vous quelquefois, je vous supplie, que je suis de tout mon cœur, mademoiselle, votre, etc.

Post-scriptum. — Je vous supplie très-humblement, mademoiselle, de me permettre de répondre deux ou trois mots, le plus doucement que je pourrai, à la personne [1] qui m'a attaqué dans votre lettre. J'ai cherché longtemps dans mon esprit qui pouvoit être ce petit homme [2] de qui on me dit de si grandes choses, et que l'on met si fort au-dessus et au-dessous de moi. Ce ne peut pas être M. du Vigean : car je ne suis que deux doigts plus grand que lui, et il n'est que dix fois plus galant que moi. Après y avoir bien pensé, il m'a semblé que cela sent extrêmement sa fable, et qu'il n'est pas possible qu'il y ait au monde un homme si petit ni si galant. Je vous supplie très-humblement, mademoiselle, de m'en faire savoir la vérité.

[1] Mlle de Rambouillet.
[2] M. Godeau (T.).

46. — A LA MÊME [1].

[De Madrid, juillet 1633.]

Mademoiselle, s'il ne m'est pas bien séant d'avoir quelque contentement en ne vous voyant pas, ce m'est au moins quelque excuse de ce que je n'en ai pas un que vous ne me donniez. C'est vous qui faites ici toutes mes joies ; et quoique j'aie été voir depuis peu l'Escurial et l'Aranjuez, et que je me sois trouvé à des fêtes de taureaux et à des *cañas*[2], je n'aurois rien vu d'agréable en Espagne, si je n'y avois reçu de vos lettres. Vos soins m'ôtent la plus grande partie des miens : j'oublie que je sois malheureux, quand je songe que vous ne m'avez pas oublié. Cette obligation est si grande que je doute qu'un autre que moi y pût satisfaire. Mais s'il vous plaît d'y songer, vous trouverez qu'il y a longtemps que j'ai payé tout cela par avance, et dès le moment que j'ai eu l'honneur de vous connoître, il ne s'est point passé de jour que je n'aie mérité tout le bien que vous me sauriez jamais faire. Je sais bien, mademoiselle, que vous n'attribuerez pas ceci à vanité, mais à une estime extrême de la passion avec laquelle je vous honore et à une créance que j'ai qu'une affection parfaite vaut mieux que toutes choses. Celle que j'ai à vous servir est à un si haut point, qu'il n'y a plus que la vôtre qui la puisse récompenser ; et quand vous m'auriez donné cent fois la vie et avec elle tous les biens du monde, vous me devrez toujours beaucoup de reste, tant que vous ne m'aimerez pas.

---

[1] *Mss. de Conrart*, p. 739.
[2] *Cañas*, cannes, courses de cannes.

Et certes, en cela au moins êtes-vous bien juste, que ne me pouvant donner ce qui m'est dû, vous tâchez à me contenter d'ailleurs et à couvrir une injustice avec beaucoup de civilité. Mais toutes les belles paroles ne valent pas un peu de volonté; et s'il y en avoit quelques-unes qui pussent être de ce prix-là, ce seroient sans doute les vôtres, et vous n'auriez pas besoin d'employer celles des autres pour cela. Je suis surpris toutes les fois qu'en recevant de vous un gros paquet, je trouve qu'il n'y a qu'une lettre, et que ce qui est de votre main ne fait que la moindre partie de ce qui vient de votre part. Comme il me souvient que je n'ai quasi jamais eu l'honneur de vous voir chez vous qu'il n'y ait eu cinq ou six personnes dans votre chambre, vous avez trouvé moyen d'en mettre autant dans vos lettres, et de ne me plus écrire qu'en public. Ne croyez pas pourtant m'obliger par là à vous parler avec moins de hardiesse. Je prendrai pour confidents ceux qu'il semble que vous me vouliez donner pour juges, et j'aimerois mieux leur déclarer mon secret que de vous le cacher.

Mais pour parler sérieusement (car je sais bien, mademoiselle, que vous ne voudriez pas que j'eusse dit ainsi tout ce que vous venez de lire), au lieu de me plaindre de cela, j'ai à vous en rendre mille grâces très-humbles et à vous remercier de l'extrême honneur que vous me faites recevoir de tant d'honnêtes personnes, et que je ne pourrois jamais mériter sans vous. Je vous avoue que je ne puis souhaiter de plus grand contentement que de voir de vos lettres; mais je suis bien aise qu'en cela vous passiez mes souhaits, et que vous me fassiez plus de bien que je n'en saurois désirer. Si je ne me trompe, j'ai reconnu dans votre dernière quelques lignes de la meilleure main du monde [1], et je les ai reçues avec la même vénération que l'on recueilloit les feuilles où la sibylle écrivoit ses oracles. J'estime plus ces quatre vers que toutes les œuvres de Malherbe, et moi qui en ai vu autrefois d'amour et qui étoient [faits] à ma louange, je vous assure que je n'ai jamais lu de poésie qui m'ait été si agréable. Je ne sais de quelle sorte est l'affection que j'ai pour cette personne ; mais je n'entends ni ne vois rien de sa part qui ne me touche jusqu'au fond de l'âme, et je ne puis comprendre comment il arrive que l'estime et le respect fassent en moi les mêmes effets qu'une passion bien violente. Quoique vous ne me disiez rien de Mme de Clermont, je suis assuré qu'elle ne peut m'avoir oublié, et je vous supplie très-humblement, mademoiselle, de me faire la faveur de lui dire que, pour me rendre digne de son affection, je tâche tous les jours à devenir meilleur. Les sermons que vous me faites et les livres que vous m'envoyez ne me servent pas peu à cela. Je vous remercie du Psaume [2]. Mais pourquoi m'envoyer en l'état où je suis des choses si tristes, et quelle meilleure paraphrase peut-on voir du *Miserere* que moi-même ? J'ai eu enfin les Épîtres de saint Paul [3]. Les deux livres que vous m'avez envoyés, l'un au mois de décembre et

---

[1] De Mme de Rambouillet (T.).

[2] Ouvrage de Godeau.

[3] Autre ouvrage de Godeau. Voir une lettre de Balzac du 10 mai 1632.

l'autre depuis six semaines, me sont arrivés en un même jour, et, à ce que je puis juger, cette personne que vous m'avez fait si petit est un des plus grands hommes de France. La préface, entre autres choses, m'a semblé parfaitement belle, et j'ai eu un extrême plaisir à la lire. J'en dirois davantage, mais je ne puis rien admirer pour cette heure que Mlle de Rambouillet. Je vous l'avouerai franchement, mademoiselle, soit que ce soit stupidité ou présomption, j'avois vu sans jalousie toutes les belles choses que jusques ici vous aviez eu soin de me faire voir; mais quand j'eus achevé de lire la réponse de l'infante Fortune à messire Lac[1], je fus en peine qui la pourroit avoir faite, et eus, sans mentir, un extrême dépit de ce que c'étoit un autre que moi. Je cherchai longtemps parmi les personnes plus galantes qui en seroit l'auteur, sans jamais pouvoir m'en imaginer pas une; mais quand j'eus trouvé dans votre lettre qui c'étoit (car je la garde toujours pour la dernière), je vous confesse que j'eus une des grandes joies que j'aie eues il y a longtemps. J'eus un extrême soulagement et fus consolé de savoir que cette gloire étoit due à une personne que j'honorois déjà tant, et à qui j'ai donné une si grande partie de mon esprit, que je puis douter si ce n'est du sien ou du mien qu'elle s'est servie à faire une si jolie lettre. Tout de bon, il semble qu'elle ait celui de tout le monde, à voir comme elle est née à toute chose; et outre que personne n'en a tant qu'elle, il n'y en a point qui ait tant de différents lustres, ni

---

[1] Boissat l'Esprit écrivit en vieux style à Mlle de Rambouillet (T.).
— Pierre de Boissat, de l'Académie française, mourut en 1662.

qui soit si beau à toutes sortes de jours, comme le sien. Peut-être qu'elle le trouvera mauvais ; mais je ne puis m'empêcher de vous dire que j'ai pensé demeurer dans cette même incrédulité où je fus une fois pour un autre miracle de son esprit, et je ne pouvois croire qu'il fût possible qu'elle eût rencontré à écrire si bien de cette sorte, n'ayant jamais lu de cette manière de livres. Mais c'est par foi qu'il la faut connoître et non pas par raison : et comme elle compose des histoires où toutes les passions sont représentées sans que jamais elle en ait éprouvé pas une [1], qu'elle fait la description de l'Italie et de l'Espagne sans en avoir vu la carte de sa vie, et qu'elle connoît toute la terre n'ayant jamais été que jusqu'à Chartres; de la même sorte, sans avoir vu de vieux romans, elle parle le langage de Lancelot du Lac mieux que n'eût su faire la reine Genièvre, et je crois qu'elle parleroit arabe si elle l'avoit entrepris. Il faut avouer que c'est une personne bien difficile à comprendre, et que si Mme de Rambouillet est la plus parfaite chose du monde, mademoiselle sa fille est la plus admirable. Entendez toujours, s'il vous plaît, mademoiselle, les louanges que je donne avec la restriction que je dois mettre, vous connoissant comme je fais. Ç'a été au reste un grand bonheur pour moi de n'avoir vu ce témoignage de son esprit qu'en un temps où j'en ai un autre de sa civilité ; car ce m'eût été une extrême peine de ne pas aimer une personne qu'il m'est force de tant estimer. Les cinq ou six lignes qu'elle m'a fait l'honneur de m'é-

---

[1] Dans le roman d'*Alcidalis et de Zélide*.

crire ont été reçues de moi avec tout le respect, l'affection et la joie qu'elle peut penser, et ont effacé le ressentiment que j'avois de l'autre lettre. C'est un des avantages que les méchantes personnes ont sur celles qui ne le sont pas, que toutes les bontés qu'elles font sont beaucoup mieux reçues, et qu'il semble que la rareté donne encore quelque prix à l'action. Quoique je sache qu'elle ne m'ait fait cette faveur que pour me faire mieux sentir un dépit dans quelque temps, je ne puis pas m'empêcher de m'y laisser attraper, et je l'aime, pour cette heure, autant que si c'étoit la meilleure personne du monde. Pour ce qui est des reproches qu'elle réserve à me faire quelque jour, cette menace ne me fait pas moins désirer d'avoir l'honneur de la voir, et je me saurai défendre de sorte qu'elle connoîtra que j'ai mérité dans les choses même où elle croit que j'aie failli.

Parmi une infinité de choses qui m'ont donné beaucoup de contentement dans votre lettre, j'y ai vu avec une joie très-particulière ce que vous me mandez : que lorsque vous m'écrivîtes, un honnête homme se fâchoit de se retirer à une heure après minuit sans m'avoir vu [1]. Il y a longtemps que je désirois ardemment un témoignage de l'honneur de son souvenir. Je ne craindrai point de vous dire qu'il n'y a point d'homme au monde que je respecte tant que lui, mais je n'oserois vous avouer combien je l'aime, de peur que l'intérêt de votre *mari* [2] ne vous

[1] Le cardinal de la Valette.
[2] M. de Montausier (T.). — N'est-ce pas plutôt le comte de Maure? Voyez plus haut, p. 116, note 4.

le fasse trouver mauvais et que vous ne me reprochiez de régler mal mes affections. Vous qui tenez pour règle certaine que toutes les personnes de cette sorte ne peuvent aimer, vous devez pourtant faire quelque exception pour lui, et comme je vous ai ouï dire beaucoup de fois, qu'il avoit plus de générosité que les autres, vous pouvez croire qu'il a aussi plus d'amitié. Mais quand cela ne seroit point et qu'il m'auroit entièrement oublié, il est vrai qu'il ne seroit pas en ma puissance de retrancher rien de la passion que j'ai pour lui. Je ne puis non plus résister à cette inclination qu'à celle que j'ai pour vous, et vous ne devriez pas trouver étrange que j'aimasse un ingrat, vous qui savez qu'il y a si longtemps que j'aime une ingrate. Sans mentir, au temps même où je croyois qu'il ne se souvenoit point du tout de moi, je n'ai passé pas une belle nuit dans le Prade¹ que je ne l'y aie souhaité. Les *gros d'eau*² seroient aussi beaux à faire dans Madrid que dans Paris, et si je le tenois ici, je le mènerois chanter devant des portes qui s'ouvrent plus aisément que la vôtre et où nous serions mieux reçus que nous ne l'étions chez vous. Il y a en ce lieu certains animaux, que ceux du pays nomment *more-*

¹ Le cours de Madrid (T.) : le Prado.

² Pendant le siége de la Rochelle, on disoit toujours : Il faut attendre le premier *gros d'eau* qui est en pleine lune (nom donné aux marées sur les côtes de la Rochelle, *Notes de Huet*) pour voir si la digue résistera. Or, M. le cardinal de la Valette, en faisant partie avec Voiture pour aller voir Mme Aubry à Suresnes, dit : « Il faut que ce soit à la pleine lune pour revenir d'autant plus tard. Nous ferons cette partie au premier gros d'eau. » Ainsi on appela ces promenades-là les *gros d'eau* (T.).

nistes[1], qui ont la forme du corps fort agréable et la peau extrêmement douce, souples, éveillées et plaisantes, fort aisées à apprivoiser et naturellement amies des hommes. La fraîcheur de la nuit, dont elles aiment à jouir, fait qu'en ce temps on en trouve communément dans les rues, et selon qu'il est curieux de cette sorte de choses, je sais qu'il seroit bien aise d'en voir. Je vous supplie très-humblement, mademoiselle, vous qui me procurez toutes sortes de biens, d'employer tout le crédit que vous avez auprès de lui pour faire qu'il me fasse l'honneur de se souvenir de moi, et si vous pouvez faire qu'il m'aime, je vous donne répit de six mois pour ce que vous me devez.

Je ne sais si votre *serviteur*[2] m'a fait l'honneur de m'écrire quelque chose. Je suis toujours le sien très-humble, avec autant de passion que jamais, et il n'y a pas trois jours que je m'enfermai dans une chambre, et qu'en souvenance de lui, je chantai une demi-heure, *Père Chambaut*[3]. Il y a au bas de votre lettre trois écritures différentes que je n'ai pu reconnoître et que je crois que je n'ai jamais connues. J'avois résolu d'y faire répondre par trois Espagnols de mes amis, mais je n'en ai pas eu le loisir, étant à la veille de mon partement. J'espère sortir

---

[1] Petites brunettes, des filles (T.).

[2] M. de Pisani (T.).

[3] M. de Pisani aimoit fort une chanson faite à Angers, qui commençoit ainsi :

> Père Chambaut,
> Seigneur de la Bigotière,
> Le cousin Margotière
> Vous tient pour un nigaud (T.).

d'ici dans trois ou quatre jours pour commencer la promenade dont je vous avois écrit et aller voir le Portugal et l'Andalousie. Quelques-uns m'en vouloient dissuader pour les chaleurs qu'il y aura en ce temps. Mais afin de me déniaiser, je suis résolu de voir un peu le monde ; et pour me remettre d'un hiver que j'ai été ici sans me chauffer, je m'en vais chercher les jours caniculaires en Afrique et passer l'été en un pays où les hirondelles passent l'hiver. Les périls que j'ai à courre[1] en ce voyage ne m'étonnent point, et peut-être que j'en trouverois de plus grands auprès de vous. Il me fâche seulement que, si j'y meurs, Mlle de Rambouillet aura du plaisir à dire qu'il y avoit déjà trois ans qu'elle m'avoit prédit que je mourrois dans quatre. Mais, mademoiselle, une personne qui est dans vos prières doit espérer un meilleur succès que cela : je ne sais pas si j'ai encore beaucoup de temps à vivre ; mais il me semble qu'il me reste beaucoup d'années à vous aimer, et mon affection étant si grande et si parfaite, je m'imagine qu'il n'est pas possible que je cesse si tôt d'être, mademoiselle, votre, etc.

Post-scriptum inédit. — [Si je ne dis rien ici de cette divine personne que tous les honnêtes gens adorent[2], vous jugerez bien, mademoiselle, que c'est par respect, et vous ne laisserez pas de croire que je suis avec la même vénération que jamais son très-humble et très-obéissant serviteur.

[1] *Courre* pour *courir*. « *Courre* est plus en usage que *courir*, et plus de la cour. Mais *courir* n'est pas mauvais... On en peut user deux ou trois fois la semaine. » Voyez t. II, lettre 14, à Costar.
[2] Madame la Princesse.

Je crois, mademoiselle, qu'il y en a de vos amis [1], lequel entendant lire cette lettre, quelque puissant et heureux qu'il soit, ne laisseroit pas de me porter envie, en quelque sorte, dans ma mauvaise fortune. Je vous supplie très-humblement de me faire la faveur de lui dire que je suis toujours avec toute sorte de passion son très-humble et très-obéissant serviteur, et que je ne vois rien de remarquable que je ne le mette en ma mémoire pour avoir l'honneur de l'en entretenir quelque jour.

Dans ma dernière lettre, j'oubliois à remercier le sage Icas [2] de l'honneur de son souvenir ; je m'étonne qu'il se soit hasardé à m'écrire les trois lignes que j'ai reçues de lui, et qu'il n'ait point craint en cela *cauda draconis*. Avec votre permission, je l'assurerai, mademoiselle, que je suis son serviteur.]

47. — A MADEMOISELLE DE RAMBOUILLET [3].

[De Madrid, 1633.]

Mademoiselle, si votre autre lettre étoit de la sorte de celle que j'ai reçue, ce n'a pas été pour moi un si grand malheur de la perdre, et il eût été à souhaiter qu'encore à cette seconde fois j'eusse su seulement, sans en voir autre chose, que vous m'aviez fait l'honneur de m'écrire. Ayant lu ce que vous me mandez, que vous aviez eu de la peine à hasarder vos compliments, j'en attendois quelques-uns ; et ensuite de cela

---

[1] C'est, je crois, M. de Chaudebonne (*Note de M. de Monmerqué*). Je ne le pense pas : Chaudebonne se trouvait alors avec Gaston. Ce serait plutôt le cardinal de la Valette.

[2] Arnauld de Corbeville. Voyez plus bas, p. 285.

[3] *Mss. de Conrart*, p. 733.

je n'en ai point trouvé d'autres, sinon que vous me faites souvenir que je suis petit et que vous m'assurez que je ne suis guère galant. Si vous n'aviez, mademoiselle, que ceux-là à me faire, il n'étoit point besoin de les mettre sous la protection de la plus vaillante fille de France[1]. Encore qu'ils eussent été trouvés, on ne vous eût pas accusée par là de favoriser les rebelles, et de la façon que votre lettre étoit écrite, vous ne deviez rien craindre, sinon qu'elle me fût rendue. Après avoir eu tant d'envie d'en avoir une des vôtres, qu'il est vrai que j'employois tous mes désirs en cela, lorsqu'il me restoit tant d'autres choses à souhaiter, vous prenez la peine d'écrire cinq ou six lignes où vous vous plaignez de ce que la fortune ose s'attaquer aux choses qui sortent de vos mains. Et pour ce qui est de moi, « Il y a ici un homme plus petit que vous d'une coudée et, je vous jure, mille fois plus galant. » Voilà une belle lettre de consolation, après avoir été tant attendue, et des paroles bien choisies pour me faire oublier tant de sortes d'afflictions ! Je pense, mademoiselle, vous l'avoir dit quelque autre fois : vous êtes beaucoup plus propre à écrire un cartel qu'une lettre. Il ne vous reste plus après cela que d'ajouter que vous soutiendrez en la cour de Trébizonde ce que vous venez d'écrire et signer Alastraxérée[2]. Est-il possible qu'ayant tant de merveilleuses qualités et tant de pouvoir sur moi, vous ne vous serviez de l'un ni de l'autre que pour me faire du mal, et que vous soyez de ces fées qui ne se plaisent qu'à nuire et à

---

[1] Mlle Paulet (T.).
[2] Dans les *Amadis*.

gâter le bien que font les autres? Après que Mlle Paulet m'a écrit une belle et obligeante lettre; que Mme la marquise m'assure par elle de l'honneur de son amitié; que Mme de Clermont me promet des prières, et que même la plus rare et la plus parfaite personne du monde [1] m'honore de son souvenir, vous venez la dernière troubler la joie de tout cela et défaire ce qu'elles ont fait en ma faveur. Cela est étrange que les Pyrénées, qui servent de bornes à deux grands royaumes, ne se puissent défendre de vous. Sans que mes malheurs vous puissent adoucir, vous venez me persécuter au bout du monde et me tourmenter même plus que ma mauvaise fortune. En un temps où mes meilleurs amis n'oseroient avoir commerce avec moi, et auquel c'est se mettre en péril que de m'écrire, vous passez par-dessus toutes sortes de considérations pour me dire que vous ne me trouvez guère galant et qu'il y a un nain qui vous plaît mille fois plus que moi. Il me semble, mademoiselle, que j'aurois sujet de gronder de cela et de faire toutes ces plaintes. Mais pour ne pas confirmer ce que vous dites de moi, et ne pas montrer que je suis peu galant de ne pas bien recevoir tout ce qui me vient d'une si bonne part, je vous dirai, mademoiselle, que

« Je croyois que mes maux ne pouvoient recevoir de soulagement, et ils ont été apaisés dès que j'ai lu ce que vous m'avez fait l'honneur de m'écrire. Ce n'est pas que j'eusse mal jugé de leur grandeur. Mais c'est que rien ne vous est impossible, et que

---

[1] Madame la Princesse (T.).

vous pouvez donner remède aux choses qui n'en ont point. Je m'étonne pourtant, qu'en ne disant que du mal de moi, vous ayez pu me faire tant de bien, et que, sans m'arrêter à ce que vous me mandez, j'aie été content en voyant seulement votre caractère. Ceux de la magie ne font pas des effets plus merveilleux; et cela fait voir que vous savez aussi bien qu'elle donner aux paroles une vertu secrète, et une autre force que celle qu'elles ont d'elles-mêmes. Qu'en me reprochant quelques défauts, vous m'ayez ôté tous mes déplaisirs, et que j'aie eu du contentement à lire que vous en estimiez un autre plus que moi, c'est une merveille que je ne puis comprendre; mais il y a longtemps, mademoiselle, que je ne cherche plus de cause naturelle en la plupart de ce qui est de vous. Je sais qu'une personne qui est pleine de miracles en peut bien faire quelques-uns; mais quelque grands que soient les vôtres, le plus étrange que vous ayez fait est d'avoir donné de la joie à une personne qui est en l'état où je suis, et d'avoir rendu heureux un homme qui est tout ensemble pauvre, banni et malade. En cela, vous faites voir que la fortune, qui a le monde sous ses pieds, est dessous les vôtres, et que vous pouvez donner grâce à ceux qu'elle condamne à être malheureux. Aussi, pourvu que je vous aie favorable, il ne m'importe point que les étoiles me soient contraires, et quoiqu'elles soient toutes conjurées à ma ruine, si vous me voulez défendre, je croirai que la meilleure partie du ciel est pour moi. N'abandonnez pas, s'il vous plait, mademoiselle, une personne qui a tant de confiance en vous. Il suffit, pour me rendre heureux, que vous vouliez que je le sois ; et si dans votre cœur seulement vous me désirez du bien, je sentirai dès ici des effets de vos pensées et de vos souhaits. Vous êtes obligée d'en faire quelques-uns pour moi : car je vous jure que tous les miens sont pour vous, et que les plus passionnés que je fais, c'est que vous ayez tout ce que votre beauté et votre vertu méritent. Il est vrai que mon intérêt se rencontre aussi là dedans. Car si cela étoit, il n'y auroit plus de parti différent, ni de division dans le monde ; tout le monde n'auroit qu'une volonté, et toute la terre vous obéiroit. »

C'est pour vous apprendre, mademoiselle, à regarder une autre fois comme vous parlez, et que je ne suis pas si peu galant que vous dites. Que si vous voulez que je vous croie, faites faire à votre petit homme une lettre mille fois plus galante que celle-ci. Mais quand il auroit cet avantage sur moi, il m'en resteroit un autre, que je n'estime pas moins, c'est qu'assurément je suis mille fois plus que lui, et plus que tout autre, mademoiselle, votre, etc.

48. — A MONSIEUR [DE CHAUDEBONNE]?

A Madrid, ce 9 juillet 1633.

Monsieur, enfin je pense que l'enchantement est rompu. Au moins il me semble qu'il n'y a plus rien qui me puisse arrêter. Mais je n'oserois me vanter de sortir de ce lieu jusqu'à ce que j'en sois bien loin. Étant à la veille de mon partement, je vous écris avec le peu de loisir que vous pouvez imaginer que doit avoir un homme aussi négligent que moi et qui a accoutumé de remettre toutes choses jusqu'au dernier jour. Outre quelques affaires qui me restent, il me faut aller dire adieu à doña Antonia, à doña Iñez et Isabeliña, à la Guzmana, à la Catalana, *y a las dos Toledanas*. Il faut que j'envoie un *recade*[1] à doña Elvira; que j'écrive un billet à doña Urraza, et que je donne des *chapin y un manto*[2] à doña Alonza, et un chapelet à sa mère doña Pedraza. Sans mentir, monsieur, j'ai vécu ici comme un saint; mais je n'ai pu moins que de faire toutes ces amitiés. Je vous assure pourtant qu'elles ne m'ont point débauché, et si vous me passez en toutes les autres vertus, je me puis vanter d'avoir exercé en ce pays une tempérance que vous auriez mal gardée. Le diable n'est jamais si à craindre que sous les formes où il apparoît ici; et il y a de certains yeux noirs dans lesquels, quand il se met, il fait tout ce qu'il veut, et il n'y a point d'exorcisme qui l'en puisse chasser. Je m'en vais trouver à Séville des démons encore plus dangereux, et qui sont de ceux que l'on appelle Ignées. Pour ce qu'il n'y a guère d'embarquements à Saint-Sébastien, et que l'on n'y trouve que de fort petits vaisseaux, je me suis résolu de prendre cette route. Beaucoup me le déconseillent, pour les grandes chaleurs qu'il y a en cette saison, en Andalousie; mais il me semble qu'il est difficile que je meure de chaud, et c'est une sorte de mort que je ne puis appréhender. Si, d'aventure, le soleil, la mer, ou les pirates (j'ai tout cela à craindre), accourcissent mon voyage et ma vie, je vous prie très-humblement,

[1] *Recado,* message, compliment, cadeau.
[2] Des socques et une mante.

monsieur, d'avoir soin de mon père, en lui faisant obtenir ma survivance, et de ne me plaindre qu'autant que vous jugerez raisonnable, c'est-à-dire fort peu. Mais au cas que j'échappe, comme je l'espère (car il me semble qu'il me reste plus de temps à vivre, et que je ne dois pas sitôt guérir de la colique), je vous supplie de me faire la grâce de penser à ma fortune; et s'il arrive quelque changement durant mon absence, de voir s'il y aura lieu de faire quelque chose en ma faveur. Je crois, monsieur, outre l'extrême bonté que Monseigneur a pour tous ses serviteurs, que vous y trouverez encore quelque chose de particulier pour moi, et qu'encore que j'aie été éloigné depuis un an de sa personne, je n'aurai rien perdu de la bonne volonté dont il a plu de tout temps à Son Altesse de m'honorer. Pour ce qui est de M. de Puylaurens, je vous réponds de son affection, et je suis assuré qu'il sera bien aise d'avoir moyen de faire du bien à une personne en qui il croit qu'il y en a un peu, et au moins de la fidélité de laquelle il ne sauroit douter. Il n'y a pas trois jours que je parlai longtemps de lui, et en telle occurrence, et à telle personne[1], que je crois que je puis dire que ce fut avec quelque utilité. Cette étoile que vous savez qui me fait quelquefois aimer plus que je ne mérite, a fait son effet en celui qui peut tout ici, et je me puis vanter à vous, à qui je puis dire toutes choses, qu'il m'a témoigné une affection particulière. Je crois, monsieur, que, s'il étoit besoin, M. le marquis du Fargis parleroit aussi très-volontiers pour moi; mais je vous

---

[1] Le comte d'Olivarès.

ai assez d'autres obligations à l'un et à l'autre, et je désire avoir celle-là à M. de Puylaurens tout seul. Si vous voulez, monsieur, m'obliger autant en autre chose, faites-moi, s'il vous plaît, la faveur de faire souvenir vos amis de moi ; souvenez-vous-en vous-même, et croyez que je suis de tout mon cœur, votre, etc.

49. — A MONSIEUR ***.

[A Madrid,.... 1633.]

Monsieur, je n'ai point d'autre excuse à vous donner du long temps que j'ai été à vous écrire et à m'acquitter de ce que je vous dois, que ma paresse. Outre la mienne naturelle, j'ai encore contracté celle du pays où je suis, qui passe sans doute en fainéantise toutes les nations du monde. La paresse des Espagnols est si grande, qu'on ne les a jamais pu contraindre à balayer devant leurs portes, et il en coûte quatre-vingt mille écus à la Ville. Quand il pleut, ceux qui apportent du pain à Madrid des villages ne viennent point, quoiqu'ils le vendissent mieux, et souvent il y faut envoyer la justice. Quand le blé est cher en Andalousie, s'ils en ont en Castille, ils ne prennent pas la peine de l'y envoyer, ni les autres d'en venir quérir, et il faut qu'on leur en porte de France, ou d'ailleurs. Quand un villageois qui a cent arpents en a labouré cinquante, s'il croit en avoir assez, il laisse le reste en friche. Ils laissent les vignes venir d'elles-mêmes, et sans y rien faire. Un Italien qui tailla la sienne, en trois ans la racheta de prix. La terre d'Espagne est très-fertile, leur soc n'entre que quatre doigts dedans, et souvent rapporte quatre-vingts pour un. Ainsi, s'ils sont pauvres, ce n'est que parce qu'ils sont rogues et paresseux...

50. — A UNE DAME
(En lui envoyant le verbe *j'aime, tu aimes*).

[A Madrid, 1633.]

Le deve parecer estraño á V. S. que en las dos primeras palabras aya dicho tan gran verdad y tan grande mentira. Pero en esso puede ver quan razonable es amor á quien ama. Pues los que hizieron las reglas de las palabras segun la razon de las cosas, en diziendo *yo amo*, luego dixeron *tu amas*, como si fuesse necessario, amando el uno, que el otro le ame. Assi sera justo que de buena gana diga V. S. *yo amo*, pues ay tanto tiempo que lo digo, y sin cansarse la memoria, en sabiendo essa palabra, luego sabrá una lengua que es la de amor, mas linda que la Española, y mucho mas estendida, porque essa se habla por todo el mundo, y no ay rincon en las Indias donde no se entienda. V. S. que huye de las reglas, y que no quiere aprender sino lo que se enseña en un dia, mas gusto deve tener de esta que de ninguna otra, pues se sabe en un instante, y en las cosas de amor no solamente no ay regla, mas aun seria defeto tener alguna. Hablela por su vida V. S., y no sea verdad que en tres años no le aya podido aprender una lengua que hasta las niñas saben [1].

[1] (*Traduction.*) Il pourra sembler étrange à votre Seigneurie, qu'en ces deux premières paroles j'aie dit une si grande vérité et un si grand mensonge; mais en cela vous pouvez voir combien il est raisonnable d'aimer qui vous aime, puisque ceux qui firent les

51. — A MADEMOISELLE PAULET [1].

[De Grenade, juillet 1633.]

Mademoiselle, j'aurois à cette heure de quoi vous écrire un beau poulet, et je pourrois dire sans mentir que je passe les jours sans lumière et les nuits sans fermer les yeux. Au moins j'ai toujours vécu de cette sorte depuis que je suis parti de Madrid. En dix nuits j'ai fait dix journées, et je suis arrivé à Grenade sans avoir vu le soleil, si ce n'est aux heures qu'il se couche et qu'il se lève. Il est ici si dangereux, que les yeux que Bordier [2] a quelquefois comparés à lui ne le sont pas davantage. Aussi bien qu'eux, il brûle tout ce qu'il voit et n'est guère moins à craindre que le feu

règles des paroles selon la raison des choses, en disant *j'aime*, dirent aussitôt *tu aimes*, comme s'il était nécessaire que l'un aimant, l'autre aimât aussi. Ainsi il est juste que votre Seigneurie dise sans répugnance *j'aime*, puisqu'il y a si longtemps que je le dis, et sans qu'il soit besoin de vous charger davantage la mémoire, en apprenant cette seule parole vous aurez appris une langue, qui est celle de l'amour, plus belle que l'espagnole, et aussi bien plus répandue, puisqu'on la parle par tout le monde, et qu'il n'y a point de lieu si reculé dans les Indes, où elle ne soit entendue. Votre Seigneurie, qui fuit toutes les règles et qui ne veut étudier que ce qui se peut enseigner en un jour, prendra sans doute plus de plaisir à celle-ci qu'à toute autre, puisqu'elle se peut apprendre en un instant, et que dans les choses d'amour non-seulement il n'y a point de règles, mais que ce serait un défaut s'il y en avait quelqu'une. Que Votre Seigneurie la parle donc pour toute sa vie, et qu'il ne soit pas vrai qu'elle n'ait pu apprendre en trois ans une langue que savent jusqu'aux petites filles.

[1] *Mss. de Conrart*, p. 595.

[2] Mauvais poëte qui persécutoit Mlle Paulet de sa passion (T.). — Voyez plus haut, p. 112.

du ciel. Je m'en suis sauvé dans les ténèbres et mettant toujours toute la terre entre lui et moi. Je me repose à cette heure à l'ombre d'une montagne de neige, dont cette ville est couverte. Il y a trois jours que je vis dans la Sierra Morena le lieu où Cardenio et Don Quichotte se rencontrèrent, et le même jour je soupai dans la *venta* où s'achevèrent les aventures de Dorothée. Ce matin j'ai vu l'Alhambra, la place de Vivarambla et le Zacatin, et la rue où je suis se nomme *la calle de Abenamar :*

Abenamar, Abenamar,
Moro de la Moreria [1].

J'ai beaucoup de plaisir à voir les choses que j'avois autrefois imaginées. Mais j'en ai bien davantage à imaginer celles que j'ai autrefois vues. Quelque excellents que soient les objets qui se présentent à mes yeux, mes pensées m'en font toujours voir de plus beaux, et je ne donnerois pas les images que je regarde dans ma mémoire pour tout ce que je vois de plus réel et de plus précieux. Hier, en considérant les allées et les fontaines du Généralif et souhaitant d'y voir Galiane, Zaïde et Daxare [2] en l'état qu'elles y avoient été autrefois, j'y désirois encore davantage une autre personne. Aussi, à la vérité, est-elle mille fois plus galante et plus aimable; et Xarife mise auprès d'elle perdroit son nom et sa beauté. Avec ces enseignes, je pense que je donnerai assez à entendre qui elle est. Mais cela est cruel, mademoi-

---

[1] Vers de romance.
[2] Voyez plus haut, p. 96.

selle, qu'il m'en faille parler avec tant d'artifice et de précaution, et que j'aie peine à me résoudre de dire que c'est vous. Vous devez pourtant me permettre d'être galant, à cette heure que je me trouve à la source de la galanterie et au lieu d'où elle s'est épandue par le monde. Au sortir d'ici je me rendrai, Dieu aidant, dans quatre jours à Gibraltar. De là j'ai résolu de passer à Ceuta et d'aller voir le lieu de votre naissance, et vos parents qui règnent dans les déserts de ce pays-là [1]. Comme je leur dirai de vos nouvelles, je vous supplie très-humblement, mademoiselle, d'en dire des miennes aux personnes que vous savez que j'honore et que j'aime le plus, et de me faire la faveur d'assurer particulièrement trois d'entre elles [2] que, quelque loin que me jette ma fortune, la meilleure partie de moi-même sera toujours au lieu où elles seront. Pour ce qui est de vous, vous ne sauriez douter de la passion que j'ai à vous honorer, et vous savez bien que je ne suis que trop vôtre, etc.

52. — A MONSIEUR DE CHAUDEBONNE [3].

[Gibraltar, premier jour d'août 1633.]

Monsieur, je vous écris à la vue de la terre de Barbarie, et il n'y a entre elle et moi qu'un canal, qui n'a au plus que trois lieues de largeur, quoique ce soit l'Océan et la mer Méditerranée tout ensemble. Vous serez étonné de voir si loin un homme qui prend si peu

[1] On se souvient que Mlle Paulet avait été surnommée *la lionne*.
[2] Mme, Mlle de Rambouillet et Mlle Paulet (T.). — Mlle Paulet ne saurait être comprise dans les trois, puisque c'est à elle que la lettre est adressée.
[3] *Mss. de Conrart*, p. 907.

de plaisir à courre, et qui avoit tant de hâte de se rapprocher de vous. Mais l'avis que l'on m'a donné, que cette saison n'étoit guère propre à la navigation, pour les grands calmes qu'il y a, et que difficilement je trouverois *embarcacion* devant le mois de septembre, m'a fait naître l'envie et le loisir de faire cette promenade; et j'ai mieux aimé souffrir le travail du chemin que l'oisiveté de Madrid. De sorte qu'après avoir vu à Grenade tout ce qui y reste de la magnificence des rois mores, l'Alhambra, le Zacatin et cette célèbre place de Vivarambla où j'avois imaginé autrefois tant de tournois et de combats, je suis venu jusqu'à la pointe de Gibraltar; d'où, aussitôt que l'on aura équipé une frégate, j'espère passer le détroit et voir Ceuta, et au retour de là, prendre le chemin de Calis, San-Lucar et Séville, et me rendre à Lisbonne. Jusqu'ici, monsieur, je ne me suis point repenti de cette entreprise, laquelle en cette saison a semblé téméraire à tout le monde. L'Andalousie m'a réconcilié avec tout le reste de l'Espagne, et l'ayant passée en tant d'autres endroits, je serois bien fâché de ne l'avoir point vue en celui seul par où elle peut paroître belle. Vous ne trouverez pas étrange que je loue un pays où il ne fait jamais froid et où naissent les cannes de sucre [1]. Mais je vous assure qu'il y a ici tel melon que l'on pourroit venir manger de quatre cents lieues; et cette terre pour laquelle tout un peuple erra si longtemps dans les déserts ne pouvoit être, à mon avis, guère plus délicieuse que celle-ci. J'y suis servi par des esclaves qui

---

[1] Nous voyons, par maint endroit de ces lettres, que Voiture était très-frileux et friand de toute espèce de sucreries.

pourroient être mes maîtresses, et sans péril j'y puis partout cueillir des palmes. Cet arbre, pour qui toute l'ancienne Grèce a combattu et qui ne se trouve en France que dans nos poëtes, n'est pas ici plus rare que les oliviers, et il n'y a pas un habitant de cette côte qui n'en ait plus que tous les Césars. On y voit tout d'une vue les montagnes chargées de neiges et les campagnes couvertes de fruits. On y a de la glace en août et des raisins en janvier. L'hiver et l'été y sont toujours mêlés ensemble; et quand la vieillesse de l'année blanchit la terre partout ailleurs, elle est ici toujours verte de lauriers, d'orangers et de myrthes. Je vous avoue, monsieur, que je tâche à vous la faire sembler la plus belle qu'il me sera possible; et vous ayant exagéré autrefois le mal que j'ai rencontré en Espagne, si je ne veux pas m'en dédire, je crois au moins être obligé de vous décrire avantageusement ce que j'y trouve de bon. Cependant, il y a de quoi s'étonner qu'un homme aussi libertin que moi se hâte de quitter tout cela pour aller trouver un maître. Mais, à la vérité, le nôtre est tel, qu'il n'y a point de délices que l'on ne doive préférer à l'honneur et au contentement de le servir, et la liberté, qui est estimée la plus aimable chose du monde, ne l'est pas tant que Son Altesse. Vous savez que je n'ai guère d'inclination à la flatterie, et une des plus remarquables singularités qui soient en Monseigneur est de ne la pouvoir souffrir. Mais il faut avouer que, outre les hautes vertus que la grandeur de sa naissance lui donne, son affabilité et sa bonté, la beauté et la vivacité de son esprit, le plaisir avec lequel il écoute les bonnes choses et la grâce dont il les dit lui-même, sont des qualités qui à peine se trouvent nulle part au point qu'elles paroissent en lui. Et si ce n'est que pour voir quelque chose de rare que je cours le monde, je n'ai que faire de passer plus loin et je ferai mieux de me ranger auprès de sa personne. Je considère ici tout ce que je vois avec plus de curiosité que je n'en ai de moi-même pour satisfaire quelque jour à celle de Son Altesse, et je sais que quand j'aurai eu l'honneur de l'entretenir une fois, il le saura toute sa vie mieux que moi. La prodigieuse mémoire de ce prince est une des considérations qui m'a autant consolé durant cet éloignement : car je suis assuré que j'y suis encore, puisque j'ai eu l'honneur d'y être autrefois, et je ne serai pas si malheureux que d'être la seule chose qui en soit jamais sortie. Son Altesse, qui n'a jamais oublié un tribun, ni un édile, ni même un soldat légionnaire qui ait été une fois nommé dans l'histoire [1], n'oubliera pas, que je crois, un de ses serviteurs, et tout le globe de la terre étant en son imagination mieux que dans nulle carte du monde, quelque loin que j'aille, je ne dois pas craindre pour cela de sortir de l'honneur de son souvenir [2]. Je vous supplie pourtant très-humblement, monsieur, vous qui avec tant de bonté me procurez toutes sortes d'honneurs et d'avantages, de me faire la faveur de trouver occasion de témoigner à Monseigneur l'extrême désir que j'ai

---

[1] Tallemant confirme dans ses *Historiettes* (t. III, p. 82), ce que Voiture dit ici de l'étonnante mémoire de Gaston, et ajoute qu'il savait par cœur les noms de tous les simples.

[2] Voyez *Doutes sur la langue française*, p. 71.

d'avoir l'honneur de me voir à ses pieds ¹, et les vœux que je fais tous les jours pour une santé si importante à tout le monde que la sienne. Si, après cela, je désire encore quelque chose de vous, c'est seulement que vous preniez garde, s'il vous plaît, que le temps ne m'ôte rien de la part que si libéralement vous m'avez donnée en votre affection. Mais voyez où me porte l'excès de la mienne, qu'elle me fait douter du plus constant et du plus généreux de tous les hommes. Vous qui savez, monsieur, qu'en tous ceux qui aiment beaucoup il y a toujours quelques mouvements qui ne sont pas de la raison, pardonnez-moi, s'il vous plaît, cette crainte, et considérez que je suis excusable, étant avec tant de passion, monsieur, votre, etc.

Post-scriptum. — Je voudrois bien que Mme la comtesse de Barlemont et Mme la princesse de Barbançon ² sussent que je me souviens extrêmement d'elles à un des bouts de l'Europe, et que je vais passer la mer pour voir si l'Afrique, que l'on dit produire toujours quelque chose de rare, a rien qui le soit tant qu'elles.

53. — A MADEMOISELLE PAULET ³.

De Ceuta, ce 7 août 1633.

Mademoiselle, enfin je suis sorti de l'Europe, et j'ai passé ce détroit qui lui sert de bornes. Mais la mer

¹ Voyez *Doutes sur la langue française*, p. 236.
² Dans une lettre écrite de Bruxelles par M. de Marigny à Gaston d'Orléans, à Blois, sur les dames de la cour de Lorraine, il est parlé d'une duchesse de Wirtemberg, autrefois Mlle de Barbançon (Voyez *Mss. de Conrart*, in-fol., t. V, p. 683).
³ *Mss. Conrart*, p. 749.

qui est entre vous et moi ne peut rien éteindre de la passion que j'ai pour vous, et quoique tous les esclaves de la chrétienté se trouvent libres en abordant cette côte, je ne suis pas moins à vous pour cela. Ne vous étonnez pas de m'ouïr dire des galanteries si ouvertement : l'air de ce pays m'a déjà donné je ne sais quoi de félon, qui fait que je vous crains moins, et quand je traiterai désormais avec vous, faites état que c'est de Turc à More[1]. Il ne vous doit pas pourtant déplaire que l'on vous parle d'amour de si loin : et quand ce ne seroit que par curiosité, vous devez être bien aise de voir des poulets de Barbarie. Il manquoit à vos aventures d'avoir un amant au delà de l'Océan, et comme vous en avez dans toutes les conditions[2], il faut que vous en ayez dans toutes les parties du monde. Je gravai hier vos chiffres sur une montagne qui n'est guère plus basse que les étoiles, et de laquelle on découvre sept royaumes; et j'envoie demain des cartels aux Mores de Maroc et de Fez, où je m'offre à soutenir que l'Afrique n'a jamais rien produit de plus rare, ni de plus cruel que vous. Après cela, mademoiselle, je n'aurai plus rien à faire ici, que d'aller voir *vos parents*, à qui je veux parler de ce mariage, qui a fait autrefois tant de bruit, et tâcher d'avoir leur consentement[3], afin que personne ne s'y oppose plus. A ce que j'entends, ce sont gens peu accostables. J'aurai de la peine à les trouver. On m'a dit qu'ils doivent être

---

[1] Ce proverbe est tout à fait de circonstance, comme le remarque justement le P. Bouhours (*Remarques nouvelles*, p. 592).

[2] Voyez plus haut, p. 112.

[3] Cela s'entend de lui et d'elle. Une vieille parente de Mlle Paulet,

au fond de la Libye, et que les lions de cette côte sont moins nobles et moins grands. On en vend ici de jeunes qui sont extrêmement gentils. J'ai résolu de vous en envoyer une demi-douzaine, au lieu de gants d'Espagne : car je sais que vous les estimerez davantage, et ils sont à meilleur marché. Tout de bon, on en donne ici pour trois écus qui sont les plus jolis du monde : en se jouant, ils emportent un bras ou une main à une personne, et après vous, je n'ai jamais rien vu de plus agréable. Disposez, s'il vous plaît, Mme Anne à s'accommoder avec eux et à leur donner la place de Dorinthe ¹. Je vous les enverrai par le premier vaisseau qui partira, et plût à Dieu que je pusse aller avec eux me mettre à vos pieds ! Ce sera là, mademoiselle, qu'ils auront sujet d'être les plus fiers animaux de la terre, et de s'estimer les rois de tous les autres.

Mais une des plus grandes marques que je puisse donner que l'air d'Afrique m'a inspiré quelque félonie, c'est que j'ai écrit déjà trois pages, et que j'ai pensé achever cette lettre sans parler de [Mme de Rambouillet]. Je vous assure pourtant, qu'en quelque part que je sois, elle est toujours dans mon cœur et dans mon souvenir, et même en ce moment, *ben che di tanta lontananza, li fo umilissima riverenza*, et suis son très-humble et très-obéissant serviteur, *Branbano* ². Tant que je serai hors de la chrétienté, je n'oserois rien

---

nommée Mme Anne, craignoit fort que ce mariage ne se fît (T.). — Elle est nommée quelques lignes plus bas.

¹ Femme de chambre de Mlle Paulet.

² Ainsi finissoit ses lettres un homme d'affaires que M. de Rambouillet avoit à Rome (T.).

dire à Mme [de Clermont]. Pour Mlle [de Rambouillet], elle ne me voudra pas, que je crois, plus de mal pour cela. J'espère lui payer quelque jour le plaisir que j'ai eu d'ouïr les aventures d'Alcidalis, en lui racontant les miennes. Je lui ferai entendre des choses étranges et incroyables, et pour les fables, je lui rendrai des histoires. Votre *serviteur* [1] a toujours dans mon esprit la place que son mérite et l'affection qu'il me fait l'honneur d'avoir pour moi, lui doivent donner. Mais, mademoiselle, il y a un de vos amis [2] que j'aime avec tant de passion, que j'en oublie mon devoir, et qu'il ne me souvient pas de dire combien je le respecte et l'honore. L'extrême envie que j'ai d'être dans son souvenir, m'a pensé obliger à faire une folie : car, sans considérer toutes les raisons qui me doivent arrêter, il ne s'en est guère fallu que je ne lui aie écrit, et j'avois résolu de commencer ainsi :

« Monseigneur, je ne saurois m'empêcher de vous
« écrire, quand ce ne seroit que pour dater ma lettre
« de Ceuta. Après avoir vu les palais des rois de Gre-
« nade et la demeure des Abencerrages, j'ai voulu voir
« le pays de Rodomont et d'Agramant, et connoître la
« terre d'où sortirent tous ces grands hommes,

> *Che furo al tempo che passaro i Mori*
> *D'Africa il mar e in Francia nocquer tanto.*

Je crois, mademoiselle, que ce commencement lui eût donné envie de voir le reste, que j'eusse continué de cette sorte :

« Si vos inclinations ne sont changées, je sais, mon-

[1] M. de Pisani.
[2] Le cardinal de la Valette.

« seigneur, que vous ne désapprouverez pas cette cu-
« riosité, et que dans la félicité où vous êtes, il y aura
« quelques heures où vous envierez la condition d'un
« banni et d'un misérable. Au cas que j'obtienne un
« passe-port que j'espère à Tetuan, et que les Alarbes [1]
« qui couvrent cette campagne ne rompent pas mon
« dessein, j'aurai le plaisir de voir dans quelques jours
« une ville toute pleine de turbans, un peuple qui ne
« jure que par Allah, et des Africaines qui n'ont rien
« de barbare que le nom, et lesquelles, malgré le soleil
« qui les brûle, sont plus belles et plus brillantes que
« lui. C'est un pays, monseigneur, où il n'y a point de
« sottes, de froides, ni de cruelles. Elles sont toutes
« amoureuses, pleines de feu et d'esprit : et (ce que
« quelqu'un y estimera davantage) elles ne vont ja-
« mais à confesse. Par le contentement que j'aurai de
« voir toutes ces choses [2], vous pouvez juger, mon-
« seigneur, que ce n'est pas toujours la fortune qui
« rend les hommes heureux, et qu'il n'y en a point de
« si mauvaise qui n'ait quelques bons endroits, pourvu
« que l'on les sache trouver. Tandis que votre bon-
« heur vous occupe et qu'il vous donne au moins les
« soins de vous en servir et de le bien employer, je
« jouis du loisir et de la liberté, où mon malheur me
« laisse. Il me semble qu'en m'ôtant la France, on m'a
« donné le reste de la terre, et que je ne me dois non
« plus plaindre du destin qui m'en a chassé, que les

---

[1] Nom donné anciennement aux Arabes établis en Barbarie, et qui paraît avoir été formé de l'article *al*, et du substantif *Arabes*; les *Alarabes*, puis les *Alarbes* pour les Arabes.

[2] *Var.* tout cela (C.).

« léthargiques de ceux qui les pincent et qui les frap-
« pent pour les réveiller. Au lieu que je passois ma vie
« entre dix ou douze personnes, en cinq ou six rues et
« deux ou trois maisons; changeant maintenant de
« lieu à toute heure, je vois des montagnes, des déserts
« et des précipices, des fleurs et des fruits que je
« n'avois jamais ouï nommer, des peuples différents,
« et des rivières et des mers qui m'étoient inconnues.
« Je change tous les jours de villes, toutes les semaines
« de royaumes. Je passe en un moment d'Europe en
« Afrique, et j'irois plus aisément à la source du Nil,
« que je n'eusse été autrefois à celle de Rungis[1]. Si en
« cet état de vie, monseigneur, je ne goûte pas les dé-
« lices dont vous jouissez dans l'entretien des seules
« aimables personnes du monde, au moins n'ai-je pas
« aussi ces heures de chagrin et d'accablement qui
« empoisonnent jusqu'à l'âme et qui peuvent tuer
« en une heure le plus fort homme du monde. Dans
« l'innocence où je vis, je prie Dieu qu'il vous garde
« et qu'il conserve longtemps en votre personne la
« plus pure générosité de notre siècle, et tant d'autres
« belles qualités qu'il vous a données. Si, après cela,
« je fais quelque souhait particulier pour moi, c'est
« qu' [ayant trouvé] la fin de tant d'erreurs, je puisse
« avoir l'honneur de vous en entretenir et vous témoi-
« gner, monseigneur, que je ressens, comme je dois,
« les solides obligations que j'ai d'être, monseigneur,
« votre, etc. »

[1] Petit village, à une lieue de Sceaux, célèbre par ses sources d'eaux naturelles. Le cardinal Richelieu y avait deux maisons de campagne dont il fit présent à Colletet.

Mais, mademoiselle, pour un homme qui vouloit vous écrire un poulet, il me semble que je mets ici beaucoup de choses qui n'y pouvoient entrer. Voilà ce que c'est que de n'y être pas accoutumé, et de m'avoir tenu si longtemps en contrainte. Si vous m'eussiez permis dès le commencement de vous en envoyer, j'en saurois faire à cette heure de fort jolis, et je ne finirois pas niaisement comme je fais, en disant que je suis, mademoiselle,

Votre très-humble et très-obéissant serviteur,

VOITURE L'AFRICAIN.

54. — A LA MÊME[1]

(En lui envoyant plusieurs lions de cire rouge).

[Même date.]

Mademoiselle, ce lion ayant été contraint, pour quelques raisons d'État, de sortir de Libye avec toute sa famille et quelques-uns de ses amis, j'ai cru qu'il n'y avoit point de lieu au monde où il se pût retirer si dignement qu'auprès de vous, et que son malheur lui sera heureux en quelque sorte, s'il lui donne occasion de connoître une si rare personne. Il vient en droite ligne d'un lion illustre, qui commandoit, il y a trois cents ans, sur la montagne de Caucase, et de l'un des petits-fils duquel on tient ici qu'étoit descendu votre bisaïeul, celui qui le premier des lions d'Afrique passa en Europe. L'honneur qu'il a de vous appartenir me fait espérer que vous le recevrez avec plus de douceur et de pitié, que vous n'avez de coutume

[1] *Mss. de Conrart*, p. 695.

d'en avoir, et je crois que vous ne trouverez pas indigne de vous d'être le refuge des lions affligés. Cela augmentera votre réputation dans toute la Barbarie, où vous êtes déjà estimée plus que tout ce qui est delà la mer, et où il ne se passe jour que je n'entende louer quelqu'une de vos actions. Si vous leur voulez apprendre l'invention de se cacher sous une forme humaine, vous leur ferez une faveur signalée : car par ce moyen, ils pourroient faire beaucoup plus de mal et plus impunément. Mais si c'est un secret que vous vouliez réserver pour vous seule, vous leur ferez toujours assez de bien, de leur donner place auprès de vous et de les assister de vos conseils. Je vous assure, mademoiselle, qu'ils sont estimés les plus cruels et les plus sauvages de tout le pays, et j'espère que vous en aurez toute sorte de contentement. Il y a avec eux quelques lionceaux qui, pour leur jeunesse, n'ont encore pu étrangler que des enfants et des moutons; mais je crois qu'avec le temps ils seront gens de bien, et qu'ils pourront atteindre à la vertu de leurs pères. Au moins sais-je bien qu'ils ne verront rien auprès de vous qui leur puisse radoucir ou rabaisser le cœur, et qu'ils y seront aussi bien nourris que s'ils étoient dans leur plus sombre forêt d'Afrique. Sur cette espérance que j'ai que vous ne sauriez manquer à tout ce qui est de la générosité, je vous remercie déjà du bon accueil que vous leur ferez, et vous assure que je suis, mademoiselle,

Votre très-humble et très-obéissant serviteur,

LÉONARD,

Gouverneur des lions du roi de Maroc.

35. — A MONSEIGNEUR LE COMTE-DUC D'OLIVARÈS.

A Séville, ce 16 août 1633.

Monseigneur, je ne puis différer plus longtemps à me servir de la permission que vous m'avez donnée, et à vous dire qu'après avoir vu la plus belle partie de l'Espagne, je demeure toujours dans l'opinion que j'avois qu'elle n'a rien de si rare que V. E. Dans tous les lieux où j'ai passé, je n'ai rien remarqué avec tant de plaisir que le respect que tout le monde porte à votre nom et aux recommandations qui viennent de votre part. Celles dont il a plu à V. E. de m'honorer ont fait partout l'effet que j'en pouvois espérer, mais nulle part comme dans l'Alcazar de Séville, où j'ai trouvé le bon accueil et toute la courtoisie qui se doit attendre d'un lieu où vous commandez. C'est à mon avis la pièce de toute l'Espagne qui mérite autant d'être vue, et si l'Escurial a quelque chose de plus grand et de plus magnifique, ce palais a des dons particuliers et des grâces naturelles qui le rendent remarquable entre tous les autres. Je vous assure pourtant, monseigneur, que ses dorures, ses jardins et ses fontaines, ne sont pas les choses qui m'y ont semblé les plus agréables, et j'y estimai plus que tout cela la rencontre que j'y ai faite d'un gentilhomme, qui parle de V. E. quasi avec autant d'affection que moi, et qui m'a appris beaucoup de particularités de cette vie qui me semble la plus admirable du monde. Je prie Dieu, monseigneur, qu'elle soit aussi longue que belle, et qu'il me conserve la mienne jusqu'à ce que j'aie pu témoigner à V. E. combien véritablement j'honore les singulières vertus qui sont en elle, et avec quelle passion je suis, monseigneur, votre, etc.

56. — A MADAME LA MARQUISE DE RAMBOUILLET.

[Lisbonne, septembre 1633.]

Madame, quand mes libéralités seroient, comme vous dites, plus grandes que celles d'Alexandre [1], elles seroient trop bien récompensées par les remercîments qu'il vous a plu m'en écrire. Lui-même, quelque démesurée que fût son ambition, il l'auroit bornée à une si rare faveur. Il eût plus estimé cet honneur que le diadème des Perses, et il n'eût pas envié à Achille les louanges d'Homère, s'il eût pu avoir les vôtres. Aussi, madame, dans la gloire où je me trouve, si je porte envie à la sienne, ce n'est pas tant à celle qu'il s'est acquise, qu'à celle que vous lui avez donnée, et il n'a point reçu d'honneurs que je ne tienne au-dessous des miens, si ce n'est celui que vous lui faites en le nommant votre galant. Sa vanité ni ses flatteurs ne lui ont jamais rien fait accroire de si avantageux, et la qualité de fils de Jupiter Ammon n'étoit pas si glorieuse que celle-là. Que si rien me console dans la jalousie que j'en ai, c'est, madame, que vous connoissant comme je fais, je sais que si vous lui faites

[1] Elle aimoit fort certaine poterie de Portugal. Voiture lui en envoya une pleine caisse. Elle lui écrivit en substance, que quand il seroit devenu roi de Portugal il n'auroit pu faire davantage, et que c'étoit comme son galant (pour ne pas dire Alexandre de peur d'élever trop son style), qui, après avoir conquis le pays des parfums, envoya un navire plein d'encens à son gouverneur, qui lui disoit qu'il attendît à le prodiguer quand il seroit roi de Sabée (T.).

cette faveur, ce n'est pas tant pour ce qu'il est le plus grand de tous les hommes, que pour ce qu'il y a deux mille ans qu'il n'est plus. Quoi que ce soit, on peut voir en cela la grandeur de sa fortune, laquelle ne le pouvant encore abandonner tant d'années après sa mort, ajoute à ses conquêtes une personne qui les relève plus que la femme et les filles de Darius, et lui a fait gagner un esprit beaucoup plus grand que le monde qu'il a dompté. Je devrois craindre, par votre exemple, d'écrire d'un style trop élevé [1]. Mais en peut-on prendre un trop haut en parlant de vous et d'Alexandre? Je vous supplie très-humblement de croire, madame, que j'ai pour vous la même passion que vous pour lui, et que l'admiration de vos vertus me fera toujours être, madame, votre, etc.

57. — A MADEMOISELLE PAULET [2].

[Lisbonne, octobre 1633.]

Mademoiselle, depuis que je suis parti de Madrid, j'ai fait devant que de venir ici deux cent cinquante lieues d'Espagne qui n'en valent guère moins que cinq cents de France : ce n'est pas mal aller pour un homme qui avoit les jambes si roides et à qui on reprochoit qu'il ne pouvoit marcher. J'ai jugé tout ce chemin bien employé, lorsqu'en arrivant en ce lieu, j'y ai trouvé les lettres qu'il vous a plu me faire tenir du troisième de juillet; et quoique j'aie rencontré à Séville toute la dépouille de la flotte des Indes et que l'on m'y ait fait voir six millions d'argent dans une

[1] Voyez la note précédente.
[2] *Mss. de Conrart*, p. 755.

seule chambre, je puis dire que je n'ai point vu de si grands trésors que celui que vous m'avez envoyé. Vous pouvez imaginer le contentement que j'ai eu de recevoir tant de témoignages d'affection de tout ce qu'il y a d'aimables personnes au monde. Et certes, cette joie auroit été plus grande que ne l'eût pu supporter un homme qui est si peu accoutumé d'en avoir, si elle n'eût été tempérée par la nouvelle que vous me donnez de votre indisposition. La colique n'avoit pu jusqu'ici venir à bout de ma patience; mais elle a trouvé moyen de la vaincre en me prenant par là, et la douleur me touche en la plus sensible partie de moi-même, quand elle vous attaque. J'ai une extrême tristesse de voir que mon âme soit divisée en deux corps si faibles que le vôtre et le mien, et qu'il faille que je sois toujours malade de mes maux ou des vôtres. Enfin, mademoiselle, je vois bien qu'il me faudra chercher des remèdes plus solides que celui de l'éjade. Nous serons contraints de nous soumettre à l'avis des médecins, et nous devons plutôt nous résoudre à perdre une vertu que deux vertueux. La charité, qui est la première de toutes, nous oblige à avoir pitié de nous-mêmes, et puisque la douleur et la maladie sont des effets du péché et une des malédictions qu'il a causées, nous devons faire tout ce qui nous sera possible pour le fuir, et pour avoir soin de notre santé. Vous avez encore plus d'intérêt que moi de suivre ce conseil, car la mienne est à cette heure en meilleur état qu'elle n'avoit accoutumé, et le travail et l'agitation du chemin m'ont mis au moins hors d'appréhension pour quelque temps. Si vous voulez user de ce régime, je vous attendrai en Angleterre, et je vous mènerai partout par la coutume du royaume de Logres ¹.

J'étois sorti de Madrid, contre l'opinion de tout le monde, avec ce peu de prudence que vous savez que les philosophes de la secte de votre *mari* ont en tout ce qui est de leur plaisir ; et en une saison où les Espagnols osent à peine sortir de leur logis, j'avois entrepris de traverser la plus grande partie de l'Espagne et de venir passer le mois d'août au lieu le plus chaud de l'Europe. Cependant je suis venu à bout, Dieu merci, de mon dessein ; et à cette heure que je suis en Portugal, je me moque de ceux qui disoient que j'allois mourir en Andalousie. Sans mentir, mademoiselle, ce ne vous est pas peu de gloire d'avoir pu allumer le cœur d'un homme aussi froid que je suis. Le soleil, qui fend ici la terre et qui brûle les rochers, n'a pu à grand'peine que m'échauffer, et je n'ai point eu d'incommodité en ce voyage, qu'une nuit que je ne m'étois pas assez couvert. Trois hommes qui étoient partis avec moi ont été contraints de demeurer en chemin. La chaleur, la lassitude, ni la peine qu'il y a de voyager en ce pays n'ont pu m'arrêter, et quoique j'aie trouvé beaucoup de lits plus mal garnis que ceux de Villeroy ², et beaucoup de chambres plus mauvaises que celles de Panfou ³, et que je n'aie point

---

¹ C'est-à-dire, de la chevalerie errante : le royaume de Logres est le pays d'Artus et des chevaliers de la Table-Ronde.

² On le fit coucher sur la paille à cause qu'ils étoient trop de monde (T.). Plus loin Voiture revient sur cet incident (p. 226).

³ Petit village, à cinq lieues de Melun.

dormi (chose de considération) depuis trois mois, je suis ici arrivé plus fort et plus sain que jamais. Ne pensez donc pas que je sois encore cette foible créature que vous avez vue autrefois. Je suis tout autre que vous ne sauriez vous imaginer. Je suis crû de six grands doigts dans ce voyage; j'ai le teint extrêmement brûlé, le visage plus long que je ne l'avois, les dents de devant fort serrées, les yeux noirs, la barbe noire, et selon que je me figure qu'est fait le baron de Villeneuve[1], je lui ressemble plus à cette heure qu'à M. de Sérisay[2]. Cette mine entre douce et niaise est passée en une autre toute contraire, et il ne m'est plus rien resté qui ne soit changé, sinon que j'ai encore les sourcils joints, qui est la marque d'un fort méchant homme. J'espère que dans trois ou quatre jours j'éprouverai si je saurai aussi bien résister au travail de la mer qu'aux autres, et dès qu'un vaisseau anglois, qui a déjà les deux tiers de sa charge, l'aura tout entière, nous partirons, Dieu aidant, au premier vent.

Il faut avouer, mademoiselle, que ma fortune a quelque chose de bien bizarre. Moi, qui autrefois n'ai pu me résoudre d'aller jusqu'au Pont-aux-Dames, en la meilleure compagnie du monde, j'ai été à cette heure plus loin qu'Hercule, et il y a plus d'un mois que j'ai passé ses colonnes. Et au lieu que je ne pouvois souffrir un petit vent dans le cabinet de

---

[1] C'étoit un gentilhomme toulousain, des amis de Mme de Rambouillet, très-instruit et conteur aimable. Voyez Tallemant, t. IV, p. 110.

[2] Sérizay ou Cérizay? Plusieurs pièces insérées dans le *Recueil de Sercy*, 5 vol. in-12, Paris, 1668, sont signées de ce nom.

Mme de Rambouillet, je m'en vais à cette heure en défier trente-deux au milieu de l'Océan et de l'hiver. Ce n'est pas là pourtant le plus grand péril. Trente vaisseaux de Barbarie qui courent cette côte donnent davantage de peur à tous ceux qui partent d'ici et se font plus craindre que la tempête. Je voudrois bien savoir s'il y a quelque astrologue qui eût pu dire en me voyant il y a deux ans, dans la rue Saint-Denis, avec ma rotonde, que je courrois bientôt fortune de ramer dans les galères d'Alger, ou d'être mangé par les poissons de la mer Atlantique. Mais au cas que je sois destiné à être pris par les pirates, je souhaite, au moins, que je tombe entre les mains d'un célèbre corsaire[1], que j'ai ouï nommer autrefois à Mlle de Rambouillet, et dont le nom seul me fait avoir de l'inclination pour lui. Si Mlle de Rambouillet le peut deviner en quatre et le dire après sans rire, je lui donnerai un petit peigne[2], dont on me fit hier présent, qui avoit été fait pour la reine de la Chine. Je n'ai pourtant pas trop de peur de payer ma rançon et d'être réduit à racheter ma liberté, car le capitaine du navire m'a assuré que je pouvois dormir en repos pour ce qui est de cela, et m'a juré qu'en tout cas il mettroit le feu aux poudres. Voyez le bon expédient, et s'il ne me vaudroit pas mieux embarquer avec un anabaptiste ! Mais ce qui est remarquable, et qui s'est plaisamment rencontré, c'est (et par ma foi je ne mens pas) que je m'en vais dans un vaisseau qui ne porte que moi et huit cents caisses de sucre. De sorte que si je viens à

---

[1] Mlle de Rambouillet elle-même.
[2] Voyez plus bas, p. 204.

bon port, j'arriverai confit; et si, d'aventure, je fais naufrage avec cela, ce me sera au moins quelque consolation, de ce que je mourrai en eau douce. Jugez si je pouvois rencontrer une *embarcacion* qui me fût plus convenable. Après cela, il me semble que ce voyage ne me peut être qu'heureux. J'espère que les zéphyrs, qui sont du nombre des esprits doux, me seront favorables, et que devant que cette lettre soit en France, je pourrai être en Angleterre.

Je vous supplie très-humblement, mademoiselle, de me faire la faveur de témoigner à la première des deux personnes dont je vous parlois à cette heure, qu'encore que je change de tant de lieux, elle garde toujours celui qu'elle a accoutumé d'avoir en ma mémoire. Tous les objets qui se présentent à moi me font souvenir d'elle; toutes les fois que je vois un magnifique bâtiment, un pays agréable et une belle ville, ou quelque rare ouvrage de l'art ou de la nature, je la souhaite et je désirerois savoir le jugement qu'elle en feroit. Celui qu'elle a fait depuis peu en ma faveur me rend plus satisfait de moi-même que je ne le fus de ma vie, et le prix qu'elle m'a donné venant d'une si bonne part me semble être hors de prix. Il ne me pouvoit rien arriver tant à mon avantage, que de recevoir cet honneur d'une personne qui en peut être si bon juge, et de qui on peut dire avec vérité, qu'il n'y a jamais eu une dame [1] qui ait si bien entendu la galanterie, ni si mal entendu les galants. Je trouve seulement à désirer qu'en me faisant cette

---

[1] Mlle de Rambouillet (T.)

grâce, on me l'eût signifié en d'autres termes, qu'en disant qu'elle donnoit *el precio de mas galan al re Chiquito*¹. C'étoit, ce me semble, assez de dire *Chico*. Mais du style de la demoiselle qui l'a écrit, je m'étonne encore qu'elle n'a mis *Chiquitico*. Toutefois cela peut avoir été fait à bon dessein, et dans une si grande gloire que celle que je recevois, il étoit à propos de me faire souvenir de ma petitesse. Je fais ce qu'il m'est possible pour défendre sa bonté. Car j'avoue qu'à ce coup je serois trop méconnoissant, si je me plaignois d'elle, après l'honneur qu'elle m'a fait de m'écrire. Lors même qu'elle me reproche que je suis petit, elle m'élève par-dessus tous les autres, et avec une feuille de papier elle me rend le plus grand homme de France. Celle que j'ai reçue d'elle est si excellente et si pleine de gentillesse, qu'après cela je ne sais si j'aurois assez de temps ni de hardiesse pour lui écrire. Je ne me trouve jamais si glorieux que quand je reçois de ses lettres, ni si humble que lorsque j'y veux répondre et que je considère combien mon esprit est bas au-dessous du sien. Je voudrois bien, mademoiselle, dire ici quelque chose de cette personne qui sera toujours louée et ne le sera jamais assez, et je souhaiterois qu'il y eût des paroles aussi belles et aussi bonnes qu'elle pour en parler comme je désirerois. Mais il n'y a point de langage au monde pour cela,

---

¹ Mlle de Rambouillet, jugeant entre lui et M. Godeau, lui donna le prix à la façon d'Espagne, où il y en a un pour celui qui a paru le plus galant, bien qu'il n'ait pas eu l'avantage. Elle ajouta *al re Chiquito*, à cause du roi de Grenade, appelé *Petit*, qui étoit fort galant, et que d'ailleurs Voiture étoit d'une petite taille (T.).

et c'est tout ce que peut faire le dernier effort de la pensée, que de concevoir quelque chose digne d'elle.

Je remercie madame de Clermont de ce que les extrêmes chaleurs d'Andalousie ne m'ont point fait malade, et de ce que j'ai eu le temps favorable les deux fois que j'ai passé le détroit. Je la supplie de me continuer ses faveurs et de croire que je ne saurois oublier de si solides obligations. J'achèverai de connoître d'ici en Angleterre à quel point est l'affection qu'elle me fait l'honneur d'avoir pour moi. On dit qu'il y a en Norwége des personnes qui vendent le vent; mais je crois qu'elle le peut donner, et si je ne l'ai toujours en poupe, je me plaindrai d'elle. Avec sa permission, je baise très-humblement les mains à Mlle *Atalante*[1], et quoique sa légèreté soit une des premières choses que j'ai louées en elle, je la supplie de n'en point avoir pour moi. Je lui rends mille grâces, et à mademoiselle sa sœur, de l'honneur qu'elles me font de se souvenir de moi.

Mais, mademoiselle, voici la cinquième page que je vous écris sans vous écrire, et quand vous lirez tant de choses que je mets pour les autres sans parler de vous, il semble que l'on vous pourroit demander : *Et vous, pourquoi ne mangez-vous point de gâteau*[2]?

---

[1] Mlle de Clermont, aujourd'hui Mme d'Avaugour (T.).

[2] L'évêque de Lisieux entra dans la chambre de Mme de Rambouillet, qui étoit avec trois ou quatre bourgeoises. On lui apporta un gâteau qu'elle ne vouloit pas entamer; mais M. de Lisieux en ayant pris, et le trouvant bon, il se tourna vers ces femmes, et sans considérer qu'on ne leur en avoit point donné, il leur dit : « Et vous, pourquoi ne mangez-vous point de gâteau? » (T.)

Vous savez que c'est votre faute plus que la mienne ; si vous en voulez manger, il ne faut que le dire. Tout sera pour vous, je vous jure, et vous aurez les parts de tous les autres. Je ne puis pourtant m'empêcher de vous dire ici l'extrême joie que l'on m'a donnée, en me mandant que j'étois tout entier dans le cœur de cet homme, que vous savez qui est si fort selon le mien [1]. Je sais bien que ce n'est pas un lieu de repos. Je crois qu'il n'y a point d'endroit dans l'Afrique si chaud, ni de golfe en la mer qui soit plus agité. Mais cela n'empêche pas que je ne me réjouisse infiniment d'y être, et que je ne me tienne très-heureux d'avoir une si grande place dans le meilleur cœur de France. Si, du reste, il n'y a que des pieds et des mains, je crois au moins que ce sont de belles mains et de beaux pieds ; et il y en aura quelques-uns que je baiserois de bon cœur. Mais puisqu'il lui a plu de me faire un si grand honneur, je le supplie très-humblement, que pour achever cette bonté, il vous permette d'y entrer plus avant que les autres, et qu'au moins il vous y laisse mettre la moitié du corps. Car sans mentir, mademoiselle, je ne puis être bien entier en un lieu où vous n'êtes pas. S'il a encore la bonne inclination qu'il avoit à bien faire, je sais qu'il m'accordera bien volontiers cette faveur, et qu'il sera bien aise de nous mettre là à part tous deux ensemble. J'ai extrêmement besoin d'une occasion comme celle-là, et de vous pouvoir entretenir en particulier, pour vous dire, sans que tant de personnes l'entendent, ce que je sens pour

---

[1] Le cardinal de la Valette (T.).

vous; de quelle sorte je vous aime et je vous honore; combien votre absence m'est insupportable et votre mémoire m'est douce, et avec quelle passion je suis, mademoiselle, votre ¹, etc.

58. — A MONSIEUR *** [A MADRID ².]

A Lisbonne, le 15 octobre 1633.

Monsieur, pour vous montrer que je trouve votre excuse fort bonne, c'est que je m'en veux servir. Elle me sera beaucoup plus nécessaire qu'à vous, et vous ne devez pas trouver étrange que je l'allègue en mon besoin, moi qui ai toujours moins d'esprit et qui ai à cette heure moins de temps. Vous le croirez aisément, quand vous saurez que l'on m'a dit aujourd'hui que nous partirons dans cinq jours. De sorte qu'il me faut acheter un lit, des matelas, des couvertures, un petit troupeau de moutons, vingt bêtes à cornes, cinquante poules et quelques *chats de volière* ³ : car le capitaine ne veut pas nourrir les passagers. Outre cela, il faut que j'écrive à Séville, à Madrid, en Flandre, en France, à mes amis, à des marchands, à des ministres, à des amies et à des maîtresses. Et ce qui est le plus embarrassant, il me faut tous les jours répondre à un poulet portugais, que par ma foi je ne puis lire

¹ Ici s'arrête la correspondance de Voiture avec Mlle Paulet. Peut-être y eut-il encore d'autres lettres qui sont perdues. Toutefois nous savons par Tallemant qu'ils se brouillèrent au retour de Flandre (*Historiettes*, t. IV, p. 41).

² *Mss. de Conrart*, p. 925. — Ne serait-ce pas M. de Lingendes?

³ C'est-à-dire, *des pigeons* : plaisanterie qui se trouve expliquée dans la suite de la lettre.

ni entendre. Jugez si jamais personne a eu tant d'affaires, et si je puis espérer de vous envoyer une lettre qui puisse payer la vôtre, moi qui, dans mon loisir, ne le pourrois pas. Elle m'a apporté toute la consolation que vous pouvez imaginer qu'en peut recevoir un homme de bon goût et de bonne amitié, et a fait, ce me semble, en moi un effet merveilleux, m'ayant empêché d'être triste de n'avoir point eu de nouvelles de mon père et de mes amis de France. Je m'étonne qu'il ne me soit point venu de lettre par l'ordinaire. Quoi que je vous die de partir dans cinq jours, ne laissez, je vous supplie, de m'écrire toujours : car, comme vous savez, les jours de ces pays-ci ne sont pas de vingt-quatre heures, et ceux d'Espagne ne durent guère moins que ceux de Norwége.

Je voudrois bien que l'envie de venir ici eût pris au paladin : car je ne le saurois appeler plus magnifiquement (et il faut avouer que personne ne peut être si ingénieux que vous à lui trouver de beaux titres), et certainement il ne sauroit trouver de meilleure occasion. Outre que les vaisseaux de San-Lucar sont plus loin de quatre-vingts lieues, je crois qu'ils partiront pour le moins quinze jours plus tard. Et puis il faut qu'il triomphe de plusieurs nations, et qu'après avoir brûlé tant de Castillanes, il fasse fondre quelques Portugaises. Certes, si j'étois assez sage pour n'aimer personne de ceux que je ne vois point, je n'aurois guère eu de meilleur temps en ma vie, que celui que j'ai passé depuis trois mois, éloigné de toutes sortes d'embarras et d'affaires, et n'entendant de nouvelles que celles de temps en temps il vous plaisoit de m'apprendre. Le vrai secret, pour avoir de la santé et de la gaieté, est que le corps soit agité, et que l'esprit se repose. Les voyages donnent cela. Pour l'ordinaire, il nous arrive tout au rebours. Lorsque nous pensons nous reposer, nous nous travaillons le plus. Le trot de la plus méchante mule ne lasse pas tant que d'attendre Carnero sur le banc de la secrétairerie, et la moindre mauvaise affaire tourmente davantage que le plus mauvais temps, ou le plus mauvais chemin.

Croyez donc que j'approuve extrêmement le dessein que vous faites de vous désabuser de la fortune, et de la quitter comme une dangereuse maîtresse. Ses caresses et ses mépris sont également à craindre. D'une façon ou d'autre, elle tue tous ses amants, et ceux qui estiment ses faveurs pour de véritables biens, sont beaucoup plus trompés que ceux qui prennent *un chat pour un pigeon*. Si je n'eusse fini par cette bouffonnerie, il me semble que j'étois trop sérieux pour un homme qui l'a si peu accoutumé et qui a tant de hâte. Quand vous voudrez faire cette retraite, je vous accompagnerai et nous irons en quelque lieu où nous appellerons chaque bête comme il nous plaira. Aussi bien qu'Adam, nous donnerons de nouveaux noms aux choses, et quand nous irons au contraire de tous les autres hommes et que nous nommerons mal ce qu'ils nomment bien, peut-être que nous nous rencontrerons. Mais jusqu'à ce que cela arrive, et tant que je demeurerai dans le monde, je vous supplie de me conserver avec toute sorte de soin l'amitié de ces messieurs. Il n'y a pas une recommandation de celles de M. le comte de Maure que je n'estime un million :

comptez les maravédis de la flotte, et considérez quelle richesse vous m'avez envoyée. Si M. le comte Stufe avoit avec vous la fortune qu'il a avec moi, il y a longtemps qu'il vous auroit ruiné : car je ne me puis défendre de lui, et il m'a gagné jusqu'à l'âme. Il est vrai que vous avez intérêt en cette perte et que cela est gagner votre bien, étant obligé d'être tout à vous, et plus que personne, monsieur, votre, etc.

Post-scriptum inédit.—[Je ne dis rien pour monsieur votre frère, car assurément il sera parti; mais M. de Vaneton saura, s'il vous plaît, que je suis et serai toujours son très-humble serviteur. Je serois bien fâché que M. le baron d'Auchy fût encore à Madrid, car je perdrois beaucoup de contentement, si je ne le voyois pas en Flandre. Toutefois, car toutes choses peuvent arriver, si d'aventure il y étoit encore, je vous supplie de me faire la faveur de l'assurer que je me souviendrai toujours de lui comme d'un des plus estimables hommes que j'aie jamais vus. Et don Thomas? sans mentir, vous êtes cruel [1]].

59. — A MONSIEUR DE *** [2].

A Lisbonne, le 22 octobre 1633 [3].

Monsieur, je ne sais pas bien certainement qui vous êtes, mais je suis assuré que la lettre que j'ai reçue

---

[1] *Mss. de Conrart*, p. 928.
[2] *Mss. de Conrart*, p. 631.
[3] Conrart place cette lettre à la date du 22 août; mais à cette époque Voiture devoit se trouver encore à Séville. Il ne nomme pas non plus la personne à qui elle est adressée, et que je suppose habiter Madrid.

ne peut être que d'un extrêmement honnête homme, et je dois attendre quelque jour de grands secours de vous, s'il est vrai ce que vous dites, que vous me saurez mieux servir, que vous ne savez écrire. Que si vous êtes celui que j'imagine, ce bien ne me pouvoit venir d'aucune part, dont il me fût plus cher, et j'ai une extrême joie de voir tant de bonté en une personne, en qui j'avois déjà remarqué toutes les autres excellentes qualités. Comme en cela vous m'avez fait plus d'honneur que je n'en pouvois attendre, je vous assure, monsieur, que je le reconnois mieux que vous ne sauriez penser, et que je ne suis pas moins généreux à ressentir cette faveur, que vous l'avez été à me la faire. Je pense que vous avez assez bonne opinion de moi pour le croire, et vous, qui en vous laissant seulement connoître, gagnez le cœur de tous ceux qui vous voient, vous ne sauriez douter que vous ne soyez extrêmement aimé de tous ceux que vous y obligez si particulièrement. Mais je vous puis jurer, monsieur, qu'entre tant d'affections que vous avez acquises, il n'y en a pas une qui soit accompagnée de tant de respect et d'estime que la mienne, et que je suis, comme je dois, plus que personne, monsieur, votre, etc.

60. — A M. DE CHAUDEBONNE [1].

A Lisbonne, le 22 octobre 1633.

Monsieur, je croyois que je ne pourrois jamais sortir de ce pays, et il me sembloit que mon malheur eût bouché les ports de San-Lucar et de Lisbonne. J'étois sorti de Madrid sur l'avis qu'on m'avoit donné qu'un

---

[1] *Mss. de Conrart*, p. 915.

vaisseau anglois devoit partir de Séville dans six semaines, et pour ne pas attendre et arriver justement en ce temps-là, j'avois pris le tour de Gibraltar, et par Grenade. Cependant, il y en a six autres que celles-là sont passées, et je ne crois pas qu'il parte encore d'un mois. L'impatience d'être si longtemps en un lieu m'avoit fait venir de là, croyant y devoir retourner, seulement pour voir celui-ci; et quoique l'on m'eût écrit qu'il n'y avoit point d'*embarcacion*, je m'étois résolu de faire six vingt lieues, et de passer deux fois la Sierra Morena, pour me divertir. Mais le bonheur a voulu que tandis que j'étois en chemin, il est arrivé un navire anglois, dans lequel, Dieu aidant, je m'embarquerai. Il y a trois semaines que je l'attends. Dans deux jours il sera achevé de charger, et partira au premier vent. La fortune dispose bien bizarrement de moi, et après m'avoir fait voyager en Espagne au mois d'août, elle me fera naviguer en novembre. Le vaisseau est de vingt-cinq pièces, fort bon et bien armé. Je pense que nous aurons besoin de tout : car il y a beaucoup de Turcs à la côte; et en ce temps-ci, je crois que je ne serai pas si malheureux que je ne voie quelque tempête que j'aie quelque jour à vous décrire. Cette *embarcacion* est sans doute une des meilleures que je pouvois espérer. Le voyage est beaucoup plus aisé d'ici que de Séville, et je ne voudrois pour rien y être demeuré et ne m'être pas résolu de venir voir le Portugal. Je vous assure, monsieur, que don Manuel et la señora Osaria ont ici de beau bien, et que s'ils y pouvoient rentrer, ils seroient mieux accommodés qu'à Bruxelles. Lisbonne est, à mon gré, une des plus belles villes du monde, et qui mérite autant d'être vue. Ce sont trois montagnes couvertes de maisons et de jardins, qui se mirent toutes dans une rivière large de trois lieues, et la ville qui se voit sous le Tage ne paroît pas moins belle que celle qui est sur le bord. Je ne laisse pas pourtant d'y être avec quelque ennui : car je n'ai reçu pas une lettre depuis que j'y suis, et je ne sais rien d'aucune chose. On ne connoît quasi point ici d'autre France que l'Antarctique. La plupart de ceux que j'y vois sont des hommes de l'autre monde, et on y sait plus souvent des nouvelles du Cap-Vert et du Brésil, que de Paris ou de Flandre. De sorte, qu'encore que ce me doive être quelque contentement d'être au pays de la marmelade et que j'aie ici une maîtresse qui est encore plus douce qu'elle, tout cela ne me touche point, et je fais des vœux pour en sortir, comme si j'étois en Norwége.

C'est une étrange chose, monsieur, que des aventures d'Espagne. J'y ai été toujours aussi chaste qu'une demoiselle que je crois que vous voyez tous les soirs[1], et avec toute ma sévérité, je ne laisserai pas de vous pouvoir montrer quelque jour des poulets en castillan, en portugais et en andalous; et si une More qui demeure devant mes fenêtres savoit écrire, je vous en pourrois faire voir encore en guinois. Mais j'espère que le vent emportera bientôt toutes ces affections, et me mettra en lieu où j'en ai de plus solides et de mieux fondées. Vous qui faites tout seul une grande partie de toutes les miennes, vous pouvez vous ima-

---

[1] Une des filles de M. de la Viefville, qui mourut à Bruxelles.

giner avec quelle impatience je désire ce bonheur. Je vous puis au moins assurer qui je ne laisserai jamais de maîtresse avec tant de plaisir que quand je vous irai revoir; et moi qui m'étois défendu toute ma vie des tristesses, des langueurs et des inquiétudes de l'amour, je trouve à cette heure tout cela dans l'amitié. Je pense, monsieur, que vous me croirez, et que vous vous persuaderez aisément qu'un homme, auquel vous avez fait tant de biens et à qui vous en avez enseigné encore davantage, ne peut manquer d'en avoir le ressentiment qu'il doit. La fermeté et la reconnoissance sont deux vertus que vous m'avez apprises, que je ne saurois mieux employer qu'en vous; et quand, avec toute sorte de générosité, je vous aurois payé au double tout ce que je vous dois, après cela je ne serois pas encore quitte, et je vous devrois cette générosité là même, puisque ce seroit auprès de vous que je l'aurois acquise. Aussi n'est-ce pas mon intention de m'acquitter envers une personne à qui je prends tant de plaisir d'être redevable, et outre que mon inclination et ma raison me donnent à vous, je suis bien aise d'avoir encore des obligations infinies d'être toujours, monsieur, votre, etc.

Post-scriptum inédit. — [Ayant tant besoin de me procurer toutes les choses avantageuses, je suis assuré que, quand je ne vous en parlerois point, vous ne laisseriez pas de me faire l'honneur de faire mes très-humbles baise-mains à Mme la comtesse de Barlemont; mais je ne laisse pas de vous en supplier encore et je ne saurois fermer cette lettre sans vous parler d'elle.

En vérité, elle a une si grande part en mon cœur qu'il me semble que vous vous en pourriez plaindre, si vous n'étiez le premier qui l'y avez mise, et selon le plaisir que j'ai à me souvenir d'elle, je crains que, quand je la verrai, je ne vienne à l'aimer autant que vous] [1].

61. — A MONSIEUR LE MARQUIS DE MONTAUSIER
(qui fut tué depuis en la Valteline[2]).

A Lisbonne, le 22 octobre 1633.

Monsieur, j'ai lu votre lettre avec tout le contentement et la satisfaction [3] que (sic) l'on doit recevoir cet honneur d'un des plus paresseux et des plus honnêtes hommes du monde. Il me semble qu'il n'y a plus rien que je ne doive attendre de votre amitié, puisque pour l'amour de moi vous avez pu prendre un peu de peine, et vous ne sauriez faire voir de meilleure preuve des paroles que vous me donnez, que de les avoir écrites. Il me déplait seulement de penser, qu'avec toute cette tendresse que vous me témoignez, il y a quelque occasion pour laquelle vous voudriez que je fusse pendu [4]. A dire le vrai, monsieur, il me semble que c'est quelque défaut dans l'affection que vous me portez, et je crois que, sans être trop pointilleux, je le pourrois

---

[1] *Mss. Conrart*, p. 918.

[2] A l'attaque des bains de Bormio, le 19 juillet 1635. — Hector de Sainte-Maure, frère aîné de Charles, marquis, puis duc de Montausier et gouverneur du Dauphin.

[3] Voyez *Doutes sur la langue française*, p. 242.

[4] On disoit à feu M. de Montausier qu'il n'y avoit rien qu'il ne fît pour être roi, et il l'avouoit. C'est ce que Voiture veut dire ici, que pour devenir roi il laisseroit pendre ses amis, et ne se soucieroit pas d'acheter la couronne à ce prix (T.).

trouver mauvais. Toutefois, j'en cours tant de risque d'ailleurs, et je désire aussi avec tant de passion que vous ayez tout ce que vous méritez, que s'il ne tenoit qu'à cela que vous eussiez un royaume, sans mentir, je crois que j'y consentirois aussi bien que vous. Je pardonnerois plus aisément cet outrage à la fortune, que celui qu'elle vous fait de ne vous pas accorder ce qui vous est dû, et de vous refuser un titre qu'elle a donné à M. du Bellay[1]. Mais puisque la chose ne dépend point de là, et que je pourrois avoir cent couronnes de martyr, sans que cela vous en donnât une de souverain, il en faut chercher par un autre chemin, et, sans qu'il en coûte la vie à pas un de vos amis, ne devoir cet honneur qu'à vous-même. Je vous assure qu'en courant tant de différents royaumes, je songe toujours à vous et je tâche à former quelque dessein que vous puissiez un jour exécuter. Il y a quelque temps que j'en vis sept tout d'une vue, dont il y en avoit quatre en Afrique, que je vous souhaitai, et lesquels c'est dommage que vous laissiez entre les mains des Mores. Que si le séjour de Barbarie ne vous plaît pas, l'on a eu ici avis que l'île de Madère est sur le point de se révolter, et qu'elle veut se donner au premier qui la voudra défendre de la domination d'Espagne. Imaginez-vous, je vous supplie, le plaisir d'avoir un royaume de sucre, et si nous ne pourrions pas vivre là avec toute sorte de douceurs. Quelque grands que puissent être les charmes et les engagements de Paris, selon que je vous connois, je sais

[1] Charles, marquis du Bellay, qualifié de *prince d'Yvetot* dans Moréri. Voyez Tallemant, t. VIII, p. 246.

qu'ils ne vous arrêteront pas en une occasion comme celle-là ; et si quelque chose vous peut retenir, ce sera seulement l'incommodité du chemin et la peine de vous lever matin. Mais, monsieur, les conquérants ne peuvent pas toujours dormir jusqu'à onze heures. Les couronnes ne s'acquièrent pas sans travail ; même celles qui ne sont que de lauriers ou de myrtes s'achètent bien chèrement, et la gloire veut que ses amants souffrent pour elle.

Je vous avoue que je me suis étonné que la renommée ne m'ait point appris de vos nouvelles, devant que vous me fissiez l'honneur de m'en mander ; et il me semble que je suis plus loin que je n'avois jamais cru pouvoir aller, quand je songe que je suis en un pays où l'on ne vous connoit point. Ne souffrez pas qu'une réputation si juste que la vôtre soit si limitée, ni qu'elle demeure aux pieds des Pyrénées, par dessus lesquelles tant d'autres ont passé. Venez vous-même lui ouvrir passage, et si la gazette ne dit rien de vous, faites que l'histoire en parle. Pour ce qui est de ce que l'on vous a voulu faire trouver mauvais que je vous eusse donné la qualité de damoisel, je vous assure, monsieur, qu'il n'y eut guère de raison de vous en offenser. Je vous ferai voir qu'Amadis de Gaule, sous le titre de damoisel de la mer, mit fin à ses plus belles aventures; et qu'Amadis de Grèce, lorsqu'il étoit appelé le damoisel de l'ardente épée, occit un grand lion et délivra le roi Magadan. Mais ce sont des artifices de la demoiselle que vous connoissez [1], laquelle ayant

---

[1] Mlle de Rambouillet ?.

juré ma ruine, est fâchée de voir que je suis en la protection d'un des plus braves hommes du monde. Il lui sera pourtant difficile de m'ôter la vôtre : car je vous jure, monsieur (et ceci je le dis plus sérieusement que tout le reste), que je tâcherai toujours, par toutes sortes de devoirs et très-humbles services, à mériter l'honneur de votre affection. Il me semble que ce seroit manquer d'esprit, de générosité et de vertu, que de ne pas aimer parfaitement une personne en qui toutes ces choses se trouvent en un si haut point ; et moi, qui estime avec passion ces qualités, quelque part où je les trouve, je n'ai garde que je ne les chérisse très-particulièrement en vous, où elles sont jointes à tant d'autres grâces et accompagnées de tant de civilité. Croyez donc, je vous supplie, que comme je vous sais mieux connoître que personne, je vous saurai aussi toujours mieux honorer ; et que tant que je vaudrai quelque chose, je ne puis manquer d'être, monsieur, votre, etc.

62. — A MONSIEUR LE MARQUIS DE PISANI [1].

Lisbonne, le 22 octobre 1633.

Monsieur, si j'estime en quelque chose les deux lettres que vous avez louées, c'est pour m'avoir procuré l'honneur d'en recevoir une des vôtres. En la voyant, j'ai confirmé le jugement que j'avois fait de vous il y

---

[1] Le marquis de Pisani étoit frère de Mlle de Rambouillet. « Il avoit, dit l'abbé Arnauld, un tour plaisant dans l'esprit qui le rendoit fort agréable, et selon l'ordinaire des bossus, il étoit fort sur la raillerie. » *Mémoire de l'abbé Arnauld*, p. 490. Voyez également Tallemant, t. III, p. 222.

a longtemps, que vous nous pourriez quelque jour donner de la jalousie à mademoiselle votre sœur et à moi, et nous ôter la gloire de bien écrire, à laquelle, sans vous, nous pourrions prétendre. Mais, puisqu'il vous reste tant d'autres chemins d'en acquérir, permettez, s'il vous plaît, que nous ayons celle-là, et ne vous mettez pas en l'esprit une chose si difficile, que de vouloir imiter en tout monsieur votre père, lequel, non content de l'estime d'être un des plus braves hommes de France, a voulu encore avoir celle d'écrire et de parler mieux que personne. Si vous voulez, monsieur, vous pouvez sans doute espérer d'y arriver aussi bien que lui; mais outre que cela vous causera de la peine, vous perdrez une belle occasion de nous obliger et de nous donner une extrême preuve de votre affection, en laissant pour notre considération une louange à laquelle vous pourriez prendre une si grande part. Il y en a d'autres plus solides et plus dignes de vous, auxquelles vous devez aspirer. Si toutefois il vous semble qu'il n'y en ait point de si petite qu'un honnête homme doive mépriser, et que c'est la seule chose dont il ne doit point être libéral, j'avoue que je n'ai rien à dire contre un si juste sentiment. Selon l'affection que je sais que mademoiselle votre sœur a pour vous, je suis assuré qu'elle vous pardonnera aisément le tort que vous lui pourrez faire en cela, et de moi, je souffrirai volontiers d'être vaincu, puisque ce sera de vous : pour la gloire que vous m'ôterez, je prendrai part à la vôtre, ou je me contenterai de celle d'être, monsieur, votre, etc.

63. — A MADEMOISELLE DE RAMBOUILLET[1].

A Lisbonne, le 22 octobre 1633.

Mademoiselle, c'est dommage que vous ne prenez plaisir plus souvent à faire du bien, puisque, lorsque vous l'entreprenez, personne ne le sait[2] accompagner de tant de grâces que vous. J'ai reçu, comme je devois, les intentions que vous avez eues de me faire des compliments, et vous ne m'avez pas seulement consolé de ma mauvaise fortune, mais vous m'avez fait douter si je la devois appeler ainsi; et en me disant que la bonté que vous avez pour moi ne durera pas plus longtemps que mon malheur[3], vous m'avez mis au point de désirer qu'il ne finisse jamais. Voyez, mademoiselle, si vous n'êtes pas une grande enchanteresse. Deux choses qui sont si opposées, que votre présence et votre absence, et dont l'une est sans doute un des plus grands biens, et l'autre est un des plus grands maux du monde, en proférant seulement trois paroles, vous les avez tellement changées, que je ne connois plus laquelle est la bonne ou la mauvaise, et qu'en vérité je ne sais pas bien celle qui est le plus à souhaiter pour moi. Toutefois, puisque j'ai à être tourmenté d'une façon ou de l'autre[4], j'aimerois mieux encore l'être auprès de vous; et quelque méchante que vous puissiez être, il me semble que vous ne me sauriez faire

[1] *Mss. de Conrart*, p. 451.
[2] *Var.* Il n'y a personne qui le sache...
[3] *Var.* Le malheur où je suis.
[4] *Var.* Puisque, d'une façon ou d'autre, il faut que je sois tourmenté....

de plus grand mal qu'est celui de ne vous point voir. Je vous avoue, mademoiselle, que je vous crains au delà de ce que vous sauriez imaginer, et plus que toutes les choses du monde ; mais, si le respect que je vous dois me permet de parler ainsi, je vous aime encore plus que je ne vous crains. Quoique vous me fassiez peur quelquefois, je prends plaisir à vous voir sous toutes les formes où vous vous mettez ; et quand vous viendriez à vous changer une fois la semaine en dragon, aussi bien qu'une de celles dont je soupçonne que vous êtes, en cet état j'aimerois encore vos griffes et vos écailles. Selon les prodiges que je vois en votre personne, je crois que ce changement pourra quelque jour arriver en vous ; et ce que vous me dites, que trois fois le mois vous n'êtes plus conversable, me semble être déjà quelque disposition à cela. Aussi bien que M. de [Chaudebonne], j'ai eu l'esprit que vous finirez quelque jour par quelque chose d'extraordinaire, et j'espère qu'enfin le temps nous apprendra ce que nous devons croire de vous. Cependant, quoi que vous soyez, il faut avouer que vous êtes une aimable créature, et que tant que vous paroîtrez sous la forme de demoiselle, il n'y en aura point au monde de si accomplie ni de si estimable que vous, ni d'homme qui soit tant que moi, mademoiselle, votre, etc.

Post-scriptum. Je vous supplie très-humblement de faire que votre *nain* [1] se contente de recevoir ici un

---

[1] Godeau, appelé le *nain de la princesse Julie* (Mlle de Rambouillet). Voyez au t. II, une suite de rondeaux à l'occasion de ce prétendu défi, dont le sujet étoit probablement quelque galanterie.

compliment au lieu d'une réponse au défi qu'il m'a
envoyé. Je ne veux rien avoir à démêler avec ceux qui
vous appartiennent, et, pour l'amour de sa maîtresse
et de lui-même, je l'estime extrêmement et désire son
amitié.

64. — A MONSIEUR GOURDON,
A Londres[1].

De Douvres, le 4 décembre 1633.

Monsieur, j'ai eu plus de loisir que je n'en voulois
de vous envoyer ce que vous m'avez demandé en partant ; et tant s'en faut que les vents aient emporté ma
promesse, qu'ils m'ont donné lieu de la tenir. Il y a
déjà huit jours qu'ils m'arrêtent ici, où je serois demeuré avec beaucoup d'ennui si je n'avois apporté de
Londres des pensées pour plus de temps que cela. Je
vous assure que vous y avez eu part, et que les meilleures que j'aie eues ont été employées en vous ou aux
choses que j'ai reçues par votre moyen. Vous vous
douterez bien que, par ceci, je n'entends pas parler de
la Tour ni des lions que vous m'avez fait montrer. En
une seule personne vous m'avez fait voir plus de trésors qu'il n'y en a là, et quand et quand plus de lions
et de léopards. Il ne vous sera pas mal aisé, après cela,

---

[1] *Mss. de Conrart*, p. 641. — Il est fait mention dans la *Gazette de France* du 5 mars 1633, d'un marquis de Gourdon, de la maison des princes d'Écosse, capitaine de cent gendarmes écossais au service de France. Dans le *Mijoreude* (*Mss. de Conrart*, t. X, p. 617, in-4), il est désigné sous l'anagramme de *Goudour*, « prince des Pygmées et seigneur des Orcades, moult laid de visage, et en un mot une sotte corbeille d'homme. »

de juger que c'est de Mme la comtesse de Carlisle [1] que je parle, car il n'y en a pas d'autre de qui on puisse dire tout ce bien et tout ce mal. Quelque danger qu'il y ait à se souvenir d'elle, je n'ai pu jusqu'ici m'en empêcher ; et sans mentir, je ne donnerois pas le tableau qui m'est resté d'elle dans l'esprit pour tout ce que j'ai vu de plus beau dans le monde. Il faut avouer que c'est une personne toute pleine d'enchantements, et il n'y en auroit pas une sous le ciel si digne d'affection, si elle connoissoit ce que c'est, et si elle avoit l'âme sensitive comme elle a la raisonnable. Mais avec l'humeur dont nous la connoissons, l'on ne peut rien dire d'elle, sinon que c'est la plus aimable de toutes les choses qui ne sont pas bonnes, et le plus agréable poison que la nature ait jamais fait. La crainte que j'ai de son esprit m'a pensé détourner de vous envoyer ces vers : car je sais qu'elle connoît en toutes choses ce qu'il y a de bon et de mauvais, et toute la bonté qui devroit être dans sa volonté est dans son jugement. Mais il ne m'importe guère qu'elle les condamne ; je ne voudrois pas qu'ils fussent meilleurs, puisque je les ai faits devant que d'avoir eu l'honneur de la connoître, et je serois bien marri d'avoir jusqu'à cette heure loué ou blâmé personne parfaitement : car je réserve l'un et l'autre pour elle. Pour ce qui est de vous, monsieur, je ne vous fais point d'excuses s'ils ne sont pas bons ; au contraire, je prétends que vous m'en êtes plus obligé, et que vous ne me devez pas savoir

---

[1] La comtesse de Carlisle, fille du duc de Northumberland, joua un certain rôle politique en Angleterre sous Charles Ier. Saint-Evremont la cite dans plusieurs passages de ses écrits.

peu de gré d'avoir pu me résoudre à vous en envoyer de mauvais. De quelque sorte qu'ils soient, je vous puis assurer que ce sont les seuls que jamais j'aie écrits deux fois[1]. Si vous saviez à quel point je suis paresseux, vous jugeriez que l'obéissance que je vous ai rendue en cela n'est pas une petite preuve du pouvoir que vous avez sur moi, et de la passion avec laquelle je veux être, monsieur, votre, etc.

65. — A MONSIEUR DE CHAUDEBONNE.

A Douvres, le 17 de décembre [1633].

Monsieur, je crois que vous me plaindrez d'être arrêté si longtemps en un si misérable lieu, et de voir que je sois plus de jours pour aller de Douvres à Dunkerque, que je n'en ai employés pour passer de Lisbonne ici. Dans l'ennui que j'y ai eu, ce m'a été une extrême consolation d'y avoir la compagnie de M. le chevalier de Balantin. Il a cru que, passant par Bruxelles, il pourroit avoir besoin d'amis pour avoir un passe-port, ou quelques autres affaires, et j'ai pensé, monsieur, que je vous ferois service à tous deux en vous le recommandant. Il est homme de condition, et lequel, outre cela, a toutes les autres qualités qui font un honnête homme. Mais je crois de votre bonté et de l'honneur que vous me faites de m'aimer, que vous ferez encore quelque considération de ce que je vous supplie très-humblement de l'assister de votre crédit.

---

[1] Quels sont ces vers dont il entend parler? Est-ce la chanson qui commence ainsi :

Je me tais, et je me sens brûler, etc.

p. 117.

Je mettrai cette obligation entre les plus grandes que j'ai d'être, monsieur, votre, etc.

66. — A MADEMOISELLE DE RAMBOUILLET [1].

A Bruxelles, le 6 de janvier 1634.

Mademoiselle, quelque menaçante que soit votre lettre, je n'ai pas laissé d'en considérer la beauté, et d'admirer que vous puissiez joindre ensemble avec tant d'artifice le beau et l'effroyable. Comme on voit l'or et l'azur sur la peau des serpents, vous émaillez avec les plus vives couleurs de l'éloquence des paroles venimeuses, et je ne puis m'empêcher en les lisant, que les mêmes choses qui m'épouvantent ne me plaisent. Vous commencez bientôt à tenir ce que vous m'avez dit, que vous ne seriez bonne qu'aussi longtemps que la fortune me seroit mauvaise. A cette heure qu'il semble qu'elle me veuille donner un peu de repos, vous me le venez troubler et me montrez que pour être échappé de la mer et des pirates, je ne suis pas encore en sûreté, et que vous êtes plus à craindre que tout cela. Je ne croyois pas pourtant, mademoiselle, que pour avoir refusé une querelle avec votre *nain* [2], j'en dusse avoir [une] avec vous, ni que je fusse obligé de répondre à un défi, pour avoir fait réponse à des compliments. Si toutefois il vous semble que j'aie manqué en cela, vous devriez appeler respect et crainte ce que vous appelez mépris, et croire que cette même créature, qui a ôté

---

[1] *Mss. de Conrart*, p. 601.
[2] Godeau : voyez plus haut, la note de la p. 194.

l'épée à M. de [Montausier]¹, pouvoit bien m'avoir fait tomber la plume des mains. Quand même il auroit quelque raison de se plaindre, vous n'en aviez pas pour cela de prendre sa protection contre moi, et si vous me voulez du mal pour l'amour de lui, je pourrai dire que vous m'avez querellé pour le plus petit sujet du monde. Mais si vous avez résolu de me persécuter, toutes mes excuses ne vous en empêcheront point, et je m'étonne seulement que vous en ayez voulu chercher quelque prétexte. Il ne me servira de rien d'être venu de si loin au travers de tant de périls. Alger sera toujours pour moi partout où vous serez, et quoique je sois à Bruxelles, je ne fus jamais plus près de la captivité ni du naufrage. Ne croyez pas pourtant, mademoiselle, que les flammes de ces ani-

---

¹ Un soir Mme de Rambouillet et trois ou quatre autres se mirent à écrire des vers à Mme Aubry, et pour la mettre en peine, sachant qu'elle s'alarmoit aisément, elles les lui envoyèrent à deux heures après minuit. D'autre côté, Mme Aubry prit tout cela de travers, disant qu'on s'était voulu moquer d'elle, à cause qu'il y avoit dans une épître une description de sa beauté en style bouffon. Entre autres choses on y louoit son menton, et on disoit :

<blockquote>
Car il en est peu de beaux,
Regardez cil de Binaux.
</blockquote>

(C'était un gentilhomme du cardinal de la Valette, qui avait un menton en créneaux). Or, dans cette colère, elle défendit à M. de Montausier d'aller à l'hôtel de Rambouillet. Il étoit amoureux d'elle, quoique en apparence il recherchât sa fille. M. de Montausier ne laissa pas d'aller en cachette à l'hôtel de Rambouillet ; là, M. Godeau lui dit : Soyez le champion de Mme Aubry, et moi, qui suis nain de la princesse Julie, je me battrai contre vous. En disant cela, il saute en riant à l'épée de M. Montausier et la tire du fourreau (T.).

maux dont vous me menacez soient ce qui me fasse peur. Il y a longtemps que je me sais garantir de cette sorte de maux, et quoi que vous puissiez dire, je crains bien plus de mourir par vos mains, que par vos yeux. Entre tous les endroits de votre lettre, qui me semble admirable en toutes choses, j'ai particulièrement remarqué l'exclamation que vous faites en parlant du plaisir que ce vous eût été que les pirates m'eussent pris. C'est, sans mentir, une grande bonté à vous de souhaiter que j'eusse été deux ou trois ans aux galères du Turc, afin qu'il y eût plus de diversité dans mes voyages. La belle curiosité, de désirer d'avoir pu apprendre de moi de quelle sorte j'eusse pansé les chameaux de Barbarie, et avec quelle constance j'eusse souffert les coups de latte! De la sorte que vous en parlez, je crois aussi que vous auriez été bien aise que j'eusse été empalé une demi-heure, pour savoir de quelle façon cela se fait, et comment l'on s'en trouve. Mais ce qui est considérable, c'est que ces souhaits, vous les faites après avoir, ce dites-vous, repris la forme de demoiselle, et vous être de beaucoup adoucie et rendue plus humaine.

Je ne trouve guère plus juste que tout cela la querelle que vous me voulez faire pour Alcidalis. Jugez-vous, mademoiselle, que me trouvant embarqué dans les mêmes mers et dans les mêmes périls que lui, je pusse oublier les maux que je sentois pour conter ceux qu'il avoit passés, et étant accablé de mes infortunes, m'amuser à écrire les siennes? Je n'ai pas laissé pourtant au milieu de tous mes déplaisirs. J'ai écrit plus de cent feuilles de son histoire, et j'ai eu soin de sa vie, en un temps où je vous jure que je n'en avois point de la mienne. Ne jugez pas pourtant par là, mademoiselle, de celui que j'ai de plaire à des amis. Quand je vous aurois rendu tous les services imaginables, ces apparences ne vous feroient voir que la moindre part de la passion que j'ai pour ce qui est du vôtre. Si vous la voulez connoître, considérez-en la cause plutôt que les effets. Mais votre imagination, quelque merveilleuse qu'elle soit, est trop petite pour cela, et s'il y a quelque chose dans le monde de plus grand que votre esprit, et qu'il ne puisse comprendre, c'est le respect, l'affection et l'estime qu'il a fait naître dans le mien.

N'étant guère moins sensible à reconnoître les obligations que j'ai aux autres excellentes personnes; vous croirez bien que la lettre qui m'est venue avec la vôtre m'aura apporté une joie infinie, aussi bien qu'un honneur extrême. Vous savez mieux que personne l'inclination que j'ai toujours eue à révérer le mérite de celui qui l'a écrite[1]; et il vous peut souvenir que du temps des guerres civiles qui ont été entre vous deux, j'ai quelquefois quitté votre parti pour prendre le sien. Mais cette dernière bonté a encore trouvé de nouveau quelque chose à gagner dans mon cœur, et depuis que je l'ai reçue (pardonnez-moi, s'il vous plaît), il y a eu quelques moments où je l'ai aimé plus que personne du monde. Mais afin que vous ne croyiez pas, mademoiselle, que c'est vous qui me procurez toutes les faveurs qui me viennent de lui, je vous

---

[1] Le cardinal de la Valette (T.).

donne avis qu'en une autre occasion il m'a fait depuis peu du bien, sans que vous vous en soyez mêlée. Quoique ce ne soit pas de ceux que je pris plus de plaisir à recevoir, et que cela m'ait donné un nouveau sujet de ressentir ma mauvaise fortune [1], je tiens à grand honneur de lui avoir des obligations que j'aurois honte d'avoir à tout autre, et je suis bien aise de recevoir toutes sortes de preuves de sa générosité. Il vous jurera, quand vous lui parlerez, qu'il ne sait ce que vous lui voulez dire, et il me semble que je le vois. Mais vous connoissez son humeur et son esprit, qui n'oublia jamais un bienfait à faire, et ne s'en peut souvenir quand il est fait. Puisque l'honneur que vous me faites de m'aimer est la première considération qui m'a donné quelque part en ses bonnes grâces, je vous supplie très-humblement, mademoiselle, de m'aider à lui rendre celles que je lui dois et à le payer au moins de la sorte que je puis à cette heure.

Je baise mille fois les pieds de l'incomparable personne [2] qui a voulu écrire de sa main le dessus de la lettre que vous m'avez envoyée, et avec quatre ou cinq paroles mettre hors de prix un présent qui étoit déjà très-précieux. Vous avez bien raison de l'appeler la plus belle et la meilleure du monde, puisque de si loin elle sait relever ceux qui sont abattus. Je souhaite

---

[1] Voiture fait allusion sans doute au prêt de deux mille écus dont il est question au commencement de la lettre suivante, et qui lui avait servi, je suppose, à payer une dette de jeu. Il revient dans ce même passage sur le plaisir que la Valette trouvait à obliger, et sur sa facilité à oublier les services qu'il avait rendus.

[2] **Madame la Princesse.**

que celle qui la sait si bien conduire ait quelque jour tout le bonheur qui est dû à tant de bontés, de beautés et de vertus ensemble, quoique je voie que ce souhait va bien loin. On dit que l'astre [1], que j'appelois autrefois l'étoile du jour, est plus grand et plus admirable que jamais, et qu'il éclaire et brûle toute la France. Quoique ses rayons n'arrivent pas jusqu'aux ténèbres où nous sommes, sa réputation y est venue, et, à ce que j'entends, le soleil n'est pas si beau que lui. Je suis bien aise que l'intelligence qui l'anime n'ait rien perdu de sa force ni de sa lumière, et qu'il n'y ait que l'esprit de Mlle de Bourbon qui puisse faire douter si sa beauté est la plus parfaite chose du monde. La sorte dont j'ai vu dans une de vos lettres qu'elle me plaint m'a semblé admirablement jolie. A la vérité, tant de traverses que j'ai eues lui doivent faire pitié, à elle qui connoit si bien ma foiblesse, et qui sait que depuis le maillot je n'ai pas eu jusqu'à cette heure un jour de repos. Le mien a été troublé par le discours qui s'adresse au bas de votre lettre *au roi Chiquito* [2]. Dans *l'enfer d'Anastarax* [3] j'ai trouvé le mien, et j'y ai été trois jours et trois nuits sans y voir goutte. J'en ai un extrême regret : car, sur toutes les choses du monde, je désirerois avoir le peigne *del re de Georgia* [4], et il y a plus de deux ans que

[1] Mlle de Bourbon.
[2] Voyez plus haut, p. 177.
[3] Voyez plus bas, p. 244.
[4] Mme de Rambouillet appeloit ainsi M. de Montausier, qui avoit tant d'ambition d'être souverain, parce qu'en ce temps-là on disoit qu'un particulier s'étoit fait roi de Georgie. Voyez *Historiettes* de Tallemant.

j'en ai envie. Ne croyez pas non plus, s'il vous plaît, avoir gagné celui que j'avais proposé. On n'a pas comme cela des peignes de la reine de la Chine[1]. Il faut premièrement, s'il vous plaît, que vous m'écriviez le nom du pirate, et que vous disiez sincèrement si vous l'avez nommé[2] sans rire, car en cela consiste la plus grande difficulté. Mais puisque vous vous mêlez de deviner, imaginez-vous, s'il vous plaît, mademoiselle, tout ce que j'ajouterois ici si j'osois faire cette lettre plus longue ; devinez combien je vous aime plus que je ne faisois il y a deux ans, et pensez avec quelle passion je suis, mademoiselle, votre, etc.

Post-scriptum ajouté à la lettre précédente[3].

Ayant de si grandes obligations à Mme de Combalet, j'aurois grande honte de n'avoir point parlé d'elle. Mais dans une lettre où je n'ai rien dit de madame votre mère, il me semble qu'il m'est permis d'y oublier tout le monde. Je crois que c'est elle qui a mis les quatre lignes du *roi Chiquito*. Je ne connois pas assurément son écriture, mais je reconnois l'air dont elle a coutume d'écrire, qui est si galant et lui est si particulier, que l'on n'y peut être trompé, et que personne ne le sauroit imiter. Pour ce qui est de vous, mademoiselle, je vous dis ici tout bas, et d'un style moins relevé que le commencement de cette lettre, et ainsi plus croyable, que toutes celles que je vois à cette heure

[1] Voyez plus haut, p. 175.
[2] *Var.* le nommâtes (C.).
[3] Lettre 64 des éditions de Voiture. — *Mss. de Conrart*, p. 453.

de vous m'étonnent. Elles sont beaucoup meilleures que celles pour lesquelles je vous admirois tant autrefois, et que je croyois les plus belles du monde; et quoique je ne sois guère envieux, j'aurois beaucoup de dépit qu'il y eût un homme en France qui sût écrire aussi bien que vous. Il n'a pas plu à Mlle Paulet de me faire l'honneur de m'écrire; je vois bien que ces grandes lettres que je lui écrivois d'Espagne l'ont lassée. Je me corrigerai facilement de cela, et il me sera bien plus aisé de m'empêcher de lui écrire trop que de l'aimer trop. Le seul homme dont je n'ai jamais parlé m'a semblé le seul dont je ne devois jamais parler[1], et qu'il étoit plus nécessaire de lui donner des preuves de ma discrétion que de mon affection. Parlant si souvent de tous ceux qui sont à l'entour de lui, j'ai cru qu'il jugeroit bien que ce n'étoit pas oubli que le laisser seul sans lui rien dire, et qu'il ne sauroit croire de moi que je pusse oublier une personne que je dois respecter et servir sur toutes celles du monde, pour tant de différentes raisons. Mais je ne sais pas pourquoi il dit que nous aurons beaucoup de disputes sur l'Espagnol, si ce n'est qu'ayant toujours eu l'avantage sur moi en toutes celles que nous avons eues ensemble par le passé, et sachant quel plaisir c'est que de disputer et de vaincre, il me veuille préparer ce contentement pour mon retour, en m'attaquant sur un sujet où je ne puis avoir que toute sorte d'avantages.

---

[1] Le cardinal de la Valette (T.). — Cela ne me paraît pas vraisemblable, puisqu'il est question de lui quelques lignes plus haut, et que Voiture le nomme dans presque toutes ses lettres quand il ne lui écrit pas à lui-même.

Je crois, mademoiselle, que vous me pardonnerez tout ce que j'ai ajouté dans cette lettre, puisque c'est pour des personnes que vous n'aimez pas moins que vous-même. Permettez-moi, s'il vous plaît, de dire encore à M. votre frère que je l'aime autant que quand je lui dis adieu, et que je suis son très-humble et très-obéissant serviteur. Encore une fois, mademoiselle, je vous baise très-humblement les mains de l'honneur que vous m'avez fait de m'écrire. Je n'ai pas tant de joie de me trouver ici que d'y trouver votre lettre; mais s'il vous plaît avoir encore une fois cette bonté pour moi, j'aimerois mieux qu'elles fussent un peu moins éloquentes et qu'elles fussent plus aimables. Tout de bon, vous me faites peur; et quand je vois votre esprit si haut, il me semble qu'il n'est pas possible que j'y puisse jamais prétendre ni que j'y aie place. Parmi tant de belles paroles, qu'il y en ait quelques-unes de bonnes! Rassurez-moi de ma crainte; car, sans mentir, j'en ai besoin, et je mérite en quelque sorte que vous ayez un peu de soin de moi.

✣ 67. — A MONSEIGNEUR LE CARDINAL DE LA VALETTE [1].

[A Bruxelles, janvier ou février 1634.]

Monseigneur, je m'imagine que vous avez cru, lorsque vous avez écrit la lettre dont vous avez voulu m'honorer, que le cas, qu'il m'a plu de tout temps faire de vous, vous avoit acquis quelque approbation dans le monde; qu'en toutes sortes de rencontres je

---

[1] *Mss. de Conrart*, p. 791.

vous avois donné une infinité de preuves de l'honneur de mon amitié, et qu'ensuite de cela je vous avois prêté deux mille écus dans une occasion bien pressante, et en un temps où, d'ailleurs, tout votre crédit vous manquoit. Au moins, de la façon que vous me remerciez et que vous parlez de vous et de moi, j'ai raison de m'imaginer qu'en rêvant, vous avez pris l'un pour l'autre, et que sans y penser vous vous êtes mis à ma place. Autrement, monseigneur, vous n'auriez point écrit de la sorte que vous faites, si ce n'est peut-être que, n'estimant pas qu'il y ait de plus grand bien au monde que d'en faire aux autres, vous croyez que ceux-là vous obligent, qui vous donnent occasion de les obliger, et pensez avoir reçu les plaisirs que vous avez faits. Certes, si cela est ainsi, j'avoue qu'il n'y a point d'homme à qui vous ayez tant d'obligation qu'à moi, et que je mérite tous les remerciements que vous me faites, puisque je vous ai donné plus de moyens que personne d'exercer votre générosité, et de faire des actions de bonté qui valent mieux sans doute que tout le bien que vous m'avez fait et que tout celui qui vous reste. Dans le grand nombre de ceux que j'ai reçus de vous, et entre tant de grâces qu'il vous a plu de me départir, je vous assure, monseigneur, qu'il n'y en a point que j'estime tant que la lettre que vous m'avez fait l'honneur de m'écrire. Que si, parmi tant de choses que j'y ai remarquées avec joie, il y a quelque endroit sur lequel je me sois arrêté avec plus de plaisir, trouvez bon, s'il vous plait, que je vous dise, que ça été celui où il me semble que vous parlez de ces deux personnes, qui font aujourd'hui la plus précieuse partie du monde¹, et auxquelles, si l'on ne compare l'une à l'autre, il n'y a rien sous le ciel que l'on puisse comparer. En vérité, lorsqu'il m'arrive de penser que je suis dans leur souvenir, pour ce moment, toutes mes peines se suspendent. Toutes les fois que je me représente le visage de l'une ou de l'autre, il m'est avis que celui de ma fortune se change, et cette imagination chasse de mon esprit les ténèbres qui le couvrent, et le remplit de lumière. Mais ce qui est un plus grand bonheur, c'est qu'étant si loin de mériter jamais l'honneur de leurs bonnes grâces, je ne laisse pas de penser que j'y ai quelque part, et je suis si heureux que de croire ce que vous m'en dites. Je connois bien quelqu'un, monseigneur, qui ne seroit pas si aisé à persuader, s'il étoit en ma place, et qui, après deux ans d'éloignement, ne vivroit pas avec autant de tranquillité ni dans une si grande confiance. Dans la satisfaction que cette croyance me doit donner, jugez, s'il vous plaît, si je suis fort à plaindre, et s'il n'y en a pas beaucoup, de ceux que le monde appelle heureux, qui ne le sont pas tant que moi. Sans cela, certes, je ne me pourrois pas défendre de l'ennui qui se présente ici de tous côtés, ni résister au chagrin de M. de [Chaudebonne], qu'il me faut tous les jours combattre, et qui est, sans mentir, beaucoup au-dessus de tout ce qu'on s'en imagine. Outre qu'il s'est mis en fantaisie de laisser croître une barbe qui lui vient déjà jusqu'à la cein-

¹ Mme et Mlle de Rambouillet (T.).

² Chaudebonne étoit fort sévère avec un ton de voix fort rauque. Ce qu'il dit de laisser croître sa barbe n'est dit qu'en riant pour le faire passer pour plus étrange (T.).

ture, il a pris un ton de voix beaucoup plus sévère que jamais, et qui a à peu près le son du cor d'Astolfe. A moins que de traiter de l'immortalité de l'âme, ou du souverain bien, et d'agiter quelqu'une des plus importantes questions de la morale, on ne lui sauroit plus faire ouvrir la bouche. Si Démocrite revenoit, quelque philosophe qu'il fût, il ne le pourroit pas souffrir, parce qu'il aimoit à rire. Il a entrepris de réformer la doctrine de Zénon, comme trop douce, et il veut faire des Stoïques Récollets. De sorte, monseigneur, que vous ne désirez rien d'avantageux pour les peuples, à qui vous le souhaitez pour gouverneur. [Il faudroit mieux pour eux qu'ils fussent....][1].

68[2]. — A MONSIEUR GODEAU,
depuis évêque de Grasse[3].

A Bruxelles, ce 3 février 1634.

Monsieur, vous me deviez donner loisir d'apprendre notre langue, devant que de m'obliger à vous écrire : et il n'est guère à propos qu'après avoir été si longtemps étranger, et ne faisant que sortir encore de la Barbarie, je fasse voir de mes lettres à un des plus éloquents hommes de France. Cette considération m'avoit fait taire jusqu'à cette heure. Mais si je me suis gardé de faire réponse à vos défis [4], je ne me puis

[1]. La copie de Conrart s'arrête en cet endroit.

[2] *Mss. de Conrart*, p. 681.

[3] En 1636; mais il ne prit possession de son siége que l'année suivante, au mois de septembre. Voir une lettre de M. de Beaurecueil, avocat général au parlement de Provence, à Mlle Paulet, du 1er octobre 1637, insérée dans les *Mss. de Conrart*, t. XIV, in-4.

[4] Voyez plus haut, p. 194 et 198.

pas empêcher de répondre à vos civilités ; et malgré toutes mes fuites, vous avez trouvé un autre moyen de me vaincre. En l'état où je suis, il vous sera plus avantageux de m'avoir surmonté de cette sorte, que si vous m'aviez gagné par force. Ce vous eût été peu de gloire de mener à outrance un homme déjà outré, et à qui la fortune a donné tant de coups que les moindres le peuvent abattre. Dans les ténèbres où elle nous a jetés, il n'y a point d'art de se défendre, ni d'escrime dont on se puisse servir. Il en arriveroit peut-être autrement, et tout au contraire de ce que vous dites, si vous m'aviez mis devant les yeux le soleil dont vous me parlez ; et quelque humble que vous me voyez à cette heure, je pourrois être assez hardi pour vous combattre, si la lumière étoit partagée entre nous deux. C'est plus de l'avoir de votre côté, que si le reste du ciel étoit pour vous. Toutes les beautés qui brillent dans tout ce que vous faites, ne viennent que de la sienne, et ce sont ses rayons qui vous font produire tant de fleurs. Sans mentir, rien ne m'a jamais semblé si agréable que celles qui naissent de votre esprit. J'en ai vu quelques-unes sur les derniers bords de l'Océan, et en des lieux où la nature ne sauroit produire un brin d'herbe. J'en ai reçu des bouquets qui m'ont fait trouver dans les déserts toutes les délices de l'Italie et de la Grèce. Quoiqu'elles fussent venues de quatre cents lieues, le temps ni le chemin ne leur avoit rien fait perdre de leur éclat. Aussi sont-elles de celles que l'on nomme immortelles, et si différentes de tout ce qui se forme de la terre, que c'est avec beaucoup de justice que vous les avez offertes au ciel, et il n'y a que les autels qui en doivent être parés. Croyez, monsieur, que je vous dis mon sentiment comme il est. Lorsque ma curiosité m'a fait passer, comme vous dites, les bornes de l'ancien monde pour rencontrer quelque chose de rare, je n'ai rien vu qui le fût tant que vos ouvrages. L'Afrique ne m'a rien fait voir de plus nouveau ni de plus extraordinaire. En les lisant à l'ombre de ses palmes, je vous les ai toutes souhaitées, et en même temps que je me considérois avoir été plus avant qu'Hercule, je me suis vu bien loin derrière vous. Tout cela, qui pouvoit faire naître de l'envie dans un autre esprit, combla le mien d'estime et d'affection; vous y prîtes la place que vous me demandez à cette heure, et achevâtes dès lors ce que vous croyez encore avoir à commencer.

Avec ces connoissances que j'ai de vous, il est difficile que je m'en forme une image comme celle que vous m'en voulez donner, ni que je me figure que vous soyez cette petite créature que vous dites. Je ne puis comprendre que le ciel ait pu mettre tant de choses dans un si petit espace. Quand je laisse faire mon imagination, elle vous donne pour le moins sept ou huit coudées, et vous représente de la taille de ces hommes qui furent engendrés par les anges. Je serai pourtant bien aise qu'il soit comme vous voulez que je le croie. Entre les biens que je pense tirer de vous, j'espère que vous mettrez notre taille en honneur : ce sera elle désormais qui sera estimée la riche, et vous nous relèverez par dessus ceux qui se croyent plus hauts que nous. Comme c'est dans les plus petits vases que l'on enferme les essences les plus exquises, il semble que la nature se plaise à mettre dans les plus petits corps les âmes les plus précieuses, et que selon qu'elles sont plus ou moins célestes, elle y mêle plus ou moins de terre. Elle enchâsse les esprits les plus brillants, de la même sorte que les orfévres mettent en œuvre les plus belles pierres, lesquels n'y employent que le moins d'or qu'il se peut, et que ce qu'il en faut pour les lier. Vous détromperez les hommes de cette erreur grossière, d'estimer davantage ceux qui pèsent le plus; et ma petitesse, qui m'a été reprochée tant de fois par Mlle de Rambouillet, me tiendra lieu de recommandation auprès d'elle. Je trouve, au reste, bien juste l'affection que vous dites qu'elle a pour vous et qu'ont avec elle cinq ou six des plus aimables personnes du monde. Mais je m'étonne que vous vouliez me persuader par là de vous donner la mienne, et que vous la pensiez gagner avec les mêmes raisons qui vous la pourroient faire perdre. Il faut que vous ayez une extrême confiance en ma bonté, de croire que je puisse aimer un homme qui jouit de tout mon bien et qui a obtenu ma confiscation [1]. Je suis pourtant si juste que cela ne m'en empêchera point; et je crois aussi que vous l'êtes tant de votre côté, que je ne désespère pas de me pouvoir accorder de cela avec vous. Ils peuvent bien vous avoir donné ma place, sans que pour cela vous m'en mettiez dehors, et celle que j'avois dans leur esprit n'étoit pas grande, si nous n'y pouvons

---

[1] Pendant l'absence de Voiture, Godeau s'étoit implanté à l'hôtel de Rambouillet, et surtout chez Mlle Paulet: ce qui fut une des causes de leur brouillerie, lorsqu'il revint à Paris à la fin de cette même année. Voyez *Historiettes*, t. III, p. 41.

pas bien tenir tous deux. Pour ce qui est de moi, je ferai tout ce qui me sera possible pour ne vous y être pas incommode, et je m'y rangerai de sorte que j'y demeurerai sans vous choquer. Puisqu'un si puissant intérêt n'est pas capable de me séparer des vôtres, vous devez croire qu'il n'y aura jamais rien qui le puisse faire, et que je suis à toutes sortes d'épreuves, monsieur, votre, etc.

69. — A MONSIEUR *** [1].

A Bruxelles, ce 18 février [1634].

Monsieur, j'attendois avec impatience des nouvelles de ma caisse, pour ce que j'espérois qu'elle ne viendroit pas sans une de vos lettres, et qu'en me faisant savoir de vos nouvelles vous me donneriez moyen de vous en dire des miennes. Je n'eusse pas attendu jusqu'à cette heure si j'eusse su où vous écrire. Mais quelle assurance peut-on avoir de rencontrer un homme si peu arrêté et qui se laisse emporter à tous les vents? Il vous arrive quelquefois de faire cinq cents lieues en ne bougeant de chez vous, et sans changer de maison, vous changez de climat et de royaume. Cette pensée trouble souvent mon repos. Je crains qu'il ne puisse pas y avoir beaucoup de constance avec tant de légèreté, et il me fâche d'avoir toujours le meilleur de mon bien sur la mer. Je n'en ai point, je vous assure, que j'estime tant que la part que vous m'avez donnée en vous. Mais comme c'est un bien que

[1] Je suppose cette lettre adressée au commandant du navire par lequel Voiture était venu de Lisbonne en Angleterre.

la fortune m'a procuré, j'appréhende qu'elle ne me l'ôte. Je n'entends plus de grands vents qui ne me fassent peur et que je ne craigne qu'ils ne vous soient contraires. Les pirates d'Alger me font pâlir au milieu de Bruxelles, et je me trouvois beaucoup plus assuré, lorsque j'étois au milieu de l'Océan et que je voyois votre vaisseau tous les jours. Je voudrois bien que vous me tirassiez de toutes ces peines, en me mandant que vous m'aimez toujours, que vous vous portez bien, que vous êtes à Londres, et que pour le reste de cet hiver vous ne verrez point de hasards que ceux que vous courez auprès de Mlle Hélène. Je vous supplie, au reste, qu'elle n'achève pas si fort de vous gagner le cœur, qu'il ne m'y reste toujours quelque place à ses pieds. Vous ne me devez pas refuser cette grâce, car je suis, je vous jure, de tout mon cœur, monsieur, votre, etc.

70. — A MADEMOISELLE DE RAMBOUILLET [1].

[A Bruxelles, ce 3 mars 1634.]

Mademoiselle, je suis extrêmement marri que vous ne me puissiez donner de meilleurs signes de paix, et que votre esprit ne vous manque que pour me faire du bien. Le connoissant, comme je fais, capable de toutes choses, je dois penser que le défaut est plutôt en votre volonté, et tant qu'elle ne me sera pas plus favorable, j'aurai sujet de croire que vous n'êtes pas aussi bonne que vous dites. Je crains que le témoignage que M. votre frère rend de votre justice ne soit plutôt une preuve de votre tyrannie, laquelle s'étant accrue ne

[1] Cette lettre manque dans la première édition.

laisse pas la liberté de s'en plaindre. Peut-être que s'il étoit aussi loin de vous que moi, il en parleroit comme je fais, et que j'en parlerois comme lui, si j'étois en sa place. Cependant, mademoiselle, que ce soit trêve ou paix que vous me donniez, je ne refuse pas d'en jouir. J'ai déjà exécuté une des conditions auxquelles vous me l'accordez. M. de...[1] m'ayant fait offrir un autre moyen de lui écrire, je n'ai pu ne m'en point servir, quoique j'eusse bien désiré que ma lettre eût passé par vos mains, car j'espérois qu'elle en sortiroit meilleure, et j'avois résolu de vous supplier très-humblement de la corriger. Il n'y a que quatre jours qu'elle est envoyée, et M. Frotté, qui est ici[2], s'en est chargé après l'avoir sollicité plus d'une fois. Pour Alcidalis, je ne le quitterai point jusqu'à ce que je l'aie mis en Afrique; j'espère que ce sera bientôt, et nous voyons déjà terre. Mais, mademoiselle, je ne saurois le rendre heureux, que premièrement je ne le devienne moi-même. Je ne puis lui faire voir Zélide, devant que je voie M. Mandat[3], et il faut un autre esprit que celui que j'ai à cette heure pour écrire sa joie et sa bonne fortune.

Sans mentir, après son histoire, celle que vous me racontez de Marthe[4] m'a donné autant de plaisir

---

[1] Ou Mme de..., ou Mlle de...

[2] Secrétaire de M. de Marillac, qui ne se laissa jamais aller aux promesses du cardinal de Richelieu (T.).

[3] M. Mandat, au lieu de Mlle Mandat (T.). Voyez plus haut, p. 116.

[4] Mme la princesse de Savoie ayant demandé une femme de chambre bien adroite à Mlle Paulet, elle lui envoya la sienne, qui se mit

qu'aucune que j'aie jamais ouïe. Mais ce n'en est que le commencement. Sa fortune n'en demeurera pas là, et je ne voudrois pas jurer que nous ne la vissions aussi quelque jour reine de Mauritanie[1]. Toutefois, avec cela, je ne désespère qu'elle ne puisse être pendue[2], mais ce ne sera pas sitôt. Je suis extrêmement aise de ce qu'elle vous a procuré auprès de Mme de Savoie, et de ce qu'il vous vient des honneurs de tous les côtés du monde. J'eusse bien pu aussi vous faire avoir une moustache du roi de Maroc, et une poignée de la barbe et deux dents mâchelières du roi de Fez[3]. Mais depuis la mort de celui de Suède, j'avois cru que vous ne vouliez plus mettre votre amitié en cette sorte de gens. Et puis je suis plus retenu à cette heure, car il me souvient que vous m'avez reproché beaucoup de de fois que je vous engage toujours avec des amants que vous ne voulez pas. Si je suis consolé pour vous, mademoiselle, je ne le suis pas moins pour ce qui est de moi. Quelque belle occasion que la fortune me présente, je me garderai bien de me laisser attraper, et je vivrai plus longtemps que je ne pensois, si la prophétie de la sage enchanteresse[4] est véritable. Je la supplie très-humblement de croire, qu'elle ne peut prendre

si bien avec Mme de Savoie, que si elle ne fût pas morte elle eût fait fortune (T.).

[1] Comme Zélide, qui l'étoit (T.).

[2] M. de Chaudebonne disoit cela en riant : car cette fille prenoit le train de la maréchale d'Ancre, qui avoit été femme de chambre à son avénement (T.)

[3] Boissat disoit cela en une deuxième lettre, en vieux style, qu'il envoyoit à Mme de Rambouillet (T.).

[4] Mme de Rambouillet (T.).

ce titre avec personne si justement qu'avec moi. Sans mentir, tout ce qu'elle fait m'enchante, et j'ai passé un jour entier à lire les quatre lignes qu'elle m'a écrites. Je suivrai son conseil, et je me garderai de Gradafilée[1], comme de Scylle et de Carybde.

Permettez-moi, s'il vous plait, de remercier très-humblement Mgr le cardinal de la Valette de l'honneur qu'il m'a fait de se souvenir de moi dans une lettre qu'il a écrite à M. le comte de Brion, et de témoigner ici la peine où je suis du mal de Mlle Paulet. Sa fièvre, que vous dites ne devoir durer que vingt-quatre heures, sera de plusieurs jours pour moi, et je n'en sortirai point que je n'en aie eu d'autres nouvelles. Mlle [d'Attichy] ne me pardonneroit point cette liberté que vous me pardonnez, si elle voyoit que je ne me corrige point pour ses avis, et que je ne m'empêche pas de parler encore d'autres personnes que de vous dans vos lettres. Elle perdroit espérance de faire jamais rien de bon de moi, et jugeroit avec plus de raison que jamais que je ne suis pas assez galant. Mais quoiqu'elle vous mette au-dessus de toutes les choses du monde, si elle savoit de quelle sorte vous êtes dans mon esprit, je vous assure, mademoiselle, qu'elle trouveroit que je suis assez votre, etc.

71. — A LA MÊME[2].

[De Bruxelles, ... 1634.]

« Mademoiselle, quand je vous aurois présenté au-

---

[1] Mme de Rambouillet appeloit ainsi une grande Allemande qu'il cajoloit. Gradafilée étoit une demi-géante dans l'*Amadis* (T.).
[2] *Mss. de Conrart*, p. 455.

tant de perles que les poëtes en ont fait pleurer à l'Aurore, et qu'au lieu que je ne vous ai donné qu'un peu de terre je vous l'aurois donnée tout entière, vous n'auriez pu me faire un plus magnifique remerciement. La vigne du Grand-Mogor¹ seroit payée de la moindre de vos paroles, et toutes les pierreries dont elle est chargée n'ont pas tant d'éclat ni de si belles lumières que les choses que vous écrivez. »

Voilà, mademoiselle, un commencement fort brillant, et ceux qui, à quelque prix que ce soit, veulent écrire de beaux mots, seroient bien aises de commencer par là ce qu'ils appellent une belle lettre. Mais le courrier ne m'en donne pas le loisir. Et, de plus, après avoir bien lu celle de madame votre mère et les vôtres, je suis résolu de ne m'en plus mêler. Sans mentir, il ne se peut rien voir de plus galant ni de plus beau que celle que j'ai reçue d'elle, et cela est merveilleux, qu'une personne qui n'écrit qu'en quatre ans une fois, le fasse de sorte, quand elle l'entreprend, qu'il semble qu'elle y ait toujours étudié, et que durant tout ce temps elle n'ait pensé à autre chose. Je devrois être tantôt accoutumé aux miracles de votre maison, mais j'avoue que je ne puis pas m'empêcher de m'en étonner. J'admire de vous particulièrement, mademoiselle, que, sachant si bien danser, vous sachiez si bien écrire, et que vous emportiez le prix en même temps de trois choses qui ne marchent guère ensemble, étant, comme vous êtes, la meilleure danseuse, la meilleure dormeuse, et la plus éloquente fille du monde. Au reste,

¹ Grand-Mogol? On racontait des choses fabuleuses de la puissance et des richesses de ce prince.

vous m'avez fait un extrême plaisir de mettre M. Maighne de la partie des matassins¹. Cette pensée m'a plu autant qu'aucune des vôtres, et je vous donne ma parole que nous ne les danserons point qu'il n'en soit. Aussi bien, à dire le vrai, M. de Chaudebonne est fort chagrin à cette heure pour bien battre les sonnettes, et je crois que j'aurois peine moi-même à bien danser en votre présence, étant comme je suis, mademoiselle, votre, etc.

72. — A LA MÊME².

[A Bruxelles, ... 1634.]

Mademoiselle, à cette heure que vos lettres sont plus admirables qu'elles ne furent jamais, j'avoue que j'aurois beaucoup de peine à m'en passer. Ayant perdu l'espérance, depuis que j'ai vu vos dernières, d'en écrire jamais de bonnes, je serois au moins bien aise d'en recevoir; et il est juste que vous me rendiez par là l'honneur que vous me faites perdre d'ailleurs. La haute opinion que j'ai il y a longtemps de votre esprit m'avoit préparé à en voir, sans être surpris,

¹ M. de Chaudebonne avoit un laquais qui, par je ne sais quelle vision, alla dire que son maître devoit danser les matassins. On en rit fort à cause de la sévérité du personnage. Après, Mme de Rambouillet dit en riant qu'il falloit donc encore en mettre M. Maighne, homme d'âge, fort sérieux, ami de Chaudebonne et de Voiture. Il étoit gouverneur du duc de Fronsac (T.). — Les matassins sont une danse imitée de la danse armée des anciens, et qui était encore en usage au dernier siècle dans certaines villes où il y avait des troupes en garnison. Voyez le *Dictionnaire historique des institutions, mœurs et coutumes de la France*, par Cherruel.

² Manque dans la première édition.

toutes sortes de merveilles ; et il me sembloit qu'il ne pouvoit plus rien faire qui me pût étonner, si ce n'est qu'il vînt à produire des choses ordinaires ou médiocres. Mais certes je confesse qu'il est arrivé à un point de perfection que je n'avois pas conçue, et que je n'ai rien pu imaginer de tout ce que vous nous faites voir. Je vous assure, mademoiselle, que je vous parle sans flatterie ; et mon dépit n'est pas encore si bien passé que je sois en humeur de vous flatter. Vous vous êtes haussée autant au-dessus de vous-même, que vous aviez accoutumé d'être au-dessus de toutes les autres ; et la moindre lettre que vous écrivez à cette heure vaut mieux que Zélide et Alcidalis, oui, même quand on mettroit avec eux leurs deux royaumes. Dans le fort de ma colère, je n'ai point fait de plaintes contre vous qui ne fussent accompagnées de louanges ; et une des causes qui m'obligent à cette heure à me réconcilier, c'est la crainte que, si je vous témoigne de la haine, on ne croie qu'elle ne vienne d'envie, plutôt que d'un juste ressentiment. Cependant vous savez en votre cœur si j'en ai du sujet, et sans en parler davantage, c'est là que je demande que vous m'en fassiez raison. Aussi bien, après avoir été muet si longtemps, je ne veux pas rompre mon silence par des cris. Je vous supplierai seulement de penser quel je dois avoir été, ayant perdu en même temps l'espérance de retourner en France et la consolation de votre souvenir et de vos lettres. Un seul de ces malheurs pouvoit m'accabler. Mais cela est étrange, je m'en suis sauvé, parce qu'ils sont venus ensemble, et chacun d'eux m'a aidé à supporter l'autre. Quand après ce témoignage de votre mauvaise volonté, je me suis imaginé de combien de maux la fortune me tiroit, en m'empêchant de tomber en vos mains, il m'a semblé qu'au prix de cela, un exil perpétuel étoit bien supportable, et qu'au moins je ne mourrois pas ici d'une mort si cruelle. Cependant, mademoiselle, cette consolation n'est pas si bonne, que je n'en aie besoin encore de quelque autre. Car je vous jure que M. de [Chaudebonne] même n'est pas si triste que je le suis; et ces sombres et noires mélancolies, où vous m'avez vu quelquefois, n'étoient que l'ombre de celles où je suis maintenant. Dissipez-les, je vous supplie; et trouvez, si vous pouvez, des paroles pour conjurer ces nuages. Mais qui doute que vous ne le puissiez, et qui ne sait que pour votre esprit il n'y a point d'impossible? C'est à lui à qui je me recommande : puisque les choses les moins imaginables et les plus extraordinaires lui sont aisées, qu'il fasse que je sois capable d'avoir quelque sorte de joie ici, et que je vive jusqu'à ce que je vous puisse dire combien je suis, au delà de ce que vous croyez, mademoiselle, votre, etc.

73. — A LA MÊME [1].

[A Bruxelles, ... 1634.]

Mademoiselle, je ne m'étonne pas que vous ayez ri tout votre soûl en m'écrivant l'étrange bruit qui court de moi, que je n'ai ni bonté ni amitié. Car, sans mentir, il ne s'est jamais rien dit de si ridicule : et

---
[1] Manque dans la première édition.

vous avez eu raison de recevoir cela de la même sorte que si l'on vous disoit que M. de Chaudebonne vole sur les grands chemins, ou qu'il a épousé la fille du gentilhomme de M. des [Ouches]¹. Pour moi, j'admire qu'une si fausse opinion, et une calomnie si mal fondée ait pu s'étendre si loin, et infecter trois provinces ; et, qui que ce soit qui lui ait donné cours, il faut que vous m'avouiez que ce doit être la plus méchante personne du monde. J'en ferai une exacte perquisition ; et si j'en puis découvrir quelque chose, je vous jure que je m'en saurai venger, quand bien elle seroit aussi aimable et aussi redoutable que vous. Certes, madame votre mère fait une action digne de son ordinaire bonté, de ne vouloir pas souffrir que l'on profère une si grande méchanceté sur ses terres. Mais qu'elle empêche seulement qu'on ne la dise dans sa chambre et dans son cabinet, car je connois des personnes assez hardies et déterminées pour cela. La pauvre mademoiselle de Chalais, que vous exposez comme un mouton à ma colère, n'a point de part à ce crime. Ce n'est que par simplicité qu'elle a failli ;

¹ M. de Chaudebonne étoit un fort homme d'honneur ; mais n'ayant point été marié, il étoit encore coquet, quoiqu'il ne fût plus jeune. Il alloit souvent, auprès des Chartreux, chez un gentilhomme de M. des Ouches, qui avoit une fille fort jolie. Mme de Rambouillet s'avisa de dire à Voiture qu'il falloit faire croire à M. Maighne, qui ne pouvoit souffrir la coquetterie de M. de Chaudebonne, qu'il alloit épouser cette fille. Le bonhomme le crut, dont on rit fort ; mais il en voulut mal à Voiture, et peu avant sa mort il confessa que sans cela il l'eût fait son héritier (T.). M. des Ouches était premier écuyer de la princesse Marguerite. Voyez la *Gazette de France* du 9 septembre 1633.

et je me plaindrois davantage de sa maîtresse, si je pouvois me prendre à d'autres, qu'aux auteurs de cette imposture. Je trouve étrange, sans mentir, qu'elle, qui sait ce que c'est que des charmes de la paresse, et la douceur qu'il y a à ne rien faire, m'appelle ingrat, de ce que je la laisse en repos et je ne lui écris point des lettres, qu'elle voudroit de bon cœur n'avoir point reçues toutes les fois qu'il y faudroit répondre. Quoique je ne me mette pas en peine d'en rien témoigner, elle a toujours la place qu'elle doit avoir dans mon esprit, sans qu'elle lui coûte rien à garder. Elle est, comme elle le demande, au fond de mon cœur, au lieu le plus retiré, en repos et sans bruit. En vérité, je l'honore et l'aime aussi parfaitement qu'elle le mérite ; et toutes les fois que je lis quelque chose de joli, que je mange quelque chose de bon [1], ou que je fais une digestion louable, je me souviens d'elle, et je lui en souhaite autant.

Mais à propos, mademoiselle, vous nous en mandâtes une nouvelle il y a quelque temps, à laquelle je ne répondis point, parce que je grondois alors, et qui, après ce que vous m'avez écrit du bruit qui court de moi, m'a semblé aussi étrange que chose que j'aie jamais ouï dire. Quoique je connoisse aussi bien que personne du monde toutes les grâces de Mme la marquise de [Sablé], je ne me puis assez étonner qu'en un

---

[1] « Elle avoit toujours aimé la bonne chère, et comme elle se fut avisée de se mettre dans la dévotion, le marquis de Pisani lui dit un jour qu'elle avoit beau faire, qu'elle ne chasseroit pas le diable de chez elle, et qu'il s'étoit retranché dans la cuisine. » (*Mémoires de l'abbé Arnauld.*)

temps où elle ne se soucie d'homme vivant, que de son médecin et de son cuisinier, vêtue de cette ratine que nous lui avons vue, et coiffée de trois serviettes, elle ait pu gagner un cœur aussi difficile à prendre que je m'imagine que doit être celui du marquis de [Varanne] [1], et envoyer un amant soupirer pour elle dans les déserts de la Thébaïde [2]. Le damoisel dont vous parlez auroit bien fait d'y aller après lui, ou, s'il ne veut pas faire un si grand voyage, au moins il se devoit faire ermite au mont Valérien [3]. Tout de bon, au lieu de faire les demandes que vous me proposez de sa part, il feroit fort bien de se taire, et de ne parler de sept ans [4]. Toutefois, mademoiselle, j'y répondrai puisque vous le voulez. La première, pourquoi étant vêtu de bleu, il paroît toujours vêtu de vert [5], est une des plus ardues questions que j'aie jamais ouï faire en quelque science que ce soit; et pour moi, je ne vois pas d'où cela peut venir, si ce n'est que le damoisel [6], qui avoit accoutumé il y a quelques an-

---

[1] Oncle de Mme de Montbazon. (T.).

[2] Charnassé, qui affecta de se retirer après la mort de sa femme, et d'être sept ans sans parler. Au sortir de là il fut servir MM. les États, où il fut tué (T.).

[3] M. de Montausier se devoit retirer au mont Valérien, à cause que Mme Aubry avoit une maison tout contre (à Suresnes), et qu'elle étoit morte depuis peu (T.).

[4] Ces sept ans sont mis à cause de Pythagore, car Charnassé ne fut ce temps-là, et même ne fut point dans la Thébaïde, si ce n'est en voyageant (T.).

[5] Il avoit un habit bleu mêlé de vert, qui effectivement paroissoit vert (T.).

[6] M. de Montausier.

nées de ne se lever qu'à une heure, et n'être habillé qu'à trois, soit devenu à présent un peu plus paresseux, et ne se laisse plus voir qu'aux flambeaux. Quoi qu'il en soit, je suis d'avis qu'à tout hasard il s'habille de vert pour voir s'il ne paroîtra pas habillé de bleu. Pour la seconde, de savoir lequel il doit choisir de prendre la Mothe, ou de me délivrer d'entre les mains des Sarrasins; je trouve, sans considérer mon intérêt, que cette dernière entreprise, outre qu'elle est plus juste, est beaucoup plus difficile, et par conséquent plus glorieuse. Il y a vingt-cinq mille hommes de pied et six mille chevaux qui ont charge de me garder avec autant de soin que Gueldre et Anvers : cela pourtant ne le doit point étonner. Hector le Brun[1] défit une fois lui seul trente-cinq mille hommes en Northumberland : je pense qu'il n'étoit pas si vaillant que lui. Qu'il ne craigne pas au reste que les lauriers lui manquent ici; les plus beaux qui se voient dans l'Europe se cueillent en ce pays; de mon côté, je lui promets de fournir le soin de les agencer et l'art d'en faire des couronnes. Mais, outre les Sarrasins, il aura encore quelques Sarrasines à combattre : car il y en a qui ne souffriront pas aisément que l'on m'enlève d'ici; et ce bruit que vous dites qui court sur moi dans trois provinces n'est pas encore arrivé en pas une des dix-sept. L'on ne me tient pas si méchant ici qu'on fait au lieu où vous êtes; et l'on croit que, quand même je ne saurois pas assez aimer, je ne laisserois pas d'être assez aimable. Mais, mademoiselle, j'avoue

---

[1] M. de Montausier se nommoit Hector (T.).

que cela ne me console point, et je suis bien malheureux, si dans ce nombre de personnes que je révère particulièrement en France, il n'y en a quelqu'une [1] qui ait assez bonne opinion de moi pour croire que j'ai le cœur fait comme il le faut avoir, que je sais constamment honorer ce qui le mérite, et aimer infiniment ce qui est infiniment aimable. Je ne sais pas, pour votre particulier, ce que vous en pensez; mais je vous assure qu'il n'y a personne qui ait moins de sujet d'en douter, et que je suis aussi parfaitement que je le dois, et que vous le sauriez vouloir, mademoiselle, votre, etc.

Post-scriptum. — Mme votre mère sera toujours la meilleure et la plus galante personne du monde; elle ne me pouvoit rien promettre qui me fît si aise que la *danse baladoire*, que vous dites qu'elle veut instituer à mon retour; mais c'est *fête baladoire* qu'il faut dire [2] : vous corrompez le texte. Cela m'a fait ressouvenir du temps passé, et considérer combien il étoit différent de celui-ci. Alors, étant couché sur la paille [3], je croyois être sur trois matelas; et à cette heure j'aurois douze matelas, qu'il me sembleroit être couché sur des épines. Voilà, mademoiselle, l'état où se trouve le plus aise galant de Bruxelles. Mais celui qui m'a nommé ainsi, en vous écrivant, ne con-

[1] Mme de Rambouillet.

[2] Mme de Rambouillet étoit allée se promener à Villeroy : le concierge, lui dit : Oh! que n'avez-vous attendu à quelques jours d'ici, qu'il doit y avoir une *fête baladoire ?* (T.)

[3] Effectivement il y coucha, à cause qu'ils étoient trop de monde (T.). Voyez plus haut, p. 173.

noît pas tous mes maux, et ne conçoit pas quel regret j'ai toujours dans le cœur d'être éloigné de tout ce que j'aime. Vous savez de quelle sorte ceci se doit entendre, et quel rang tiennent en cela deux adorables personnes, au rang desquelles personne ne doit être. Tout ceux qui viennent ici de France parlent d'elles avec admiration, et content des miracles de leur bonté et de leur beauté. Je vous supplie très-humblement, mademoiselle, d'employer votre crédit pour me conserver quelque place dans l'honneur de leur souvenir. Cet homme, à qui vous savez que j'ai tant d'obligations [1], en ajoute toujours de nouvelles aux anciennes, et me fit l'autre jour l'honneur de se souvenir de moi dans une lettre à M. le comte de Brion. Je reconnois cela, comme j'y suis obligé; et quand j'aurois aussi peu de bonté et d'amitié que l'on dit, je ne manquerai jamais d'avoir tout le ressentiment que je dois avoir des biens et des honneurs qu'il lui a plu me faire. Mais j'ai peur qu'il ne devienne trop sérieux; empêchez cela, je vous supplie.

74. — A LA MÊME.

[A Bruxelles, ... 1634.]

Mademoiselle, quoique vous m'assuriez que l'Ile de France n'a point été des trois provinces rebelles [2], je soupçonne quelques insulaires, et il y en a quelqu'une que je voudrois bien tenir pour en faire la justice qu'elle mérite. Quand elles n'auroient point fait d'autre faute que d'avoir incliné aisément, comme vous dites,

---

[1] Le cardinal de la Valette.
[2] Voyez la lettre précédente.

à croire du mal de moi, je les trouverois encore assez coupables, et je serois bien fâché d'avoir autant failli contre pas une d'elles. J'ai eu peine à entendre ce que vous dites *de la corneille et du fils du roi d'Angleterre;* mais si je l'entends bien, c'est une des plus grandes malices du monde. Vous n'avez jamais rien fait contre moi qui m'ait fait tant de dépit, et je ne l'oublierai jamais que je ne m'en sois vengé. Mais à quel point est montée la persécution, et que ne dois-je pas attendre, puisque Mme votre mère même semble s'être déclarée contre moi? J'ai été extrêmement étonné quand j'ai reconnu son écriture, et que j'ai vu qu'elle se moquoit de moi et de ma *loyale amie*[1]. Je ne crois pas pourtant qu'elle ait fait cela de sa volonté, et il faut que vous le lui ayez fait écrire le poignard sur la gorge. Tout cela, mademoiselle, m'avoit mis dans une extrême colère; mais la douceur que vous m'avez envoyée m'a apaisé. J'ai trouvé dans la lettre de M. de Chaudebonne le sucre que vous pensiez avoir mis dans la mienne, et je l'ai goûté avec tout le plaisir que je devois. Je vous avoue que nous n'en avons pas de si bon chez nous; envoyez-m'en souvent, je vous en supplie : j'en ferai un fort bon suc, et, contre la maxime de médecine, que toutes les choses douces se tournent en bile, cela apaisera la mienne qui est fort émue. Aussi, à dire le vrai, c'est une extrême méchanceté

---

[1] Il étoit sujet à se coiffer de personnes assez saugrenues; il l'avouoit lui-même, et, pour confirmer les dames dans cette opinion, il leur envoya le portrait et des lettres d'une Flamande qu'il aimoit. Mme de Rambouillet dit en voyant ce portrait que c'étoit une vraie tête à être appelée *ma loyale amie* (T.).

A MADEMOISELLE DE RAMBOUILLET (1634). 229

de se moquer d'une pauvre enfant qui n'a appris le français que pour l'amour de moi, et qui a eu au moins l'esprit de me choisir entre tous ceux qui sont ici[1]. Cependant je vous puis répondre qu'elle écrira bientôt d'une autre sorte, et que dans trois mois elle sera en état de se revancher. Du temps que Mme de [Saintot][2] disoit *gausser* et *pitoyable*, et qu'elle croyoit qu'il ne falloit pas dire *triste*, elle n'écrivoit guère mieux que cela ; et néanmoins aujourd'hui on parle de son esprit partout, et on fait voir jusqu'ici des copies de ses lettres. Mais pour satisfaire à la question à laquelle vous me conjurez de répondre en vérité et en sincérité de conscience, je vous dis, mademoiselle, qu'en vérité et en sincérité je ne crois pas qu'il y ait eu une personne qui ait cru que ç'ait été pour ma gloire que j'aie envoyé le poulet que vous avez vu, et j'aimerois encore mieux avoir fait une lettre de cette sorte, qu'un jugement comme celui-là. Mais je ne devrois plus donner si hardiment mon avis de rien sans savoir de qui je parle, après avoir été attrapé comme je l'ai été, en ce que j'ai dit de ceux qui ont mémoire de ce qu'ils ont fait au berceau. Je confesse que je croyois que l'on s'en voulût moquer, et que même on le dût faire. Mais puisque c'est vous et M. le cardinal de la Valette qui l'avez dit, je m'en dédis volontiers, et je n'ai garde d'offenser des personnes qui se souviennent de si loin[3].

---

[1] C'est sans doute la dame dont il est parlé dans la note précédente.

[2] Voyez les *Historiettes*, t. III, p. 28.

[3] Ils avoient dit qu'ils se souvenoient de leur plus tendre enfance (T.).

75. — A LA MÊME [1].

[A Bruxelles, avril 1634.]

Mademoiselle, je ne croyois pas qu'il pût jamais arriver que je fusse plus affligé pour avoir reçu une de vos lettres, ni que vous me puissiez donner de si mauvaises nouvelles, que vous ne m'en sussiez consoler en même temps. Il me sembloit que mon malheur étoit en un point qu'il ne pouvoit plus croître, et que, puisque vous aviez pu quelquefois me faire endurer patiemment l'absence de Mme votre mère et la vôtre, il n'y avoit point de mal que vous ne pussiez m'apprendre à souffrir. Mais pardonnez-moi si je vous dis que j'ai trouvé le contraire de tout cela dans l'affliction que j'ai eue de la mort de Mme Aubry [2], laquelle, sans mentir, a été assez grande pour achever de m'accabler, et a pensé consumer les restes de ma patience. Vous pouvez juger, mademoiselle, quelle extrême douleur ce me doit être d'avoir perdu une amie si bonne, si aimable et si parfaite que celle-là, et qui, m'ayant toujours donné tant de témoignages de bonne volonté, m'en a encore voulu rendre dans les dernières heures de sa vie. Mais, quand je ne considérerois point mes intérêts, je ne me pourrois empêcher de regretter infiniment une personne de qui vous étiez infiniment aimée, et laquelle, entre beaucoup de dons particuliers, avoit celui de vous savoir connoître autant que cela est possible, et de vous estimer sur toutes les choses du

---

[1] *Mss. de Conrart*, p. 643.
[2] Mme Aubry mourut le 18 avril 1634 ; ce qui sert à fixer la date de cette lettre. Voyez plus haut, p. 45.

monde. J'avoue pourtant que si je puis recevoir quelque soulagement dans ce déplaisir, c'est de considérer la constance qu'elle a témoignée, et avec quelle force elle a souffert une chose dont le seul nom l'avoit toujours fait trembler. Ce m'est une extrême consolation d'apprendre qu'elle a eu en sa mort les seules bonnes qualités qui lui avoient manqué durant sa vie, et qu'elle a su trouver si à propos de la résolution et du courage. Certes, quand j'y songe bien, je fais conscience de la regretter, et il me semble que c'est l'aimer d'une affection trop intéressée, que d'être triste de ce qu'elle nous a quittés pour être mieux, et qu'elle est allée trouver en l'autre monde le repos qu'elle n'a jamais eu en celui-ci[1]. Je reçois de tout mon cœur les exhortations que vous me faites là-dessus, d'étudier souvent une leçon si utile et si nécessaire, et de me préparer à en faire autant quelque jour. Je sais profiter de vos remontrances, et ce ne sera pas la première fois qu'elles m'auront fait devenir homme de bien. Le malheur qui nous tant pressés jusqu'à cette heure ne nous prépare pas peu à cela : il n'y a rien qui exhorte tant à savoir bien mourir, que de n'avoir point de plaisir à vivre. Mais si les espérances que la fortune nous montre doivent réussir, si après tant de malheureuses années nous devons avoir quelques beaux jours, souffrez, je vous supplie, mademoiselle, que j'aie de plus gaies pensées que celles de la mort, et s'il est vrai que nous devions bientôt vous revoir, permettez-moi de ne haïr pas encore la vie.

[1] Elle étoit fort inquiète (T.).

Lorsque vous dites que vous jugez que je suis destiné à de grandes choses, vous me donnez de si bons augures de la mienne et des aventures qui me doivent arriver, que je serai bien aise qu'elle ne s'achève pas encore sitôt. Pour moi, je vous puis assurer que si le destin me promet quelque chose de bon, je ne lui manquerai pas de mon côté; je ferai tout ce qui me sera possible pour coopérer avec lui, et pour tâcher à me rendre digne de vos prophéties. Cependant, je vous supplie très-humblement de croire que de toutes les faveurs que je puis demander à la fortune, celle que je désire plus passionnément, c'est qu'elle fasse pour vous ce qu'elle doit, et que pour moi elle me donne le moyen de vous faire connoître la passion avec laquelle je suis, mademoiselle, votre, etc.

Post-scriptum. — Mademoiselle, permettez-moi, s'il vous plaît, de remercier ici Mme votre mère de l'honneur qu'elle me fait de se souvenir de moi : en me faisant dire qu'elle admire en se taisant, elle me veut apprendre comme il faut que je la révère.

76. — A LA MÊME.

De Bruxelles, ce dernier juin 1634.

Mademoiselle, si vous n'étiez pas la plus aimable personne du monde, vous seriez la plus haïssable, et vous avez une fierté qui seroit insupportable en toute autre qu'en vous. Vous demandez la paix de la façon que les autres la donnent, et pour terminer une querelle vous employez des paroles avec lesquelles on pourroit commencer une guerre. *Je ne sais pas comme je me suis tant abaissée. Ne grondez plus. Écrivez-moi toutes les semaines.* Voilà, certes, une parfaite humilité et une belle manière d'exercer les vertus chrétiennes! Vous m'ordonnez, au reste, de ne me plus dépiter que de vingt-cinq ans en vingt-cinq ans, comme si vos grâces ne se donnoient que lorsque celles du ciel sont ouvertes, et qu'il fallût un jubilé pour absoudre ceux qui se fâchent contre vous. Voici, mademoiselle, où j'en étois quand j'ai reçu votre seconde lettre, qui m'a fort adouci en m'apprenant que vous ne désireriez pas que je fusse pendu sans que vous y fussiez. Véritablement, c'est une grande marque de bonne volonté, et une preuve qu'il vous reste encore quelque tendresse pour moi, de ce que vous ne voudriez pas que cet accident m'arrivât sans que vous eussiez le plaisir de le voir. Après avoir tant imploré le secours de votre esprit, afin qu'il trouvât des paroles qui me rendissent moins malheureux, il n'en pouvoit pas trouver de meilleures. En effet, rien ne me peut tant consoler de demeurer à Bruxelles, que de savoir que l'on veut me faire pendre à Paris; et ce lieu que je je tenois pour une prison auparavant, je le considère à cette heure comme un asile contre vos persécutions. J'ai grand'peine à croire ce que vous me dites de Mme de [Clermont], ni qu'elle ait pris votre parti contre moi. Si cela est, la fortune a été plus juste que vous et qu'elle, d'avoir empêché ses lettres de tomber entre mes mains. C'est, sans mentir, grand dommage, si vous avez gâté une si bonne personne, et j'aurai plus de regret que vous ayez corrompu son innocence, que de voir que vous avez condamné la mienne. Quoi qu'il en soit, je vous assure que vous ne sauriez, ni l'une ni l'autre, avoir pris des résolutions contre moi qui ne soient injustes, et dont je ne vous fasse quelque jour dédire toutes deux. Ceci, mademoiselle, n'est pas dit par orgueil, mais par cette fierté que les gens de bien ont accoutumé d'avoir, et que produit la bonne conscience. Que si j'avois le moindre doute d'avoir failli et de mériter vos menaces, je n'aurois pas ces bons intervalles dont vous voyez que je jouis quelquefois, et au lieu que je guéris les autres du mal de rate, j'en mourrois moi-même. Si j'ai ôté ce mal à madame votre mère, je souffrirai plus volontiers tous ceux qui me restent. En vérité, l'assurance que j'ai d'être dans l'honneur de son souvenir, et le regret que je sens de ne la point voir, font la plus grande moitié de mes biens et de mes maux : et je ne m'étonne pas qu'elle souhaite de me voir plus que personne, car je crois qu'il n'y aura point d'homme au monde si plaisant que moi, si jamais je me vois auprès d'elle. Ce philosophe de nos amis [1], duquel vous vous êtes ressouvenue si à propos, qui fait quelquefois les petits yeux, a roulé les yeux en la tête quand je lui ai lu cet endroit de votre lettre. Aussi, à dire le vrai, l'âme de Zénon auroit été ébranlée en une pareille rencontre, et celle de M. Migon [2] contristée et affligée. La

[1] M. de Chaudebonne.
[2] Ce Migon étoit un Flamand à qui M. des Hagens donna la charge de voir un Allemand, nommé Crossembourg, qui faisoit de l'or. M. de Chaudebonne faisoit grand cas de ce Migon, et engagea M. d'Ornano, depuis maréchal de France, à lui prêter 3,000 écus pour trouver la pierre philosophale. Comme on les croyoit perdus, Migon apporta un diamant de même prix à M. d'Ornano, et l'on

philosophie, qui a des remèdes contre tous les autres malheurs, n'a point de raison pour adoucir la moindre perte que l'on peut faire dans l'esprit de M. de Rambouillet. Quelque ennemie des passions que soit cette science, elle ne sauroit désapprouver que l'on en ait pour une si rare personne, ni trouver étrange que l'on fasse pour son sujet tout ce qu'elle ordonne de faire pour la vertu. Je ne sais, mademoiselle, si elle pourroit enseigner plus aisément à ne vous aimer pas ; mais quelle apparence y a-t-il qu'elle ne puisse jamais apprendre cela, puisque c'est M. de Chaudebonne qui me l'a montré ? Aussi je vous jure que je ne l'espère pas, et que je suis bien résolu, quelque mal qui m'en puisse arriver, d'être toujours, mademoiselle, votre, etc.

Post-scriptum [1]. — Mademoiselle, je vous remercie très-humblement de l'honneur que vous me faites de me promettre d'avoir soin de l'affaire dont je vous avois écrit. J'ai bien jugé qu'elle étoit très-difficile, mais j'ai cru qu'elle le seroit beaucoup moins si vous l'entrepreniez. Au moins, si vous la manquez, on en tirera cet avantage que l'on connoîtra qu'il ne la faut plus tenter ni y employer pas un autre.

77. — A MONSIEUR LE MARQUIS DE SOURDEAC,
à Londres [2].

A Bruxelles, ce 25 août 1634.

Monsieur, quoique ma mauvaise fortune me doive

n'a jamais pu découvrir si ce Migon étoit un fourbe ou non (T.). Voyez aussi les *Mémoires d'Arnauld d'Andilly*, p. 426.

[1] Première édition, p. 247.
[2] *Mss. de Conrart*, p. 799. — Guy de Rieux, marquis de Sour-

avoir endurci à toutes sortes de déplaisirs, je ne me puis accoutumer à celui de ne recevoir plus de vos nouvelles, et il me semble que la perte de vos lettres est un malheur qu'un honnête homme ne doit pas souffrir constamment. J'attends avec impatience, il y a beaucoup de jours, que vous me fassiez l'honneur de faire réponse à la dernière que je vous ai écrite, que je mis entre les mains de madame votre femme [1]. Mais enfin ma patience s'est achevée, et je ne puis différer plus longtemps à vous supplier très-humblement de me tirer de peine, et de m'apprendre par une des vôtres quel accident m'a jusqu'ici retardé ce bonheur. Vous voyez, monsieur, quelle assurance j'ai en vos paroles, et quelle extrême confiance je prends en votre bonté, puisque j'ose vous demander si hardiment une faveur que je ne saurois jamais mériter, si vous ne me l'aviez promise, et que je vous presse de me payer exactement, comme une dette bien acquise, ce qui n'est qu'une grâce et une libéralité. Puisque vous avez toujours témoigné d'avoir tant d'inclination à cette vertu, je crois que vous serez bien aise de voir qu'en dépit de la fortune vous la pouvez encore exercer, et qu'il est en votre pouvoir de faire du bien à une personne qui vous en demande. Au moins je vous assure qu'il sera bien employé et bien reconnu, et que vous ne sauriez en rien mieux témoigner votre bonté

---

deac, premier écuyer de Marie de Médicis, mort en 1640. Il avait suivi la reine-mère à Bruxelles; plus tard il s'accommoda et revint avec Monsieur.

[1] Louise de Vieux-Pont, baronne de Neubourg, fille aînée et héritière de sa maison, morte en 1646.

qu'en me faisant l'honneur de m'assurer que vous m'aimez et que vous voulez bien que je me dise partout, monsieur, votre, etc.

Post-scriptum[1]. — Monsieur, selon la liberté que vous m'aviez commandé de prendre, je vous avois supplié très-humblement, dans ma dernière lettre, de me permettre d'y mettre de très-humbles baise-mains à Mme de Quéligré. Je vous supplie de trouver bon que je l'assure encore ici que je l'honorerai et l'aimerai toute ma vie autant que personne du monde.

78. — A MADEMOISELLE DE RAMBOUILLET.

A Bruxelles, le 22 octobre 1634.

Mademoiselle, j'ai lu à toutes les heures du jour la lettre que vous m'avez écrite à minuit; et quoique je n'aie pas accoutumé de trouver fort agréables les biens que l'on me fait à ces heures-là, j'ai reçu celui-ci avec plus de contentement que je ne le puis dire. Après l'avoir bien considérée, je n'ai pas trouvé qu'elle fût d'une personne endormie; j'ai confirmé le jugement que j'avois fait de vous autrefois, que ce temps-là est celui où votre esprit est le plus éveillé et le plus clair, et qu'il reprend de nouvelles forces. En cherchant la cause de cela, je ne veux pas, mademoiselle, soupçonner de vous rien de mauvais, ni remarquer que cela est assez étrange que l'heure des lutins soit la vôtre. J'aime mieux croire que c'est qu'il ne peut y avoir de nuit dans votre esprit; et qu'étant, comme il est, une source de clarté, les ténèbres qui obscurcis-

[1] Première édition, p. 254.

sent les autres ne lui peuvent nuire. Lorsqu'elles couvrent toute autre chose, on le voit briller avec plus d'éclat, et l'ombre de la terre ne peut monter jusques aux astres ni jusqu'à lui. Quand j'en parlerois avec des termes beaucoup plus magnifiques, je vous supplie très-humblement de croire que je ne dirois pas encore de lui autant de bien que j'en ai reçu. Le choix qu'il vous a fait faire de trois ou quatre paroles avec lesquelles votre dernière lettre m'a semblé plus obligeante que les autres, a produit en moi des contentements inespérés, et m'a donné une joie que je fais scrupule d'avoir, et dont je ne devrois être capable qu'en votre présence. Mais voyez, s'il vous plaît, mademoiselle, jusqu'où s'étend votre pouvoir. Au moment que vous eûtes écrit que vous souhaitiez la fin de nos malheurs, les Elbène[1] partirent pour y chercher du remède. Le ciel commença à se débrouiller, et nous fit voir de plus belles apparences que jamais. Puisque cela est ainsi, et que c'est en vous quasi la même chose de désirer du bien et d'en faire, continuez, je vous supplie très-humblement, à avoir de bons désirs pour nous. Je m'imagine que cela suffira à faire naître quelque heureux effet. Votre bonne fortune vaincra la malignité de la nôtre, et vous pourrez

---

[1] L'un d'eux, Alphonse Delbène, fut évêque d'Orléans en 1646. Ils étaient fort estimés, si l'on en juge d'après ce passage du *Voyage de Chapelle et de Bachaumont* :

> L'esprit et l'âme d'un Delbène,
> C'est-à-dire, avec la bonté,
> La douceur et l'honnêteté
> D'une vertu mâle et romaine
> Qu'on respecte en l'antiquité.

contribuer plus que personne à cet accommodement auquel tant de gens travaillent. Mais, s'il vous plaît, mademoiselle, que ce soit bientôt, car, en vérité, je meurs d'envie de voir les merveilles qui sont à Paris. Je ne crois pas que ce soit la demoiselle dont vous parlez à M. de Chaudebonne qui montre les plus rares, quand le singe à qui on a appris à jouer de la guitare sauroit encore chanter avec cela [1]. Je sais où il y a des choses plus extraordinaires, et où je pourrois voir de plus beaux miracles. J'espère aussi que de mon côté je vous en ferai voir un merveilleux dans le changement de mon humeur qui sera, je vous promets, sinon aussi belle, au moins aussi égale que la vôtre. Ne craignez donc point, mademoiselle, qu'un chagrin que vous dissipez de si loin puisse arriver jusques à vous, et n'ayez point de regret de perdre mes lettres en me retrouvant moi-même. Je vous ferai avouer que je vaux mieux qu'elles, et vous verrez que je n'ai pas écrit mes meilleures pensées. Enfin, je vous assure, hors une grande quantité de cheveux blancs qui me sont venus, il n'est point arrivé en moi de changement qui ne soit en mieux. Encore j'espère que ceux-là tomberont avec les soins qui les ont fait naitre, et je deviendrai sans doute tout autre que je suis, quand je vous pourrai dire moi-même avec quelle passion je vous honore et combien je suis, mademoiselle, votre, etc.

[1] De Mlle Coinet (T.). — Cette demoiselle Coinet étoit une chanteuse qui avoit appris à un singe à jouer de la guitare. Il y jouoit effectivement une sarabande, mais il manquoit toujours en un endroit (Tallemant, *Historiettes*, t. IX, p. 157).

79. — A LA MÊME[1].

[A Bruxelles, ... 1634.]

Mademoiselle, je ne sais pas qui sont les Abencerrages[2] que vous me préférez. Mais je m'imagine qu'ils ne sont point nés dans Grenade non plus que moi. Peut-être que le seul avantage qu'ils ont sur moi est d'être auprès de vous, et que tout mon crime est d'en être éloigné. Certes vous avez sujet de croire que je suis coupable de quelque grande faute, puisque le ciel me donne un si grand châtiment ; et je ne m'étonne pas que vous me condamniez là-dessus, ni que vous n'entendiez pas les raisons d'un homme qui se défend de si loin. Toutes les demoiselles, tant les Mores que les chrétiennes, ont accoutumé d'en user ainsi. Je voudrois seulement, qu'en m'ôtant votre amitié, vous ne voulussiez pas encore me déshonorer, et que vous ne vous missiez pas en peine de m'accuser, pour vous défendre. Vous pourriez avec plus de douceur suivre l'exemple de Mme [de Clermont][3] et de Mlle [Paulet] dont la première, sans en alléguer aucune cause, rompit d'abord tout commerce avec moi, jugeant qu'aussi bien, avec le temps, il en faudroit toujours venir là, et l'autre m'a laissé depuis peu honnêtement et sans bruit, et se taisant de pure lassitude ne parle

---

[1] *Mss. de Conrart*, t. X, p. 447.

[2] Suivant une note manuscrite de Huet, il faudrait lire *Benserade* au lieu de *Abencerrages*. Cette restitution, si elle est exacte, peut servir à donner une idée des difficultés qu'il y a à bien entendre Voiture.

[3] (T.). — Mme Aubry, suivant le *Mss. de Conrart*.

plus de moi, ni en bien ni en mal¹. Que si pourtant, mademoiselle, vous avez encore ce reste de justice dans l'esprit, de croire qu'il faille quelque prétexte pour abandonner ses amis, je m'étonne que vous n'en avez trouvé un meilleur que celui que vous prenez, vous qui inventez si heureusement et qui avez toujours donné tant de vraisemblance à vos fables. Il me semble, au reste, mademoiselle, que vous ne jugez pas assez favorablement des lettres que vous avez vues de moi, si vous croyez que M. Mandat ait eu les plus belles. Je fais un autre jugement des vôtres; et sans rien savoir des autres que vous avez écrites, je jurerois que vous n'en fîtes jamais de meilleures. Il faut une bonté comme la mienne pour en parler de la sorte, et il n'y a que moi qui peut louer les satires que l'on fait contre lui (*sic*). Sans mentir, un homme qui souffre si doucement le mal mérite que l'on lui fasse du bien, et vous devez avoir regret de traiter avec tant de rigueur une personne qui le souffre avec tant de patience, et qui est si constamment, mademoiselle, votre, etc.

80. — A LA MÊME ².

[A Bruxelles, ... 1634.]

Mademoiselle, j'aurois effacé cette lettre après avoir reçu la vôtre, si j'ajoutois assez de foi à ce que vous me mandez; mais je suis si accoutumé à ne recevoir de vous que du mal, que je n'en puis plus attendre autre chose, et la paix même m'est suspecte, quand

---

¹ Voyez plus haut, p. 180, note 1.
² *Mss. de Conrart*, p. 447.

vous me la présentez. Je voudrois bien qu'il y eût quelque signe de réconciliation entre vous et moi, comme il y en a entre le ciel et les hommes, et que vous eussiez un moyen de m'assurer autant de vos promesses que vous me faites craindre vos menaces. Je tiens pourtant à bon augure, de ce que Mlle [Paulet], qui m'avoit abandonné ces jours passés, a recommencé à m'écrire. Il me semble qu'elle est votre Iris, et que c'est comme un arc-en-ciel qui paroît après l'orage. Elle ne s'est point montrée lorsque le ciel étoit courroucé contre moi, et qu'il tonnoit et éclairoit. A la vérité, dans un temps si orageux, il n'y avoit rien qui me pût secourir, et je m'étois abandonné moi-même. Après, mademoiselle, vous pouvez juger avec quelle joie j'ai ouvert les yeux aux rayons que vous me faites voir parmi tant de ténèbres. Mais j'avoue que je ne me puis encore rassurer. Je sais que souvent vous vous accommodez, pour avoir le plaisir de rompre encore une fois. Je crains que le jour que vous me montrez ne soit un faux jour, et que cette lumière ne soit celle d'un éclair et que la lueur du coup qui me frappera peut-être bientôt. S'il en est autrement, et si c'est une vraie paix que vous me voulez donner, je la reçois, je vous assure, avec le cœur que vous pourriez désirer, et avec toutes les conditions que vous y sauriez mettre. Mais, mademoiselle, je voudrois bien après cela, que vous voulussiez reconnoître mon innocence et avouer que vous ne m'avez point soupçonné des crimes dont vous avez fait semblant de m'accuser. Jusqu'à ce que cela soit et que vous m'ayez bien remis, je ne puis pas répondre à ce que l'on me demande du chocolat ni parler de comédies, lorsque je n'ai que des tragédies en l'esprit. Je n'ai pu pourtant m'empêcher de rire, quand j'ai lu ce que vous dites, que M. de [Rambouillet] *fiert et frappe ainsi que monseigneur Amadis*. Quelque haut que soit montée votre éloquence, je n'en ai pas tant d'étonnement : car je l'avois toujours prévu. Je m'étonne bien plus de ce que vous êtes devenue extrêmement plaisante, et cela me surprend davantage. Quoi que vous me disiez de Mme de [Saintot], je ne puis rien appréhender de sa fidélité. Ce sont de grandes recommandations pour son amant, d'être beau, jeune et Gascon. Mais avec tout cela, vous verrez qu'elle sera assez niaise pour ne me point quitter pour lui. Il y a dix ans que je sais moi-même comme elle traite les beaux et les jeunes, et pour gascon, c'est une qualité que vous ne mettriez point entre celles qui le peuvent faire aimer d'elle, s'il vous souvenoit que je vous ai conté autrefois, qu'elle m'avoit dit de quelqu'un, qu'il étoit Gascon ou Picard. Je ne m'étonne point qu'il y ait *épris* en son anagramme. Mais j'y trouve aussi *prisé*[1], et cela est plus fâcheux. Au pis aller, mademoiselle, je puis ici avoir, quand je voudrai, une maîtresse, belle comme l'infante Briane, amoureuse comme Mlle Arlande, et forte et membrée comme Mme Gradafilée. Tout de bon, une des plus puissantes filles qui soit dans toutes les dix-sept provinces a envie de faire ami-

---

[1] C'est Esprit, le frère de l'académicien, né, comme lui, à Béziers, « petit homme, mais qui a de l'esprit comme un lutin, » dit Tallemant. Il étoit précepteur de l'abbé de Fiesque, parent de Mme de Rambouillet. Voyez plus bas, lettre 148.

tié avec moi; mais M. de Chaudebonne ne me conseille pas de m'y hasarder. Cependant, je fais cette lettre trop longue, où je pensois ne vous dire qu'un mot, et M{11e} [d'Attichy] ne la trouveroit guère galante, puisque j'y parle de tant d'autres personnes que de vous. Mais, mademoiselle, que vous seriez bonne, si vous me vouliez faire une jolie lettre pour elle! Si vous me refusez cette grâce, au moins accordez-moi l'autre que je vous demande, de me faire entendre de quelle sorte je suis avec vous, et si vous avez prolongé les quatre ans que vous m'aviez donnés à vivre. Vous en ordonnerez comme il vous plaira; mais sans mentir, vous devez être plus humaine pour moi, car je suis infiniment, votre, etc.

Post-scriptum. — Ce pauvre diable se portera bien, et est tantôt guéri. Je remercie très-humblement la sage enchanteresse, qui m'a fait entendre l'*Aventure d'Anastarax*. Je ne crois pas qu'il y ait jamais rien de si horrible, que doit être son *enfer*, et je m'imagine d'y voir Cerbère, les trois Furies et toutes leurs couleuvres en une seule personne; mais quel personnage joue la pauvre [Mlle Aubry] parmi tous ces damnés?

81. — A MONSEIGNEUR LE DUC DE BELLEGARDE.

[De Bruxelles, ... 1634.]

Monseigneur, c'est M. de Chaudebonne qui me fait prendre la hardiesse de vous écrire, et dans l'ennui

---

[1] L'enfer d'Anastarax, c'étoit la peine où étoit M. de Montausier par les bizarreries de Mme Aubry (T.). Voyez *Historiettes*, t. III, p. 239.

dont il me voit ici accablé, il m'a voulu donner cette consolation. Il est vrai, monseigneur, qu'entre les plus grands sujets d'affliction que j'ai reçus en ce pays, je mets le déplaisir de ne vous y avoir point trouvé. Je m'étois préparé à cet exil, sur l'espérance de le passer auprès de vous, et je croyois que je trouverois toujours la France en quelque part où vous seriez; mais c'eût été un trop grand soulagement pour un homme qui étoit destiné à être malheureux, et la fortune n'a pas accoutumé de faire tant de grâce à ceux qu'elle persécute. Cependant, monseigneur, je prends à bon augure de ce qu'elle nous rapproche du lieu où vous êtes, et je croirai qu'elle se veut réconcilier avec nous, si elle nous rend le bonheur de votre présence : car pour dire le vrai, monseigneur, je ne puis penser qu'elle vous ait entièrement abandonné, et c'est assez qu'elle soit femme, pour croire qu'elle ne vous peut haïr, et qu'elle reviendra bientôt à vous. Au moins, à son défaut, aurez-vous toujours cette extrême sagesse et cette grandeur de courage qui vous ont accompagné partout, et dont vous avez depuis quelque temps donné de si bonnes preuves, que je doute si ces années de malheurs ne vous ont pas été plus avantageuses que les autres. Je continuerois ici, monseigneur, bien volontiers ce discours; mais je crains de n'user pas assez discrètement de la liberté que l'on m'a donnée.***.

82. — A MADAME [DE COMBALET] [1].

A Blois, le 5 janvier [1635].

Madame, il me semble que je vous dois pour le moins une lettre pour un brevet [2] ; et, quelques belles paroles que j'y puisse mettre, elles ne seront pas si riches que celles du parchemin que vous me venez de faire obtenir, puisqu'il y en a pour dix mille écus. M. de Puylaurens me l'a fait expédier avec tout le soin et l'affection qui se pouvoit désirer. Je me doutois bien que lui, qui a fait en sa vie tant de choses pour les dames, ne manqueroit pas de servir en ce rencontre la plus parfaite de toutes, et que la plus belle bouche du monde n'auroit pas été ouverte inutilement en ma faveur. Ce bonheur m'étant arrivé, je m'imagine qu'il n'y en a point qui me puisse manquer, et il me semble que le moindre bien qui me puisse échoir est d'être riche, puisque vous désirez que je sois heureux. Cependant, quoique je n'aie pas coutume d'être fort sensible aux choses qui regardent mon établissement, j'avoue que j'ai reçu celle-ci avec une extrême joie, et je me serois trouvé moi-même trop intéressé en cette occasion, si je ne connoissois que ce que je considère davantage en ce bienfait, est de ce que c'est vous qui me l'avez procuré. Aussi, à

---

[1] Marie-Magdeleine de Vignerot, nièce du cardinal de Richelieu, mariée au marquis du Roure de Combalet. Elle étoit dame d'atours de la reine, et fut faite duchesse d'Aiguillon de son chef, sur la fin de 1647. Corneille lui dédia le *Cid*.

[2] Le brevet de maître d'hôtel de Madame, que Puylaurens lui fit donner à la recommandation de Mme de Combalet. Voyez l'Introduction.

dire vrai, ceux qui mettent les richesses entre les choses indifférentes ne mettroient pas votre bienveillance en ce rang-là ; et pour moi, je pense que je ne dois pas tenir entre les biens de la fortune, un bien que la vertu m'a fait avoir. Je crois, madame, que sans mal parler, je vous puis appeler ainsi ; et si je ne suis pas mal informé de tous vos succès, vous pouvez prendre ce nom-là à meilleur titre que celui que vous portez. Au moins est-il vrai qu'elle ne s'est jamais montrée au monde si aimable qu'elle le paroît en vous, et ceux qui l'ont connue autrefois, et qui disoient qu'elle donneroit de l'amour à tous les hommes si elle se laissoit voir nue, l'auroient trouvée plus charmante étant revêtue de votre personne ; et certes, quand je considère les merveilles qui s'y rencontrent et tant de sortes de grâces dont le ciel vous a remplie, il me semble que celle dont je vous remercie à cette heure est la moindre que vous m'ayez faite. Je trouve que la place que vous me laissez prendre quelquefois dans votre cabinet vaut mieux que celle que vous me venez de faire accorder, et que vous ne me sauriez jamais faire du bien qui vaille celui de vous voir et de vous entretenir. Toutefois, madame, il pourroit être que le dernier que vous m'avez procuré est plus estimable qu'il ne paroît [1], et comme on ne sait pas en-

[1] Le cardinal vouloit faire rompre le mariage de Monsieur et de la princesse de Lorraine. Voiture prend l'occasion de dire des cajoleries à Mme de Combalet, et de la flatter de l'espérance que ce sera elle qui épousera Monsieur (T.). En effet, telle paraît avoir été l'intention du cardinal ; et la disgrâce de Puylaurens vint précisément de ce qu'il ne le servit pas dans cette négociation, comme

core à qui vous m'avez donné, et que cela est dans l'avenir, possible que la grâce que vous m'avez faite se trouvera plus grande que vous ne l'avez imaginé : car peut-être que vous m'avez donné à une maîtresse qui méritera de l'être de tout le monde, qui aura l'âme grande, et belle, et libérale, le cœur noble et généreux, la personne accomplie, toute pleine d'agréments et de charmes, et qui aura pour tous les hommes ces attraits secrets que chacun d'eux trouve en celle qu'il aime. Peut-être qu'elle aura un esprit au dessus de tout ce qui se peut imaginer, plein de feu et de lumière, beau et pur comme celui des anges; qu'elle sera instruite de plusieurs belles connoissances, qu'elle aura l'intelligence de trois ou quatre langues, qu'elle entendra la situation de toute la terre comme celle du petit Luxembourg, qu'elle saura les mouvements des cieux, le nom et la place de tous les astres, et qu'après tout cela, elle n'en connoîtra pas un parmi eux si beau, si clair, ni si brillant qu'elle. Permettez-moi, s'il vous plaît, madame, de souhaiter qu'il en arrive de la sorte, et trouvez bon que je fasse des vœux pour cela, puisque j'en sais faire de plus utiles que vous pour le bien de la France. Aussi j'espère que les miens seront accomplis, et que quelques autres ne le seront pas. N'entreprenez pas, je vous supplie, de me faire jamais désirer autrement : car je suis, madame, votre, etc.

il l'auroit voulu. Toutefois, ce passage de la lettre de Voiture n'en reste pas moins un modèle de délicatesse.

83. — A LA MÊME[1].

[1635].

Madame, puisque c'est à bon dessein que je vous recherche, je crois qu'il n'y a point de galanterie que je ne puisse faire, et qu'après avoir fait des vers pour vous[2], je puis bien vous envoyer des bouquets. C'est un présent que les dieux veulent bien recevoir des hommes; et puisque les fleurs sont le plus pur et le plus bel ouvrage de la terre, je pense qu'il n'y a personne à qui elles doivent être offertes à meilleur titre qu'à vous. Au moins sais-je bien que vous les devez aimer de cela, qu'il n'y en a pas une qui n'accompagne sa beauté de quelque vertu, et qu'elles ne veulent pas être touchées, non pas même des princes ni des rois. Mais quoiqu'elles soient filles du Soleil et de l'Aurore, et qu'elles disputent de l'éclat avec les perles et les diamants, je suis assuré qu'elles prendront leur lustre aussitôt qu'elles vous auront approchée, et que vous ferez voir que les beautés de la terre ne sont point comparables aux célestes. Je crois, madame, que vous souffrirez sans scrupule que j'appelle ainsi la vôtre, et que vous, qui rapportez toutes choses au ciel, ne voudrez pas lui ôter l'honneur d'avoir fait tout seul une si rare personne : et certes, ce seroit donner trop d'avantage aux choses d'ici-bas que de vous mettre de leur nombre, et puisque l'on nous commande de les mépriser, il y a grande apparence de croire que vous

---

[1] *Mss. de Conrart*, p. 853.
[2] Voyez au t. II les stances commençant par ce vers :
La terre brillante de fleurs, etc.

n'en êtes pas, vous, madame, qui êtes l'objet de l'estime et de l'affection de tous ceux qui vous voient, et qui n'avez jamais jeté les yeux sur pas une âme raisonnable que vous n'ayez gagnée. Je vois bien quelle conséquence vous pouvez tirer de là, si vous tenez la mienne capable de raison; mais, madame, je vous supplie très-humblement de croire que le plus grand effet que vous ayez causé en elle est celui de l'admiration, et que je suis, quoique le Faune veuille dire[1], avec toute sorte de respect, votre, etc.

84. — A MADEMOISELLE DE RAMBOUILLET[2]

(En lui envoyant douze galants[3] de ruban d'Angleterre, pour une discrétion qu'il avait perdue contre elle[4]).

[1635].

Mademoiselle, puisque la discrétion est une des principales parties d'un galant, je crois qu'en vous en envoyant douze, je vous paye bien libéralement ce que je vous dois. Ne craignez pas d'en prendre un si grand

---

[1] Voyez le dernier couplet de la pièce précitée.
[2] *Mss. de Conrart*, p. 625.
[3] On nommoit *galants* des nœuds de ruban de soie qui se plaçaient sur le haut de la tête. Il y avoit une foule d'autres nœuds de ce genre qui composoient la toilette des femmes à cette époque, et qui prenoient différents noms suivant les lieux qu'ils occupoient: le *mignon*, l'*assassin des dames*, le *badin*, etc. (Voyez l'*Abomination des abominations des fausses dévotions de ce temps*, par le R. P. Archange Ripaut, gardien des capucins de Saint-Jacques de Paris.)
[4] L'usage de jouer des enjeux indéterminés, laissés à la discrétion du gagnant, nous était venu d'Italie, de Florence, où il ne s'est pas perdu encore. Voyez Henri Estienne, dans ses *Dialogues du nouveau langage français italianisé*.

nombre, vous qui jusqu'ici n'en avez voulu recevoir pas un. Car je vous assure que vous pouvez vous fier en ceux-ci, et qu'ils se sauront taire des faveurs que vous leur ferez. Quelque gloire qu'il y ait à recevoir des vôtres, ce n'est pas peu de chose d'en avoir tant trouvé de cette humeur, en un temps où ils sont tous si pleins de vanité. Aussi a-t-il fallu les aller quérir bien loin et les faire venir de delà la mer. Vous savez bien, mademoiselle, que ce ne sont pas les premiers de ce pays-là qui ont été bien reçus en France[1]. Mais voici, sans doute, les plus heureux de tous ceux qui en sont venus, et si vous les recevez, ils ne doivent pas envier ceux qui ont servi les princesses et les reines. Car sans mentir, mademoiselle, il n'y a rien sur la terre au-dessus de vous, et quiconque auroit part en votre esprit, se pourroit vanter d'être en la plus haute place du monde. Je parle beaucoup pour un homme qui paye une discrétion. Mais considérez, s'il vous plaît, que ce n'est pas trop qu'un poulet pour douze galants, et que ceux pour qui j'écris, au moins ceux de leur pays, ont une si étrange façon de se faire entendre qu'il semble qu'ils parlent d'amour quand ils ne font que des compliments[2]. Ne trouvez pas étrange, qu'étant leur secrétaire, j'aie en quelque sorte imité

---

[1] Bouguingens (*Buckingham), Carlisle et Holland. Carlisle n'étoit pas coquet, il étoit sérieux; Holland cajoloit Mlle de Chevreuse (T.). — Le comte de Carlisle et le comte de Holland avaient été envoyés en France, en 1625, pour traiter du mariage de la reine d'Angleterre. Quant à Buckingham, on connaît ses succès à la cour de France.

[2] Mlle de Chevreuse disoit qu'on avoit tort de dire que ces gens-là parloient d'amour, que ce n'étoient que de pures civilités (T.).

leur style, et soyez assurée que si je n'eusse eu à parler que pour moi, je me fusse contenté de dire que je suis, mademoiselle, avec toute sorte de respect, votre, etc.[1].

85. — A MONSEIGNEUR LE CARDINAL DE LA VALETTE.

A Paris, le 12 octobre 1635[2].

Monseigneur, dites la vérité : combien y a-t-il que vous n'avez songé si les quatre derniers livres de l'Énéide sont de Virgile ou non, et si le Phormion est de Térence? Je ne vous interrogerois pas si librement; mais vous savez que dans les triomphes, les soldats ont accoutumé de railler avec leurs empereurs, et que la joie de la victoire donne des libertés que sans cela l'on n'oseroit jamais prendre. Avouez-nous donc franchement combien il y a que vous n'avez pensé à la petite Erminie, aux vers de Catulle et à ceux de M. Godeau. Si est-ce, monseigneur, que quand vous auriez oublié tout le reste, vous devez vous souvenir toujours de son *Benedicite*[3] : car personne n'eut jamais plus de raison de le dire que vous, et ne fut tant obligé de rendre grâces au dieu des armées. A dire le vrai, la conduite et la fortune avec laquelle vous avez sauvé

---

[1] Après cette lettre, il faut lire la romance espagnole, *Fuera, fuera*, etc. (T.). — Voyez t. II, aux *Poésies*.

[2] Pendant la campagne de 1635, sur le Rhin.

[3] La première pièce que le cardinal de Richelieu vit de M. Godeau, et qui lui valut l'évêché de Grasse pour un jeu de mots que tout le monde sait (T.). — Cette pièce, une des meilleures de l'auteur, est une paraphrase du *Cantique des trois Enfants* : *Benedicite omnia opera, Domine, etc.*

la nôtre¹ est un des plus grands miracles qui se soient jamais vus dans la guerre, et toutes les circonstances en sont si étranges que je les mettrois au chapitre des *menteries claires*², si nous n'en avions tant de témoins et si je ne savois qu'il n'y a point de merveilles que l'on ne doive croire de vous. La joie que cela a donnée ici à tout ce que vous aimez n'est pas une chose qui se puisse représenter. Mais vous pouvez vous imaginer, monseigneur, que les personnes qui étoient autrefois ravies de vous ouïr chanter ou de vous faire voir des vers, doivent être infiniment contentes, à cette heure qu'elles entendent dire que vous faites lever des siéges, que vous prenez des villes, que vous battez des armées, et que la principale espérance du bon succès de nos affaires est fondée en votre personne. Je vous assure que cela est écouté en ce lieu avec tous les sentiments que vous sauriez désirer, et que, sans que vous y pensiez, vos armes font ici des conquêtes qui sont plus à désirer que toutes celles que vous pourriez faire delà le Rhin. Quelque ambitieux que vous puissiez être, cela vous doit donner envie de revenir, car en vérité, monseigneur, ce n'est pas une bataille qui est aujourd'hui la plus belle chose du monde à gagner; et vous m'avouerez vous-même qu'il y a telle rose de soulier³ qui vaut mieux que neuf cornettes impériales⁴. Je suis, monseigneur, votre, etc.

¹ Construction irrégulière blâmée par le P. Bouhours (*Remarques nouvelles*, etc., p. 64).

² Ceci est mis pour imiter le jargon de Croisilles. Voyez *Historiettes*, t. IV, p. 16.

³ Il aimoit fort qu'on fût bien chaussé (T.).

⁴ Au combat entre Vaudrevange et Boulay en Lorraine, où Gal-

86. — AU MÊME.

[Novembre, 1635].

Monseigneur, il vous semble qu'il n'y a qu'à écrire, et vous en parlez bien à votre aise, vous qui n'avez rien à faire qu'à commander à douze mille hommes et à résister à trente mille autres. Mais si vous aviez à voir et à considérer trois ou quatre personnes qui sont ici, vous trouveriez qu'on a bien d'autres choses à penser. Si vous étiez en ma place, je suis assuré qu'il ne vous resteroit pas plus de loisir qu'à moi. Je meurs d'envie que vous y soyez pour voir comment vous vous en pourriez démêler, avec cette conduite dont on vous loüe tant et cette merveilleuse prudence qui vous a déjà tiré de tant d'autres périls : car je vous avertis, monseigneur, qu'au retour de la guerre qui vous occupe maintenant vous aurez à en faire ici une plus dangereuse. Vous y trouverez des ennemis beaucoup plus braves et plus fiers que les Allemands; et vous, qui par votre adresse venez de sauver tant de millions d'âmes, vous aurez bien de la peine à échapper vous-même. Il n'y a point de retraite à faire devant eux, et c'est assez de les voir pour être défait. Il y a entre autres un certain *Bras de fer*[1] qui est la plus redoutable créature que le soleil voie aujourd'hui. Il n'y a point d'arme qui puisse résister à ses coups; il brise tout ce qu'il touche, et toutes les cruautés des Croates ne sont point comparables aux siennes. Je

las, avec neuf mille chevaux, avait dressé une embuscade au cardinal et au duc de Saxe-Weymar (27 septembre). On prit aux ennemis neuf cornettes et quantité d'officiers.

[1] Voyez plus bas, page 262, note 1.

AU CARDINAL DE LA VALETTE (1635).

sais, monseigneur, que vous connoissez ceux dont je vous parle, et que déjà, en quelques occasions, vous vous êtes rencontré avec eux; mais ne vous imaginez pas de les trouver comme vous les avez laissés : leurs forces sont augmentées depuis quelque temps, et leur puissance est venue à un point qu'il n'y a plus rien qui leur résiste. Il ne se passe jour qu'ils ne fassent des prises jusque dans les portes de Paris. Ils prennent, ils tuent, ils saccagent tout ce qu'ils rencontrent; et tandis que vous vous amusez à défendre la frontière, ils mettent en feu le cœur du royaume. Que ce que je vous dis pourtant ne vous fasse pas appréhender de revenir; et n'ayant pas eu de peur en tant de rencontres, où tout autre que vous en auroit eu, ne commencez pas à craindre en celle-ci : car encore qu'ils ne prennent personne à merci, je crois qu'il y aura quartier pour vous, et que si vous tombez entre leurs mains, ils vous traiteront avec toute la douceur que l'on doit à un prisonnier de votre mérite. Selon que je puis juger, ils espèrent de vous montrer en cet état, et il me semble qu'ils ne pourroient pas avoir tant de joie de vos victoires comme je vois qu'ils en ont, s'ils ne croyoient qu'elles doivent honorer les leurs; mais ils seront ravis de voir à leurs pieds le dompteur de Galas [1], et de faire connoître que celui qui a été le bouclier de toute la France n'aura pu se mettre à couvert de leurs coups. Aussi connois-je en eux une incroyable impatience pour votre retour, et je suis

---

[1] Mathias, comte de Gallas, feld-maréchal au service de l'empereur, mort à Vienne en 1647.

assuré qu'il n'y a point d'homme en France qu'ils désirent tant tenir que vous. Je vous donne cet avis, monseigneur, afin que là-dessus vous preniez vos mesures pour vous défendre, ou qu'au moins vous ne chérissiez pas si fort le titre de Victorieux, que vous ne vous résolviez de le perdre ici. Pour moi, quoi qu'il en puisse arriver, je vous avouerai que je souhaite fort que vous y soyez : car je n'aurai point de joie jusqu'à ce que j'aie l'honneur de vous voir, et de vous dire au coin de votre feu les soins, les inquiétudes et les alarmes que vous avez donnés à toutes les personnes qui vous aiment. Je suis, monseigneur, votre, etc.

87. — AU MÊME.

[A Paris, décembre 1635].

Monseigneur, encore faut-il que vous ayez quelque mortification dans vos triomphes, et qu'ayant à toute heure le plaisir d'entretenir des gens de guerre tout votre soûl, vous preniez pour un moment en patience l'entretien d'un homme de lettres. Nous ne saurions souffrir à Paris que vous soyez si aise à Metz [1], et ne pouvant pas empêcher vos joies, nous voulons au moins les interrompre. Je n'aurois pourtant pas été si hardi que de l'entreprendre, s'il ne m'avoit été commandé par une dame à qui rien ne se peut refuser, et à laquelle ceux mêmes, à qui se soumettent les armées et

---

[1] Il fut fait (24 mars 1635) gouverneur de la ville et évêché de Metz et pays messin par la démission du duc de la Valette son frère, qui devint, à la même époque, gouverneur et lieutenant général pour le roi, en Guyenne, conjointement avec le duc d'Épernon, son père.

leurs généraux, ne se feroient pas de difficulté d'obéir. Il est vrai, monseigneur, que toutes les fois que je m'imagine de vous voir avec huit ou dix mestres de camp à l'entour de vous, j'ai pitié de Térence, de Virgile et de moi; je plains extrêmement ceux qui désirent ici que vous vous souveniez souvent d'eux, et je suis assuré qu'il n'y a point de si petit bastion en votre place qui ne vous soit plus considérable et que vous n'aimiez beaucoup plus que moi. Toutefois je n'osois pas en murmurer; je considérois qu'il y avoit quelques personnes qui avoient plus de droit de s'en plaindre, et je ne voulois pas avoir de différend avec un homme que l'on dit qui peut disposer de toutes les troupes du maréchal de la Force[1]. Mais à cette heure que l'on m'a donné la hardiesse de parler, et qu'il y a ici des personnes qui m'avoueront de tout ce que j'écrirai, je ne craindrai point de vous dire que c'est une chose extrêmement pitoyable, que votre affection, qui étoit il y a peu de temps partagée entre les plus aimables personnes du monde, soit maintenant donnée au pillage aux gens d'armes. Je ne suis pas bien maître de moi, et tout mon esprit se renverse, quand je songe que la place qu'avoit en votre cœur la plus adorable créature qui fût jamais[2], est peut-être à cette heure tenue par

[1] Le 3 octobre, le cardinal étant venu trouver le roi à Saint-Mihiel, reçut l'ordre de retourner en Lorraine et de se joindre aux troupes du duc de Weimar et à l'armée du duc d'Angoulême et du maréchal de la Force. Les quatre armées réunies formaient quarante mille hommes (voyez les *Mémoires* du cardinal de la Valette, par Jacq. Talon, son secrétaire).

[2] Mme la Princesse (T.). On disait que le cardinal était son amant. Voyez Tallemant, historiette de Mme la Princesse, t. I, p. 175.

le colonel Hébron[1], que Mme de [Combalet] et Mlle de Rambouillet ont quitté la leur à un aide de camp, ou à un sergent-major, et que vous aurez donné la mienne à quelque misérable anspessade. Cette pensée, monseigneur, nous met tous ici dans une tristesse qui ne se peut exprimer. Il n'y a qu'une personne qui est plus constante que les autres, et qui assure que l'on ne doit pas croire de vous une si grande injustice. Celle dont je vous parle est une demoiselle[2] blonde, blanche et grasse, plus gaie et plus belle que les plus beaux jours de cette saison, et telle qu'à peine en trouveriez-vous trois en tout le pays messin si bien faites qu'elle. Elle a des yeux dans lesquels il semble que toute la lumière du monde soit renfermée, un teint qui obscurcit toutes choses, une bouche que toutes celles du monde ne sauroient assez louer, pleine de traits et de charmes, et qui ne s'ouvre et ne se ferme jamais qu'avec esprit et avec jugement. Selon que je la viens de dépeindre, vous jugerez bien que c'est une beauté fort différente de celle de la reine Épicharis[3]. Mais si

---

[1] Ou mieux Hepburn, Écossais au service de France, où il devint mestre de camp dans l'armée du cardinal de la Valette. Il fut tué l'année suivante devant Saverne.

[2] Mlle de Bourbon : la Valette en devint amoureux aussi fortement qu'il l'avait été de sa mère.

[3] Mme de Corbec de Beausse, autrefois Mlle du Pré, cousine de M. Arnauld, maigre et noire. On la nomma Épicharis dans la galanterie où elle faisoit la reine des Égyptiens. Il y avoit je ne sais quel ordre pour cela, et comme elle étoit messine, cela alla assez avant dans l'Allemagne (T.). — On trouve à compléter cette note dans les *Mémoires* de l'abbé Arnauld, qui avait connu Mlle du Pré à Verdun, dont le marquis de Feuquières, son oncle, était gouver-

elle n'est pas si Égyptienne qu'elle, elle ne laisse pas d'être pour le moins aussi voleuse. Dès sa première enfance elle vola la blancheur à la neige et à l'ivoire, et aux perles l'éclat et la netteté. Elle prit la beauté et la lumière des astres, et encore il ne se passe guère de jours qu'elle ne dérobe quelque rayon au soleil, et qu'elle ne s'en pare à la vue de tout le monde. Dernièrement, en une assemblée qui se fit au Louvre, elle ôta la grâce et le lustre à toutes les dames et aux diamants qui la couvroient; elle n'épargna pas même les pierreries de la couronne sur la tête de la Reine, et elle en sut enlever ce qui y étoit de plus brillant et de plus beau. Cependant, quoique tout le monde connoisse sa violence, personne ne s'y oppose; elle fait avec impunité ce qui lui plaît, et bien qu'il se trouve à Paris des gens qui prennent les ducs et pairs dès le lendemain de leurs noces [1], il n'y a pas d'hommes assez hardis pour entreprendre de l'arrêter. Mais quoiqu'elle soit cruelle pour tout le monde, elle me semble assez douce pour ce qui vous regarde. Elle m'a commandé

neur. Elle avait institué un ordre de chevalerie qu'elle avait nommé l'ordre des Égyptiens, parce qu'on n'y pouvait être admis qu'on n'eût fait quelque larcin galant. Elle s'en était faite la reine sous le nom d'*Épicharis*, et tous les chevaliers portaient, avec un ruban gris de lin et vert, une griffe d'or avec ces mots : *Rien ne m'échappe*.

[1] M. de Puylaurens, arrêté le 14 février 1635, quelques mois après son mariage avec Mlle de Pontchâteau, nièce du cardinal de Richelieu (voyez plus haut, p. 94). — Du reste, Puylaurens semblait avoir prévu cette aventure, lorsqu'il disait, au moment où on lui offrait la duché-pairie comme une garantie contre les vengeances du cardinal : « Eh ! qu'importe la duché-pairie, puisque Son Éminence fait mieux couper la tête à un pair qu'à un bourgeois ? »

de vous dire qu'elle n'a point les défiances que les autres ont de vous, et qu'en reconnoissance de cela, elle vous prie de lui envoyer six arcs triomphaux du reste de votre entrée, quatre douzaines d'exclamations publiques, et les œuvres poétiques du landgrave de Hesse. Je vous conseille de faire exactement tout ce qu'elle désire, et d'éviter, sur toutes choses, de vous mettre mal avec elle : car si elle entreprend de vous faire du mal, votre compagnie de gendarmes, celle de vos chevau-légers ne vous empêcheront pas d'être pris. Metz n'est pas une assez bonne place pour vous défendre contre son pouvoir. Mais, monseigneur, je ne considère pas que je vous entretiens trop longtemps parmi tant d'affaires que vous avez, et si je fais ma lettre longue, je crains que vous ne remettiez à la lire quand la paix sera faite. Je serois pourtant bien fâché que vous n'en vissiez pas la fin, puisque ce qui m'importe le plus est que vous n'y lussiez pas les protestations très-sérieuses que je vous fais, que de tant de personnes qui ont reçu de vos bienfaits, il n'y en a point qui soit avec plus de zèle et de respect que moi, votre, etc.

88. — AU MÊME.

[Janvier 1636].

Monseigneur, j'ai fait voir à M. de S. H***, à M. de S. R*** et à M. de S. Q*** l'endroit de votre lettre où vous parlez des domestiques de Monsieur. Je vous réponds qu'ils ne l'ont trouvé nullement bien, et je sais que M. des Ouches[1], à qui je n'en ai pas encore voulu parler, ne le trouveroit guère meilleur. De sorte que

---

[1] Premier écuyer de la duchesse d'Orléans.

si je me voulois préparer contre les menaces que vous me faites, vous pouvez juger que je ne manquerois pas d'amis, et que si je vous écris à cette heure, ce n'est pas tant par crainte que par une véritable affection, et une inclination naturelle que j'ai à vous obéir. Outre ceux que je viens de nommer, il y a encore ici d'autres personnes plus braves, et avec qui il seroit plus dangereux d'avoir querelle, qui n'approuvent pas que je me travaille pour vous donner du plaisir, et qui ne trouvent pas raisonnable que vous en puissiez recevoir quelqu'un en ne les voyant pas. A la vérité, monseigneur, puisque votre absence traverse toutes leurs joies, il seroit assez juste que vous n'en souhaitassiez point d'autre que celle de les revoir, et qu'en attendant celle-là vous ne fussiez point capable d'aucun divertissement. Je suis témoin que tous ceux que l'on reçoit ici en cette saison ne les empêchent pas de se souvenir de vous, et de souhaiter continuellement votre retour. Le froid et les neiges des montagnes d'Alsace les transissent [1] et les font trembler tous les jours dans les plus grandes assemblées ; et la crainte des embûches des Cravates leur donne l'alarme à toute heure au milieu de Paris. Mais, ce qui est le plus étrange, et peut-être ne vous semblera pas croyable, j'ai vu Mlle [de Bourbon] et Mlle [de Rambouillet] être tristes pour l'amour de vous dans le bal, et soupirer en attendant des violons. Je ne sais pas, monseigneur, ce que vous jugerez de là, ni quel avantage vous en tirerez ; mais moi, je suis assuré que quoi qu'elles

[1] Le cardinal de la Valette partit de Toul le 18 janvier, pour ravitailler Haguenau et Colmar investis par les Impériaux.

puissent faire pour vous à l'avenir, elles ne vous pourroient jamais donner une plus grande preuve de leur affection. L'autre jour, que je montrois la dernière lettre que vous m'avez fait l'honneur de m'écrire, comme j'étois à l'endroit où vous me mandiez que vous étiez prêt de partir, au lieu de lire, en Alsace, je lus, en Thrace : *Bras de fer* [1], qui n'a pas accoutumé, comme vous savez, de s'émouvoir de rien, devint pâle comme mon collet, et dit d'une voix étonnée : En Thrace, monsieur! et une autre personne qui étoit proche, et qui sait un peu mieux la carte, ne laissa pas d'être un peu émue. Je voudrois bien, monseigneur, vous entretenir de votre *épouse* [2]; mais je n'en saurois parler, car on n'en peut dire que des choses incroyables, et il n'y a plus rien en elle que l'on puisse décrire. Ce que vous y avez vu d'aimable, d'admirable et de charmant, a toujours augmenté d'heure en heure, et on découvre tous les jours en elle de nouveaux trésors de beauté, de générosité et d'esprit. Au reste, je vous puis jurer qu'elle a eu en votre absence toute la conduite que vous sauriez souhaiter. Je sais qu'il court un certain bruit qui sans doute vous aura donné quelque soupçon d'elle, car vous autres Africains [3], je vous connois; et il est vrai qu'il y a un galant de bonne maison, et qui peut avoir un jour beaucoup de bien [4],

---

[1] Le *Commentaire* ni les *Historiettes* ne nous apprennent rien sur la personne qui était surnommée ainsi.

[2] Mme de Combalet. Voyez *Historiettes*, t. III, p. 12.

[3] Il appeloit ainsi le cardinal de la Valette à cause de son teint, et parce qu'il avoit dit qu'il aimoit les Africains (T.).

[4] Gaston d'Orléans. Voyez plus haut, page 247.

qui la voit assez volontiers. Mais je vous assure que parmi cela elle a tous les sentiments que doit avoir une femme très-sage et très-prudente, et que vous lui auriez inspirés vous-même. Sans mentir, monseigneur, si vous ne vous êtes bien endurci le cœur parmi les Suédois, le souvenir de toutes ces personnes vous doit donner une extrême envie de revenir, et quelques charmes qu'ait la gloire, vous ne devez pas trouver qu'elle en ait tant qu'elles. Hâtez donc votre retour le plus qu'il vous sera possible, et faites qu'au moins pour quelque temps votre ambition se tourne de leur côté. Aussi bien, quand la fortune vous mèneroit victorieux jusque dedans Prague, je ne m'imagine pas qu'elle vous puisse être véritablement favorable, en vous éloignant d'ici. Il n'y a point de conquête delà le Rhin ni delà le Danube qui vous dût pleinement satisfaire, et toute l'Allemagne ne vaut pas un faubourg de deçà. Je suis, monseigneur, votre, etc.

Post-data[1]. — Depuis cette lettre écrite, il est venu un courrier qui a donné l'avis que vous étiez dans Colmar[2]. Je vous assure que cette nouvelle a plus réjoui la cour que tous les bals qui s'y donnent, et que tous les ballets qui s'y préparent; particulièrement sept ou huit personnes en ont eu une joie et une satisfaction infinie. A la vérité on se peut consoler de l'absence de ses amis, quand ils font les choses que vous faites; et il n'y a personne de ceux qui vous ai-

---

[1] Ce *post-data* est porté par erreur à la suite de la lettre 188, au duc d'Enghien, sur la copie de Conrart et à la suite de la lettre 82 (89) dans les éditions.

[2] Le cardinal de la Valette entra dans Colmar le 27 janvier.

ment le mieux qui dût désirer que vous eussiez été ici plus tôt. Sans mentir, monseigneur, cela est bien glorieux de secourir les alliés du roi, en dépit de l'hiver et des ennemis, et que vous, qui ne participez point aux réjouissances publiques, vous soyez le seul qui les justifiez et qui nous donnez sujet d'en faire.

89. — AU MÊME.
[Août 1636].

Monseigneur, je voyois beaucoup de raisons de ne pas espérer sitôt de vos lettres, et je jugeois bien qu'une personne qui faisoit tant de choses n'en pouvoit pas beaucoup écrire. Je me contentois d'entendre ici toutes les semaines crier votre nom et vos victoires, et de pouvoir apprendre de vos nouvelles en les achetant. Mais il est vrai qu'il était temps que vous me fissiez l'honneur que j'ai reçu de vous, et l'insolence de quelques gens commençoit à m'être insupportable, qui disoient tout haut que le temps de leurs prophéties étoit arrivé, et que je me verrois bientôt avec eux comme une personne privée. Il y en a même qui ont pris cette occasion de tenter ma fidélité. Vous ne sauriez croire, monseigneur, quels avantages l'on m'a offerts pour me faire promettre de quitter votre parti cet hiver, et de prêter mes griffes contre vous deux fois par semaine. Cependant, quoique ces offres m'aient été présentées par la plus charmante bouche du monde, j'y ai résisté avec toute la constance que je suis obligé d'avoir pour un homme à qui je dois toutes choses, et que je trouve d'ailleurs si à mon gré, que, quand il m'auroit toujours haï, je ne me pourrois jamais empêcher de le respecter et de le servir; de sorte, qu'encore que j'aie à Paris ces attachements que ne manquent jamais d'y avoir ceux qui ne songent pas à commander des armées, et qui ne sont pas capables de ces hautes passions qui tiennent à cette heure un peu plus de la moitié de votre âme, je suis prêt d'en partir toutes les fois que vous me l'ordonnerez, et je quitterai pour vous aller trouver une personne jeune, gaie et brune. Je n'attends pour cela que d'en avoir une honnête occasion ; et si les ennemis, comme je le crois, ne vous osent attendre que derrière leurs murailles et vous obligent à un siége, je ne manquerai pas de me rendre auprès de vous. Aussi bien, pour dire le vrai, j'aime mieux être assiégeant qu'assiégé ; et les Espagnols sont si près de Paris, que quand je n'en sortirois pas pour l'amour de vous, je le pourrois faire pour l'amour de moi. On rompt tous les ponts d'alentour ; on est prêt à toute heure de tendre ici les chaînes ; et lorsque nous portons la terreur jusque sur les bords du Rhin, nous ne sommes pas bien assurés sur ceux de la Seine[1]. Dans le déplaisir que me donne ce désordre, je vous avoue, monseigneur, que je reçois quelque consolation de voir qu'en un temps où nos affaires vont mal de tous côtés, elles prospèrent du vôtre, et que, tandis que notre armée de Picardie se retire dans les villes, que celle que nous avons en Bourgogne languit dans les tranchées, et que nous ne faisons guère mieux en Italie, vous

[1] Les Espagnols, après avoir envahi la Picardie, avaient passé la Somme et refoulé jusqu'à Compiègne les troupes chargées de défendre la frontière. C'est alors que l'épouvante fut au comble dans Paris, et que l'ordre fut donné de rompre tous les ponts de l'Oise, afin de préserver la capitale.

arrêtiez Galas dans ses retranchements, vous preniez des places à sa vue, et que vous soyez le seul conquérant et le seul victorieux. En effet, sans faire passer les choses pour autres qu'elles ne sont, les seuls progrès que nous avons faits cette année nous sont venus par votre moyen :

> *Te copias, te consilium, et tuos*
> *Præbente Divos.*

Je vous supplie donc, monseigneur, de me commander d'aller prendre part à vos prospérités et d'aller voir notre bonne fortune au seul lieu où elle est maintenant. Aussi bien, sans faire le vaillant, les exploits de M. de Simpleserre [1] ne me laissent point dormir, et j'ai attaché au pommeau de mon épée trois lettres de la petite Flamande, que je veux mettre dans le corps d'un Allemand.

Sed quid ago? cum mihi sit incertum tranquillone sis animo, an, ut in bello, in aliqua majuscula cura negotiove versere..... Cum igitur mihi erit exploratum libenter esse risurum, scribam ad te pluribus. Je n'ai pas craint de mettre encore celui-ci, puisqu'il est de Cicéron, et je mettrai dans mes lettres le plus de latin possible, puisque vous me dites que vous n'en lisez plus que là : car, en vérité, ce seroit dommage que vous oubliassiez le vôtre. Au pis aller, si vous l'oubliez, je m'offre de vous le rapprendre cet hiver. Je vous montrerai les plus beaux passages de Virgile, d'Horace et de Térence; je vous expliquerai les plus difficiles et je vous ferai connoître les grâces secrètes et les beautés les plus cachées de ces

---

[1] M. de Simpleserre, dont il a parlé ci-devant (T.) : où ?

auteurs-là ; en un mot, je vous rendrai tout ce que vous m'avez prêté. Je suis, monseigneur, votre, etc.

90. — A MONSIEUR *** [1]
(Après que la ville de Corbie eut été reprise sur les Espagnols par l'armée du roi).

De Paris, le 24 novembre 1636.

Monsieur, je vous avoue que j'aime à me venger, et qu'après avoir souffert durant deux mois que vous vous soyez moqué de la bonne espérance que j'avois de nos affaires, vous en avoir ouï condamner la conduite par les événements et vous avoir vu triompher des victoires de nos ennemis, je suis bien aise de vous mander que nous avons repris Corbie [2]. Cette nouvelle vous étonnera, sans doute, aussi bien que toute l'Europe ; et vous trouverez étrange que ces gens que vous tenez si sages, et qui ont particulièrement cet avantage sur nous de bien garder ce qu'ils ont gagné, aient laissé reprendre une place sur laquelle on pouvoit juger que tomberoit tout l'effort de cette guerre, et qui, étant conservée, ou étant reprise, devoit donner pour cette année le prix et l'honneur des armes à l'un ou à l'autre parti. Cependant nous en sommes les maîtres. Ceux que l'on avoit jetés dedans ont été bien aises que le roi leur ait permis d'en sortir, et ont

---

[1] *Mss. de Conrart*, in-4, t. X, p. 573 *bis*, et in-folio, t. XIV, p. 819. — Plusieurs critiques se sont évertués en vain à chercher le nom du personnage à qui cette lettre auroit été adressée, et qui n'est indiqué sur aucune des deux copies. Mais est-il bien sûr que la lettre, ou plutôt le factum de Voiture, ait été écrit à quelqu'un, et que ce prétendu partisan de l'Espagne ne vienne pas là uniquement pour amener le panégyrique de Richelieu ?

[2] 14 novembre 1636.

quitté avec joie ces bastions qu'ils avoient élevés et sous lesquels ils sembloient qu'ils se voulussent enterrer. Considérez donc, je vous prie, quelle a été la fin de cette expédition qui a tant fait de bruit. Il y avoit trois ans que nos ennemis méditoient ce dessein, et qu'ils nous menaçoient de cet orage. L'Espagne et l'Allemagne avoient fait pour cela leurs derniers efforts. L'empereur y avoit envoyé ses meilleurs chefs et sa meilleure cavalerie. L'armée de Flandre avoit donné toutes ses meilleures troupes. Il se forme de cela une armée de vingt-cinq mille chevaux, de quinze mille hommes de pied et de quarante canons. Cette nuée, grosse de foudres et d'éclairs, vient fondre sur la Picardie qu'elle trouve à découvert, toutes nos armes étant occupées ailleurs. Ils prennent d'abord la Capelle[1] et le Câtelet[2]. Ils attaquent et prennent Corbie[3] presque en un même jour. Les voilà maîtres de la rivière : ils la passent. Ils ravagent tout ce qui est entre la Somme et l'Oise : et tant que personne ne leur résiste, ils tiennent courageusement la campagne, ils tuent nos paysans et brûlent nos villages. Mais sur le premier bruit qui leur vient, que Monsieur s'avance avec une armée et que le roi le suit de près, ils se retirent, ils se retranchent derrière Corbie, et quand ils apprennent que l'on ne s'arrête point, que l'on marche à eux tête baissée, nos conquérants abandonnent leurs retranchements. Ces peuples si braves et si belliqueux, et que vous dites qui sont nés pour commander à tous les autres,

---

[1] 10 juillet.
[2] 2 août.
[3] 15 août.

fuient devant une armée qu'ils disoient être composée de nos cochers et de nos laquais ; et ces gens si déterminés, qui devoient percer la France jusqu'aux Pyrénées, qui menaçoient de piller Paris et d'y venir reprendre jusque dans Notre-Dame les drapeaux de la bataille d'Avein, nous permettent de faire la circonvallation d'une place qui leur est si importante, nous donnent le loisir d'y faire des forts, et ensuite de cela nous la laissent attaquer et prendre par force à leur vue. Voilà où se sont terminées les bravades de Piccolomini, qui nous envoyoit dire par ses trompettes, tantôt qu'il souhaitoit que nous eussions de la poudre [1], tantôt qu'il nous vînt de la cavalerie, et quand nous avons eu l'un et l'autre, il s'est bien gardé de nous attendre. De sorte, monsieur, que, hors la Capelle et le Câtelet, qui sont de nulle considération, tout le feu qu'a produit cette grande et victorieuse armée a été de prendre Corbie, pour la rendre et pour la remettre entre les mains du roi avec une contrescarpe, trois bastions et trois demi-lunes qu'elle n'avoit pas. S'ils avoient pris encore dix autres de nos places avec un pareil succès, notre frontière en seroit en meilleur état, et ils l'auroient mieux fortifiée que ceux qui jusqu'ici en ont eu commission.

Vous semble-t-il que la reprise d'Amiens [2], ait été en

[1] Les armées du roi manquaient de poudre. Un nommé Sabatier en avait obtenu le privilége ; mais il avait mal pris ses mesures, et n'en avait pas fabriqué la moitié de ce qu'il en fallait. Le roi rendit alors une ordonnance qui levait le monopole et autorisait tout le monde à en fabriquer. En attendant, on trouva le moyen d'en faire venir de Hollande.

[2] En 1597, le 25 septembre, sur les mêmes Espagnols.

rien plus importante ou plus glorieuse que celle-ci ? Alors la puissance du royaume n'étoit point divertie ailleurs; toutes nos forces furent jointes ensemble pour cet effort, et toute la France se trouva devant une place. Ici, au contraire, il nous a fallu reprendre celle-ci dans le fort d'une infinité d'autres affaires qui nous pressoient de tous côtés, en un temps où il sembloit que cet État fût épuisé de toutes choses, et en une saison en laquelle, outre les hommes, nous avions encore le ciel à combattre. Et au lieu que devant Amiens les Espagnols n'eurent une armée que cinq mois après le siége, pour nous le faire lever, ils en avoient une de quarante mille hommes à Corbie, devant que celui-ci fût commencé. Je m'assure que si cet événement ne vous fait pas devenir bon François, au moins il vous mettra en colère contre les Espagnols, et que vous aurez dépit de vous être affectionné à des gens qui ont si peu de vigueur et qui se savent si mal servir de leur avantage.

Cependant ceux qui, en haine de celui qui gouverne, haïssent leur propre pays, et qui, pour perdre un homme seul, voudroient que la France se perdît, se moquoient de tous les préparatifs que nous faisions pour remédier à cette surprise. Quand les troupes que nous avions ici levées prirent la route de Picardie, ils disoient que c'étoit des victimes que l'on alloit immoler à nos ennemis, que cette armée se fondroit aux premières pluies, et que ces soldats qui n'étoient point aguerris fuiroient au premier aspect des troupes espagnoles. Puis, quand ces troupes dont on nous menaçoit se furent retirées, et que l'on prit dessein de bloquer Corbie, on condamna encore cette résolution. On disoit qu'il étoit infaillible que les Espagnols l'auroient pourvue de toutes les choses nécessaires, ayant eu deux mois de loisir pour cela, et que nous consommerions devant cette place beaucoup de millions d'or et beaucoup de milliers d'hommes pour l'avoir peut-être dans trois ans. Mais quand on se résolut de l'attaquer par force, bien avant dans le mois de novembre, alors il n'y eut personne qui ne criât. Les mieux intentionnés avouoient qu'il y avoit de l'aveuglement, et les autres disoient qu'on avoit peur que nos soldats ne mourussent pas assez tôt de misère et de faim, et que l'on les vouloit faire noyer dans leurs propres tranchées. Pour moi, quoique je susse les incommodités qui suivent nécessairement les siéges qui se font en cette saison, j'arrêtai mon jugement. Je pensai que ceux qui avoient présidé à ce conseil avoient vu les mêmes choses que je voyois et qu'ils en voyoient encore d'autres que je ne voyois pas; qu'ils ne se seroient pas engagés légèrement au siége d'une place sur laquelle toute la chrétienté avoit les yeux : et dès que je fus assuré qu'elle étoit attaquée, je ne doutai quasi plus qu'elle ne dût être prise: car pour en parler sainement, nous avons vu quelquefois M. le cardinal se tromper dans les choses qu'il a fait faire par les autres; mais nous ne l'avons point vu encore manquer dans les entreprises qu'il a voulu exécuter lui-même et qu'il a soutenues de sa présence. Je crus donc qu'il surmonteroit toutes sortes de difficultés, et que celui qui avoit pris la Rochelle, malgré l'Océan, prendroit encore bien Corbie, en dépit des pluies et de l'hiver. Mais puisqu'il vient à propos de parler de lui et qu'il y a trois mois que je ne l'ai osé faire, permettez-le-moi à cette heure, et que dans l'abattement où vous met cette nouvelle, je prenne mon temps de dire ce que je pense.

Je ne suis pas de ceux qui, ayant dessein, comme vous dites, de convertir des éloges en brevets, font des miracles de toutes les actions de M. le cardinal, portent ses louanges au delà de ce que peuvent et doivent aller celles des hommes, et à force de vouloir trop faire croire de bien de lui, n'en disent que des choses incroyables. Mais aussi n'ai-je pas cette basse malignité de haïr un homme à cause qu'il est au-dessus des autres, et je ne me laisse pas non plus emporter aux affections ni aux haines publiques que je sais être quasi toujours fort injustes. Je le considère avec un jugement que la passion ne fait pencher ni d'un côté ni d'autre, et je le vois des mêmes yeux dont la postérité le verra. Mais lorsque dans deux cents ans, ceux qui viendront après nous liront en notre histoire que le cardinal de Richelieu a démoli la Rochelle et abattu l'hérésie, et que par un seul traité, comme par un coup de rets, il a pris trente ou quarante de ses villes pour une fois; lorsqu'ils apprendront que, du temps de son ministère, les Anglois ont été battus et chassés, Pignerol conquis[1], Casal secouru, toute la Lorraine jointe à cette couronne, la plus grande partie de l'Alsace mise sous notre pouvoir, les Espagnols défaits à Veillane[2] et à Avein[3], et qu'ils verront que, tant

---

[1] 23 mars 1630.
[2] 10 juillet 1630.
[3] 20 mai 1635.

qu'il a présidé à nos affaires, la France n'a pas un voisin sur lequel elle n'ait gagné des places ou des batailles : s'ils ont quelque goutte de sang françois dans les veines, quelque amour pour la gloire de leur pays, pourront-ils lire ces choses sans s'affectionner à lui? et, à votre avis, l'aimeront-ils ou l'estimeront-ils moins, à cause que de son temps les rentes sur l'Hôtel de Ville se seront payées un peu plus tard ou que l'on aura mis quelques nouveaux officiers dans la chambre des comptes? Toutes les grandes choses coûtent beaucoup; les grands efforts abattent et les puissants remèdes affaiblissent. Mais si l'on doit regarder les États comme immortels, y considérer les commodités à venir comme présentes, comptons combien cet homme, que l'on dit qui a ruiné la France, lui a épargné de millions par la seule prise de la Rochelle, laquelle, d'ici à deux mille ans, dans toutes les minorités des rois, dans tous les mécontentements des grands et toutes les occasions de révoltes, n'eût pas manqué de se rebeller, et nous eût obligés à une éternelle dépense.

Ce royaume n'avoit que deux sortes d'ennemis qu'il dût craindre : les huguenots et les Espagnols. M. le cardinal, en entrant dans les affaires, se mit en l'esprit de ruiner tous les deux : pouvoit-il former de plus glorieux ni de plus utiles desseins? Il est venu à bout de l'un, et il n'a pas achevé l'autre ; mais s'il eût manqué au premier, ceux qui crient à cette heure que ç'a été une résolution téméraire, hors de temps, et au-dessus de nos forces, que de vouloir attaquer et abattre celles d'Espagne, et que l'expérience l'a bien montré, n'auroient-ils pas condamné de même le dessein de perdre les huguenots? n'auroient-ils pas dit qu'il ne falloit pas recommencer une entreprise où trois de nos rois avoient manqué, et à laquelle le feu roi n'avoit osé penser? et n'eussent-ils pas conclu, aussi faussement qu'ils font encore en cette autre affaire, que la chose n'étoit pas faisable, à cause qu'elle n'auroit pas été faite? Mais jugeons, je vous supplie, s'il a tenu à lui ou à la fortune qu'il ne soit venu à bout de ce [second] dessein. Considérons quel chemin il a pris pour cela, quels ressorts il a fait jouer. Voyons, s'il s'en est fallu beaucoup, qu'il n'ait renversé ce grand arbre de la maison d'Autriche, et s'il n'a pas ébranlé jusques aux racines ce tronc qui de deux branches couvre le septentrion et le couchant, et qui donne de l'ombrage au reste de la terre.

Il fut chercher jusque sous le pôle ce héros qui sembloit être destiné à y mettre le fer et à l'abattre. Il fut l'esprit mêlé à ce foudre qui a rempli l'Allemagne de feu et d'éclairs, et dont le bruit a été entendu par tout le monde. Mais quand cet orage fut dissipé et que la fortune en eut détourné le coup, s'arrêta-t-il pour cela? et ne mit-il pas encore une fois l'Empire en plus de hasard qu'il n'avoit été par les pertes de la bataille de Leipsig [1] et de celle de Lutzen [2]? Son adresse et ses pratiques nous firent avoir tout d'un coup une armée de quarante mille hommes dans le cœur de l'Allemagne, avec un chef qui avoit toutes les qualités qu'il faut pour faire un changement dans un État. Que si le roi

[1] 17 septembre 1631.
[2] 16 novembre 1632.

de Suède s'est jeté dans le péril plus avant que ne devoit un homme de ses desseins et de sa condition, et si le duc de Friedland, pour trop différer son entreprise, l'a laissé découvrir, pouvoit-il charmer la balle qui a tué celui-là au milieu de sa victoire, ou rendre celui-ci impénétrable aux coups de pertuisane? Que si, ensuite de tout cela, pour achever de perdre toutes choses, les chefs qui commandoient l'armée de nos alliés devant Nordlinghen, donnèrent la bataille à contre-temps [1], étoit-il au pouvoir de M. le cardinal, étant à deux cents lieues de là, de changer ce conseil et d'arrêter la précipitation de ceux qui pour un empire (car c'étoit le prix de cette victoire) ne voulurent pas attendre trois jours? Vous voyez donc que, pour sauver la maison d'Autriche et pour détourner ses desseins que l'on dit à cette heure avoir été si téméraires, il a fallu que la fortune ait fait depuis [2] trois miracles, c'est-à-dire trois grands événements qui vraisemblablement ne devoient point arriver : la mort du roi de Suède, celle du duc de Friedland, et la perte de la bataille de Nordlinghen.

Vous me direz qu'il ne se peut pas plaindre de la fortune, pour l'avoir traversé en cela, puisqu'elle l'a servi fidèlement dans toutes les autres choses; que c'est elle qui lui a fait prendre des places, sans qu'il en eût jamais assiégé auparavant, qui lui a fait commander heureusement des armées, sans aucune expérience, qui l'a mené toujours comme par la main et sauvé d'entre

---

[1] 6 septembre 1634.
[2] *Var.* de suite (C.).

les précipices où il s'étoit jeté, et enfin qui l'a fait souvent paroître hardi, sage et prévoyant. Voyons-le donc dans la mauvaise fortune et examinons s'il y a eu moins de hardiesse, de sagesse et de prévoyance.

Nos affaires n'alloient pas trop bien en Italie, et comme c'est le destin de la France de gagner des batailles et de perdre des armées, la nôtre étoit fort dépérie depuis la dernière victoire qu'elle avoit emportée sur les Espagnols. Nous n'avions guère plus de bonheur devant Dôle, où la longueur du siége nous en faisoit attendre une mauvaise issue, quand on sut que les ennemis étoient entrés en Picardie, qu'ils avoient pris d'abord la Capelle, le Câtelet et Corbie, et que ces trois places, qui les devoient arrêter plusieurs mois, les avoient à peine arrêtés huit jours. Tout est en feu, jusque sur les bords de la rivière d'Oise. Nous pouvons voir de nos faubourgs la fumée des villages qu'ils nous brûlent. Tout le monde prend l'alarme, et la capitale ville du royaume est en effroi. Sur cela, on a avis de Bourgogne que le siége de Dôle est levé, et de Saintonge qu'il y a quinze mille paysans révoltés qui tiennent la campagne, et que l'on craint que le Poitou et la Guyenne ne suivent cet exemple. Les mauvaises nouvelles viennent en foule, le ciel est couvert de tous côtés, l'orage nous bat de toutes parts, et il ne nous luit pas, de quelque endroit que ce soit, un rayon de bonne fortune. Dans ces ténèbres, M. le cardinal a-t-il vu moins clair? a-t-il perdu la tramontane? Durant cette tempête n'a-t-il pas toujours tenu le gouvernail dans une main et la boussole dans l'autre? s'est-il jeté dedans l'esquif pour se sauver? et si le grand vaisseau qu'il conduisoit avoit à se perdre, n'a-t-il pas témoigné qu'il y vouloit mourir devant tous les autres? Est-ce la fortune qui l'a tiré de ce labyrinthe, ou si ç'a été la prudence, la constance et sa magnanimité?

Nos ennemis sont à quinze lieues de Paris et les siens sont dedans. Il y a tous les jours avis que l'on y fait des pratiques pour le perdre. La France et l'Espagne, par manière de dire, sont conjurées contre lui seul. Quelle contenance a tenue parmi tout cela, cet homme, que l'on disoit qui s'étonneroit au moindre mauvais succès et qui avoit fait fortifier le Havre pour s'y jeter à la première mauvaise fortune? Il n'a pas fait une démarche en arrière pour cela. Il a songé aux périls de l'État et non pas aux siens; et tout le changement que l'on a vu en lui durant ce temps-là est, qu'au lieu qu'il n'avoit accoutumé de sortir qu'accompagné de deux cents gardes, il se promena tous les jours suivi seulement de cinq ou six gentilshommes. Il faut avouer qu'une adversité soutenue de si bonne grâce, et avec tant de force, vaut mieux que beaucoup de prospérités et de victoires. Il ne me sembla pas si grand ni si victorieux le jour qu'il entra dans la Rochelle qu'il me le parut alors, et les voyages qu'il fit de sa maison à l'Arsenal me semblent plus glorieux pour lui que ceux qu'il a faits delà les monts, et desquels il est revenu avec Pignerol et Suze.

Ouvrez donc les yeux, je vous supplie, à tant de lumière. Ne haïssez pas plus longtemps un homme qui est si heureux à se venger de ses ennemis, et cessez de vouloir du mal à celui qui le sait tourner à sa gloire, et qui le porte si courageusement. Quittez votre parti devant qu'il vous quitte. Aussi bien une grande partie de ceux qui haïssoient M. le cardinal se sont convertis par le dernier miracle qu'il vient de faire ; et si la guerre peut finir, comme il y a apparence de l'espérer, il trouvera moyen de gagner bientôt tous les autres. Étant si sage qu'il est, il a connu, après tant d'expériences, ce qui est de meilleur, et il tournera ses desseins à rendre cet État le plus florissant de tous, après l'avoir rendu le plus redoutable. Il s'avisera d'une sorte d'ambition, qui est plus belle que toutes les autres et qui ne tombe dans l'esprit de personne, de se faire le meilleur et le plus aimé d'un royaume, et non pas le plus grand et le plus craint. Il connoît [sans doute à cette heure] que les plus nobles et les plus assurées conquêtes sont celles des cœurs et des affections ; que les lauriers sont des plantes infertiles qui ne donnent au plus que de l'ombre, et qui ne valent pas les moissons et les fruits dont la paix est couronnée. Il voit qu'il n'y a pas tant de sujet de louange à étendre de cent lieues les bornes d'un royaume, qu'à diminuer un sol de la taille, et qu'il y a moins de grandeur et de véritable gloire à défaire cent mille hommes qu'à en mettre vingt millions à leur aise et en sûreté. Aussi ce grand esprit, qui n'a été occupé jusqu'à présent qu'à songer aux moyens de fournir aux frais de la guerre, à lever de l'argent et des hommes ; à prendre des villes et à gagner des batailles, ne s'occupera désormais qu'à rétablir le repos, la richesse et l'abondance. Cette même tête, qui nous a enfanté Pallas armée, nous la rendra avec son olive, paisible, douce et savante, suivie de tous les arts qui marchent d'ordinaire avec elle. Il ne fera plus de nouveaux édits que pour régler le luxe et pour rétablir le commerce. Ces grands vaisseaux qui avoient été faits pour porter nos armes au delà du Détroit ne serviront qu'à conduire nos marchandises et à tenir la mer libre, et nous n'aurons plus la guerre qu'avec les corsaires. Alors les ennemis de M. le cardinal ne sauront plus que dire contre lui, comme ils n'ont su que faire jusqu'à cette heure. Alors les bourgeois de Paris seront ses gardes : et il connoîtra combien il est plus doux d'entendre ses louanges dans la bouche du peuple, que dans celle des poëtes. Prévenez ce temps-là, je vous conjure, et n'attendez pas être de ses amis, jusqu'à ce que vous y soyez contraint. Que si vous voulez demeurer dans votre opinion, je n'entreprends pas de vous l'arracher par force, mais aussi ne soyez pas si injuste que de trouver mauvais que j'aie défendu la mienne, et je vous promets que je lirai volontiers tout ce que vous m'écrirez, quand les Espagnols auront repris Corbie. Je suis, monsieur, votre, etc.

91. — A MADAME DE SAINTOT.

[A Paris, ... 1636.]

Madame, en ne pensant faire qu'une petite galanterie, vous avez écrit la plus grande lettre du monde. Tout grand jurisconsulte que je sois[1], je me trouve bien empêché à y répondre, et je vous avoue que vous en savez plus que moi. Je m'étois déjà bien aperçu que vous aviez toujours ce même esprit que j'ai toute ma vie admiré, et que de toutes choses vous n'aviez rien

[1] Il avoit étudié pour être avocat (T.).

oublié que moi. Mais il est vrai que je ne me fusse pas imaginé que vous eussiez appris à écrire, depuis que je ne vous vois plus, et que je dusse jamais rien voir de vous qui fût plus beau et qui me touchât davantage que ce que j'en ai vu autrefois. Après cela, ne doutez pas que je ne fasse tout ce qui me sera possible pour faire différer le procès dont vous me parlez; et quoique vous m'en ayez autrefois fait un bien brusquement, je vous assure que ne tâcherai pas de m'en venger en cette occasion. Mais n'êtes-vous pas une méchante femme d'être venue troubler mon repos? J'étois dans le plus doux sommeil du monde, et je ne sais pas s'il m'arrivera de ma vie de si bien dormir. Je suis au désespoir de ce que vous ne viendrez pas aujourd'hui à l'Académie [1], car vous pouvez juger pour qui j'y étois allé. J'emploierai tout mon crédit pour faire que l'on aille en corps vous supplier d'y venir. Mais si vous vouliez que j'y montrasse votre lettre, cela suffiroit pour vous y faire désirer de tout le monde. Adieu, je vous jure que je suis à vous, etc.

BILLET DE MADAME DE SAINTOT
à monsieur de Voiture [2].

Je vous ai promis pour galant à deux belles dames de mes amies. Je m'assure que vous ne trouverez pas cette entreprise-là trop grande, et je sais bien que vous dégagerez ma parole aussitôt que vous les aurez vues.

[1] De la vicomtesse d'Auchy (T.). Voyez *Historiettes*, t. II, p. 4, et *Mss. de Conrart*, in-4, t. X, p. 98, un sonnet à la même où il est question de cette académie.

[2] *Mss. de Conrart*, p. 514.

92. — RÉPONSE DE MONSIEUR DE VOITURE.

Faites-moi voir le plus tôt que vous pourrez ce que j'aime, car, sans mentir, j'en meurs d'impatience; et puisque vous m'avez obligé d'aimer, faites aussi que je sois aimé. J'ai pensé toute la nuit aux deux personnes que vous savez; j'écris ce poulet à l'une d'elles. Donnez-le, je vous supplie, à celle des deux que vous croirez que j'aime le mieux. En reconnoissance des bons offices que vous me rendez, je vous assure que vous disposerez toujours de mes affections, et que je n'aimerai jamais personne autant que vous que lorsque je croirai que vous le voudrez tout de bon.

[Avec cette réponse il lui envoya la lettre suivante, pour celle des deux dames dont il lui avait écrit qu'elle croirait qu'il aimerait le mieux.]

93. — A UNE MAITRESSE INCONNUE[1].

Il n'y eut jamais une inclination si extraordinaire ni si étrange que celle que j'ai pour vous. Je ne sais du tout qui vous êtes, et de ma vie, que je sache, je ne vous ai seulement ouï nommer. Cependant, je vous assure que je vous aime, et qu'il y a déjà un jour que vous me faites souffrir. Sans avoir jamais vu votre visage, je le trouve beau, et votre esprit me semble agréable, quoique je n'en aie jamais rien ouï dire. Toutes vos actions me ravissent, et je m'imagine en vous je ne sais quoi qui me fait aimer passionnément je ne sais qui. Quelquefois je me figure que vous êtes blonde, et d'autres fois que vous êtes brune; tantôt grande, tantôt petite; avec un nez aquilin, et avec un nez

[1] *Mss. de Conrart*, p. 515.

retroussé; mais sous toutes ces formes où je vous mets vous me paroissez toujours la plus aimable chose du monde, et sans savoir quelle sorte de beauté vous avez, je jurerois que c'est la plus aimable de toutes. Si vous me connoissez aussi peu et que vous m'aimiez autant, j'en rends grâces à l'amour et aux étoiles. Mais, afin que vous ne soyez pas trompée, et qu'au cas que vous imaginiez un grand homme blond, vous ne soyez pas trop surprise en me voyant, je vous veux dire à peu près comme je suis[1]. Ma taille est deux ou trois doigts au-dessous de la médiocre; j'ai la tête assez belle, avec beaucoup de cheveux gris; les yeux doux, mais un peu égarés, et le visage assez niais. En récompense, une de vos amies vous dira que je suis le meilleur amant du monde, et que pour aimer en cinq ou six lieux à la fois, il n'y a personne qui le fasse si fidèlement que moi. Si vous vous pouvez accommoder de tout cela, je vous l'offrirai à la première vue. En attendant, je penserai en vous, sans savoir en qui je pense; et quand on me demandera pour qui je soupire, n'ayez peur que je le déclare et soyez assurée que je ne dirai rien de vous.

94. — A MADAME DE SAINTOT[2].

[A Paris, ... 1636.]

Je suis au désespoir de ne pouvoir me promener avec vous. Mais madame la Princesse et Mme de La Trémouille[3] me commandèrent hier d'aller à Ruel avec

---

[1] Il demanda à Mme de Rambouillet comment il étoit fait; elle fit la description qu'il mit ici (T.).

[2] *Mss. de Conrart*, p. 513.

[3] Belle-mère de Mme la Princesse.

elles. Puisque vous vous promenez tous les jours, faites-moi, demain ou après demain, l'honneur que vous m'offrez à cette heure. En récompense je vous laisserai disposer de moi comme il vous plaira. Vous n'en sauriez pas user plus librement que vous faites, de me donner de la sorte à qui il vous plait. Il faut que vous gardiez quelque chose d'excellent pour vous, puisque vous faites de ces présents à vos amies ; mais si elles sont belles comme vous dites, laissez-moi seul à une d'elles et ne me mettez point en deux. Si je m'y pouvois mettre, je le ferois à cette heure, pour aller à Ruel, et pour aller avec vous, et je vous assure que vous auriez la meilleure part. L'avis que vous m'avez donné fera que je m'ennuierai avec Mme [la Princesse], Mme [de La Trémouille [1]] et Mlle [de Rambouillet]. Faites, s'il vous plait, des compliments bien passionnés pour moi aux dames à qui vous m'avez donné. Je voudrois que Mme [d'Épinay] en fût une : car, sans mentir, je la trouvai l'autre jour bien à mon gré. Mais voyez, je vous prie, le pouvoir que vous avez sur moi. Quoique je ne les connoisse point, je sens déjà quelque inclination pour elles, et bien que je n'aie jamais aimé deux personnes à la fois, je vois bien que je ferai tout ce que vous voudrez.

95. — A MADAME [DE SAINTOT] [2].
(Inédite.)

Je ne vous écrirai point pour aujourd'hui, et je vous

---

[1] *Var.* Mme d'Aiguillon (C.) : car c'est chez elle à Ruel que se faisait la partie.

[2] *Mss. de Conrart*, in-4, t. XIV, p. 480.

avertis que vous n'aurez plus de mes lettres, si vous ne m'en envoyez des vôtres. Je les aime trop depuis quelque temps pour m'en pouvoir passer, et à cette heure que vous avez la réputation de bien écrire, il vous faut résoudre à la maintenir et à n'être plus paresseuse. Vous devriez bien avoir la bonté de m'écrire un mot aujourd'hui, après la méchanceté que vous me fîtes hier, et vous êtes, ce me semble, obligée de me consoler dans les alarmes où vous devez croire que je suis. Vous me pourrez contenter assez aisément, puisque je ne demande de vous que du papier, et si vous recevez les offres que vous a faites Mlle de Bourbon, vous n'en serez pas quitte à si bon compte. Toutefois, à le bien considérer, je demande davantage que cet autre là ne feroit; et pour ceux qui s'y connoissent fort bien, je vous assure, madame, que vos lettres valent mieux que vos prières. Au reste, si l'avarice ne vous retient, vous ne devez pas refuser ce qui se présente à vous; c'est sans doute un homme de mérite et de grand prix, s'il y en a en France; mais si vous aimez vos pendants d'oreille, n'écoutez rien de tout cela, et tenez-vous en à moi, si vous voulez le bon marché.

96. — AUTRE.

Je m'éveillai en fort mauvaise humeur; je sortis de mon logis de même; je partis sur les onze heures pour aller à Saint-Germain, et en allant, et en revenant, je rêvai toujours à la plus ingrate personne du monde. Voilà, madame, en trois mots, ce que je fis. Il en eût fallu mettre bien davantage si vous m'eussiez commandé de mettre tout ce que je souffris.

97. — A MONSIEUR ARNAULD
(Sous le nom du sage Icas[1]).

[1637?].

Monsieur, quand je ne saurois pas que vous êtes un grand magicien et que vous avez la science de commander aux esprits, le pouvoir que vous avez sur le mien, et les charmes que je trouve dans ce que vous m'avez écrit, m'auroient fait juger qu'il y a en vous quelque chose de surnaturel. Avec vos caractères, j'ai vu dans un petit morceau de papier des temples et des déesses, et vous m'avez fait voir dans votre lettre, comme dans un miroir enchanté, toutes les personnes que j'aime. Surtout j'ai remarqué, avec beaucoup de plaisir, le tableau où vous représentez parmi les ombres les plus belles lumières de notre siècle, et me montrez le soin qu'a eu de moi une personne qui n'a point aujourd'hui de pareille, et à qui vous n'en connoissez pas vous-même, quoique vous sachiez le passé et l'avenir. Mais vous, monsieur, qui pouvez décou-

---

[1] *Manuscrit de Conrart*, p. 441. — Il s'appeloit Isaac, et savoit tourner une certaine pirouette : ce qui fit qu'on le mit comme magicien dans un certain roman qu'on mettoit sous le nom du *Sage Icas* (T.). — Isaac Arnauld de Corbeville, lieutenant général des armées du roi et gouverneur du château de Dijon, cousin d'Arnauld d'Andilly. Voyez les *Historiettes* de Tallemant, t. IV, p. 53, et les *Mémoires* de l'abbé Arnauld. Il se piquait de poésie, surtout dans le genre burlesque. Il mourut le 22 octobre 1651, d'après la *Gazette historique* de Loret :

> Arnauld est mort, ce cavalier
> Qui fut jadis poëte et guerrier,
> Et les déesses du Parnasse,
> Pour pleurer cette disgrâce,
> N'eurent aucun besoin d'oignons :
> Car c'étoit un de leurs mignons.

vrir les choses plus cachées, et qui n'avez qu'à dire :
Parlez, démons[1], jetez un sort, je vous supplie, pour
savoir ce que c'est que cette créature, et faites-moi la
faveur de me dire ce que vous en aurez appris. C'est,
sans mentir, une curiosité digne d'être sue, et je vous
promets que je ne révélerai pas le secret. Car, en cela
comme en toute autre chose, je suivrai toujours vos
commandements, et vous témoignerai que je suis,
votre, etc.

98. — A MADAME LA MARQUISE DE RAMBOUILLET.
[1637?].

Madame, sans alléguer l'histoire sainte ni profane[2],
tout ce que vous écrivez est toujours excellent. Je recueille les moindres billets qui échappent de vos
mains comme les feuilles de la sibylle; et j'y étudie
cette haute éloquence que tout le monde cherche, et
qui seroit nécessaire pour parler dignement de vous.
Que s'il est vrai, comme vous dites, que cela me soit
arrivé, et s'il est possible que je vous aie bien loué, je
me puis vanter d'avoir fait la plus difficile chose du
monde, et celle, quand et quand, que je désire le plus.
Car je vous assure, madame, que je n'ai point d'envie
plus passionnée que de faire voir au monde les deux
plus grands exemples qui furent jamais, d'une vertu
accomplie et d'une affection parfaite, en donnant à
connoître combien vous êtes estimable, et combien je
suis, madame, votre, etc.

[1] Paroles du ballet (T.).

[2] Mme de Rambouillet se moquoit dans sa lettre de certaine
femme, qui les avoit fort ennuyées en citant l'histoire sainte et
profane (T.).

99. — A MONSEIGNEUR LE CARDINAL DE LA VALETTE[1].

Ce 23 juillet 1637.

Monseigneur, je ne sais pas pourquoi vous vous plaignez de moi, si ce n'est qu'à cette heure que vous avez les armes à la main, vous voulez quereller tout le monde, et que prévoyant que les Espagnols ne dureront guère devant vous, vous cherchez déjà des matières de nouveaux différends. Il est difficile d'être équitable et conquérant en même temps, et je vois bien que la vaillance et la justice sont deux vertus qui ne marchent guère ensemble. Il n'y a pas beaucoup de jours que je vous écrivis une lettre si longue, que je crus que vous n'auriez pas le loisir de la lire ; et je ne me sens pas coupable d'avoir laissé passer une occasion de faire mon devoir. Quand je ne considérerois pas, monseigneur, les infinies obligations que je vous ai, et que je ne me soucierois point de donner quelque satisfaction de moi au plus honnête homme que j'aie connu de ma vie, toujours ne laisserois-je pas de vous écrire, et je me garderois bien de donner aucun sujet de mécontentement à un homme qui est aujourd'hui le plus redoutable de France. Mais sous ombre que vous avez à cette heure une infinité d'affaires, que vous faites le métier de travailleur, de soldat et de général tout ensemble, que vous songez à fortifier un camp et à prendre une ville ; à mettre l'ordre et la justice dans une armée, et à rendre disciplinable une nation qui ne l'avoit encore jamais été, il vous semble que tous les

---

[1] *Mss. de Conrart*, p. 311.

autres ont du loisir, et qu'il n'y a que vous qui travaillez. Cependant, je vous assure que, quand je n'aurois ici autre affaire qu'à écouter ceux qui disent de vos nouvelles, et à en dire à ceux qui en demandent, je ne serois guère moins occupé que vous, et il ne me resteroit que fort peu de temps à vous écrire. Telle personne qui se contentoit les autres années de parler deux ou trois heures de vous, en parle maintenant six heures sans se lasser. Ceux qui aiment le gouvernement et ceux qui le haïssent s'informent également de ce que vous faites; et il n'y a plus personne à qui vous soyez indifférent, que ceux à qui la France l'est aussi.

Comme j'écrivois ceci, monseigneur, j'ai appris que la composition de Landrecies étoit faite, et que dimanche prochain vous serez dedans. Je loue Dieu et me réjouis avec vous de ce que vous avez appris aux étrangers qu'il n'est pas impossible que nous prenions de leurs places, et de ce que vous avez rompu le charme qui nous en avoit empêchés depuis tant d'années. Louvain, Valence et Dôle avaient persuadé à nos ennemis que nous ne gagnerions jamais rien sur eux, et que le plus que nous pouvions faire étoit de reprendre ce que l'on nous avoit ôté. Il sembloit que les plus méchantes villes devenoient imprenables dès que nous les attaquions; nos armées, qui faisoient assez bien dans toutes les autres rencontres, se ruinoient et perdoient courage dès qu'on les employoit à un siége; et quelque grande et victorieuse que fût notre fortune, il n'y avoit point de si petit fossé ni de foible rempart qui ne l'arrêtât. Enfin, monseigneur, vous avez changé ce mauvais destin; vous avez montré à ceux qui vous renvoient à Dôle qu'ils vous prenoient pour un autre. Vous avez fait ouïr votre canon, pour ainsi dire, jusque dans Bruxelles; et ce bruit a fait reculer le cardinal-infant jusqu'à Gand, au lieu de le faire avancer au secours d'une place que vous lui alliez prendre. Mais ce que je trouve en cet exploit de plus considérable, c'est l'ordre, la diligence et la certitude avec laquelle il s'est fait. Le jour que vous ouvrites vos tranchées, on peut dire que Landrecies étoit à nous; et quand Picolomini, et tous ces gens qui nous effrayèrent tant l'an passé, y fussent venus avec toutes les forces de l'empire, ils n'eussent pas pu vous l'ôter des mains. Nous n'avions pas accoutumé de nous prendre de la sorte à attaquer des places, et l'on peut dire que le premier siége que vous avez fait a été le premier siége régulier que l'on ait vu en France.

[Mais, monseigneur, parmi les acclamations et les honneurs que vous recevez de tous côtés, permettez-moi de vous faire de très-humbles remontrances, et trouvez bon, s'il vous plaît, que de la part de tous vos bons amis je vous supplie de vous corriger d'un défaut dont tout le monde vous accuse, qui est de vous exposer au péril beaucoup plus qu'il n'est nécessaire, même pour l'ostentation. Vous qui ne voudriez pas hasarder sans nécessité les moindres soldats, épargnez un peu leur général; et ayant, comme vous avez, toutes les louanges d'un grand chef d'armée, ne cherchez pas celles d'un volontaire. De la même sorte que vous ferez tout ce qui vous sera possible pour conserver au roi les places que vous lui aurez gagnées, ayez soin de lui conserver aussi celui qui les a su prendre, et suivant en toutes choses l'ordre, la discipline du feu prince d'Orange, ne tâchez point d'être plus vaillant que lui. S'il eût fait comme vous faites, il fût, possible, demeuré dans l'un de ses premiers exploits, et si, au contraire, le roi de Suède n'eût pas suivi une façon de faire la guerre si hasardeuse, peut-être qu'à l'heure que nous parlons il prendroit Lisbonne ou Séville; au lieu qu'on joue à cette heure des comédies de sa mort dans Madrid¹. C'est un malheur que ceux qui ne servent de rien dans le monde voudroient n'en sortir jamais, et font tout ce qu'ils peuvent pour y demeurer longtemps; là où ceux qui y pourroient être utiles, et qui valent le mieux, ont pour l'ordinaire moins de soin de s'y conserver. La vie qui, possible d'elle-même, n'est pas estimable, et que la philosophie met au rang des choses indifférentes, doit être désirée comme un moyen à faire de grandes choses, et, sans mentir, monseigneur, si vous n'aimez pas la vôtre davantage, vous n'aimez pas votre pays. Conservez-vous donc, mon-

---

¹ « Le 8 du courant finit la comédie intitulée la *Mort du roi de Suède*, qui a été jouée dans la salle publique de cette ville, douze jours durant, à deux représentations par jour ; le roi et la reine d'Espagne étant venus de deux lieues d'ici, pour y assister dès le commencement, et à leur exemple tous ceux qui ne vouloient pas être déclarés fauteurs d'hérétiques. Vrai est que le Conseil de Castille la repurgea le second jour de quelques fables qui passoient les flatteries ordinaires. C'étoit une merveille des ravissements que sentoit la cour de pouvoir regarder sans crainte sur le théâtre ceux qui lui font si grand peur en la campagne » (*Gazette de France.* — De Madrid, le 12 février 1633.)

M. de Monmerqué fait observer avec raison que l'on ne pouvait imprimer ceci dans Voiture du vivant de la reine.

seigneur, pour venir ici jouir en repos de la plus grande et de la plus haute gloire que vous ayez encore eue. Il n'y a point de contentement ni de joie que vous ne deviez attendre cet hiver à Paris. Rien ne vous oseroit plus résister; il n'y a point de place qui osât espérer de se pouvoir défendre contre vous, et toutes celles qui n'ont pas plus de cinq bastions se rendroient à la première sommation. Regardez combien il y en a qui n'en ont pas tant, et qu'il y auroit plaisir de gagner[1]. Tout de bon, non-seulement vous y êtes plus estimé de tout le monde, mais aussi plus aimé et plus désiré que jamais, et je vous en réponds sur ma vie, que j'aime comme un moyen à faire de grandes choses.

Après vous avoir fait lire sept grandes pages, il seroit raisonnable que je me tusse, et en écrire davantage sera sans doute vous ennuyer; mais comme je voulois fermer ma lettre, je viens de recevoir la vôtre, et je ne puis pas m'empêcher, monseigneur, de vous rendre très-humbles grâces de l'honneur qu'il vous a plu me faire. C'étoit mon dessein d'aller au camp de Landrecies et je ne l'avois dit à personne pour vous surprendre; mais Monsieur arriva ici qui m'arrêta. N'étant pas sorti de Paris depuis un an pour le suivre, je craignis de lui déplaire si j'en partois comme il y arrivoit, et j'eus peur qu'il ne trouvât mauvais que je fusse plus vaillant que tout le reste de sa maison. A cette heure, monseigneur, qu'il n'y a plus de hasard, je le ferois encore plus librement; j'irois volontiers cajoler la fille

---

[1] On aura trouvé ceci trop gai pour avoir été adressé à un cardinal (*Note manuscrite de M. de Monmerqué*).

du gouverneur, et je serois bien aise d'aller jouir de
vos conquêtes. Mais¹, Monsieur s'en va à Blois; il m'a
commandé d'aller avec lui, et je m'en suis excusé sur
des affaires très-importantes, que je lui ai fait entendre que j'ai ici. Ces affaires très-importantes, c'est un
siége que j'ai commencé d'une place assez jolie et fort
bien située; j'en ai fait la circonvallation à la mode de
Hollande et à la vôtre, et Picolomini ne me sauroit
empêcher de la prendre. Les choses étant si avancées,
il me déplairoit extrêmement de lever le siége : car,
entre nous autres conquérants, cela est fâcheux.

100. — A MONSIEUR LE MARQUIS DE PISANI.

De Richelieu², le 7 octobre 1637.

Monsieur, je me réjouis de ce que vous êtes devenu
le plus fort homme du monde, et que le travail, les
veilles, les maladies, le plomb, ni le fer des Espagnols,
ne vous peuvent faire de mal. Je ne croyois pas qu'un
homme nourri de tisane et d'eau d'orge pût avoir la
peau si dure, ni qu'il y eût des caractères qui pussent
faire cet effet. Par quelque voie que cela arrive, je
sais bien qu'elle ne peut être naturelle, et je ne m'en
saurois formaliser : car j'aime encore mieux que vous
soyez sorcier que de vous voir en l'état du pauvre
Attichi ou de Grinville³, quelque bien embaumé que

---

¹ *Mss. de Conrart*, t. XIV, p. 815-818.
² Voiture étoit à Richelieu avec Mme de Combalet et Mlle de Rambouillet.
³ Attichy, frère de la comtesse de Maure, et le frère de Roucille, qui avoient été tués à la guerre en une occasion où s'étoit trouvé

vous puissiez être. A vous en parler franchement, pour quelque cause que l'on meure, il me semble qu'il y a toujours quelque chose de bas à être mort, et cela n'est point de *notre corps*[1]. Empêchez-vous-en donc, monsieur, le plus que vous pourrez, et hâtez-vous, je vous supplie, de revenir : car je ne me saurois plus passer de vous voir, et c'est en cela principalement que je connois que vous usez de charmes, que moi qui me passe assez aisément des absents, je vous désire continuellement et je vous trouve à dire en toutes rencontres. Au moins les occasions où je vous souhaite sont aussi agréables et moins périlleuses que celles où vous vous trouvez tous les jours. Mettez-vous donc, si vous me croyez, un bon cheval entre les jambes, et soyez aussi aise de revenir à Paris que vous le fûtes d'en sortir. Aussitôt que je saurai que vous y serez, je vous promets que je quitterai Blois, Tours et Richelieu, Monsieur, Mme de Combalet et Mlle votre sœur, pour vous aller voir et pour vous dire de tout mon cœur que je suis, monsieur, votre, etc.

101. — A MADEMOISELLE DE RAMBOUILLET.

[.... 1637[2].]

Mademoiselle, *car* étant d'une si grande considéra-

M. de Pisani, qui, contre l'avis de ses proches, s'étoit échappé de Paris pour aller rejoindre l'armée du cardinal de la Valette, en Artois (T.).

[1] Voiture et lui disoient qu'ils n'étoient qu'un corps, et on les appeloit *le corps*. Ils s'aimoient fort, et disoient : *Cela est de notre corps, cela n'est pas de notre corps* (T.). Voyez aussi *Historiettes*, t. IV, p. 38.

[2] Cette lettre ne peut être antérieure à l'année 1637, le privi-

tion dans notre langue, j'approuve extrêmement le ressentiment que vous avez du tort qu'on lui veut faire, et je ne puis bien espérer de l'Académie dont vous me parlez, voyant qu'elle se veut établir par une si grande violence. En un temps où la fortune joue des tragédies par tous les endroits de l'Europe, je ne vois rien si digne de pitié, que quand je vois que l'on est prêt de chasser et faire le procès à un mot qui a si utilement servi cette monarchie, et qui, dans toutes les brouilleries du royaume, s'est toujours montré bon François. Pour moi, je ne puis comprendre quelles raisons ils pourront alléguer contre une diction qui marche toujours à la tête de la raison, et qui n'a point d'autre charge que de l'introduire. Je ne sais pour quel intérêt ils tâchent d'ôter à *car* ce qui lui appartient pour le donner à *pour ce que*, ni pourquoi ils veulent dire avec trois mots ce qu'ils peuvent dire avec trois lettres. Ce qui est le plus à craindre, mademoiselle, c'est qu'après cette injustice, on en entreprendra d'autres. On ne fera point de difficulté d'attaquer *mais*, et je ne sais si *si* demeurera en sûreté. De sorte qu'après nous avoir ôté toutes les paroles qui lient les autres, les beaux esprits nous voudront réduire au langage des anges, ou, si cela ne se peut, ils nous obligeront au moins à ne parler que par signes. Certes, j'avoue qu'il est vrai ce que vous dites, qu'on ne peut mieux connoitre par aucun exemple l'incertitude des choses humaines. Qui m'eût dit, il y a quelques années, que j'eusse dû vivre plus longtemps que *car*,

lége de *Polexandre* y donna lieu à la dispute portant la date du 15 janvier de cette année.

j'eusse cru qu'il m'eût promis une vie plus longue que celle des patriarches. Cependant, il se trouve qu'après avoir vécu onze cents ans, plein de force et de crédit; après avoir été employé dans les plus importants traités, et assisté toujours honorablement dans le conseil de nos rois, il tombe tout d'un coup en disgrâce et est menacé d'une fin violente. Je n'attends plus que l'heure d'entendre en l'air des voix lamentables, qui diront : *Le grand car est mort*, et le trépas du grand *Cam* ni du grand *Pan*[1] ne sembleroit pas si important ni si étrange. Je sais que si l'on consulte là-dessus un des plus beaux esprits de notre siècle, et que j'aime extrêmement[2], il dira qu'il faut condamner cette nouveauté, qu'il faut user du *car* de nos pères, aussi bien que de leur terre et de leur soleil, et que l'on ne doit point chasser un mot qui a été dans la bouche de Charlemagne et de saint Louis. Mais c'est vous principalement, mademoiselle, qui êtes obligée d'en prendre la protection. Puisque la plus grande force et la plus parfaite beauté de notre langue est en la vôtre, vous y devez avoir une souveraine puissance, et faire vivre ou mourir les paroles comme il vous plaît. Aussi crois-je que vous avez déjà sauvé celle-ci du hasard qu'elle couroit, et qu'en l'enfermant dans votre lettre, vous l'avez mise comme dans un asile et dans un lieu de gloire, où le temps et l'envie ne la

---

[1] Suétone rapporte que du temps de Tibère on entendit crier dans les forêts : *le grand Pan est mort*. Il y a quelque chose de semblable dans les histoires des Orientaux. Voyez la *Bibliothèque orientale* de d'Herbelot.

[2] Balzac : voyez sa lettre à Chapelain du 28 octobre 1637.

sauroient toucher. Parmi tout cela, je confesse que j'ai été étonné de voir combien vos bontés sont bizarres, et que je trouve étrange que vous, mademoiselle, qui laisseriez périr cent hommes sans en avoir pitié, ne puissiez voir mourir une syllabe. Si vous eussiez eu autant de soin de moi que vous en avez de *car*, j'eusse été bien heureux malgré ma mauvaise fortune. La pauvreté, l'exil et la douleur ne m'auroient qu'à peine touché; et si vous ne m'eussiez pu ôter ces maux, vous m'en eussiez au moins ôté le sentiment. Lorsque j'espérois recevoir quelque consolation dans votre lettre, j'ai trouvé qu'elle étoit plus pour *car* que pour moi, et que son bannissement vous mettoit plus en peine que le nôtre. J'avoue, mademoiselle, qu'il est juste de le défendre. Mais vous deviez avoir soin de moi aussi bien que de lui, afin que l'on ne vous reproche pas que vous abandonnez vos amis pour un mot. Vous ne répondez rien à tout ce que je vous avois écrit; vous ne parlez point de choses qui me regardent. En trois ou quatre pages, à peine vous souvient-il une fois de moi, et la raison en est *car* [1]. Considérez-moi davantage une autre fois, s'il vous plaît; et quand vous entreprendrez la défense des affligés, souvenez-vous que je suis du nombre. Je me servirai toujours de lui-même pour vous obliger à m'accorder cette grâce, et je vous assure que vous me la devez : *car* je suis, mademoiselle, votre, etc.

---

[1] Mme d'Entragues, durant le procès de sa fille contre le maréchal de Bassompierre, disoit cent choses où il n'y avoit ni rime ni raison; elle ajoutoit : *la raison en est car.* Beautru en a fait un sonnet (T.).

102 — A MADEMOISELLE DE RAMBOUILLET.

A Tours, le 3 janvier 1638.

Mademoiselle, j'ai tant fait par mes journées, que je suis arrivé en un pays où l'on ne parle point de guerre, d'Espagnols ni d'Allemands, d'édits, de subsides ni d'emprunts sur le peuple, et où l'on ne s'entretient que d'amour, de ballets et de comédies. Cela vous fera imaginer qu'il faut que je sois allé bien loin. Vous croirez que je suis au delà de Popocampêche, ou que la fortune m'a conduit en l'île invisible d'Alcidiane [1]. Cependant le lieu où cela se trouve n'est pas tout à fait si éloigné de vous; c'est une ville assise sur le bord de Loire, à l'endroit où le Cher se décharge dans cette rivière. Les habitants y parlent françois tourangeau, et sont à peu près de la stature et du teint des hommes de France. Mais, pour vous parler sérieusement, je vous assure, mademoiselle, que depuis la ruine des Mores de Grenade il ne s'est point fait de galanteries ni de magnificences pareilles à celles qui se voient ici, et Tours, que l'on appeloit le Jardin de la France, se doit à cette heure nommer le Paradis de la Terre. Il ne se passe point de jours qu'il n'y ait bals, musiques et festins. Toutes sortes de délices y abondent : les citrons doux y viennent de tous côtés, et les poires de bon chrétien n'en sont point parties. Les chemins, depuis Paris jusqu'ici, sont tous couverts de violons, de musiciens et de baladins, de toiles d'argent, de broderies et de machines, qui viennent en foule se rendre en cette ville. Hier, sur les sept heures

[1] Dans le roman de Gomberville.

du soir, il y arriva aux flambeaux six chariots chargés d'Amours, de Ris, d'attraits, de charmes et d'agréments, qui s'étoient joints de tous les côtés de la terre pour se trouver en cette assemblée ; on dit même qu'il en est venu du fond de la Norwége : imaginez-vous, par le temps qu'il a fait. De sorte qu'il y a ici beaucoup de gens qui croient qu'il n'en est pas resté un seul en tout le monde et qu'ils sont tous en ce lieu. Je crois pourtant, mademoiselle, que ceux que vous avez accoutumé d'avoir vous sont demeurés : car dans un si grand nombre qu'il y en a ici, je n'en ai pas reconnu un des vôtres, et je n'en ai point vu de cette manière. Cette arrivée a fait de merveilleux effets par toute la ville : l'air s'est rendu plus serein et plus doux ; tous les hommes sont devenus amoureux, toutes les femmes sont devenues belles, et Mme la présidente, que vous vîtes à Richelieu, est, à cette heure, une des plus jolies femmes de France. Mais, mademoiselle, ce qui est bien étrange, et que vous aurez peut-être peine à croire, c'est qu'au milieu de tant de délices je m'ennuie tout du long du jour, et que depuis le matin jusqu'au soir je ne sais que dire ni que faire. De tant d'Amours, il ne m'en est échu pas un, et de tant de belles il n'y en a pas une seule que je prétende ; de sorte que tandis que les galants sont ici ravis de leur fortune, et font des vœux pour y demeurer éternellement, je souhaite dans mon cœur d'être auprès de votre feu avec Mlle d'Inton, et de vous voir, au moins au travers des vitres [1], avec madame votre

---

[1] Les vitres de l'alcôve où elle se tient toujours, parce qu'elle

mère. Je ne sais pas si ce sont les deux grains qu'elle me donna en partant qui font cet effet, ou si c'est quelque autre chose, mais je n'ai de ma vie souhaité avec tant de passion d'avoir l'honneur de vous voir toutes deux, et il me semble qu'il n'y a point de bien au monde qui puisse être agréable sans celui-là. Je vous supplie très-humblement, mademoiselle, de me le souhaiter, et de croire qu'entre tous ceux qui le désirent, il n'y a personne qui soit tant que moi votre, etc.

103. — A MONSIEUR LE MARQUIS DE JONQUIÈRES [1].

[A Paris, le 8 *janvier* [2] 1638.]

Monsieur, il n'y a pas deux autres hommes au monde qui s'aiment si constamment, ni si commodément, que vous et moi : car, encore que nous soyons séparés de cent cinquante lieues, je vous honore et vous aime autant que lorsqu'il n'y avoit qu'une maison entre nous ; et quoique vous ne me disiez au plus qu'une fois en un an que vous m'aimez, j'en suis aussi assuré que lorsque vous me le témoigniez tous les jours. Je crois, monsieur, que vous avez pour moi la même affection et la même constance, et qu'ayant connu mon cœur et mon esprit en un temps où ils n'étoient pas capables de se déguiser, vous en avez

---

ne peut souffrir le feu (T.). — Le commentaire se trompe, c'est Mme de Rambouillet que le feu incommodait. Voyez les *Historiettes*, t. III, p. 228.

[1] M. de Jonquières était père de M. de Paillerols, cousin de Pélisson. Voyez l'*Histoire de l'Académie française*, par Pélisson, p. 303.

[2] La Lettre précédente, à Mlle de Rambouillet, est datée également du 8 janvier, *de Tours*. Il y a erreur ici ou là.

assez bonne opinion pour croire que je vous conserve toujours la part que vous devez avoir en l'un et en l'autre. A la vérité, vous m'y avez tellement obligé, et, de plus, mon inclination m'y porte de telle sorte, que je vous jure que je n'aurai jamais de maître ni de maîtresse à qui je ne manquasse aussitôt qu'à vous, et que de tous mes devoirs il n'y en a pas un auquel je satisfasse avec plus de plaisir qu'à celui de vous honorer. Continuez-moi donc, s'il vous plaît, toujours l'honneur de votre amitié, et croyez qu'elle n'est pas tout à fait mal employée, puisque je suis et serai toute ma vie, monsieur, votre [1], etc.

104. — A MADEMOISELLE DE RAMBOUILLET [2].

[A Tours, ce 26 .... 1638.]

Mademoiselle, vous ne sauriez voir à cette heure de moi que des lettres ennuyeuses, et néanmoins je ne me puis empêcher de vous écrire; mais pardonnez-moi si je tâche de me désennuyer, et considérez que je n'en puis avoir d'autre moyen que celui-là : car, en l'humeur où je suis, que je me puisse divertir avec Mlle des Courdreaux et avec Mlle Chesneau, je ne crois pas que vous vous l'imaginiez ni que vous croyiez qu'il y ait rien ici qui me puisse empêcher un moment d'être le plus triste homme du monde. Parmi beaucoup de sortes de déplaisir que j'ai, la peine où je suis de votre santé me tourmente extrêmement. Ce dernier malheur m'a rendu tellement timide, qu'au lieu

---

[1] Voyez au t. II, en tête des rondeaux, un *post-scriptum* inédit, cité par Pélisson dans son *Histoire de l'Académie*.

[2] Manque dans la première édition.

que je ne craignois rien, j'appréhende à cette heure toutes choses. Il me semble que je ne dois jamais revoir tout ce que je perds de vue. D'autant plus qu'une personne m'est chère, il me semble qu'il y a plus d'apparence que je la dois perdre. Cela étant, mademoiselle, jugez, s'il vous plaît, combien je dois craindre pour vous, et si je ne dois pas penser que, si la fortune me veut faire quelque chose de pis que ce qu'elle vient de faire, ce n'est peut-être qu'à vous qu'elle se doit attaquer. J'ai une extrême impatience de me voir bientôt hors de ces craintes et hors d'ici, et de trouver auprès de vous quelque sorte de joie après tant d'ennuis, ou du moins quelque repos après tant d'inquiétudes. Je suis votre, etc.

105[1]. — A MADEMOISELLE DE RAMBOUILLET

(Avec cette inscription : *A l'infante Fortune, au palais des Périsques*[2]).

[A Saumur. .... 1638.]

Mademoiselle, nous sommes venus en ce lieu sans trouver aucune aventure qui soit digne de vous être mandée : l'auteur qui écrira notre histoire n'aura rien à dire jusqu'ici, sinon que nous arrivâmes le cinquième jour à Saumur[3]. Il est vrai qu'hier, au passer d'une

[1] Manque dans la première édition.
[2] Un domestique de M. de Rambouillet, nommé Porcheron, qui lui servoit de secrétaire en Espagne, trouva une bizarre généalogie d'Angennes, qui disoit qu'une couronne de feu étoit tombée sur le palais des Périsques en Espagne, et que de cette famille étoit sortie celle d'Angennes (T.). — Il y a dans cette plaisanterie, observe M. de Monmerqué, de l'étymologie de *péri*, fée.
[3] Ce récit se rapporte vraisemblablement à une excursion que Voiture fit à Sablé, où la marquise se trouvait alors.

rivière, nous aperçûmes venir droit à nous quatre grands taureaux qui parurent enchantés à ceux avec qui je cheminois. Mais pour moi, je crois assurément qu'ils ne l'étoient pas, parce qu'ils nous laissèrent passer sans détourbier¹, et qu'ils ne jetoient point de feux par les nazeaux. Le jour précédent, nous voulûmes ôter la bourse et le cheval à un passant par la coutume du royaume de Logres ². Toutefois nous n'en fîmes rien : car, à ce que nous jugeâmes, il crut que c'étoit lui faire outrage, et le trouva aussi mauvais que si c'eût été le voler. Enfin, vous ne sauriez croire combien la chevalerie est ravilie maintenant. Nous avons passé plus de dix ponts qui n'étoient gardés de personne, et partout où nous avons hébergé, nos hôtes n'ont point fait de difficulté de prendre de l'argent de nous. Messire Lac ³ et moi en avons beaucoup de regret. Nous ne faisons que dire par le chemin : *Ah! ah! Amours!* et nous faisons tout ce qui nous est possible pour ramener le siècle d'Uterpandragon ⁴ ; mais le reste du monde y est fort peu disposé, et je ne vous puis dire combien les aventures sont rares. Les deux meilleures que j'aie eues, c'est que j'ai trouvé depuis deux jours la lettre de l'Infante déterminée⁵, et que j'en ai ouvert une autre qui me semble la plus belle que j'aie

---

¹ Vieux mot, qui signifiait autrefois obstacle, empêchement. (*Dictionnaire de Trévoux*).

² Voyez plus haut, p. 173.

³ Boissat l'Esprit (T.).

⁴ Voyez le roman de Merlin. Uterpandragon fut le père d'Artus, le fameux instituteur de la Table-Ronde.

⁵ Mlle Paulet (T.).

en ma vie jamais lue. C'est, à mon jugement, le plus parfait ouvrage que la fortune ait jamais produit, et puisque vous disposez d'elle en toutes choses, nous aurons sujet de nous plaindre de vous, si nous ne sommes pas quelque jour heureux : car, sans mentir, je crois que cela est en vos mains, et que vous n'avez seulement qu'à le vouloir. Nous avons résolu d'être vos chevaliers en toute cette guerre, et d'y faire tant de faits d'armes, que nous pourrons donner de la jalousie à don Falanges d'Astre. En attendant cela, nous ne laisserons pas de vous envoyer les géants que nous surmonterons par les chemins : et c'est par ceux-là que je veux vous faire entendre combien je suis, mademoiselle, votre, etc.

106. — A MADAME LA MARQUISE DE SABLÉ[1].

[A Paris, ... 1638[2]?]

Madame, je voudrois bien n'avoir pas vu sitôt les lettres que vous avez envoyées à Mlle de Rambouillet et à [Chalais] : car j'espérois, en vous écrivant le premier, et en m'embarquant de ma franche volonté dans ce commerce, vous donner une preuve de mon affection aussi assurée que celle que j'ai reçue de vous. Mais ce que vous avez écrit de moi est si obligeant, que j'avoue que je ne puis prendre aucun mérite à y répondre, et que [le plus ingrat et] le plus paresseux homme du monde, étant en ma place, en feroit autant

---

[1] *Mss. de Conrart*, in-4, t. X, p. 543. — Manque dans la première édition.

[2] Je n'ai pu préciser la date de cette lettre; dans tous les cas, elle ne peut être postérieure à 1640, puisqu'il y est fait mention du marquis de Sablé, qui mourut cette année-là.

que moi. Sans mentir, madame, il faut que ceux qui
tâchent à vous décrier du côté de la tendresse avouent
que, si vous n'êtes la plus aimante personne du monde,
vous êtes au moins la plus obligeante. La vraie amitié
ne sauroit avoir plus de douceur qu'il y en a dans
vos paroles, et toutes les apparences d'affection sont
si belles en vous qu'il n'y a point d'honnête homme
qui ne s'en pût contenter. Je suis néanmoins si heureux de croire qu'il y a quelque chose de plus pour
moi [1], et quoique je sache que vous avez, pour contrefaire les amitiés, le secret que M. de [Bois d'Amour]
a pour les rubis, et que quand il vous plait vous savez donner à un peu de pâte l'éclat d'une pierre précieuse, je suis tout persuadé que celle que vous m'avez
donnée est très-fine, et qu'il n'y a rien de plus vrai
ni de plus ferme. Pour ce qui est de moi, je puis dire
avec vérité que je vous ai toujours honorée et aimée
sur toutes les personnes du monde, mais jamais à
comparaison de ce que je fais à cette heure ; et je n'oserois mettre ici tous les sentiments que j'ai pour
vous, de peur que si cette lettre venoit à être perdue,
on ne la prît pour une lettre d'amour. Je ne crois pas
que cette passion ait rien de plus sensible ni de plus
tendre que ce que je ressens tous les jours pour vous.
Je ne saurois pas contrefaire les agitations des amants,
ni tirer la langue d'Isacaron [2]. Mais il est vrai que

---

[1] Les éditions portent : *Je suis néanmoins en quelque façon obligé de croire qu'il y a quelque charme en cela pour moi.* — On peut juger par là des mutilations que les premiers éditeurs firent subir aux lettres de Voiture.

[2] Mme de Sablé et Voiture passèrent à Loudun, où une reli-

depuis que je vous ai quittée, j'ai des mélancolies qui me tirent hors de moi-même et qui étonnent tout le monde; et il y a quelques heures au jour où le père Tranquille[1] et le petit Jésuite ne feroient point de difficulté de m'exorciser. Que si j'ai eu quelque sorte de plaisir, ç'a été de parler de vous à mille personnes. On savoit que j'avois été chez vous à Loudun : de sorte que tout le monde a eu la curiosité de me voir, et on m'a interrogé comme un homme qui venoit du ciel et de l'enfer. J'ai dit, madame, que vous étiez aussi belle que vous l'étiez il y a quatre ans. Mais quand j'ai voulu dire que vous aviez plus d'esprit, on a cru que je contois des choses incroyables; et en cet endroit-là, j'ai perdu toute créance. Aussi est-il vrai qu'il se fait des miracles en vous, qui ne se firent jamais en personne, et il n'y a jamais eu que vous au monde qui soit sortie plus belle de la petite vérole, et qui soit devenue plus habile à la campagne. [Je dis cette vérité-là avec tant de plaisir qu'il me semble qu'une de vos bonnes amies n'y en a pas trop pris, et qu'elle seroit aisément de l'opinion de la comtesse de Ve (sic). J'aurois beaucoup de choses à vous dire d'elle; mais je n'ai quasi rien à vous en écrire. Je l'ai vue trois fois depuis mon retour, mais sans lui pouvoir quasi parler. Pour ce qui est du soupçon que nous avons eu, je n'ai pu encore m'en éclaircir; il y a des raisons pour et contre, et cette affaire est aussi douteuse que celle des religieuses de Loudun. Je crois néanmoins la non possession. En récompense elle est

---

gieuse disoit : « Voulez-vous voir tirer la langue à Isacaron ? » C'étoit un diable (T.).

[1] Capucin qui fut depuis abusé (T.).

obsédée si cruellement que jamais personne ne l'a été davantage. Il lui apparoît à toute heure ; je vous réponds qu'elle en est tourmentée, elle tâche fort à s'en défaire ; mais, comme vous savez, elle a affaire à un diable opiniâtre. Pour ce qui me regarde, l'histoire continuera et peut-être elle ira plus vite que par le passé.]

Mlle de Rambouillet a été ravie de votre lettre. Je l'ai trouvée une des meilleures que vous ayez jamais faites, et j'ai été bien aise de voir si bien écrire des choses qui me sont si avantageuses. Quelque assurance que j'eusse de votre affection, j'ai pris grand plaisir à voir celle que vous en donnez aux autres, et j'avoue que cette vanité de femme que vous dites que j'ai, en a été touchée.

[Au reste, madame, vous m'avez fait concevoir la plus grande joie du monde en me disant que vous et M. le marquis de Sablé vous disposez à venir ici ; mais si cela n'est pas, ne le dites plus et ne me mettez pas au hasard de tomber d'une si haute espérance. Me dépouillant de mon intérêt, et vous parlant en ami sincère et en fidèle conseiller, je vous dis que tous vos amis et toutes vos amies disent d'une voix que vous ne sauriez rien faire qui soit plus utile pour votre fortune, pour votre santé et pour vos affaires ; ayez donc la fermeté en cela qu'il faut avoir aux bonnes résolutions, et servez-vous de tout votre esprit à en venir à bout.]

Adieu, madame ; après cinq pages de papier, je vous quitte à regret comme étant, madame, votre, etc.

Post-scriptum. — Madame, mandez-moi, s'il vous

plaît, si vous vous êtes aperçue que ce *comme étant* dont j'ai fini ma lettre est une de ces fins dont nous avions parlé.

[Permettez-moi, s'il vous plaît, d'assurer ici les deux demoiselles qui vous ont accompagnée au voyage que je suis leur très-humble serviteur, et que, quelques bonnes compagnies que je voie à Paris, j'aimerois mieux voir cottir les ablettes avec elles; mais faites, je vous supplie très-humblement, madame, que Mlle Coulo ¹ se souvienne de moi et m'aime un peu : car, outre que je veux être bien avec toutes les personnes qui vous approchent et que vous aimez, il est vrai que j'ai vu en elle des choses que j'estime beaucoup et que j'aime, et qui me font souhaiter qu'elle soit de mes amies. Je la supplie de faire en sorte qu'Armande m'aime, et de l'assurer de ma part que je ne souhaite rien tant au monde que d'être aimé d'elle et qu'elle n'aura jamais d'amant plus fidèle que moi. J'aime mieux employer Mlle Coulo en cela que Mlle de Bois d'Amour : car je crois qu'elle s'y emploiera plus fidèlement, et puisque je veux être amoureux d'Armande, il est à propos que ce ne soit pas sa mère qui soit ma confidente. Je la supplie de croire que personne au monde ne connoît et n'estime plus son esprit que moi, et que je serai toute ma vie son très-humble serviteur. Pourvu que vous n'ayez pas de querelles présentement avec M. de la Mesnardière ², je sais bien, madame, que vous ne trouverez pas mauvais que je l'assure ici de mon très-humble ser-

---

¹ Son père ou son frère était homme d'affaires de Mme de Sablé.
² Voyez plus bas, p. 329, note 2.

vice, et que je le prie de se souvenir quelquefois de moi.]

107. — A MONSEIGNEUR LE CARDINAL DE LA VALETTE[1].

A Paris, le 7 août 1638.

Monseigneur, êtes-vous encore fâché de ce que vous n'avez pas deviné que ceux de Verceil manquoient de poudre, ou de ce que, n'en ayant pas, ils n'ont pu se défendre ; ou de ce qu'avec huit ou neuf mille hommes vous n'en avez pas forcé vingt mille dans de fort bons retranchements? Sans mentir, vous ne vous servez guère utilement de votre raison, si ce déplaisir vous a duré jusqu'à cette heure. Aviez-vous donc espéré de faire l'impossible, que vous n'êtes pas satisfait d'avoir fait tout ce qui s'est pu? Pardonnez-moi, monseigneur, si je vous le dis. Mais, en vérité, il n'est pas bien séant à un homme sage d'avoir tant de regret pour une chose où il n'a point failli ; et c'est, ce me semble, en quelque sorte, ne faire pas assez de cas de son devoir que de n'être pas content quand on l'a fait. Vous êtes accouru avec une poignée de gens au secours d'une place qui étoit assiégée par une grande

[1] *Mss. de Conrart*, p. 801. — En Italie, où le cardinal était allé prendre le commandement de l'armée, après la mort du maréchal de Créqui, tué devant Casal le 17 mars. — C'est ici, à proprement parler, une *épitre consolatoire*. Le cardinal avait entrepris de faire lever le siège de Verceil contre les Espagnols, commandés par le marquis de Légañez ; mais il arriva comme le gouverneur venait de signer la capitulation, le jour même de l'assaut (5 juillet). Le gouverneur s'en excusa sur le manque de poudre ; mais il en demeura une atteinte fâcheuse portée à la réputation militaire du cardinal de la Valette.

armée. Vous avez trouvé la circonvallation achevée et tous les retranchements en tel état, que chacun jugeoit que vous ne pourriez pas seulement envoyer un homme dans la ville pour y dire de vos nouvelles; et, contre l'avis et l'espérance de tout le monde, vous y en avez fait entrer dix-huit cents. Se peut-il rien faire de plus résolu, de mieux entrepris, et de si bien exécuté que cela? C'est vous qui avez travaillé jusque-là, la fortune a fait le reste; et si elle l'a mal fait, pourquoi vous en tourmentez-vous tant? Ne vous accoutumez pas, je vous supplie, à être en communauté avec elle; et aussi bien dans les bons succès, que dans ceux qui ne le seront pas, distinguez toujours ce qui est d'elle, et ce qui sera de vous. Il arrivera de là, que vous ne vous élèverez et que vous ne vous rabaisserez jamais trop. Si vous voulez vous répondre des événements, et si vous ne pouvez être satisfait que lorsque tout ce qui se pourroit souhaiter vous arrive, vous faites, sans mentir, la guerre à de fâcheuses conditions; et vous voulez que la fortune fasse autant pour vous qu'elle faisoit pour Alexandre, et un peu plus qu'elle n'a fait pour César. Encore êtes-vous ingrat envers la vôtre, si vous vous plaignez d'elle pour cette dernière occasion, et il y a de l'injustice à réputer pour un grand malheur d'avoir manqué à avoir une grande prospérité. Cependant, vous parlez comme si vous aviez perdu par votre faute dix batailles et cent villes; et il semble que vous soyez au désespoir pour avoir vu perdre une place que, dès le commencement, tout le monde a jugé que l'on ne pourroit sauver. Croyez-moi, l'on ne répare jamais rien en périssant, et pour ce qui vous regarde, vous n'avez rien à réparer. La prise de Verceil a fait tort aux affaires du roi, mais point du tout à votre réputation. Si le secours que vous y aviez jeté n'a pas été heureux, il ne mérite pas moins de louange pour cela; et dans toutes vos années de prospérité, vous n'avez rien fait de si beau, de si hardi, ni de si extraordinaire. Prenez donc, s'il vous plaît, des résolutions plus modérées que celles que vous témoignez d'avoir, et n'étant pas en état de faire peur à vos ennemis, n'en faites point à vos amis. Vous qui m'avez appris tout ce que je sais, vous savez bien que la prudence est une vertu générale qui se mêle avec toutes les autres, et que là où elle n'est pas, la valeur perd son nom et sa nature.

J'irai demain ou après-demain faire vos compliments à la personne dont vous me parlez[1]. La dernière fois que je la vis, elle me parla extrêmement de vous, et me jura que, pour votre considération, elle ne s'étoit point réjouie de la prise de Verceil[2]; pour ce, qu'encore que tout le monde sût qu'il n'y avoit pas de votre faute, elle connoissoit bien que cela vous affligeroit, et qu'elle vous aimoit trop pour avoir quelque joie d'une chose qui vous donnoit du déplaisir. En vérité, elle vous aime extrêmement, ce me semble, et quelque autre qu'elle[3] vous aime encore plus qu'extrêmement.

---

[1] La reine Anne d'Autriche (T.).

[2] Voiture ne déguise pas ici que la reine se réjouissait des revers qui affligeaient le cardinal de Richelieu : car du roi il n'en était pas question (*Note manuscrite de M. de Monmerqué*).

[3] Mme la Princesse (T.).

108. — A MADEMOISELLE DE RAMBOUILLET[1].

A Turin, ce dernier septembre 1638.

Mademoiselle, je ne puis pas dire absolument que je sois arrivé à Turin, car il n'y est arrivé que la moitié de moi-même. Ne croyez pas que je veux dire que l'autre est demeurée auprès de vous : ce n'est pas cela ; c'est que de cent et quatre livres que je pesois en partant de Paris, je n'en pèse plus que cinquante-deux. Il ne se peut rien voir de si maigre et de si décharné que je suis ; et selon que je suis changé, je crois que M. le marquis de Pisani et moi ne nous reconnoîtrons plus quand nous nous verrons. La fièvre me fit arrêter un jour à Roanne. Je croyois tout de bon être attrapé et que je serois longtemps malade. Ce qui me faisoit le plus de dépit c'est que je m'imaginois que vous ne croiriez pas que ce fût de regret de vous avoir quittée, et que vous penseriez plutôt que ce seroit pour avoir couru la poste. En effet, cela n'étoit pas hors de la vraisemblance, et ce qui sembloit confirmer cette opinion, c'est qu'il est vrai que les trois derniers chevaux que j'avois montés m'avoient mis en un pitoyable état cet endroit que vous savez que Brunel montroit à Marphise, et ce qui étoit plus à craindre, j'avois une si grande chaleur, que quand j'eusse été fait gouverneur de M. le Dauphin, je n'eusse pas été plus propre que je fus les quatre premiers jours. J'en parlai à un fort honnête homme de Roanne, que l'on m'a dit qui est apothicaire, lequel me donna quelque chose qui me soulagea fort. Je vous supplie de le dire à Mme la du-

[1] *Mss. de Conrart*, p. 607.

chesse[1]. Depuis je n'ai eu aucun mal que celui de ne vous point voir; mais à celui-là il n'y a point de remède, et le sel mercurial n'y fait rien. Je suis dès hier après-diner ici. Je n'ai encore pu voir Madame, pour ce qu'hier l'on croyoit que M. de Savoie alloit mourir. Je la verrai aujourd'hui. Demain je partirai pour aller à l'armée, et j'espère qu'après-demain, à midi, je verrai M. le cardinal de la Valette et M. votre frère. Permettez-moi, s'il vous plaît, mademoiselle, d'être bien aise, en cette occasion, et ne trouvez pas mauvais que je sois sensible à cette joie en votre absence. Quand je dis en votre absence, j'y comprends aussi celle de Mme la Princesse, de Mlle de Bourbon, de Mme la duchesse d'Aiguillon, de Mme la marquise de Sablé, de Mme du Vigean et de Mme votre mère, que je devois nommer la première, quoiqu'il y ait des princesses, des duchesses parmi cela. Vous ne sauriez croire combien je suis en peine de la maladie de Mme de Liancourt[2]; si elle se porte mieux et si sa [patte] est guérie, je vous supplie très-humblement, mademoiselle, de me faire l'honneur de me le faire savoir à Rome : car cela sera cause que j'y ferai et que j'y verrai toutes choses avec plus de repos et de plaisir. Mais que ce m'en seroit un grand, si je vous pouvois dire ici combien je suis, mademoiselle, votre, etc.

[1] D'Aiguillon (Mme de Combalet).
[2] Jeanne de Schomberg, mariée en secondes noces à Roger du Plessis de Liancourt, duc de la Roche-Guyon. La terre de Liancourt, dont elle fit une des plus belles de France, était située à vingt-cinq lieues de Paris, entre Creil et Clermont (Voyez Tallemant, t. IV, p. 29). Cette terre passa, par le mariage de sa petite-fille (1659), dans la famille de la Rochefoucauld.

109. — A LA MÊME.

[A Gênes, le 7 octobre 1638.]

Mademoiselle, je voudrois que vous m'eussiez pu voir aujourd'hui dans un miroir en l'état où j'étois. Vous m'eussiez vu dans les plus effroyables montagnes du monde, au milieu de douze ou quinze hommes les plus horribles que l'on puisse voir, dont le plus innocent en a tué quinze ou vingt autres, qui sont tous noirs comme des diables, et qui ont des cheveux qui leur viennent jusqu'à la moitié du corps, chacun deux ou trois balafres sur le visage, une grande arquebuse sur l'épaule, deux pistolets et deux poignards à la ceinture. Ce sont les bandits qui vivent dans les montagnes des confins du Piémont et de Gênes. Vous eussiez eu peur sans doute, mademoiselle, de me voir entre ces messieurs-là, et vous eussiez cru qu'ils m'alloient couper la gorge. De peur d'en être volé, je m'en étois fait accompagner; j'avois écrit dès le soir à leur capitaine de me venir accompagner, et de se trouver en mon chemin, ce qu'il a fait, et j'en été quitte pour trois pistoles. Mais, surtout, je voudrois que vous eussiez vu la mine de mon neveu [1] et de mon valet, qui croyoient que je les avois menés à la boucherie. Au sortir de leurs mains, je suis passé par deux lieux où il y avoit garnison espagnole, et là, sans doute, j'ai couru plus de danger. On m'a interrogé; j'ai dit que j'étois Savoyard, et pour passer pour cela, j'ai parlé le plus qu'il m'a été possible comme M. de [Vaugelas] [2]. Sur mon mauvais accent, ils m'ont laissé pas-

[1] Le jeune Martin (T.).
[2] Voyez *Historiettes*, t. IV, p. 50.

ser. Regardez si je ferai jamais de beaux discours qui me valent tant, et s'il n'eût pas été bien mal à propos qu'en cette occasion, sous ombre que je suis de l'Académie, je me fusse allé piquer de parler bon françois. Au sortir de là, je suis arrivé à Savone, où j'ai trouvé la mer un peu plus émue qu'il ne falloit pour le petit vaisseau que j'avois pris, et néanmoins je suis, Dieu merci, arrivé ici à bon port. Voyez, s'il vous plaît, mademoiselle, combien de périls j'ai courus en un jour. Enfin je suis échappé des bandits, des Espagnols et de la mer; tout cela ne m'a point fait de mal, et vous m'en faites, et c'est pour vous que je cours le plus grand danger que je courrai en ce voyage. Vous croyez que je me moque, mais je veux mourir si je puis plus résister au déplaisir de ne point voir madame votre mère et vous. Je vous avoue franchement qu'au commencement j'étois en doute, et que je ne savois si c'étoit vous ou les chevaux de poste qui me tourmentiez. Mais il y a six jours que je ne cours plus et je ne suis pas moins fatigué; cela me fait voir que mon mal est d'être éloigné de vous, et que ma plus grande lassitude est que je suis las de ne vous point voir, et cela est si vrai, que si je n'avois point d'autres affaires que celles de Florence, je crois que je m'en retournerois d'ici, et que je n'aurois pas le courage de passer outre, si je n'avois à solliciter votre procès à Rome [1]. Sachez-moi gré, s'il vous plait, de cela, car je vous assure qu'il en est encore plus que je n'en dis, et que je suis autant que je dois, votre, etc.

[1] Pour la succession d'un Strozzi contre le jeune marquis, qui la faisoit son héritière (T.).

110. — A MADAME LA MARQUISE DE RAMBOUILLET

(Jointe à la précédente).

Madame, j'ai vu pour l'amour de vous le Valentin [1] avec plus d'attention que je n'ai jamais fait aucune chose, et puisque vous désirez que je vous en fasse la description, je le ferai le plus succinctement qu'il me sera possible. Mais vous considérerez, s'il vous plaît, que quand je me serai acquitté de cette commission et de l'autre que vous m'avez donnée à Rome, j'aurai fait pour vous les deux choses du monde qui me sont les plus difficiles, de parler de bâtiment et de parler d'affaires. Le Valentin, madame, puisque Valentin il y a, est une maison qui est à un quart de lieue de Turin, située dans une prairie et sur le bord du Pô. En arrivant, on trouve d'abord : je veux mourir, si je sais ce qu'on trouve d'abord. Je crois que c'est un perron. Non, non, c'est un portique. Je me trompe, c'est un perron. Par ma foi, je ne sais si c'est un portique ou un perron. Il n'y a pas une heure que je savois tout cela admirablement, et ma mémoire m'a manqué. A mon retour, je m'en informerai mieux et je ne manquerai pas de vous en faire le rapport plus ponctuellement. Je suis votre, etc.

---

[1] Mme de Rambouillet faisoit toujours la guerre à Voiture qu'il ne remarquoit rien; elle lui donna charge de faire la description du Valentin, aimant extrêmement l'architecture (T.). — Le Valentin était une maison de plaisance de Madame de Savoie, à portée de mousquet de Turin. Il s'y fit de grandes réjouissances lorsque Madame fut rentrée dans sa capitale (novembre 1640). Voyez les *Historiettes*, t. III, p. 171 et 213, et t. VII, p. 10.

111. — A MADEMOISELLE DE RAMBOUILLET [1].

De Rome, le 29 novembre 1638.

Mademoiselle, j'en demande pardon à Mme votre mère, mais jamais je ne me suis tant ennuyé qu'à Rome. Il ne se passe point de jour que je n'y voie quelque chose de merveilleux, des chefs-d'œuvre des plus grands ouvriers qui aient été, des jardins où tout le printemps se trouve à cette heure, des bâtiments qui n'en ont point de pareils au monde, et des ruines encore plus belles que ces bâtiments. Mais tout ce que je vous dis là n'empêche pas que je n'y sois triste, et qu'au même temps que je vois toutes ces choses, je ne souhaite d'en sortir. Les plus excellents ouvrages de peinture, de sculpture et de *provature* [2] d'Apelles, de Praxitèle et de *Papardelle* ne sont point de mon goût. Je m'étonnerois de cela si je n'en connoissois la cause, et si je ne savois qu'une personne qui est accoutumée à vous voir ne sauroit jamais être bien aise en ne vous voyant pas. Pour vous dire le vrai, mademoiselle, il m'en arrive de vous comme de la santé : je ne connois jamais si bien votre prix que lorsque je vous ai perdue ; et quoiqu'en personne [3] je ne garde pas toujours un fort bon régime pour me bien tenir avec vous, dès que je ne vous ai plus je vous souhaite avec mille vœux. Je reconnois que vous êtes la plus précieuse chose du monde, et je trouve par expérience

[1] Manque dans la première édition.

[2] Il folâtre, et met ces deux mots pour la rime. Ils signifient pourtant, le premier de certains fromages de chair de buffle, et *papardelle*, certain laitage que font les religieuses (T.).

[3] *Var.* en présence.

que toutes les délices de la terre sont amères et désagréables sans vous. J'eus plus de plaisir, il y a quelque temps, à voir avec vous deux ou trois allées de Ruel, que je n'en ai eu à voir toutes les vignes de Rome, et que je n'en aurois à voir le Capitole, quand il seroit en l'état où il a été autrefois, et que même Jupiter Capitolin s'y trouveroit en personne. Mais, afin que vous sachiez que ce n'est pas raillerie et que je suis tout de bon aussi mal que je le dis, il y a huit jours que, me promenant le matin avec le chevalier de Jars, je fusse tombé de mon haut s'il ne m'eût reçu entre ses bras; et le lendemain au soir, je m'évanouis encore une fois dans la chambre de Mme la maréchale d'Estrée[1]. Les médecins disent que ce sont des vapeurs mélancoliques, et que ces accidents ne sont pas à mépriser. Pour moi, voyant que cela m'avoit repris deux jours de suite et que j'étois menacé de quelque chose de pis, je n'ai été ni fou ni étourdi, j'ai pris de l'antimoine que M. Nerli[2] m'a donné. En effet, cela m'a fait du bien. J'en porterai quatre prises avec moi que je veux faire prendre à Mme la duchesse d'Aiguillon: car il n'y a point de ripopées[3] qui fassent de si bons effets, et il se faut servir de cela, en attendant que celui qui me l'a donné ait trouvé la recette de l'or potable, qu'il saura faire, à ce qu'il dit, au plus tard dans un an. J'espère partir d'ici d'aujourd'hui en huit jours. Vous vous étonnerez, mademoiselle, que

---

[1]. Le maréchal d'Estrées était ambassadeur à Rome.

[2] Gentilhomme florentin fort débauché, qui ne sachant plus que faire se mit à chercher la pierre philosophale.

[3] *Ripopée*, vin frelaté, drogue. (*Dictionnaire de Trévoux*).

je demeure si longtemps en un lieu où je dis qu'il m'ennuie si fort. J'y ai été arrêté jusqu'à cette heure par des causes que je vous dirai, et desquelles je n'ai pu me défaire. Mais je vous assure, encore une fois, que de ma vie je n'ai eu tant d'ennui ni tant d'envie de vous voir. Je vous supplie très-humblement de me faire l'honneur de me croire et d'être assurée que je suis beaucoup plus que je ne le puis dire ici, mademoiselle, votre, etc.

112. — A MONSIEUR COSTAR [1].

De Rome, le 15 décembre 1638.

Monsieur, j'étois hier logé dans un des plus beaux palais du monde. J'avois pour mon appartement une grande salle, deux antichambres, une chambre tapissée de tapisseries relevées d'or, et j'étois servi avec vingt ou trente officiers ; et aujourd'hui je suis dans une des plus méchantes hôtelleries où j'aie jamais été de ma vie, et je n'ai plus qu'un valet pour me servir. Pour me consoler d'un si grand changement de fortune, et faire que je sois aujourd'hui aussi heureux que j'étois hier, j'ai demandé de l'encre et du papier et je me suis mis à vous écrire. Que je meure si parmi les honneurs que j'ai reçus dans le personnage que je viens de jouer, et les divertissements que l'on m'a fait avoir, j'ai eu tant de plaisir que j'en ai à cette heure! Outre la joie que j'ai de vous entretenir, je suis bien aise encore de vous faire voir que ce n'étoit pas le grand profit que je faisois de changer mes lettres avec

[1] Pierre Costar, né à Paris en 1603, mourut le 13 mai 1660. Tallemant a donné son *Historiette*, t. VII, p. 1. — Voyez, au t. II, la Correspondance de Voiture avec Costar.

les vôtres qui me faisoit entretenir ce commerce, puisqu'à cette heure que je ne puis avoir de réponse, je ne laisse pas de prendre plaisir à vous écrire et à vous assurer de la passion que j'ai de vous servir. Elle est, je vous jure, aussi grande que vous le méritez, et que le mérite l'affection que vous avez pour moi. J'espère partir de Rome dans trois semaines; et si je trouve un vaisseau, je m'embarquerai pour Marseille. Vous qui connoissez si bien les vents [1], si vous avez quelque autorité sur eux, je vous supplie de les enfermer tous en ce temps-là, *præter iapyga*. Mais celui-là, il n'y a pas de danger qu'il soit un peu fort. J'aime mieux voir la mer un peu grosse et aller un peu vite, car j'ai hâte de retourner à Paris et de vous y revoir. Je suis, etc.

113. — A MONSEIGNEUR L'ÉVÊQUE DE LISIEUX [2].

A Paris, le 13 janvier 1639.

Monseigneur, j'eusse bien voulu vous porter la lettre qui est avec celle-ci, et vous aller remercier moi-même de la faveur que vous m'avez faite, de me recommander à celui qui vous l'envoie. Aussi bien n'étant pas devenu plus homme de bien à Rome, je voudrois voir si je ne profiterois pas davantage à Lisieux, et si vous ne m'apprendriez pas comme il faut que je gagne les pardons que j'ai reçus du pape. Je crois que ce voyage-là me seroit plus utile que celui que je viens de faire; car il est vrai, monseigneur, que je ne vous vois jamais que je n'en sois meilleur pour quelques jours, et

---

[1] Voyez au t. II, la lettre 4, à Costar.

[2] *Mss. de Conrart*, p. 645. — Philippe de Cospéan ou Cospéau, né en 1568, mort en 1646. Bossuet lui dédia sa première thèse de philosophie. Voyez son *Historiette* dans Tallemant, t. IV, p. 94.

toutes les fois que je vous approche, je sens que mon bon ange reprend de nouvelles forces et qu'il me conduit avec plus d'assurance. Il y a longtemps que j'ai dans l'esprit que si Dieu veut jamais ma conversion, il ne se servira point d'autres moyens que de vos discours et de vos exemples pour me faire cette grâce, et que s'il m'envoie une voix du ciel pour me rappeler, il me la fera entendre par votre bouche. Déjà il me semble que la volonté que j'ai de vous servir me sanctifie en quelque sorte, et que je ne saurois être tout à fait profane, ayant tant de respect et d'affection pour une personne si sainte. Au moins êtes-vous cause que j'ai quelque passion raisonnable parmi tant d'autres qui ne le sont pas, et que dans le déréglement où je suis, il y a une partie de mon cœur qui est saine. Quoique j'aie accoutumé de l'employer bien mal, et que j'en sois fort mauvais ménager, je pense avoir mis à couvert pour toujours ce que vous y avez, et je ne saurois plus perdre ni engager la place que je vous y ai donnée. Elle est assez grande, monseigneur, pour sauver quelque jour tout le reste, et je ne désespère pas qu'il ne soit bientôt tout à vous. De temps en temps vous y acquérez quelque chose, et il ne s'en faut plus guère que vous n'y ayez autant de pouvoir que tout le reste du monde. Achevez, je vous supplie, de le gagner tout entier, et réjouissez-vous de cette acquisition comme d'une conquête que vous avez faite dans un pays infidèle, et duquel vous êtes destiné à chasser les idoles. J'ai quelque espérance que cela arrivera, et sachant les témoignages que vous avez rendus en ma faveur, et connoissant d'ailleurs que vous ne sauriez vous tromper, je prends pour une prophétie tout le bien que vous avez dit de moi, et je crois que je serois tel à l'avenir que vous avez assuré au cardinal Barberin que j'étois dès à cette heure. Je ne puis assez bien vous exprimer le bon accueil qu'il m'a fait à votre recommandation, et l'affection qu'il témoigne avoir pour tout ce qui vous regarde. L'Italie, monseigneur, ne vous connoît guère moins que la France; et, sans mentir, je n'ai rien vu à Rome qui m'ait tant édifié que l'estime et la passion que l'on y a pour vous. Mais sur tous les autres, le cardinal Barberin m'a semblé être parfaitement votre ami, et avoir [pour votre esprit], pour votre vertu, cette affection et ce respect que vous jetez dans l'âme de tous ceux qui vous pratiquent. Il m'a commandé de vous faire entendre quelques particularités de sa part, que je réserve à vous dire lorsque j'aurai l'honneur de vous voir et de vous pouvoir assurer moi-même que je suis plus que personne, monseigneur, votre, etc.

114. — A MONSIEUR DE LIONNE[1],
à Rome.

A Paris, le 7 février 1639.

Monsieur, quoique vous m'ayez donné les plus mauvaises heures que j'aie eues en tout mon voyage, et que personne ne m'ait si mal traité à Rome que vous, je vous assure que je n'y ai point vu d'homme que

---

[1] Hugues de Lionne était né à Grenoble en 1611, et neveu de Servien, qui le prit avec lui afin de l'initier aux affaires. En 1636 il alla faire un voyage à Rome, où il gagna l'amitié et la confiance de Mazarin. Voyez l'abrégé de sa vie par Saint-Évremond.

je désirasse tant de revoir, ni que je servisse si volontiers. Il arrive peu souvent qu'en ruinant une personne on acquière son amitié. Mais vous avez eu cette fortune-là avec moi, et votre génie est en toutes choses si puissant dans le mien, que je n'ai pu me défendre de vous d'une façon ni de l'autre; et qu'en me gagnant mon argent, vous avez encore gagné mon cœur, et vous êtes rendu maître de ma volonté. Que si j'ai été si heureux que de trouver quelque place dans la vôtre, ce gain-là me dépique de toutes mes pertes, et je pense avoir plus profité que vous dans le commerce que nous avons eu ensemble. Quoique j'aie acheté bien cher votre connoissance, je ne crois pas l'avoir payée à beaucoup près ce qu'elle vaut; et j'en donnerois bien volontiers encore autant pour trouver dans Paris un autre homme comme vous. Cela étant ainsi, monsieur, vous devez être assuré que je ferai toujours tout ce qui pourra me conserver un bonheur que j'estime tant, et que je ne perdrai pas légèrement un ami qui m'a tant coûté. J'ai fait tout ce que vous avez désiré dans l'affaire dont vous m'avez écrit, et je vous obéirai de la même sorte dans toutes les choses que vous me commanderez : car je suis de tout mon cœur, et avec toute l'affection que je dois, votre, etc.

115. — A MONSEIGNEUR LE CARDINAL DE LA VALETTE.

[Mars 1639.]

Monseigneur, si vous vous souvenez de la passion que vous m'avez vue autrefois pour Renaud et pour Roger, vous ne douterez pas de celle que j'ai à cette heure pour ce qui vous regarde, puisque vous faites en pourpoint tout ce que ceux-là faisoient avec des armes enchantées. Quand vous auriez été fée, vous ne vous seriez pas jeté dans le péril plus hardiment que vous avez fait, et vous avez porté la valeur jusques aux dernières bornes où elle peut aller, et au plus haut point où la puissent mettre ceux qui n'ont point d'autre vertu que celle-là. Je vous avoue, monseigneur, que si la guerre avoit été achevée par ce dernier exploit, dont vous avez été la principale cause, et qu'il ne vous restât plus rien à faire qu'à venir triompher, je recevrois une extrême joie de tout ce que j'entends dire ici de vous ; et je me mettrois à écrire votre histoire avec beaucoup de repos et de plaisir. Mais quand je songe qu'il y aura d'autres occasions où vous pourrez courre la même fortune, et que je ne suis pas assuré de ce qui arrivera à la fin du livre, je ne saurois jouir qu'avec inquiétude de la gloire que tout le monde vous donne, et la crainte de l'avenir ne me laisse pas bien sentir le contentement des choses présentes [1]. Je laisse donc à ceux qui n'ont pas tant d'affection que j'en ai et à qui vous n'êtes pas si nécessaire qu'à moi, la charge de vous donner des louanges. Pour moi, tout ce que je puis faire à cette heure, c'est de vous supplier très-humblement, monseigneur, de ménager mieux la plus illustre personne de notre siècle, et de ne donner pas tant à la vaillance que vous en violiez la justice. Celle-ci veut que vous ne hasardiez

[1] Le cardinal de la Valette mourut en effet le 28 septembre de cette même année, des suites de ses fatigues et peut-être du chagrin que lui avait donné le mauvais succès de ses deux dernières campagnes.

pas si librement le bien de tant de monde, et que vous conserviez avec plus de soin une vie où tous les honnêtes gens ont intérêt, et qui importe plus à la France que tout le pays que vous défendez. Je suis, monseigneur, votre, etc.

116. — A MONSIEUR [ARNAULD¹].

(1639.)

Monsieur, il eût mieux valu danser une courante² de moins et m'envoyer une lettre, et vous eussiez mieux fait d'employer une de vos boutades³ à m'écrire. On nous a dit ici qu'en un même bal vous l'avez recommencée trente fois. C'est beaucoup danser pour un grand maréchal de camp et pour un homme qui veut témoigner d'avoir quelque sentiment pour ce qu'il a laissé à Paris. Si vous continuez de la sorte, j'abandonne ici le soin de vos affaires, et je trouve que les dames de Lorraine seront plus obligées de vous envoyer des fruits que celles de la cour. Je ne sais pas, monsieur, comme vous l'entendez ni quel avantage vous voyez à cela; mais, pour moi, il me semble que ce n'est pas danser en cadence que de danser à Metz, et je jurerois qu'il n'y a pas là vingt personnes plus belles et plus aimables que trois ou quatre qui parlent ici quelquefois de vous et qui ne trouvent pas bon que vous vous puissiez si fort réjouir en leur absence. Que si vous êtes devenu si grand danseur et que vous

---

¹ *Mss. de Conrart*, p. 903.

² Danse très-commune en France à cette époque. Voyez le *Dictionnaire de Trévoux*.

³ Autre espèce de danse (T.).

ne vous en puissiez tenir, elles vous prient, au moins, de ne plus tant danser la boutade et de choisir quelque danse plus grave, comme les branles ou la pavane¹. J'ai cru, monsieur, que j'étois obligé à vous donner cet avis. Vous en ferez ce qu'il vous plaira, et pour moi je serai toujours, votre, etc.

117. — A MADEMOISELLE DE RAMBOUILLET ².

Grenoble [1639].

Mademoiselle, la nouvelle de la levée du siège de Turin³ a été pour moi la plus agréable que j'ai reçue de ma vie. J'ai eu pourtant quelque déplaisir de ce que cela m'ôtoit une occasion de donner à M. le cardinal de la Valette une preuve de la véritable affection que j'ai pour lui : car j'avois résolu d'entrer dans la ville et de lui porter du rafraîchissement en lui disant de vos nouvelles. M. le comte de Guiche⁴, à qui je m'en étois vanté, m'avoit dit que d'ordinaire l'on pendoit ceux que l'on surprenoit dans ce dessein. Mais cela ne m'étonnoit pas, et ayant eu de Mᵐᵉ de la Trémouille des raisons pour me consoler, au cas

---

¹ Cette danse tirait son nom de ce que les figurants faisaient en se regardant une espèce de roue, à la manière des paons. Le cavalier se servait pour cette roue de sa cape et de son épée, qu'il gardait en exécutant la pavane. Le mot et la chose sont espagnols.

² Manque dans la première édition.

³ 25 avril ; ce qui fixe approximativement la date de cette lettre.

⁴ Il servit pendant toute cette campagne dans l'armée du cardinal de la Valette en qualité de maréchal de camp commandant la cavalerie.

que je fusse roué en Italie, je ne me souciois pas trop d'y être pendu. Mais cela eût été plaisant, que M. le cardinal de la Valette se promenant sur la muraille, m'eût reconnu sur l'échelle. Tout de bon, je vous assure que quand on ne vous voit pas, on se feroit pendre pour un double, et on se sent sur l'estomac une si grande pesanteur, qu'il vaudroit peut-être mieux être étranglé tout d'un coup. Vous ne savez ce que c'est que ce mal, mademoiselle, vous qui n'avez jamais été sans vous et qui n'avez pas éprouvé la douleur qu'il y a de se séparer de la plus aimable personne du monde. Mais, si vous voulez, je vous dirai comme cela se fait. Le premier jour on est tout endormi, le second tout assoupi, le troisième tout étourdi, et puis quand on commence à se reconnoître et que le sentiment est revenu, on soupire à dire: d'où venez-vous? Et soupir de çà, et soupir de là, et vous en aurez. C'est la plus pitoyable chose du monde. Ne craignez point que ceci soit vu. Les courriers vont à cette heure en sûreté. Mais au cas que ce paquet fût surpris, je déclare au prince Thomas[1] et au marquis de Legañez[2], et à tous ceux qui ces présentes lettres verront, qu'il ne faut pas prendre garde à moi, que c'est par raillerie ce que j'en dis, et que j'ai accoutumé d'écrire comme cela d'une façon extravagante. Ils en croiront ce qui leur plaira. Il est pourtant vrai, mademoiselle, que je suis, au delà de tout ce qui se peut dire, votre, etc.

[1] Thomas de Savoie, prince de Carignan, mort à Turin, en 1656, avec la réputation d'un des plus grands capitaines de son temps.

[2] Gouverneur de Milan pour le roi d'Espagne.

118. — A MADAME LA PRINCESSE[1].

A Paris, le 5 d'août 1639.

Madame, à moins que d'être cloué à Paris, rien n'eût pu m'empêcher d'aller aujourd'hui à Poissy. Car quelque chose que j'aie dit d'une autre princesse, il n'y en a point au monde que je voie si volontiers que vous. Mais comme vous savez, madame, qu'un clou chasse l'autre, il a fallu que la passion que j'ai pour vous ait cédé à une nouvelle qui m'est survenue et qui, si elle n'est plus forte, est pour le moins à cette heure plus pressante. Je ne sais pas si vous entendez ceci, qui semble n'être dit qu'en énigme. Mais je vous assure que j'ai une raison fondamentale de ne bouger d'ici, sur laquelle je n'ose appuyer et qu'il n'est pas à propos de vous expliquer davantage. J'ai délibéré longtemps en moi-même si je devois aller, et il y a eu grand combat entre mon cœur et une autre partie que je nomme pas. Mais enfin, madame, je vous avoue que celle qui raisonnablement doit être dessous, a eu le dessus, et que j'ai mis devant toutes choses ce qui, naturellement, est derrière. Je vous jure pourtant, qu'en l'assiette où je suis, je ne pouvois pas faire autrement, et que vous, qui êtes la plus considérée personne du monde et qui faites tout avec ordre, n'en eussiez pas fait moins que moi, si vous eussiez été en ma place. Je prie Dieu, madame, que vous ne vous y voyiez jamais : car, en l'état où je me trouve, il n'y en a point de bonne pour moi, et je suis partout comme

[1] *Mss. de Conrart*, p. 839. — Charlotte-Marguerite de Montmorency, mère du grand Condé.

sur des épines. Je ne puis aller à pied, je suis fort mal à cheval, le carrosse m'est trop rude et les chaises mêmes de M. de Souscarrière [1] me sont incommodes. Je suis, madame, votre, etc.

119. — A MONSIEUR CHAPELAIN [2].

A Paris, le 10 d'août 1639.

Monsieur, je ferai ce que vous désirez. Si c'est pour l'amour de vous ou pour l'amour de M. de Balzac, je ne saurois vous le dire et je ne démêlerois pas cela, quand j'y songerois jusqu'à demain. Vous avez tous deux une si égale autorité sur moi, que si en même temps l'un me commandoit de manger, et l'autre de boire, je mourrois de faim et de soif, au moins selon les philosophes : car je ne trouverois jamais de raison de me déterminer plutôt à l'un qu'à l'autre. Mais de bonne fortune, vous vous entendez si bien ensemble que vous ne me ferez jamais de commandements contraires, et vous êtes tellement d'accord, que toutes les fois que je ferai ce que l'un me commandera, j'obéirai à tous les deux. Je suis fâché de votre clou, et je vous plains. Mais, à ce que je puis juger, ce n'est rien au prix de celui que j'ai. Le mien *est latus clavus*,

Cum lato purpura clavo.

et si vous en aviez un pareil sur le nez, vous l'auriez sur tout le visage. Il me fait encore grand mal. Cela

---

[1] Souscarrière, dit *le marquis de Montbrun*, importa d'Angleterre l'usage des chaises à porteur dont il obtint le privilége. Voyez Tallemant, *Historiettes*, t. VII, p. 98.

[2] *Mss. de Conrart*, p. 841.

me dispense de vous aller voir : car, afin que vous le sachiez, il y a *jus lati clavi*. Je suis, monsieur, votre, etc.

120. — A MADAME LA MARQUISE DE SABLÉ [1].

[De Paris, ... 1639?]

Madame, quelque galantes que soient les lettres de M. de la Mesnardière [2], nous n'avons pu nous contenter, Mlle de Chalais et moi, de ne recevoir que cela à ce voyage, mêmement ne nous ayant appris autre chose, sinon que vous étiez fort enrhumée. Mais cela est étrange, que moi qui vous ai tant fait la guerre d'être trop craintive en ce qui est de votre santé, j'ai pris à cette heure même humeur pour ce qui vous regarde, et qu'un rhume que vous avez me tourmente plus qu'une fièvre continue que j'aurois. Il est vrai que j'y ai maintenant assez d'intérêt pour m'en mettre en peine, puisque de là dépend votre voyage, et de votre voyage toute ma joie. Car je vous assure, madame, que je suis résolu à n'en avoir aucune si vous ne venez pas, et que je dois être le plus heureux ou le plus malheureux homme du monde cet hiver, selon la résolution que vous prendrez. Je vous puis dire aussi que vous aurez votre part du contentement que vous nous donnerez, et que vous serez ici indubitablement plus divertie

---

[1] *Mss. de Conrart*, in-4, t. X, p. 548. Manque dans la première édition.

[2] Poëte bel-esprit, particulièrement attaché à Mme de Sablé. Ses œuvres ont été imprimées, Paris, 1656, in-4. Voyez le *Parnasse françois* de Titon du Tillet.

et plus gaie, et par conséquent plus saine. Mais, en attendant que vous veniez, que vous seriez bonne si vous vouliez envoyer devant Mlle [Coulo] et Mlle [de Bois d'Amour], afin qu'au moins durant ce temps-là j'aie quelqu'un à qui parler de vous, et avec qui je puisse tromper mon impatience !

. . . .

. . . .

. . . .

Cela est bien hardi, madame, d'effacer trois lignes tout de suite, en écrivant à une marquise. Mais vous savez mieux que personne combien il m'importe que cela soit permis, et de quelle utilité est dans la société humaine la liberté des effaçures. Je n'écris point à [Armande] : car je suis dépité de ce qu'elle ne m'a point écrit ce dernier voyage. J'envoie une bourriche [1] de galants, que je vous supplie très-humblement de faire mettre entre les mains de sa confidente. Elle en usera comme elle verra plus à propos, et les gardera pour elle si elle juge qu'elle ne les puisse présenter à [Armande], sans donner du soupçon à sa mère. Je la prie pourtant de choisir les plus beaux et de vous les présenter de sa part. Je dirois de la mienne, si j'osois, et si je ne savois bien que vous ne prenez guère de plaisir, quand on vous donne. Je leur envoie aussi des images, pour ce qu'il m'est souvenu que je leur en avois promis. Je ne vous mande rien de votre amie. La pauvre fille, comme je crois, est en un déplorable état. Son mari ne part jamais un moment d'auprès

[1] Panier d'osier, dans quoi on envoie des chapons du Maine, qu'on appelle *bourriches* (T.). Le mot était nouveau alors.

d'elle. Il l'étouffe à toute heure ; et sa mère [1] ne l'étouffe pas moins. Enfin jamais personne ne fut si peu mariée, et ne le fut tant. Madame, venez vitement voir cela. Je suis, votre, etc.

Post-scriptum inédit. — [Je m'en vais faire un petit voyage à Blois ; mais je serai à Paris dès que je saurai que vous y serez ou que quelqu'un des vôtres y sera.]

121. — A MADAME LA MARQUISE DE SABLÉ.
(Inédite[2].)

[Antérieure à 1640[3].]

Les précautions avec lesquelles vous priez Mlle de Chalais de me parler de votre affaire, m'ont semblé être d'une personne peu judicieuse et peu généreuse : car vous avez mal jugé de mon cœur, et vous me devez faire présumer que vous ne vous résoudriez pas aisément à me faire un plaisir important, puisque vous avez tant de peine à demander de moi un si léger service. Sur ma part de paradis, j'aurois fait pour maître Jean ce que vous avez eu peur que je vous refusasse, et quand ce seroit ma vie que vous eussiez désirée, c'eût été encore la demander avec trop de façon que de la demander de la sorte. Je suis bien marri que vous, qui vous vantez dans la même lettre d'avoir un bonheur particulier pour connoître les cœurs, connoissiez si mal le mien, et que vous soyez si loin d'imaginer jusques où va mon affection pour votre service.

[1] Le mal de mère (T.).
[2] *Mss. de Conrart*, in-4, t. X, p. 555.
[3] A cause de la mention qui y est faite de M. de Bullion, lequel mourut cette même année 1640.

Mais, dites-vous, il y a des personnes. Je vous avoue, madame, que je ne croyois pas qu'il pût arriver que vous parlassiez jamais de moi en ces termes-là; et, sans mentir, il ne se peut rien de plus offensant. Pour vous dire le vrai, toute cette procédure me semble étrange, et d'une autre que de vous; et je m'étonne que cela soit arrivé à une personne qui a tant de jugement dans toutes les autres choses, et en laquelle je puis dire que je n'avois rien vu jusqu'à cette heure qui pût déplaire. Ne trouvez pas, s'il vous plaît, madame, que je sois trop rude, ni que j'écrive du style de Mme de Querveno [1]. Considérez le sujet que j'ai de me plaindre, et si vous voulez que mon ressentiment passe, trouvez bon que je m'en sois déchargé le cœur.

Je fus hier voir M. d'Irval [2], qui est celui que vous appelez M. d'Avaux, et qui est surintendant des affaires de M. de Mantoue [3]; je ne pus parler à lui, pour ce qu'il étoit malade. Je fus trouver de là un nommé M. Pepin [4], qui est intendant de la même maison, fort

---

[1] N'est-ce pas plutôt Mme de Querver, dont parle Tallemant (*Historiettes*, t. IX, p. 93), « femme d'un receveur général de Paris, et telle qu'il n'y en eut guère une plus laide, plus sotte ni plus folle? » Le même Tallemant mentionne cependant à diverses reprises, notamment dans l'*Historiette* de Voiture (t. III, p. 35), la famille de Kerveno, comme étant liée avec Mme de Sablé.

[2] Jean-Antoine de Mesme, seigneur d'Irval, le frère cadet de Henri de Mesme, président au parlement de Paris, et de Claude de Mesme, comte d'Avaux. Voyez la *Jeunesse de Mme de Longueville*, chap. IV, p. 369.

[3] Charles de Gonzague, duc de Nevers, puis de Mantoue, par l'extinction de la branche aînée de Gonzague en 1627, père de la reine de Pologne (voyez Lettre 190), et de la princesse palatine.

[4] Est-ce le même dont il est parlé plus bas (Lettre 195), comme

entendu et fort de mes amis ; je lui dis que l'on m'avoit donné avis de telle chose touchant la pairie du Maine. Il me dit qu'il y avoit longtemps qu'il le savoit et qu'il croyoit y avoir remédié. Je lui demandai comment? Il me répondit : En remontrant à M. de Bulion et à M. le garde des sceaux l'injustice que ce seroit, et qu'ils ne sauroient venir à bout de cela, pour ce que ce seroit renverser toutes choses, et que nous nous opposerions partout à la vérification de l'édit par lequel on voudroit faire passer cela. Et en effet, me dit-il, je crois que c'est une chose qu'ils ne sauroient faire, si ce n'est que le roi y voulût à toute force employer toute son autorité, et qu'ils ne craignoient point que cela se fît; que toutes les pairies étoient vérifiées au parlement; qu'ainsi il ne consentiroit jamais à la vérification; que quand bien même le Grand Conseil vérifieroit l'édit, ils ne laisseroient pas de porter toujours les appels de leurs pairies au parlement, qui les recevroit toujours, pour l'intérêt qu'il a à les conserver. Il ajouta qu'ils avoient donné un mémoire à M. le garde des sceaux, par lequel ils lui montrent qu'en tirant quelque chose des justices des bailliages prochains de Laval et des lieux circonvoisins, ils pourroient faire la même chose sans toucher à la pairie du Maine. Je lui demandai si dans ce mémoire Bois-Dauphin y étoit. Il me dit que non. Et Sablé? lui dis-je.

de l'intendant et du fondé de pouvoirs du comte d'Avaux durant son ambassade à Munster? Il y a aussi dans Tallemant un Pepin, intendant de Mme de Coislin, fille du chancelier Séguier, laquelle épousa en secondes noces le fils de Mme de Sablé, le charmant et valeureux chevalier de Bois-Dauphin.

Pour Sablé, ce dit-il, je n'en sais rien ; et, après y avoir un peu pensé : Oui, je crois que Sablé y est ; oui, il y est. Mais, lui répliquai-je, c'est une pairie. Il me dit qu'il ne le savoit pas. Je lui dis là-dessus que j'étois extrêmement serviteur de Mme la marquise de Sablé, que je serois bien fâché que l'on lui fît tort en cela, que je lui allois écrire pour lui en donner avis, et quel chemin il me conseilloit de vous faire prendre pour empêcher cela. Celui même, me dit-il, que nous avons tenu, crier, faire du bruit, parler à M. le cardinal, à M. de Bulion et au garde des sceaux. Il me dit que le garde des sceaux n'en avoit point envie.

Voilà, madame, tout ce que j'ai à vous dire sur cela ; si, à la suite, il faut faire quelque autre chose, et beaucoup plus difficile, commandez-le-moi avec autorité, si vous voulez que j'oublie le dépit que vous m'avez fait ; et croyez que je ne suis point de ces personnes qui ont peine à parler, à écrire, ou à faire quelque chose pour servir leurs amis. Que cette affaire, au reste, vous confirme en la résolution de venir ici, et vous fasse voir qu'il est toujours bon d'être à Paris pour mille rencontres. Je vous remercie très-humblement, madame, de vos melons que je reçus hier, et qui sont bien meilleurs que les autres. Mais je ne suis pas à cette heure en humeur de faire des remerciements ; et, tout ce que je puis faire, c'est d'assurer Armande et sa secrétaire [1] que je les aime de jour en jour davantage, et que je ne souhaite rien tant que

---

[1] Armande et sa secrétaire ne peuvent guère être que Mme de Sablé et Mlle de Chalais (*Note de M. Cousin*). Nous avons déjà vu Voiture désigner ainsi la marquise dans plusieurs de ses lettres.

de les voir. Néanmoins, madame, au milieu de tout mon mécontentement, je ne puis achever cette lettre sans vous dire que jamais personne au monde ne vous respectera, ne vous estimera, ne vous aimera autant que moi. Votre, etc.

122. — A MADAME DE R....[1] (163...).

Madame, quoique je n'espère pas me pouvoir jamais acquitter des obligations où me mettent vos civilités, je serois bien marri de vous être moins obligé; et, bien que je me trouve indigne de tous les honneurs que vous me faites, ils ne laissent pas de me donner une extrême joie. Quand je ne saurois rien de vous, que votre condition et votre naissance, toujours tiendrois-je à grand honneur d'avoir reçu de vos lettres et de me voir honoré de vos commandements. Mais la fortune ayant fait, par je ne sais quelles rencontres, qu'étant fort éloigné de vous, j'ai l'honneur de vous connoître aussi particulièrement que ceux qui en sont le plus près, je vous avoue, madame, que j'ai un contentement qui ne se peut exprimer, et que je sens même quelque vanité d'avoir reçu tant de grâces d'une personne que je tiens, il y a déjà quelque temps, la plus accomplie de son siècle, et en laquelle je sais que se trouvent toutes les qualités qui peuvent donner [du respect], de l'affection et de l'estime. Si j'étois si peu du monde, que je n'eusse jamais rien ouï dire de cela, encore jugerois-je par vos lettres qu'il n'y a rien en

---

[1] *Mss. de Conrart*, p. 837. Voyez aussi, p. 490 de la première édition, où la lettre porte la suscription : *à Madame de Rambouillet*; mais c'est évidemment une erreur.

France qui égale votre civilité et votre esprit, et de si belles et si obligeantes paroles que celles que vous me faites l'honneur de m'écrire me feroient imaginer de vous quelque chose d'extraordinaire. Elles sont telles, en vérité, madame, que, de quelque part qu'elles me vinssent, j'en serois extrêmement touché. Mais il est vrai que la personne dont elles partent me les rend encore beaucoup plus considérables, et que la main qui les a écrites leur donne une force et une vertu qu'elles ne pourroient avoir d'ailleurs. Si après cela, je sers de tout mon cœur et avec tous mes soins A..., ce ne sera pas une grande merveille. Vous m'y avez obligé, de sorte qu'il ne m'est pas possible de faire autrement, et vous ne m'avez pas laissé le moyen d'y acquérir aucun mérite. Je voudrois, madame, qu'au lieu de me recommander une personne que j'aime et que j'estime déjà beaucoup, vous m'eussiez commandé en trois mots quelque chose de bien difficile et à laquelle j'eusse eu quelque répugnance, afin que vous eussiez pu connoître en quelque sorte ce que vous pouvez sur moi; et que ce ne sont point vos extrêmes bontés, ni cette façon d'écrire dont vous gagnez d'abord le cœur de ceux qui lisent vos lettres, qui m'obligent à vous obéir, mais le respect que j'ai pour tant de merveilleuses qualités qui sont en vous, et l'inclination avec laquelle je suis, votre, etc.

123. — A MADEMOISELLE DE RAMBOUILLET [1].

[A Paris, durant l'été de 1639.]

Mademoiselle, personne n'est encore mort de votre

---

[1] *Mss. de Conrart*, in-4, t. X, p. 571.

absence, hormis moi, et je ne crains point de vous le dire ainsi crûment, pour ce que je crois que vous ne vous en soucierez guère. Néanmoins, si vous en voulez parler franchement, à cette heure que cela ne tire plus à conséquence, j'étois un assez joli garçon; et hors que je disputois quelquefois volontiers et que j'étois aussi opiniâtre que vous, je n'avois pas de grands défauts. Vous saurez donc, mademoiselle, que, depuis mercredi dernier, qui fut le jour de votre partement, je ne mange plus, je ne parle plus, et je ne vois plus; et enfin, il n'y manque rien, sinon, que je ne suis pas enterré. Je ne l'ai pas voulu être sitôt, pour ce, premièrement, que j'ai eu toujours aversion à cela; et puis je suis bien aise que le bruit de ma mort ne coure pas sitôt, et je fais la meilleure mine que je puis afin que l'on ne s'en doute pas. Car si on s'avise que cela m'est arrivé justement sur le point que vous êtes partie, l'on ne s'empêchera jamais de nous mettre ensemble dans les couplets de *L'année est bonne*¹ qui courent maintenant partout. En vérité, si j'étois encore dans le monde, une des choses qui m'y feroient autant de dépit, seroit le peu de discrétion qu'ont certaines gens à faire courre toutes sortes de choses. Les vivants ne font rien, à mon avis, de plus impertinent que cela, et il n'est pas jusqu'à nous autres morts, à qui cela ne déplaise. Je vous supplie, au reste, mademoiselle, de ne point rire en lisant ceci : car, sans mentir, c'est fort mal fait de se moquer des trépassés, et si vous étiez en ma place, vous ne seriez pas bien

¹ Voyez t. II, aux *Poésies*

aise qu'on en usât de la sorte. Je vous conjure donc de me plaindre, et puisque vous ne pouvez plus faire autre chose pour moi, d'avoir soin de mon âme, car je vous assure qu'elle souffre extrêmement. Lorsqu'elle se sépara de moi, elle s'en alla sur le grand chemin de Chartres, et de là droit à la Mothe : et même à l'heure que vous lisez ceci, je vous donne avis qu'elle est auprès de vous, et elle ira cette nuit en votre chambre faire cinq ou six grands cris, si cela ne vous tourne point à importunité. Je crois que vous y aurez du plaisir : car elle fait un bruit de diable, et se tourmente, et fait une tempête si étrange qu'il vous semblera que le logis sera prêt à se renverser. J'avois dessein de vous envoyer le corps par le messager, aussi bien que celui de la maréchale de Fervaque[1] ; mais il est en un si pitoyable état qu'il eût été en pièces devant que d'être auprès de vous ; et puis j'ai eu peur que par le chaud il ne se gâtât. Vous me ferez un extrême honneur, s'il vous plaît, de dire aux deux belles Princesses auprès de qui vous êtes[2], que je les supplie très-humblement de se souvenir que, tant que j'ai vécu, j'ai eu une affection sans pareille pour leur service très-humble, et que cette passion me dure encore après ma mort. Car, en l'état où je suis, je vous jure que je les respecte et les honore autant que j'ai jamais fait. Je n'oserois dire qu'il n'y a point de mort qui soit tant leur serviteur que moi ; mais j'assurerai bien qu'il n'y

[1] Elle fit M. de Chevreuse son héritier. Il envoya son corps par le messager pour éviter la dépense (T.). Voir les *Historiettes*, t. II p. 45.

[2] Madame la Princesse et Mlle de Bourbon, je suppose.

a point de vivant qui soit plus à elle que j'y suis, ni qui soit plus que moi, mademoiselle, votre, etc.

124. — A MONSIEUR LE MARQUIS DE PISANI.

[A Amiens, 1639[1]]?

Monsieur, vous m'aviez assuré que je n'aurois pas été en ce lieu trois semaines que j'y passerois bien le temps; et il y en a plus de six que j'y suis sans que je voie l'effet de votre prédiction. Je vous supplie très-humblement de tenir votre parole en me donnant le contentement que vous m'avez promis, et de m'en envoyer de là où vous êtes, puisque je n'en puis trouver ici. Je vous ai si bien servi à mon abord que vous êtes obligé de ne me pas refuser ce secours : car il faut que vous sachiez que je vous ai ressuscité dans l'opinion de tout le monde, et que vous n'aviez point ici de parents ni d'amis qui ne vous crussent mort dès l'automne passé. S'il vous semble, monsieur, que ce service soit important et qu'il mérite d'être reconnu, il ne tiendra qu'à vous que vous n'en fassiez autant pour moi et que vous ne me rendiez la vie, dont je puis dire que je ne jouis pas ici. Il ne faut pour faire ce miracle qu'une de vos lettres et une assurance que j'ai toujours l'honneur d'être aimé de vous. Si l'affection que vous me témoignâtes à mon départ n'est pas tout à fait perdue, vous ne me refuserez pas cette grâce, mêmement ayant un si bon secrétaire que celui dont vous avez accoutumé de vous servir. J'ai su que vous m'aviez fait l'hon-

---

[1] Cette lettre me semble avoir été écrite pendant un des voyages que Voiture fit à Amiens avec la cour en 1639 ou en 1640.

neur de boire à ma santé, mais, en l'état où elle est¹, il faut de plus forts remèdes que celui-là pour la remettre, et il n'y a guère que de vous que j'en puisse attendre. Mais selon que vous aimez tout ce qui vous appartient, et qu'il me souvient de vous avoir vu protéger autrefois vos sujets², je crois que vous ne m'abandonnerez point, moi qui suis le vôtre autant que si j'étois né dans votre bourg des Essarts, et qui fais profession d'être très-particulièrement, monsieur, votre, etc.

*Post-scriptum*³. — Monsieur, en mettant ici que j'honore et que j'aime toujours tout le monde autant que je dois, je crois que chacun y prendra sa part, et quelqu'un le tout. Je voudrois bien me pouvoir expliquer plus clairement, mais pour le M. du Citre, avec votre permission, je l'assure que je suis son très-humble serviteur, et le supplie de me faire toujours l'honneur de m'aimer.

125. — A MONSIEUR LE MARQUIS DE MONTAUSIER⁴.

A Paris, le 19 juin 1640⁵.

Monsieur, puisque vous êtes destiné à ranger ceux de notre famille en leur devoir, il est raisonnable que

---

¹ Voiture tomba malade durant le séjour qu'il fit à Amiens, et le régime qu'il suivait n'était guère propre à le rétablir.

² M. de Pisani avoit grand soin de tous ses vassaux (T.).

³ 1ʳᵉ édition, p. 397.

⁴ Le marquis, depuis duc de Montausier, marié en 1645 à Mˡˡᵉ de Rambouillet. « Beaucoup de courage, d'esprit et de lettres, une vertu hérissée et des mœurs antiques firent de lui un homme extraordinaire. » (Saint-Simon).

⁵ *Var.* 1639 (1ʳᵉ édition).

vous m'y mettiez comme les autres, et que vous me rendiez plus honnête homme que je n'étois, aussi bien que mes neveux[1]. Sans mentir, c'est ne l'avoir guère été que d'avoir différé jusqu'à cette heure à vous remercier des biens que vous leur avez faits et à moi. Mais enfin, monsieur, sans me mettre en prison et sans me faire jeûner, vous m'avez contraint aussi bien que l'autre à faire ce que je dois ; et, vous vous êtes tellement opiniâtré à m'obliger, quoique je m'en montrasse indigne, que, quelque négligent que je sois, il est impossible que je me défende de vous témoigner le ressentiment que j'en ai et de vous rendre les très-humbles grâces qui vous en sont dues. Je pense que vous me pardonnerez ma faute, puisque je la reconnois avec tant de franchise. Et, en vérité, monsieur, dans la réputation que vous avez d'être cruel, il vous importe de faire une action signalée de clémence comme celle-là, et de pardonner à un homme aussi coupable que je le suis. Je vous le demande au nom de Mlle de Rambouillet, et s'il m'est permis d'ajouter quelque chose après cela, je vous en conjure par l'extrême passion avec laquelle je suis, monsieur, votre, etc.

126. — A MONSEIGNEUR LE CARDINAL DUC DE RICHELIEU[2].

[1640] ?

Monseigneur, j'ai appris par une lettre de M. de [Vaugelas?] la grâce qu'il a plu à Votre Éminence de me faire,

---

[1] Voiture avoit donné un de ses neveux à M. de Montausier, qui lui tenoit la bride fort haute (T.). — Il paraît que cette sévérité alloit jusqu'à mettre les gens en prison et à les faire jeûner.

Mss. de Conrart, p. 835. — Nous rétablissons ici, d'après

et avec quelle bonté et quels témoignages de bienveillance elle m'a fait accorder... Puisque je connois par là, monseigneur, que dans les plus importantes affaires Votre Éminence ne laisse pas de se souvenir de ses moindres serviteurs, et qu'en faisant de plus grandes choses elle ne néglige pas les plus petites, je crois qu'elle n'aura pas désagréable la hardiesse que je prends de lui rendre les très-humbles grâces que je lui dois, et qu'elle daignera prendre la peine de lire la protestation que je lui fais ici, qu'outre le respect et la vénération que nous devons tous à une personne qui a acquis et acquiert tous les jours tant de gloire à cet État, j'aurai toujours une passion très-particulière de témoigner par toutes les actions de ma vie, que je suis, votre, etc.

127. — A MONSIEUR CHAPELAIN.

[A Amiens, le 3 août 1640 [1].]

Monsieur, quand ce ne seroit que pour votre honneur, et sans dessein de m'en faire, vous me devriez souvent écrire : car votre esprit, qui est toujours admirable, ne réussit, ce me semble, jamais si bien que dans les lettres que je reçois de vous. Si vous en vouliez faire une pour chacun de vos juges, comme celle que l'on me vient de donner, il ne vous faudroit point d'autre recommandation, et ils connoîtroient au

Conrart, la suscription originale. « Martin, rapporte Tallemant, pour cajoler le cardinal Mazarin, a mis ici son nom au lieu de celui du cardinal de Richelieu. » Quel plat valet que ce sire Martin !

[1] Le roi et le cardinal s'étaient rendus à Amiens pendant qu'on faisait le siége d'Arras. Après la prise de cette ville, le roi retourna à Saint-Germain, tandis que le cardinal donnait ordre aux affaires de Picardie.

moins que dans ce procès il s'agit de rendre justice au plus honnête homme du monde. Je ferai ce que vous m'ordonnez avec toute la passion que je vous dois, et ne craignez point que je l'oublie. Ma volonté ne se fie pas en ma mémoire des choses de cette importance-là; et elle me représentera à toute heure que j'ai cela à faire jusqu'à ce qu'il soit fait. Quelque affaire que je puisse avoir, je mets la vôtre au premier rang de mon agenda. *Sed tu inter acta refer, et pro certo habe, me in hac re, et in omnibus, omne officium, studium, curam et diligentiam tibi præstiturum.* Je suis, etc.

Post-scriptum.—Monsieur, je vous supplie très-humblement de rendre grâces pour moi à M. de la Mothe; mais avec une éloquence digne de vous et de lui.

128. — A MADEMOISELLE DE RAMBOUILLET [1].

A Amiens, le 10 septembre 1640.

Mademoiselle, il faut avouer que je suis de bonne amitié. J'ai regret de ne vous point voir, comme si j'y perdois quelque grande chose; et je m'imagine que je ne passe pas si bien le temps ici que lorsque j'avois l'honneur d'être auprès de vous. Amiens, en votre absence, me semble moins aimable que Paris, et pouvant tous les jours entretenir des dames qui parlent picard admirablement, je ne m'en tiens pas plus heureux pour cela. La conversation de M. le duc de C***, de M. de T*** et de M. de N***, que je rencontre ici partout, n'a rien de charmant pour moi. Il m'arrive même quelquefois de m'ennuyer d'être trois heures de suite

[1] *Mss. de Conrart*, p. 459.

dans la chambre du roi, et je ne prends pas plaisir de m'y entretenir avec M. Libero, M. Compiègne, et vingt autres honnêtes gens que je ne connois point, qui m'assurent que j'ai un bel esprit et qu'ils ont vu de mes œuvres. J'ai vu aujourd'hui Sa Majesté jouer au hoc[1] tout l'après-dîner, et je n'en suis pas plus gai[2] ; et allant règlement trois fois la semaine à la chasse du renard [comme nous faisons ici], je n'y ai pas une extrême joie, quoiqu'il y ait toujours cent chiens et cent cors qui font un bruit épouvantable, et qui vous entre terriblement dans les oreilles. Enfin, mademoiselle, les plus grands plaisirs du plus grand roi du monde ne me divertissent pas, et les délices de la cour n'ont rien qui me touchent, quand je ne vous vois point. Vous êtes, sans mentir, ingrate si vous ne me rendez la pareille. Mais, défiant comme je suis, j'ai peur que vous ne preniez quelquefois plaisir à rire avec madame la Princesse et mademoiselle de Bourbon, et peut-être que, depuis que vous êtes à Grosbois[3], vous n'avez pas souhaité cinq ou six fois d'être à Amiens. Si cela est, au moins pour me récompenser d'ailleurs, faites, s'il vous plaît, que Leurs Altesses[4] me fassent l'honneur de se souvenir quelquefois de moi, et que je ne sois pas moins considéré d'elles pour être en un lieu où je vois deux fois tous les jours le roi et M. le cardinal. Je vous assure

---

[1] Jeu de cartes mêlé du piquet, du brelan et de la sequence.

[2] *Var.* Sans que j'y aie pris grand divertissement (C.).

[3] Château aux environs de Corbeil, au duc d'Angoulême, père du comte d'Alais.

[4] Le duc d'Angoulême avait le titre d'Altesse à cause de son origine royale.

pourtant, mademoiselle, que je n'en sais pas plus de nouvelles pour cela, et c'est la cause pourquoi je ne vous en mande point. M. Fabert arriva ici hier matin et en partit à une heure après-midi [1], avec ordre à nos généraux de ce qu'ils doivent faire. Il m'a dit que M. Arnauld a fait rage des pieds de derrière en un combat qu'il y a eu près de Lille, et M. le maréchal de Brézé l'a écrit au roi, à ce que m'a dit M. de Chavigny. Le bruit court ici que nos armées s'en reviennent, et que nous ne reviendrons pas sitôt. Soyez-en fâchée, je vous supplie, et faites-moi l'honneur de croire que je suis, de tout mon cœur, autant que je dois, mademoiselle, votre, etc.

Post-scriptum. — Je vous supplie très-humblement de me permettre de faire ici mes très-humbles baisemains à tout ce que vous connoissez de beau et d'aimable. J'ai peur, mademoiselle, que vous ne preniez ceci pour Mme la duchesse d'Aiguillon toute seule. Mme votre mère y a part aussi, Mme du Vigean et Mlles ses filles.

Avec votre permission, j'assurerai ici M. votre père, M. votre frère, et M. de Chaudebonne que je suis leur très-humble et très-obéissant serviteur. Sous ce « beau et aimable d'ici haut », il me semble, mademoiselle, que Mme de Lalane [2] y peut être comprise, s'il vous plaît, et Mme de Bossu aussi [3]. Je ne dis rien pour Mme de Sa-

---

[1] *Var.* Fabert est ici arrivé ce matin et en est parti après dîner, etc. (C.)

[2] Mlle de Roche, mariée à Pierre de Lalane, poëte bel-esprit. Voyez *Historiettes*, t. VIII, p. 171, et *Œuvres de Sarrazin*, p. 142.

[3] La comtesse de Bossu (Honorée de Glimes). Tallemant a donné son portrait, *Historiettes*, t. VIII.

blé : car j'entends que toutes les lettres que je vous écris soient, s'il vous plaît, mademoiselle, pour vous et pour elle. Mais cela n'est-il pas plaisant de M. de Lorraine? M. Fabert m'a dit que trois ou quatre hommes de condition qui ont été pris à ce combat de M. Arnauld, comme on leur demanda où étoit M. de Lorraine, dirent qu'ils vouloient nous le demander, et que l'on croyoit dans leur armée et dans toute la Flandre qu'il étoit avec nous. Voilà un docteur cela![1]

129. — A MONSIEUR LE COMTE DE GUICHE[2].

A Paris, le 6 octobre 1640[3].

Monsieur, quoique l'on devroit être accoutumé à vous voir faire des actions glorieuses, et qu'il y ait plus de quinze ans que vous faites parler de vous d'une même sorte, je ne me puis empêcher que je ne sois touché toutes les fois que j'entends que vous avez rendu quelque nouveau témoignage de votre valeur ; et votre réputation m'étant aussi chère qu'elle me l'est, j'ai une extrême joie de voir que de temps en temps elle se renouvelle, et qu'elle s'augmente tous les jours. Ceux qui désirent le plus ardemment d'avoir de l'honneur se satisferoient de celui que vous avez gagné dans ces dernières années, et seroient contents de l'estime en laquelle vous êtes dans l'esprit

---

[1] Première édition, p. 621.

[2] Antoine, troisième du nom, comte de Guiche, puis duc de Gramont, pair et maréchal de France (voyez Lettre 137), né en 1604, mort en 1678 à Bayonne. Tallemant a donné son *Historiette*, t. IV, p. 96.

[3] *Var.* 6 août (C.).

de tout le monde. Mais, à ce que je vois, monsieur, il n'y a point pour vous de bornes en cela. Comme si vous étiez jaloux de la gloire que vous avez acquise, et de ce que vous avez fait par le passé, il semble que tous les ans vous vous efforciez de vous surpasser vous-même, et de faire quelque chose de plus que tout ce que vous aviez fait jusque-là. Pour moi, quelque passion que j'aie pour vos actions passées, je serai bien aise qu'elles soient effacées par celles que vous avez à faire, et que vos exploits de Flandre obscurcissent tout ce que vous avez fait en France, en Allemagne et en Italie. Mais j'appréhende que l'ardeur de la gloire ne vous emporte plus loin qu'il ne faudroit; et ce que vous avez fait dans le dernier combat, où M. le maréchal de la Meilleraie a battu les ennemis [1], me donne beaucoup de sujet de me réjouir, et en même temps beaucoup de sujet de craindre. Les preuves que vous avez données de votre conduite et de votre courage sont ici admirées de tout le monde, et sans mentir, monsieur, même dans les romans, on ne voit rien de plus beau ni de plus digne d'être loué. Mais permettez-moi de vous dire qu'à cette heure que l'invention des armes enchantées est perdue, et que la coutume n'est plus que les héros soient invulnérables, il n'est pas permis de faire ces actions-là beaucoup de fois en sa vie, et la fortune, qui vous en a tiré pour ce coup, est un mauvais garant pour l'avenir. Songez donc, s'il vous plaît, que

[1] 2 août 1640, sous les murs d'Arras; le comte de Guiche servait en qualité de mestre de camp dans l'armée du maréchal de la Meilleraie.

la vaillance a ses bornes aussi bien que les autres vertus, et que, comme toutes les autres, elle doit être accompagnée de la prudence. Celle-ci, à parler sainement, ne peut souffrir que d'un maréchal de camp et du mestre de camp du régiment des gardes vous en fassiez un volontaire et un enfant perdu; que vous exposiez si fort à toutes sortes de rencontres une personne si utile que la vôtre et que vous fassiez si grand marché d'une chose de si grand prix. Je ne sais, monsieur, si vous trouvez bon que je vous parle de la sorte; mais au moins vous ne pourrez pas dire que je me mêle d'une chose où je n'ai point d'intérêt, et vous trouverez que personne n'y en a plus que moi, s'il vous plaît de vous souvenir de la passion avec laquelle j'ai toujours été, monsieur, votre, etc.

130. — A MONSIEUR LE MARQUIS DE PISANI [1].

[Même date.]

Monsieur, quand je serois si ingrat que de vous pouvoir oublier, vous faites tant de bruit à cette heure qu'il seroit difficile que je ne me souvinsse pas de vous, et que je n'employasse pas tous mes soins à me conserver les bonnes grâces d'une personne de qui j'entends dire partout tant de bien. J'ai eu une extrême joie d'apprendre combien vous vous êtes acquis d'honneur à la dernière occasion qui s'est passée devant Arras. Et quoique je connoisse, il y a longtemps, les qualités de votre cœur et de votre esprit, et que j'aie toujours eu l'opinion de vous que tous les autres

---

[1] *Mss. de Conrart*, p. 901.

en ont à cette heure, je vous avouerai ma foiblesse. Il me semble que l'estime générale en laquelle vous êtes, me donne un peu plus d'ardeur à vous honorer, et je me sens touché de quelque vanité d'avoir de la passion pour un homme qui a l'approbation et les louanges de tout le monde. Sans mentir, monsieur, le contentement que j'en ai seroit parfait, s'il n'étoit troublé de la crainte que j'ai de vous perdre. Mais je sais combien la vaillance est une vertu dangereuse. J'apprends partout que vous n'êtes pas meilleur ménager de votre personne, que vous l'êtes de toute autre chose. Cela, monsieur, me tient dans des alarmes continuelles, et le destin que j'ai de perdre les meilleurs et les plus estimables de mes amis, fait que j'appréhende encore pour vous davantage. Cependant, parmi cela, j'ai quelque secrète confiance en votre bonne fortune. Le cœur me dit qu'elle a encore beaucoup de chemin et beaucoup de choses à faire, et que l'amitié que vous me faites l'honneur d'avoir pour moi, me sera plus heureuse que n'ont été quelques autres. Je le souhaite pour moi de toute mon âme, et que je sois assez heureux pour vous pouvoir témoigner quelque jour combien je suis, et avec quelle passion, votre, etc.

131. — A MADAME LA MARQUISE DE SAVOIE[1].

A Paris, ce 14 octobre 1640.

Madame, après tant de lettres de consolation qu'il

---

[1] *Mss. de Conrart*, p. 855. — Christine de France, fille de Henri IV, veuve de Victor-Amédée Ier, régente pendant la minorité de son fils.

y a eu sujet d'écrire à Votre Altesse Royale, je n'ai garde de perdre l'occasion de lui en écrire une de réjouissance. Elle est si peu accoutumée d'en recevoir de cette sorte-là ¹, que je pense qu'elle sera bien aise d'en voir ; et quand il n'y auroit point d'autre raison, la nouveauté toute seule les lui doit rendre agréables. Il y a longtemps, madame, que j'attendois ce que je vois qui va commencer à cette heure, et que j'avois jugé que le malheur de la plus parfaite et de la plus aimable princesse qui fût jamais étoit un trop grand désordre dans le monde pour croire qu'il pût durer. Quelque malignité et quelque envie que la fortune semblât avoir contre elle, et quelque fatalité qui parût contre le bien de ses affaires, je m'imaginois toujours que tant de bonté, de générosité, de constance et de divines qualités qu'il y a en Votre Altesse Royale ne pourroient être longtemps malheureuses, et qu'enfin le ciel ne manqueroit pas de faire quelque miracle pour une personne en qui il en avoit tant mis. Il y a beaucoup de raison d'espérer, madame, que celui de la prise de Turin ² sera suivi de beaucoup d'autres, et que ce grand succès qui vient d'arriver dans vos États est une crise qui y va changer toutes choses, et les remettre en l'état où naturellement elles doivent être. Mais ce qui vous doit donner plus de joie dans ce bonheur, c'est qu'il est vrai que la part que vous y

---

¹ Elle était alors à Chambéry, où elle s'était retirée après l'occupation de Turin par l'armée du prince Thomas. Elle rentra dans sa capitale le 18 octobre de cette même année, après que le comte d'Harcourt en eut chassé les Espagnols.

² 22 septembre 1640.

avez, redouble ici la joie de tout le monde, et que Votre Altesse Royale est si aimée, que tout ce qu'il y a d'honnêtes gens à la cour se réjouissent autant pour l'intérêt qu'elle a dans cette prospérité, que pour le bien qui en revient à la France, et pour la gloire que les armes du roi y ont acquise. Je crois, madame, que Votre Altesse Royale est persuadée que dans cette réjouissance publique j'en ai eu une bien particulière, et que personne n'en a été touché plus sensiblement que moi : au moins si elle me fait l'honneur de se souvenir de l'extrême passion que j'ai pour tout ce qui la regarde, et de l'inclination et de l'obligation avec laquelle je suis, de Votre Altesse Royale, le très-humble, etc.

132. — A MADEMOISELLE SERVANT,
l'une des filles de Son Altesse Royale.

(Jointe à la précédente.)

Mademoiselle, vous que j'ai toujours trouvée si éloquente, aidez-moi, je vous supplie, à rendre les remercîments que je dois à la plus belle et à la plus généreuse princesse du monde. Je suis, sans mentir, comblé de ses bontés, et j'avoue qu'il n'y a rien sous le ciel de si charmant ni de si aimable que la maîtresse que vous servez : j'ai pensé dire que nous servons; et, en vérité, il n'y a rien que je ne donnasse volontiers pour pouvoir parler ainsi. Dès la première fois que je l'ouïs, je jugeai d'abord, que de tous les esprits du monde il n'y en avoit pas un si grand que le sien. Mais le soin qu'il lui a plu avoir de moi m'étonne sur toutes choses, et je ne puis assez admirer, qu'en même temps qu'elle a de si grandes pensées, elle en ait de si petites, et qu'un esprit qui est d'ordinaire si haut puisse descendre si bas. Au reste, les pastilles que l'on m'a données ce matin ont fait en moi un effet merveilleux, et si ce n'est qu'elles aient touché la main de Son Altesse Royale, je ne vois pas d'où peut venir ce miracle. Pour avoir baisé seulement le papier où elles étoient, je me trouve beaucoup mieux. Ce me sera toute ma vie un contre-poison contre toutes sortes de maux, et hors un, je n'en sache point dont un si agréable remède ne me puisse guérir. De peur que vous cherchiez trop curieusement celui que j'entends, il vaut mieux que je m'explique et que je vous dise que c'est le regret de ne la voir pas assez, et d'être destiné à vivre loin de la seule personne qui mérite d'être servie. Si vous le voulez bien considérer, ce mal-là est plus grand que tous les autres, et il est bien difficile d'être honnête homme et de n'en pas mourir.

133. — A MONSIEUR DE CERISANTES,
Résident pour le roi près la reine de Suède [1].

A Paris, le 15 décembre 1640.

Monsieur, votre petite ode m'a semblé un grand ouvrage et me fait juger que, quoi que vous disiez de vos débauches, vous êtes quelquefois sobre à Stokholm.

---

[1] *Mss. de Conrart*, p. 649. — Marc Duncan de Cerisantes : il se piquoit de grande noblesse, et, à cause de son nom, se faisoit descendre d'une illustre maison d'Écosse ; du reste homme d'esprit et de belles-lettres, qui, n'étant fils que d'un médecin de Saumur, s'étoit élevé jusqu'à être résident près de la reine Catherine de Suède (*Mémoires de l'abbé Arnauld*). L'exemplaire annoté par Tallemant porte : *résident en France pour la reine de Suède*. Titon du

Les fruits de la Grèce et de l'Italie ne sont pas plus beaux que ceux que vous produisez sous le Nord, et j'admire que les Muses vous aient pu suivre jusque-là. Vous pouvez vous vanter que vous les avez menées plus loin que ne fit Ovide, et que jamais personne ne leur a fait voir plus de pays que vous. Que si c'est le vin qui vous donne ces enthousiasmes, je vous conseille de vous hasarder toujours à boire de la sorte :

Dulce periculum est,
O Lenæe, sequi Deum
Cingentem viridi tempora pampino.

Et vous pouvez dire :

Bacchum in remotis carmina rupibus
Vidi docentem.

Je ne vous saurois dire, monsieur, combien j'ai eu de plaisir de voir l'huile de jasmin, les gants de Frangipane et les rubans d'Angleterre, dans des vers latins. Sans mentir, depuis le commencement jusqu'à la fin, tout est merveilleusement agréable :

Insigne, recens, adhuc
Indictum ore alio.

Mais à moi qui n'entends guère bien le latin, expliquez-moi, je vous supplie, ce que veut dire ce *mentis et acerbus dolor*. Je vous jure que cela me met en peine. Je ne veux pas prendre plus de part dans vos secrets qu'il ne vous plaît de m'y en donner; mais trouvez

Tillet (*Parnasse françois*, p. 230 et suiv.) dit la même chose; et le fait est encore confirmé par un extrait de la *Gazette de France* du 2 juillet 1644, où il est mentionné comme « gentilhomme français, du conseil privé de la reine de Suède, et envoyé par elle près de LL. MM. »

bon que j'en prenne dans vos intérêts, puisque je suis de tout mon cœur, votre, etc.

131. — A MONSIEUR DE MAISON-BLANCHE,
à Constantinople[1].

[A Paris, fin de 1640 ou commencement de 1641.]

Monsieur, sans mentir, vous auriez tort de vous faire Turc, car je vous assure que vous avez beaucoup d'amis dans la chrétienté, et votre réputation y est si grande que, si j'étois en votre place, j'aimerois mieux en venir jouir que de commander à quarante mille janissaires, épouser la fille du grand seigneur et être étranglé à quelque temps de là. Je ne sais pas comme sont faites vos beautés d'Asie. Mais je vous assure que cinq ou six des plus belles personnes de l'Europe sont devenues amoureuses de vous ; et pourvu que vous ne vous soyez rien fait couper, au lieu que vous trouvez là des filles qui vous prient de les acheter, vous vous vendrez ici aussi chèrement qu'il vous plaira. Tout de bon, vos lettres n'ont jamais fait tant de bruit à Londres qu'elles en font à Paris. Tout le monde en parle, chacun les désire, et si le Grand Seigneur savoit combien vous êtes considérable parmi les chrétiens, il vous mettroit pour toute votre vie dans une des tours de la mer Noire. Mme la Princesse me demandoit l'autre jour s'il étoit donc vrai que vous eussiez tant d'esprit

---

[1] *Mss. de Conrart*, p. 653. — Il étoit secrétaire de l'ambassade que fit M. de la Haye-Vantelet, conseiller au parlement (T.). L'abbé Arnauld parle de lui dans ses *Mémoires*, et paraît en faire une médiocre estime.

que l'on disoit. Il n'y avoit que quatre jours que
Mlle de Bourbon m'avoit fait la même question, et il
n'y a personne qui ne s'étonne du bruit qui se fait à
cette heure de vous dans le monde. Car, par vous dire
le vrai, votre physionomie ne fait pas juger tout ce
qu'il y a de bon en vous, et c'est une merveille que
sur votre mine on vous ait pris une fois pour un ingé-
nieur [1]. On ne jugeroit jamais à votre nez ce que vous
valez, et pour vous estimer autant que vous le méritez, il faut vous avoir pratiqué autant que j'ai fait,
ou ne vous avoir jamais vu et ne vous connoître que
par vos lettres. En vérité, elles sont extrêmement
agréables, et je ne le suis jamais tant à tous ceux qui
m'aiment que quand je leur en porte quelqu'une. Particulièrement, M. et Mme de Rambouillet, Mlle leur fille
et M. le marquis de Pisani, en sont ravis et ont pris
de là une estime et une affection très-particulières
pour vous. Songez donc à entretenir ce que vous avez
ici acquis en m'écrivant le plus souvent et le plus
agréablement que vous pourrez. Il ne faut point faire
d'effort pour cela. Le lieu où vous êtes vous fournira,
d'ici à dix ans, de quoi dire toujours des choses
nouvelles. Je voudrois bien qu'il me fût aussi aisé de
vous entretenir, et qu'en vous décrivant nos habille-
ments, nos façons de faire, de vivre, de manger, les
accoutrements et les beautés de nos femmes, je pusse
faire des lettres que vous prissiez plaisir de lire. Mais

---

[1] A Bruxelles, où il étoit allé en partie pour voir Voiture. Il regardoit les fortifications si attentivement qu'on le prit pour un
homme qui en vouloit faire le plan; on le mit en prison, et sans
Voiture il y eût été longtemps (T.).

hors les cérémonies de notre religion, je crois que vous n'avez encore rien oublié de ce qui se fait ici. De sorte, monsieur, qu'il ne me reste rien à vous dire, sinon que je vous honore parfaitement et que je vous aime de tout mon cœur, et vous savez cela aussi bien que moi. Car de vous raconter de quelle sorte nous avons secouru Casal [1], et comment nous avons pris Arras et Turin [2] : quel plaisir cela vous donneroit-il, vous qui êtes accoutumé à vos armées de trois cent mille hommes, et qui avez encore assez fraîche dans l'esprit votre prise de Babylone? Je vous dirai seulement une chose qui vous doit étonner : M. le prince d'Orange est battu à cette heure tous les ans cinq ou six fois, et M. le comte d'Harcourt [3] fait des choses que le roi de Suède lui envieroit, s'il étoit au monde. Adieu, monsieur. Quoi qu'il en arrive, aimez-moi toujours, et faites-moi l'honneur de croire que je suis, autant que je dois, et avec toute sorte de passion, votre, etc.

135. — A MONSIEUR DE CHAVIGNY [4].

A Paris, le 5 juin 1641.

Monsieur, voyez jusqu'où va le bruit de ma faveur et du crédit que j'ai auprès de vous. M. Esprit, qui va

---

[1] Casal, 29 avril 1640.

[2] Arras, 9 août; — Turin, 22 septembre.

[3] Le comte d'Harcourt avait succédé au cardinal de la Valette dans le commandement de l'armée de Piémont.

[4] *Mss. de Conrart*, p. 679. — Louis Bouthillier, comte de Chavigny, secrétaire d'État, « celui qu'on vit faire d'étranges personnages auprès du roi, du cardinal de Richelieu, des deux reines, de Gaston, » disent les *Mémoires* de Saint-Simon. Il mourut en 1652.

à la cour avec une lettre de recommandation pour vous de M***, a cru avoir besoin que je vous le recommandasse, et moi qui suis vain, j'ai mieux aimé me résoudre de l'entreprendre que de lui dire que je ne l'osois faire. C'est, en vérité, monsieur, un des plus aimables hommes du monde, qui a l'âme et l'esprit faits comme vous les aimez, fort bon, fort sage, fort savant, grand théologien et grand philosophe. Il n'est pas pourtant de ceux qui méprisent les richesses, et parce qu'il est assuré qu'il en saura bien user, il ne sera pas fâché d'obtenir une abbaye, pour laquelle Mme d'Aiguillon écrit pour lui à M. le Cardinal. Cela dépendra de son Éminence. Mais il dépendra de vous de lui faire un bon accueil, et c'est tout ce qu'il en désire. Après les choses que je vous viens dire de lui, je pense qu'il est bien inutile d'ajouter la très-humble supplication que je vous fais ici en sa faveur; et je n'en use ainsi qu'à cause qu'il le désire et que j'ai accoutumé de faire tout ce qu'il veut. Mais, monsieur, vous ayant parlé de ses intérêts, je crois que les règles de l'amitié ne me défendent pas de songer aux miens, et de vous supplier très-humblement de me faire l'honneur de m'aimer toujours et de croire que je suis, votre, etc.

136. — A MONSIEUR LE COMTE DE GUICHE [1].

A Paris, le 15 septembre 1641.

Monsieur, après avoir fait un grand siége [2] et deux

[1] *Mss. de Conrart*, p. 783.
[2] Aire. 19 mai — 26 juillet.

petits¹ et avoir été quinze jours en Flandre sans équipage, n'est-il pas vrai que c'est un grand rafraîchissement que d'aller assiéger Bapaume et de recommencer tout de nouveau au mois de septembre, comme si l'on n'avoit rien fait? Il me semble que les chevaliers du temps passé en avoient beaucoup meilleur marché que ceux d'à cette heure : car ils en étoient quittes pour rompre quatre ou cinq lances par semaine, et pour faire de fois à autres un combat. Le reste du temps, ils cheminoient en liberté par de belles forêts et de belles prairies, le plus souvent avec une demoiselle ou deux, et depuis le roi Perion de Gaule jusqu'au dernier de la race des Amadis, je ne me souviens pas d'en avoir vu pas un empêché à faire une circonvallation ou à ordonner une tranchée. Sans mentir, monsieur, la Fortune est une grande trompeuse ! Bien souvent en donnant aux hommes des charges et des honneurs elle leur fait de mauvais présents, et pour l'ordinaire elle nous vend bien chèrement les choses qu'il semble qu'elle nous donne². Car, enfin, sans considérer le hasard du fer et du plomb (ce qui ne vaut pas la peine d'en parler), et supposant que vous combattiez toujours sous des armes enchantées, vous ne sauriez empêcher que la guerre ne vous retranche une grande partie de vos plus beaux jours. Elle vous ôte six mois de cette année, et à vous, qu'elle a laissé vivre, elle vous a ôté, depuis quinze ans, près de la moitié de votre vie. Et cependant, monsieur, il faut

¹ La Bassée et Lens, août.
² La Fontaine a dit à peu près dans les mêmes termes :
    La fortune nous vend ce qu'on croit qu'elle donne.

avouer que ceux qui la font avec tant de gloire que vous, y doivent trouver de grands charmes, et sans mentir, ce consentement de tout un peuple avec tous les honnêtes gens à mettre un homme au-dessus de tous les autres, est une chose si douce qu'il n'y a point d'âme bien faite qui ne s'en laisse toucher, ni de travail que cela ne rende supportable. Pour moi, monsieur (car aussi bien que vous je prétends avoir ma part des incommodités de la guerre), je vous avoue que votre réputation me console de votre absence, et quelque plaisir qu'il y ait de vous ouïr parler, je ne le préfère pas à celui d'ouïr parler de vous. Je souhaite pourtant que vous veniez bientôt jouir ici de la gloire que vous avez acquise, et qu'après tant de courses que vous avez faites, vous ayez le plaisir d'aller tout cet hiver, quelque temps qu'il fasse, deux ou trois fois la semaine, de Paris à Ruel et de Ruel à Paris. Alors je vous dirai à loisir les alarmes où j'ai été pour l'amour de vous, et l'affection avec laquelle je suis, votre, etc.

137. — AU MÊME
(sur sa promotion à la charge de maréchal de France[1]).

[A Paris, le 22 septembre 1641.]

Monseigneur, je me dédis de tout ce que je vous avois dit contre la guerre, et puisqu'elle est cause de

---

[1] *Mss. de Conrart*, p. 785. — Deux jours après la reddition de Bapaume (20 septembre) : voyez la *Gazette de France* du 28 du même mois. Le nouveau maréchal de Guiche (car il fut quelques années encore sans prendre le nom de Gramont) demeura chef de l'armée par la retraite du maréchal de la Meilleraie, qui alla pren-

l'honneur que vous venez de recevoir, je ne lui saurois plus vouloir de mal. Il y a longtemps que je jugeois que tant de valeur et de services, en un homme de votre condition et une personne si agréable à tout le monde, ne pouvoient n'être pas bientôt récompensés. Mais comme il y a toujours une grande différence entre les choses qui ont à être et celles qui sont en effet, je n'ai pas laissé de recevoir une extrême joie d'apprendre que l'on avoit fait pour vous ce que je savois bien que l'on ne pouvoit pas manquer de faire, et cette nouvelle m'a autant touché et m'a été aussi agréable que si je ne l'eusse pas attendue. Il est certain, monseigneur, que la principale récompense de vos actions est la réputation qu'elles vous ont acquise. Mais ce ne vous doit pas être pourtant un médiocre contentement de vous voir monté, à l'âge où vous êtes, au dernier degré où la fortune de la guerre peut conduire les hommes. Et si vous songez au travers de combien de périls vous y êtes arrivé, quels hasards il vous a fallu passer et combien vous avez vu tomber de braves gens qui couroient dans le même chemin que vous teniez, vous saurez quelque gré à la fortune de vous avoir laissé venir jusque-là et de ne s'être pas opposée à votre vertu. Parmi tant de sujets que j'ai de me réjouir de votre bonheur, j'ai une satisfaction particulière, que vous ne sauriez avoir et qui, en vérité, passe dans mon esprit toutes les autres, de connoître, par les juge-

---

dre les eaux, et par le départ du maréchal de Brézé pour la Catalogne. — Cf. une lettre de Godeau sur le même sujet (*Lettres de M. Godeau sur divers sujets*, 1713, p. 344).

ments libres et non suspects de tout le monde, que votre gloire est sans envie, et de voir qu'il n'y a personne qui ne soit aussi aise de votre prospérité que s'il y avoit quelque part. Cette joie publique de votre bonne fortune m'est un augure qu'elle sera suivie de toutes les autres qu'elle peut produire, et j'espère que vous ajouterez bientôt à l'honneur que le roi vous a fait des honneurs qu'il n'y a que vous qui vous puissiez faire, et qui, à parler sainement, sont plus solides et plus véritables. Je pense que vous croirez bien que je le souhaite de bon cœur, puisque vous savez combien, par mille raisons, je suis obligé d'être avec toute sorte de respect et de passion, monseigneur, votre, etc.

138. — A MADEMOISELLE DE RAMBOUILLET [1].

[Novembre 1641.]

Mademoiselle, vous êtes admirable de vous plaindre de la solitude, après avoir emmené avec vous tout ce qu'il y avoit de plus beau et de meilleur dans Paris [2], et de vouloir que nous vous consolions, quand vous nous avez ôté toute sorte de consolations. Si j'étois auprès de la belle princesse avec qui vous êtes [3], je vous enverrois les lettres que vous me demandez; et de ses

[1] *Mss. de Conrart*, p. 623. Dans la première édition, cette lettre, ainsi que la suivante, est adressée à Mme de Rambouillet.
[2] Mme la Princesse douairière, Mme la Princesse la jeune, Mlle de Bourbon et plusieurs de leurs amis et amies étaient allés à Liancourt attendre le duc d'Enghien qui, après la reddition de Bapaume (octobre 1641), était allé prendre les eaux de Forges en Normandie, et ils y passaient tous ensemble le temps en fêtes et en divertissements.
[3] Mlle de Bourbon.

moindres paroles ou de ses plus petites actions, je dissiperois les plus grandes mélancolies. Si vous vous divertissez avec elle aussi mal que vous dites, il faut que l'accident qui est arrivé à Merlou[1] l'ait rendue tout une autre personne qu'elle n'étoit, et qu'elle soit bien plus changée de la petite vérole de madame sa belle-sœur[2], qu'elle ne l'a été de la sienne. Cependant, mademoiselle, je vous donne avis que toutes les maisons de Paris sont, à cette heure, des maisons des champs, aussi bien que la vôtre ; et, en vérité, il y en a beaucoup où il n'y a pas si bonne compagnie. Toutefois, si une personne qui s'ennuie avec Mlle de Bourbon se peut divertir de savoir des nouvelles de Mme de la G., je vous en dirai tant que vous voudrez (car il n'y a plus quasi qu'elle que je connoisse ici), et je vous remplirai deux grandes feuilles de papier des bonnes choses que je lui ai ouï dire. C'est, sans mentir, une jolie dame, et, en vérité, une des plus charmantes et des plus agréables qui soit à cette heure-ci[3]. Jugez, mademoiselle, si je puis être fort divertissant, en un temps où je suis si mal diverti, et si vous ne devez pas trouver bon que je m'en aille à Blois le plus vite que je pourrai, et que je ne vous dise autre chose, sinon que je suis, votre, etc.

[1] La seigneurie de Merlou appartenait à la maison de Condé.

[2] Mme la Princesse la jeune, qui avoit eu la petite vérole à Merlou (T.). — Claire-Clémence de Maillé-Brézé, mariée le 11 février 1641 au duc d'Enghien.

Ceci est dit par ironie ; mais qui est cette Mme ou Mlle de G....?

139. — A LA MÊME[1].

(Même date.)

Mademoiselle, sans mentir, on n'est jamais en repos, quand on aime quelque chose autant que je vous aime. J'avois toujours fort appréhendé votre voyage ; mais je croyois qu'il ne m'en arriveroit point d'autre mal que le plus grand ennui du monde, et comme j'étois déjà assez affligé de n'avoir pas l'honneur de vous voir, la nouvelle qui nous est ici venue de Merlou m'a mis en une bien plus grande peine. Quand cet accident ne feroit point d'autre mal que d'avoir séparé une si belle compagnie, c'en seroit déjà un assez grand et duquel j'aurois assez de peine à me consoler. Il me semble qu'il y a longtemps que la petite vérole n'a rien fait de si insolent que cela ; et que, comme elle n'a osé faire de mal au visage de Madame, elle ne devoit pas non plus toucher à ses plaisirs ni à ses divertissements. Je me consolois des ennuis que j'avois ici, par les joies que je savois que vous aviez de delà, et je n'osois être tout à fait triste, en un temps où l'on me disoit que vous dansiez tous les jours. A cette heure, il ne me reste pas une pensée qui me puisse plaire. Je vous assure que Mlles de Vigean ne se sont jamais tant ennuyées dans leur grenier[2], ni ailleurs, que je m'ennuie dans Paris. Mais voyez, je vous supplie, mademoiselle,

---

[1] *Mss. de Conrart*, p. 621.

[2] Mme du Vigean fit tenir pendant un certain temps ses filles dans une chambre en galetas avec leur grand'mère de Neubourg (T.).

jusques où me porte mon désespoir. Je me résolus de m'en aller à cheval, en trois jours, à Blois ; et cela, c'est presque comme si je m'allois jeter la tête la première dans la rivière. Je ne sais si j'en reviendrai. En tout cas, faites-moi toujours l'honneur de m'aimer, mort ou vif, et souvenez-vous que je fus, ou que je suis, votre, etc.

140. — A LA MÊME.

A Lyon, le 23 février 1642.

Mademoiselle, sans mon fourgon, j'eusse eu, sans mentir, un extrême regret de n'avoir plus l'honneur de vous voir, et je crois que j'eusse pensé en vous de meilleur cœur que je ne fis de ma vie. Car, pour dire le vrai, je m'y sentois extrêmement disposé, et je n'ai jamais eu plus de déplaisir de me séparer de vous. Mais vous ne sauriez croire, mademoiselle, combien les fourgons sont une chose divertissante et quel excellent remède c'est contre une grande passion. Tantôt il s'y estropie un cheval, tantôt il se rompt une roue, tantôt ils demeurent toute une nuit embourbés au milieu d'un chemin ; et c'est, je vous jure, tout ce que l'on peut faire avec eux, que de songer deux ou trois fois le jour en la meilleure de ses amies. A cette heure que nous irons plus doucement, et que nous allons nous embarquer sur le Rhône, je ferai mieux mon devoir de penser en vous, et je suis trompé, si je n'arrive à Avignon le plus passionné homme du monde. Pour vous, mademoiselle, qui ne faites de voyage que de chez vous au faubourg Saint-Germain, et qui n'allez pas par de si mauvais chemins que nous, vous n'êtes pas, sans mentir, excusable, si vous ne me faites l'honneur de vous souvenir quelquefois de moi. Au moins, sais-je bien que vous y êtes plus obligée que jamais, et si je ne songe pas souvent en vous, c'est de si bon cœur quand cela m'arrive, et avec de tels sentiments, que je suis assuré que vous en seriez satisfaite. Et puis, que sait-on si je n'y songe pas souvent, et si je ne le dis pas de la sorte pour n'oser dire ce qui en est? Dans ce doute, je vous supplie, mademoiselle, d'en croire ce que vous en dira M. Arnauld, car je lui ai laissé charge de vous expliquer mes intentions; et lui qui fait profession de faire des *orispianes*[1], qu'il vous dise, s'il lui plait, combien je suis, et de quelle sorte, mademoiselle, votre, etc.

Post-scriptum. [Je vous supplie très-humblement, mademoiselle, de me permettre d'assurer ici M. votre père, et Mme votre mère, et M. votre frère de mon très-humble service, et M. de Chaudebonne, M. le marquis de Montausier et M. Arnauld]. La résolution qu'avoit prise M. le cardinal d'aller sur le Rhône a été changée sur ce qu'il vit avant-hier, comme il se promenoit sur le port, un bateau chargé de soldats, qui courut très-grand hasard de se perdre: il y en eut même quelques-uns qui se jetèrent dans l'eau, et se noyèrent, et Son

[1] Il y avoit un pâtissier à Tours qui avoit voyagé; il faisoit de certaines pièces de four auxquelles il donnoit des noms bizarres; il en appeloit une *orispiane*. Quand on en mangeoit une à l'hôtel de Rambouillet, et qu'elle sembloit bonne, on disoit : C'est une orispiane celle-là ! (T.)

Éminence ne se veut pas noyer, pour ce que cela nuiroit aux desseins qu'il a sur le Roussillon.

[Je n'oserois pas encore assurer M. votre père que l'accommodement de Messieurs de Savoie avec le roi est fait; mais M. de Chavigny me le dit hier au soir, et que le cardinal de Savoie épouseroit la Princesse. Le brevet pour Mlle de Bourbon est envoyé à M. de Brienne. Le roi est parti ce matin pour aller à Vienne; on croit que M. le cardinal y va demain coucher[1].]

141. — A LA MÊME.

A Avignon, le lundi gras, 1642.

Mademoiselle, je voudrois que vous m'eussiez vu l'autre jour de quelle sorte je fus depuis Vienne jusqu'à Valence. Le jour ne commençoit qu'à poindre, et le soleil à rayonner sur le sommet des montagnes, quand nous nous mîmes sur le Rhône. Il faisoit une de ces belles journées qu'Apollon prend quelquefois pour lui servir de panache[2], et que l'on ne voit jamais à Paris que dans le plus beau temps de l'été. Ceux avec qui j'étois considéroient tantôt les montagnes du Dauphiné qui paraissoient à la main gauche, à dix ou douze lieues de nous, toutes chargées de neige; tantôt les collines du Rhône, que l'on voyoit couvertes de

---

[1] Première édition, p. 435. En effet le cardinal partit de Lyon le 24 mars, se dirigeant vers Avignon par Valence et Montélimart : le départ du roi avait eu lieu la veille.

[2] Ceci est du pur galimatias pour se moquer d'un des habitués de l'hôtel de Rambouillet, nommé Croisilles, que Mlle Paulet, sa parente, avoit introduit chez la marquise, chez Mme de Combalet et chez Mme la Princesse. Voyez les *Historiettes*, t. IV, p. 116.

vignes, et des vallons à perte de vue tout pleins d'arbres fleuris. Pour moi, dans cette réjouissance de tout le monde, je montai seul sur la cabane qui couvroit notre bateau, et tandis que les autres admiroient ce qui étoit à l'entour de nous, je me mis à penser à ce que j'avois quitté : j'avois le coude du bras droit appuyé sur la couverture de la barque, la tête un peu penchée et soutenue sur la main du même bras, et l'autre négligemment étendu, dans la main duquel je tenois un livre qui m'avoit servi de prétexte à ma retraite. Je regardois fixement la rivière que je ne voyois pas. Il me tomboit de moment en moment de grosses larmes des yeux; je faisois des soupirs avec chacun desquels il sembloit que sortît une partie de mon âme, et de temps en temps je disois des paroles confuses et mal formées que les assistants ne purent pas bien ouïr, et que je vous dirai quand vous voudrez.

Ceci que je vous raconte eût paru davantage et eût reçu plus d'ornement, si je vous l'eusse écrit en vers : car je vous jure que les nymphes des eaux furent touchées de ma douleur, et que le dieu du fleuve en fut ému. Mais tout cela ne se peut pas dire en prose. Tant y a que je demeurai sept heures de cette sorte sans remuer ni pieds ni pattes. Je voudrois, mademoiselle, que vous m'eussiez vu ainsi : *devant Dieu, cela vous eût donné de la dévotion*[1]; et le maître de notre bateau dit qu'il

---

[1] Mme d'Aiguillon disoit de toutes choses : « Devant Dieu cela fait dévotion. » En racontant à Mlle de Rambouillet ce que lui disoit M. de Montausier, quand il recherchoit cette demoiselle, elle lui disoit : « Ma fille, ma fille, devant Dieu cela est touchant, cela fait dévotion. » (T.)

avoit mené en sa vie plus de dix mille hommes depuis Lyon jusqu'à Beaucaire, mais qu'il n'en avoit jamais vu un qui parût avoir l'esprit si égaré.

Après cette belle description que je viens de faire, il me vient de tomber dans l'esprit que vous vous imaginerez que tout cela est faux, et que ce que j'en ai dit n'étoit que pour trouver moyen de remplir une lettre. Quand cela seroit, mademoiselle, je serois en vérité excusable : car, pour parler franchement, on est souvent bien empêché à trouver que dire, et je ne puis pas comprendre que, sans quelques inventions comme cela, des personnes qui n'ont ni amour ni affaires ensemble se puissent écrire souvent. Néanmoins, pour vous dire naïvement ce qui en est, tout ce que je vous ai dit de ma rêverie, de mes soupirs et de ma tristesse est vrai. Pour ce qui est du ressentiment qu'en eurent les nymphes et le dieu du Rhône, je n'en suis pas assuré. Je passai toute ma matinée sans quitter mes pensées un moment : dans cet espace de temps, je songeai, je vous l'avoue, trois ou quatre fois en Mlle.***; le reste je l'employai à penser en Mme votre mère et en vous. Je vous avois bien promis que si nous allions sur l'eau je m'acquitterois de ce que je vous dois. Je l'ai si bien fait que, si cela m'arrive encore une fois de la sorte, je serai fou au premier soleil de Languedoc qui me donnera sur la tête. Il est déjà si chaud en Avignon qu'à peine le pouvons-nous souffrir. Le printemps est ici arrivé quand et quand nous; nous y trouvons partout des puces et des violettes : je vous les souhaite toutes de bon cœur : car je serai bien aise, mademoiselle, que vous ne dormiez pas trop en mon absence, et je vous désire tout ce que je vois de beau et suis, mademoiselle, votre, etc.

Post-scriptum. — [M. de Chavigny est venu ici sur le Rhône, hors quatre lieues que nous avons faites par terre; il part après demain pour aller coucher à Arles, et de là il doit aller à Marseille, de sorte que nous ne rejoindrons M. le cardinal qu'à Narbonne. J'ai fait des merveilles pour vous et pour M. votre frère auprès de M. de Roussillon. Je viens aussi, mademoiselle, de faire de merveilleux compliments de la part de Mme votre mère et de vous à M. le comte d'Alais[1], qui est ici. Je suis bien aise de ne m'être pas trop engagé envers M. votre père sur l'accommodement de Messieurs de Savoie : quoiqu'il soit conclu, il n'est pas signé, et j'en ai mauvaise opinion. Je vous supplie très-humblement, mademoiselle, de me faire l'honneur de remercier Mme de Chavigny de tout le soin qu'elle a de moi et des paroles obligeantes que M. de Sarrazin m'a apportées de sa part. Je vous en demande pardon, mais, sans mentir, je crois que je l'aime autant que vous, et de jour en jour je sens augmenter l'affection que j'ai pour elle. M. de la Barde me promit, en partant de Lyon, que, dans le mois de mars, il feroit l'affaire de M. le marquis de Montausier : car M. de Chavigny n'étoit pas en mois, en février. Permettez-moi, s'il vous plaît, d'assurer ici M. votre frère que l'on trouve partout ici des raisins qui, sans mentir, valent mieux que les meilleurs que j'aie jamais mangés nulle part au mois de septembre; et

[1] Voyez plus bas, p. 372, note 3.

l'on nous dit que nous en aurons comme cela tout l'été.

On dépêcha avant-hier, de quatre lieues d'ici, un courrier à M. de Bordeaux[1], avec une lettre du roi, par laquelle il lui commande de sortir de Carpentras, où il étoit, et de demeurer à Vezon, une méchante et détestable petite ville qui est dans la montagne[2]].

C'étoit, je vous assure, une belle chose à regarder que de voir hier au soir les rues d'Avignon pleines de chandelles, de lanternes, de flambeaux par toutes les fenêtres pour voir M. le cardinal, qui y arriva à sept heures du soir. Il y faisoit clair comme en plein jour, et si le pape arrivoit ici, on ne le pourroit pas mieux recevoir. On lui donnoit partout mille bénédictions, et, à cause que c'est terre papale, ils en sont libéraux en ce pays-ci. Les juifs d'Avignon se portent bien, M. le vice-légat gros et gras, M. le comte d'Alais un peu plus que lui.

142. — A LA MÊME[3].

[A Narbonne, avril 1642.]

Mademoiselle, il faut avouer que je vous aimerois étrangement, si je ne vous voyois jamais. Pour avoir été seulement deux mois sans être auprès de vous, mon affection en est augmentée de moitié, et s'accroît tellement de jour en jour que, si je ne vous revois

---

[1] Henri d'Escoubeau de Sourdis, mort à Auteuil en 1641. Voyez sur les motifs de sa disgrâce. *Historiettes*, t. II, p. 117.

[2] Première édition, p. 440.

[3] *Mss. de Conrart*, p. 617.

bientôt, je sens bien qu'elle passera toute sorte de bornes. A dire le vrai, outre la satisfaction que j'ai d'avoir été quelque temps sans disputer avec vous, et d'avoir passé un carême sans que nous ayons eu querelle sur les laits d'amandes ¹, je vous avoue, mademoiselle, que vos lettres contribuent encore beaucoup à faire que je juge de vous plus favorablement, et que je vous trouve plus aimable. Les deux que vous m'avez fait l'honneur de m'écrire m'ont étonné de nouveau, comme si je n'avois jamais connu votre esprit, et quoique l'on ait, à parler franchement, quelque dépit de lire des choses que l'on ne pourroit écrire, j'en ai reçu, je vous assure, un extrême plaisir. Elles m'ont consolé de tous mes déplaisirs; elles m'ont presque guéri de tous mes maux, et m'ont donné une joie que je ne pouvois avoir ici que par enchantement, ou par miracle. Il y a tant de l'un et de l'autre en tout ce que vous écrivez que je ne m'étonne pas, mademoiselle, qu'elles aient fait cet effet en moi; je m'étonne seulement de ce qu'elles m'ont donné une extrême impatience d'avoir l'honneur de vous revoir, puisqu'il est certain qu'il n'y a point d'homme, qui eût le goût des bonnes choses et qui vous connût aussi méchante que je vous connois, qui ne désirât volontiers être toujours à deux cents lieues de vous, pour recevoir de vos lettres. Vous devriez encore plus souhaiter que je me contentasse de cet honneur et

---

¹ Voiture avoit mangé du lait d'amandes chez M. le prince de Marsillac, et disoit que c'étoit le meilleur qu'il eût jamais vu. Enfin il en fit faire un après avoir bien disputé avec Mlle de Rambouillet comment il se devoit faire (T.).

que je ne me rapprochasse pas de vous. Car, sans doute, en étant éloigné je vous sers beaucoup mieux, et vous dois être, sans comparaison, plus agréable. Et certes, quand je songe à tous les services que je vous ai rendus depuis que je suis hors de Paris; à tout ce que je dis de votre part à M. de Roussillon; aux assurances que je donnai de votre affection à M. le comte d'Alais [1]; aux protestations que je fis à madame sa femme [2], qu'elle étoit une des personnes du monde que vous honoriez et que vous aimiez le plus; aux merveilles que je dis pour vous à Mme de Saint-Simon [3], et aux paroles avec lesquelles j'assurai MM. les deputés de Marseille [4] de la bonne volonté que vous aviez toujours eue pour eux et pour leur ville, il me semble que je ne vais par le monde que pour vous y acquérir des serviteurs, pour y entretenir vos amitiés et pour étendre votre réputation. Encore hier, M. le président [Frère] [5], que je trouvai dans la chambre du roi, me vint parler de votre bel

---

[1] Louis de Valois, colonel général de la cavalerie légère et gouverneur de Provence; il devint duc d'Angoulême, à la mort de son père.

[2] Fille du maréchal de la Châtre, « une grande et grosse femme : Mme de Rambouillet disoit, quand elle la voyoit, qu'il lui sembloit voir le colosse de Rhodes. » (Tallemant, *Historiettes*.)

[3] Mère de l'auteur des *Mémoires*.

[4] Le comte d'Alais, gouverneur de Provence, était allé recevoir les commandements du roi jusqu'à Pont-Saint-Esprit avec une partie de la noblesse de cette province.

[5] Premier président du parlement de Dauphiné. Au passage du roi à Valence (26 février), il vint le complimenter à la tête de sa compagnie.

esprit. Je lui dis qu'il étoit un des hommes du monde qui étoit autant à votre gré, et qu'il y avoit longtemps que je connoissois que vous aviez une inclination particulière pour lui. Il est beau, et le crut; et je vous assure, mademoiselle, et M. de Chavaroche aussi, que si vous plaidez jamais à la cour du parlement de Grenoble, le premier président sera pour vous. J'ai eu un extrême plaisir à voir tout ce que vous me mandez des maîtresses de M. le marquis de [Saint-Mégrin] [1]. Sans mentir, j'en ai une extrême joie; et pour être entièrement honnête homme, il lui manquoit d'avoir fait une fois cette sorte de vie-là. A dire le vrai, pour mettre quelque chose dans son esprit qui pût tenir la place de la personne qui y étoit [2], il falloit qu'il y en mît sept à la fois; et encore il aura de la peine à trouver en sept autres toutes les choses qu'il aimoit en une seule. Cependant je trouve étrange, pour vous parler franchement, et ne comprends pas comme il se peut faire qu'un homme aime ainsi sept personnes à la fois: car, pour moi, je n'en ai jamais aimé que six lorsque j'en ai aimé le plus, et il faut être bien infâme pour en aimer sept. Mais, mademoiselle, selon que je vois qu'il est devenu coquet et que je suis devenu chagrin, je crois pour moi que nos deux âmes se changèrent quand il m'embrassa la dernière fois, lorsque je lui dis adieu. Car depuis ce temps-là j'ai eu une perpétuelle inquiétude, j'ai toujours souhaité

[1] Voyez plus bas, p. 382.

[2] Mlle du Vigean, la cadette. Saint-Mégrin en avait été fort épris; mais il avait dû céder la place au duc d'Enghien. Voyez Cousin, la Jeunesse de Mme de Longueville, p. 210.

d'être hors des lieux où j'étois; même il me semble que j'ai mieux aimé mademoiselle du Vigean que de coutume. Je ne sais si cela vient, ou de l'honneur qu'elle m'a fait de se souvenir de moi, ou bien de ce qu'il faut qu'une affection si bien fondée s'augmente et s'accroisse à toute heure; mais je voudrois, qu'au lieu qu'il a aimé jusqu'ici la plus douce personne du monde, il se fût adressé à cette autre que vous savez, qui veut, quand une fois on s'est déclaré être dans son service, que l'on y demeure et que l'on y meure, pour voir ce qui en fût arrivé[1] : et il seroit expédient, sans mentir, pour le bien de tout le monde, que l'on vît une fois un infidèle puni. Je l'appelle infidèle, quoiqu'il n'ait fait que ce qu'on désiroit de lui. Mais il ne devoit pas le pouvoir faire; et pour son honneur et pour l'affection que je lui porte, je voudrois qu'il en fût mort. Mais nous verrons quelque jour ces galants-là terriblement châtiés en l'autre monde. Pour moi, qui ai été pécheur comme les autres, je me suis admirablement converti, et je puis dire que j'ai mis mon âme en repos de ce côté-là. Mais, mademoiselle, qu'est-ce que vous me contez du mariage de Mlle [de Vertus] et du comte de [Grancey][2]? et où est-ce que la fortune a été chercher ces deux personnes pour les joindre ensemble? Je me réjouis de celui de Mlle de [Clermont] et du comte de [Fiesque]. Il y a une de nos amies qui sera bien *flanière*[3] à ces

---

[1] Mme de Saintot.

[2] Jacques Rouxel, comte de Grancey, maréchal de France en 1651.

[3] Une dame dit une fois ce mot sérieusement pour dire : Elle sera bien glorieuse et bien satisfaite de sa personne (T.).

noces-là, et je suis bien fâché de n'y être pas. Toutes les nouvelles sont que ceux de Collioure capitulent. Vous verrez par la lettre que je vous envoie que je n'ai pas oublié à faire rendre à madame de Lesdiguières[1] celles que vous lui écriviez. Il y a, mademoiselle, quatre heures que j'écris : n'est-il pas temps, à votre avis, que je vous dise que je suis votre, etc.

143. — A MONSIEUR LE PRÉSIDENT DE MAISONS[2].

A Narbonne, le 10 de mai 1642.

Monsieur, c'est une trop grande bonté à vous de prendre la peine de m'écrire et de me traiter aussi civilement que si je ne vous avois pas les infinies obligations que je vous ai. Je vous supplie très-humblement et très-sérieusement de ne vous en plus donner la peine. La plupart du temps, vous n'avez rien à me mander. Pour moi, outre que mon devoir m'oblige à écrire, les nouvelles qu'il y a ici de temps en temps me fournissent de quoi le pouvoir faire. Je vous avoue pourtant, monsieur, que j'ai eu un extrême plaisir à lire la dernière lettre qu'il vous a plu de m'écrire, et toutes les fois que vous aurez à me dire d'aussi agréables nouvelles, je ne refuse pas que vous me fassiez l'honneur de me les faire savoir. Je suis ravi de la grande amitié que je vois que vous avez fait depuis

---

[1] Anne de la Madeleine, marquise de Ragny, mariée à François de Bonne, de Créqui, duc de Lesdiguières.

[2] René de Longueil, seigneur de Maisons, conseiller du roi en ses conseils, et premier président de la cour des aides, « un animal mazarinique, dit plus tard Gui-Patin, fort dangereux, fin et rusé, mais fort incommodé dans ses affaires. »

mon départ avec Mlle de Rambouillet. Je ne le connois pas plus par vos lettres que par les siennes : elle ne m'écrit jamais sans me parler de vous, et avec toute l'affection et toute l'estime qui vous est due. Ce m'est, sans mentir, monsieur, une extrême consolation de ce que vous et Mme de Rambouillet me plaigniez de la folie que j'ai faite [1], et ce me sera une raison pour n'en plus faire à l'avenir, outre que j'en ai fait de nouveau une protestation solennelle entre les mains de M. de Chavigny. J'ai aussi beaucoup de joie que vous ayez eu le crédit de tenir quinze jours Mme [de Sablé [2]], et, ce qui est davantage, de faire défense aux autres d'y aller. Il me déplaît seulement de ce que vous n'en disposez que quand elle se veut réformer, et qu'elle est en état de pénitence. Je vous exhorte néanmoins à ne vous point rendre, car le temps, la fortune et l'adresse d'un honnête homme peuvent changer beaucoup de choses. Après avoir parlé de ces choses-là, il me semble, monsieur, que vous n'aurez pas grand plaisir que je vous entretienne des nouvelles de deçà ; aussi, pour ne vous pas ennuyer, je vous les dirai le plus succinctement que je pourrai.

[M. le cardinal de Mazarin et M. de Chavigny furent lundi à l'armée [3] pour se réjouir avec le roi de ce qu'il étoit guéri de sa maladie, qui avoit fait peur ici avec

---

[1] Il avait perdu au jeu. Voyez plus bas, p. 379.

[2] Le président était alors des bons amis de Mme de Sablé, qui l'allait voir assez souvent à sa campagne de Maisons. Plus tard ils se brouillèrent, mais ce fut après la mort de Voiture.

[3] Le roi était parti de Narbonne, le 21 avril, pour faire le siège de Perpignan. Le cardinal demeura malade à Narbonne, et le roi envoyait chaque jour un courrier pour savoir de ses nouvelles.

raison à tout le monde. J'y fus avec eux; ils en revinrent jeudi au soir. Nous avons vu une des plus belles places du monde en voyant Perpignan. On croit ici que le roi l'aura bientôt. Comme je dinois avec ces messieurs chez M. le grand-maître [1], il sortit deux officiers de la place qui le vinrent trouver; il les fit mettre à table et écouta leurs propositions après diner. Ils demandoient que l'on leur permît d'envoyer en Espagne, et que de trente jours que l'on leur avoit offert pour cela au commencement du siége, à cause qu'ils en avoient laissé passer dix sans faire réponse, ils se contenteroient de vingt. M. le grand-maître leur répondit que le roi n'étoit plus en état de leur accorder cela, s'ils ne capituloient de se rendre dans certain temps, au cas qu'ils n'eussent point de secours. M. le cardinal de Mazarin vouloit, avant-hier, gager cinq cents pistoles qu'ils capituleroient dans huit jours pour se rendre dans certain espace de temps. Pour moi, j'ai peine à croire que nous ayons sitôt cette place, et j'ai peur que nous ne nous mécomptions quand nous espérons d'en avoir si bon marché, M. de Turenne étoit allé reconnoître Roses, et on croit que l'on la pourra attaquer. Le roi se porte fort bien, Dieu merci. Il est revenu quelque matière au bras de M. le cardinal [2], et Juif [3] croit qu'il y faut faire une petite incision encore;

[1] Cinq-Mars.

[2] Un abcès survenu au bras du cardinal lui ôtait la possibilité d'écrire.

[3] Jean Juif, chirurgien du roi, célèbre pour son habileté dans la pratique des opérations; il mourut en 1658. Voiture, qu'il avait traité d'un mal fistuleux, lui a adressé plusieurs couplets dans une de ses chansons (voir aux *Poésies*).

M. Citois[1] n'en est pas d'avis : on est après à prendre résolution sur cela ; mais, Dieu merci, il n'y a aucun danger. Le bruit court ici fort grand, que cet homme qui vouloit que vous lui donnassiez à dîner quelque temps devant qu'il partît, est mal, non pas avec son maître, mais avec un autre[2], et cela n'est pas sans apparence. Le maréchal Horne fut, avant-hier, trouver le roi à l'armée, où il a reçu tous les honneurs du monde ; il en est revenu ce matin, et part demain pour s'en retourner. M. de Chavigny l'a traité ici six jours magnifiquement. Le prince de Mourgues[3] arrivera ici demain au soir. Mais, monsieur, la moindre nouvelle de la rue *** vaut mieux que tout cela. Pardonnez-moi, si je vous ai tenu si longtemps, et faites-moi l'honneur de croire que je suis comme je dois, monsieur, votre, etc.[4]].

144. — AU MÊME.

A Narbonne, le 22 mai 1642.

Monsieur, c'est un excès de votre bonté de me re-

---

[1] Premier médecin du cardinal de Richelieu. C'est lui qui avait coutume de lui dire en parlant de Bois-Robert, dont Son Éminence ne pouvait alors se passer : « Monseigneur, nous ferons tout ce que nous pourrons pour votre santé ; mais toutes nos drogues sont inutiles, si vous n'y mêlez un drachme de Bois-Robert. » Lorsque le même Bois-Robert fut exilé, sur la demande de la duchesse d'Aiguillon, pour avoir laissé entrer à la première représentation de *Mirame* (1639) des femmes d'une réputation équivoque, l'Académie sollicita en vain son rappel ; ce fut Citois qui l'obtint en donnant pour toute ordonnance au cardinal malade : *Recipe* Bois-Robert.

[2] Cinq-Mars, qui commençait à être mal avec le cardinal.

[3] Depuis duc de Valentinois et pair de France. Voyez la *Gazette de France* du temps.

[4] Première édition, p. 457.

mercier de quelque chose, moi qui ne saurois jamais assez faire pour vous, et qui vous en devrois encore de reste, quand j'aurois cent fois hasardé ma vie pour votre très-humble service. De cette bonté, monsieur, et de l'offre qu'il vous plait me faire, je vous rends mille grâces très-humbles, et j'ai une extrême joie de voir que dans les plus grandes et les plus petites choses vous ne cessez de me donner des témoignages de l'amitié que vous me faites l'honneur d'avoir pour moi. Quoique j'aie joué fort étourdiment, je ne me suis pas pourtant si fort emporté que je ne me sois réservé assez d'argent pour me tirer d'ici, et suis seulement fâché de vous avoir mis en main une si mauvaise assignation, et de vous avoir donné un créancier qui n'est guère meilleur que moi. Au reste, monsieur, je ne puis vous dire l'extrême joie que j'ai de voir la grande amitié que vous avez faite avec tout l'hôtel de Rambouillet. Mlle de Rambouillet ne m'écrit jamais sans me dire quelque chose de vous par où elle marque l'extrême cas qu'elle en fait; et afin que vous connoissiez mieux les sentiments qu'a pour vous M. le marquis de Pisani, je vous envoie un morceau de la dernière lettre qu'il m'a écrite. Pour M. de Chavigny, vous êtes, sans mentir, obligé de l'aimer de tout votre cœur : à toutes les occasions qui s'en présentent, il parle de vous avec toute l'estime et toute l'affection imaginable; il se vante de votre amitié à tous ses amis, et la promet à ceux qui lui sont les plus chers et qu'il veut obliger le plus. Il me dit l'autre jour que vous lui aviez écrit une lettre, la plus jolie et la plus obligeante du monde; mais, pour ce qu'il étoit en compagnie, il n'eut pas le temps de me la montrer. Il partit, il y a trois jours, pour aller à l'armée et assister à la cérémonie de l'ordre que le roi donna hier au prince de Mourgues, et revient demain [1]. Pour ce qui est du retour du roi, on n'en sait rien [2]. J'aurai en cela, monsieur, tout le soin que je dois avoir des choses que vous me commandez. On commence à ralentir l'espérance que l'on avoit d'avoir Perpignan sitôt [3]; on dit à cette heure vers le quinzième du mois qui vient; M. de Turenne m'a dit qu'il gageroit bien deux cents pistoles que l'on l'aura dans tout le mois de juin. Toutes les fois que M. de Chavigny va à l'armée il loge chez M. de Noyers [4] : c'est à cette heure la plus grande amitié du monde, mais vraie et sincère tout de bon. Je suis, monsieur, votre, etc.

Post-scriptum. — [Monsieur, y ayant une si grande amitié à cette heure entre vous et M. le marquis de Pisani, je pense que vous me pardonnerez si j'entreprends de vous supplier très-humblement de lui faire donner en main propre la lettre qui est ici pour lui [5].]

[1] Voyez, pour les détails de la cérémonie, la *Gazette de France* du 9 juin de cette année.

[2] Le roi, ennuyé des lenteurs du siége, revint à Narbonne le 10 juin.

[3] Perpignan ne capitula que le 29 août.

[4] François Sublet de Noyers, ministre secrétaire d'État de la guerre, « une vraie âme de valet, » dit Tallemant. Il mourut le 20 octobre 1645.

[5] 1re édition, p. 462.

145. — A MONSIEUR LE MARQUIS DE ROQUELAURE[1].

[Juin 1642[2].]

Monsieur, je ne sais ce que me vaudra l'honneur de votre amitié, mais elle me coûte déjà bien cher. Il ne se passe point de campagne, que je ne voie pour l'amour de vous beaucoup de mauvais jours, et que les hasards que vous courez ne me mettent en une extrême peine. Cependant, j'ai beaucoup de joie de voir que, par une fortune assez bizarre, vous trouvez toujours le moyen d'acquérir de la gloire dans les armées qui sont battues, et que dans des occasions qui sont malheureuses presque pour tous les autres, vous ne laissez pas de vous signaler. En effet, monsieur, vous ne sauriez pas, ce me semble, vous plaindre avec justice de la fortune : car, si elle ne se met dans votre parti, au moins elle vous met toujours dans celui duquel elle est, et à la fin de tous les combats, il se trouve que vous êtes du côté des victorieux[3]. Pour moi, qui suis moins jaloux de votre liberté que de votre gloire, je vous avoue que je ne me puis affliger de votre prison[4], et après ce qui est arrivé, je vous aime bien mieux

[1] Gaston, Jean-Baptiste, duc de Roquelaure, maître de la garderobe du roi. Saint-Simon l'a peint comme un véritable bouffon de société. Voyez *Historiettes*, t. VII, p. 125.

[2] La nouvelle de la bataille d'Honnecourt arriva au cardinal le 1er ou le 2 juin, comme il était en route pour se rendre à Tarascon, après avoir quitté Narbonne, le lendemain même de la bataille (27 mai). Voiture dut écrire tout de suite.

[3] Il étoit toujours prisonnier (T.).

[4] Il fut pris, avec le marquis de Saint-Mégrin, à la bataille d'Honnecourt, perdue par le maréchal de Guiche, le 26 mai.

parmi les Espagnols que si vous étiez parmi les nôtres. Je souhaite, monsieur, que vous receviez d'eux tout le bon traitement que vous méritez, et je ne doute pas que cela n'arrive : car, outre ce qu'on doit à votre condition, il y a des qualités en votre personne qui gagnent en trois jours le cœur de ceux qui vous approchent, et je ne fais pas de difficulté que les ennemis qui vous ont pris ne soient vos amis à cette heure. J'irois volontiers, s'il m'étoit permis, vous tenir compagnie avec eux : car il n'y a rien, sans mentir, monsieur, que je ne fisse de bon cœur pour vous faire voir combien je suis reconnoissant de l'honneur que vous me faites partout, en publiant que vous m'aimez, et Paris ni la cour ne me sauroient donner plus de plaisir que j'en aurois d'être auprès de vous, et de vous témoigner que je suis, avec une extrême passion, votre, etc.

146. — A MONSIEUR LE MARQUIS DE SAINT-MÉGRIN[1].

[Même date que la précédente.]

Monsieur, j'ai été trois jours entiers en doute si vous étiez mort : vous pouvez vous imaginer avec quel déplaisir. Dans cette alarme où j'étois, j'ai reçu comme une bonne nouvelle celle qui m'a appris que vous étiez prisonnier, et je n'ai pu m'affliger de la perte de votre liberté, après avoir été si en peine de votre vie. Aussi bien, monsieur, si votre destinée eût été entre mes mains, je vous avoue que je ne vous en eusse pas

[1] Jacques Estuer, marquis de Saint-Mégrin ; il fut tué au combat de la porte Saint-Antoine, en 1652.

donné une autre que celle que vous avez eue, et comme j'appréhendois étrangement d'apprendre que vous fussiez demeuré entre les morts, je n'eusse pas été bien aise non plus que vous fussiez entièrement échappé. La fortune a trouvé le milieu que je désirois, et je crois que je me rencontre en cela dans vos sentiments : car étant aussi brave et aussi chagrin que vous êtes, je m'imagine que vous n'eussiez pas joui avec beaucoup de joie d'une liberté que vous eussiez conservée en vous retirant. Si vous voulez, monsieur, lorsque je serai à Paris, m'envoyer demander par un tambour, comme un de vos domestiques, je ne dénierai pas d'être à vous, et je vous irai trouver de bon cœur. Je meurs d'envie aussi bien d'apprendre toutes vos aventures, et je pense que vous auriez le loisir à cette heure de me les conter. Je souhaite avec une extrême passion que vous en ayez toujours de bonnes; et si, ayant à regretter six ou sept maîtresses [1], vous avez quelque temps de reste pour songer à moi, je vous supplie très-humblement de me faire l'honneur de vous souvenir quelquefois que je suis votre, etc.

147. — A MONSIEUR CHAPELAIN.

A Avignon, le 11 juin 1642.

Monsieur, quelque hardi que je sois, je n'oserois retourner à Paris sans vous faire réponse, et j'ai honte, sans mentir, d'avoir tant tardé à vous rendre ce devoir. Mais, je vous l'avouerai franchement, prévoyant que j'aurois encore à vous écrire pour vous faire savoir

---

[1] Voyez plus haut, p. 373.

le jugement que l'on auroit fait des vers que vous avez envoyés, j'ai différé tant que j'ai pu, en dessein de ménager une lettre. Si vous êtes juste, vous ne devez pas trouver étrange que l'on ait peur en écrivant à un docteur comme vous êtes ; et certes, quand il me vient en la pensée que c'est au plus judicieux homme de notre siècle, à l'ouvrier de la *Couronne impériale*[1], au métamorphoseur de la Lionne[2], au père de la *Pucelle*[3] que j'écris, les cheveux me dressent en la tête si fort, qu'il semble d'un hérisson. Mais, d'ailleurs, quand je pense que cette lettre s'adresse au plus indulgent de tous les hommes, à l'excuseur de toutes les fautes, au loueur de tous les ouvrages[4], à une colombe, à un agneau, à un mouton, mes cheveux s'aplatissent tout à coup, plats comme d'une poule mouillée, et je ne vous crains non plus que rien. Je vous dirai donc nûment et franchement, monsieur, comme à un mouton que vous êtes, que les vers de M. de Balzac n'ont pas encore été vus de M. le cardinal :

O cœlum, ô terras, ô maria Neptuni !

vous écrierez-vous ; est-ce là l'état que l'on fait des enfants de Jupiter, et comme on traite le premier homme du monde ?

Frange miser calamos, vigilataque prœlia dele.

[1] Dans la fameuse *Guirlande de Julie*.

[2] Chapelain fit la *Métamorphose d'Angélique en lionne*, pour Mlle Paulet. Cette pièce qui, je crois, n'a pas été imprimée se trouve dans les *Mss. de Conrart*, in-4, t. X, p. 605.

[3] La *Pucelle*, attendue depuis tant d'années, ne parut qu'en 1656.

[4] C'est, dit Tallemant (*Historiettes*, t. IV, p. 164), qu'il cabale en toutes choses, et dit toujours : « Cela n'est pas méprisable. »

Vous avez raison de dire tout cela. Mais vous ne sauriez croire combien on a eu d'autres choses à penser durant tout ce voyage; et si Apollon, que bien connoissez, fût venu lui-même à Narbonne, je dis avec tous ses rayons, il n'y eût été reçu qu'en qualité de chirurgien [1]. J'en ai parlé cent fois à M. de Chavigny, qui m'a toujours répondu que, pour l'amour de M. de Balzac, il falloit réserver cela au temps où l'esprit de Son Éminence fût plus tranquille, et plus en état de bien goûter ces sortes de choses [2]. Il m'a donné charge, au reste, de vous prier de sa part de faire de grands remerciements à notre ami, pour les épigrammes qu'il a faites pour lui, desquelles il est merveilleusement satisfait. A dire le vrai, elles sont les plus belles du monde. Pour ce qui est des vers pour M. le cardinal, ils sont entièrement de Virgile, avec un peu plus d'enthousiasme qu'il n'a accoutumé d'en avoir; et pour moi, quand j'aurois les deux bras rompus, je prendrois plaisir à les entendre. S'il y a de la honte, que celui pour qui ils ont été faits ne les ait pas encore vus, la plus

---

[1] Voyez plus haut, p. 377.

[2] Richelieu gardait rancune à Balzac, pour quelques lignes maladroites sur lui et sur la reine-mère adressées au cardinal lui-même, en lui envoyant le *Prince* (1641). — « Votre ami est un étourdi, dit-il à ce propos à Bois-Robert. Qui lui a dit que je suis mal avec la reine-mère? Je croyois qu'il eût du sens, mais ce n'est qu'un fat. » Voiture était trop de la cour pour ne pas se rappeler cette anecdote, et la maladie de Son Éminence vient là fort à propos pour le tirer d'embarras. Plus tard quand Balzac, cherchant un patron pour son *Aristippe*, eut envie de le dédier au cardinal Mazarin, ce fut encore Voiture qu'il mit en jeu pour la négociation. Il ne réussit pas mieux, sans qu'il y eût cette fois de sa faute, j'aime à le croire. Voyez la lettre de Balzac à Chapelain, en janvier 1644.

grande partie en retombe sur M. de la Victoire¹, qui en étoit principalement chargé. Pour moi, j'ai eu en cela tout le soin et toute l'affection que je devois avoir, et sans mettre en considération le poids de votre recommandation et la passion que j'ai à servir M. de Balzac, j'aurois, je vous jure, sollicité aussi ardemment pour un homme du fond de la Suède, qui auroit fait ce que vous avez envoyé ici. Toute la faute que j'ai faite est de ne vous avoir pas écrit plus tôt; mais vous m'en avez bien pardonné d'autres, et m'en pardonnerez encore, puisque je suis, monsieur, votre, etc.

Post-scriptum. — [Je fis voir à M. de Chavigny ce que vous me mandiez de l'affection qu'avait pour lui le duc de Longueville² ; il me sembla y prendre grand plaisir, et me confirma (comme il m'avoit dit déjà beaucoup d'autres fois) qu'il n'y avoit personne en France en l'amitié de qui il se confiât plus, ou de qui il fût plus véritablement le très-humble serviteur³.]

148. — A MONSIEUR ESPRIT⁴.

A Nîmes, le 27 juin 1642.

Monsieur, on peut dire de votre lettre, aussi bien que du chariot du soleil (eussiez-vous pensé que le

---

¹ Claude Duval de Coupeauville, abbé de la Victoire. Ce fut Voiture qui le présenta à la reine, et il se fourra après dans la société de M. le Prince. Voyez *Historiettes*, t. IV, p. 87.

² Le duc de Longueville était le Mécène de Chapelain.

³ Première édition, p. 447.

⁴ *Mss. de Conrart*, p. 671. — Jacques Esprit, de l'Académie française. Voyez Tallemant, *Historiettes*, t. VII, p. 84.

chariot du soleil et votre lettre eussent rien de commun ensemble?) :

Materiam superabat opus.

Je n'eusse pas cru, pour vous dire le vrai, qu'il pût arriver que Mme la comtesse de T*** me donnât tant de plaisir, que Mme la vicomtesse de *** me dût être si agréable, ni que l'on pût rien faire de si bon de Mme de Ch***. Cependant, de la façon dont vous les avez mises, j'ai pris un extrême plaisir de les voir toutes, et vous avez si bien embaumé ces corps, que les plus sains et les plus jeunes ne m'auroient pu plaire davantage. Cela fait voir, monsieur, qu'un grand ouvrier fait des merveilles en toutes sortes de matières; et celle-ci qui, après la matière première, étoit la plus nue et la plus pauvre de toutes, a reçu de vous une forme si excellente, que vous en avez fait un parfait composé. Il n'appartient qu'à vous de faire Mercure de tous bois. Celui-ci, dont tout autre que vous n'auroit pu faire que des cendres, a été si bien arrangé et employé avec tant d'industrie, que le cèdre, le calambour et le palo d'Aquila [1] ne sont rien au prix. Vous avez, entre vous autres hirondelles, une propriété merveilleuse de faire, avec un peu de terre et de paille (car vous savez,

Et miré luteum garrula fingit opus),

des ouvrages qui sont aussi admirables que les plus beaux effets de la plus parfaite architecture. Il n'y a,

---

[1] *Palo*, ou bois d'Aquila ; c'est l'aquilaire, grand arbre originaire des Indes orientales, d'où l'on tire le *Bois d'aigle* ou *Bois d'aloès*.

sans mentir, si beau gratte-cul qui ne devienne rose entre vos mains :

Quidquid calcaveris, hic rosa fiet ;

et une hirondelle comme vous peut faire le printemps¹. Aussi je vous honore, je vous jure, comme si vous étiez un aigle, ou tout au moins une autruche, et suis votre, etc.

Post-scriptum inédit. — [Je vous supplie, monsieur, d'effacer les noms de cette lettre, et de ne la laisser entre les mains de personne. Mais, sérieusement, prenez-y garde : car, à cause qu'elle est médisante, elle pourroit bien courre.]

149. — A MONSIEUR LE PRÉSIDENT DE MAISONS.

(Inédite².)

De Montfrin, fin juin 1642³.

Monsieur, si j'ai été quelque temps sans vous écrire, ce n'a pas été par ma négligence que j'y ai manqué : car je n'en puis avoir pour vous, ni manquer en quelque sorte à un devoir auquel je suis si obligé. Mais je n'avois point de nouvelles certaines à vous mander, ayant été tout ce temps hors de cour. M. de Chavigny a fait plusieurs voyages de M. le cardinal au roi et du roi à M. le cardinal, dans lesquels, ne le pouvant suivre sans grande incommodité par la diligence avec laquelle il alloit, j'ai demeuré quelques jours avec monsieur son frère à Béziers et à Montpel-

---

¹ Allusion au proverbe qu'*une hirondelle ne fait pas le printemps.*
² *Mss. de Conrart*, in-4, t. X, p. 589.
³ Écrite le surlendemain du jour où Cinq-Mars fut transféré à Montpellier.

lier. Je crois, monsieur, que vous êtes, à cette heure, aussi bien informé que moi de tout ce qui s'est passé à Narbonne ; je ne laisserai pas pourtant de vous en dire quelques particularités : car, quand vous les auriez ouï dire, ce que je vous dirai, et que je sais de bonne part, vous assurera au moins que ce que vous auriez ouï dire est vrai.

Après une conférence de deux heures que M. de Chavigny eut avec le roi, le jour qu'il le vint trouver à Narbonne [1], où le roi étoit venu sans autre dessein que de prendre les eaux [2], M. le Grand entra en grand soupçon, et commença à être fort étonné. Il fut ce soir-là chez MM. de Beaumont, où, ayant trouvé force monde, il dit à l'aîné qu'il y avoit là beaucoup de gens qu'il ne connoissoit pas, et qu'il le prioit de s'en défaire. Après le souper, il fut chez un gentilhomme qui étoit à lui, nommé Sioujac, qui a été arrêté et remis en liberté. Étant là, il donna charge à un autre gentilhomme des siens d'aller voir si les portes de la ville étoient fermées. Ce gentilhomme, au lieu d'y aller, se contenta d'y envoyer un laquais, qui vint lui dire qu'elles l'étoient ; ce qui, néanmoins, n'étoit pas vrai : car les portes de Narbonne, qui tous les jours se fermoient à huit heures du soir, ne se fermèrent ce jour-là qu'à neuf heures et demie, à cause des trains qui arrivoient, et pour lesquels on les fit retarder. Il étoit neuf heures quand M. le Grand y envoya, et

[1] 12 juin.
[2] Les eaux de Meyne, à Montfrin. Pour ce qui est de la fameuse entrevue où se décida le sort de Cinq-Mars, on en peut voir les détails dans Tallemant, *Historiettes*, t. II, p. 222.

elles ne furent fermées qu'une demi-heure après [1]. Voyant cela, il se résolut de coucher hors du logis du roi, et envoya sur les dix heures du soir un des siens, couvert du manteau qu'il avoit porté ce jour-là, lequel passa dans la salle des gardes; et un autre qui survint dit aux gardes qui étoient demi endormis : « Messieurs, voilà M. le Grand qui passe. » On crut donc qu'il étoit retiré, et on le vint déclarer au roi, qui envoya en sa chambre voir ce qu'il faisoit. Ses gens dirent qu'il étoit couché et qu'il dormoit. Sur les onze heures, M. de Charost y fut pour l'arrêter; mais ayant tiré les rideaux du lit, il ne trouva personne, et sut, après avoir cherché partout, qu'il n'y étoit pas. On crut donc qu'il s'étoit sauvé; néanmoins, ayant envoyé à l'écurie, et ayant trouvé tous ses chevaux, et ayant su aussi que M. de Thou étoit dans Narbonne, on jugea qu'il n'étoit pas hors de la ville. On envoya aussitôt commander au lieutenant de roi dans Narbonne de ne faire ouvrir les portes pour qui que ce fût, et de faire faire des rondes toute la nuit sur les murailles. Cependant M. le Grand avoit été mené par Sioujac dans un logis où il y avoit deux belles filles sœurs, qui n'ont pas réputation d'être fort chastes, et avec l'une desquelles quelques-uns disent qu'il avoit couché quelques jours devant. Étant là seul, il se fit débotter, et coucha tout habillé sur le lit. Le lendemain on envoya par toutes les maisons faire commandement, sous peine de lèse-majesté et de la vie, aux maîtres de logis, de déclarer ceux qui étoient logés

---

[1] Ces détails sont confirmés par Tallemant et par Mme de Motteville, t. I, p. 74 des *Mémoires*.

chez eux. Les filles, pour cela, ne dirent rien, étant seules; mais leur oncle, qui étoit aux champs, revint ce jour-là, par grand malheur pour M. le Grand, et ayant su qu'il étoit chez lui (car il le connoissoit), le fit dire au lieutenant, qui y vint aussitôt; et ayant trouvé M. le Grand fort troublé, et avec le visage, à ce qu'il dit, si changé, qu'à peine étoit-il reconnoissable, il lui dit qu'il avoit charge de l'arrêter. M. le Grand lui demanda à voir son ordre; il lui dit qu'il n'avoit pas d'autre ordre que celui qu'il avoit reçu de la bouche du roi. M. le Grand lui demanda si le roi lui avoit commandé lui-même; sur quoi ayant répondu qu'oui : « Le roi, dit M. le Grand, a bien fait, et vous faites bien de lui obéir. » Le monde dit ici qu'en disant ces paroles, il se prit à pleurer; mais M. de Chavigny, à qui j'ai demandé si cela étoit vrai, m'a dit que le lieutenant ne le lui avoit point dit. Il arriva avant-hier dans la citadelle de Montpellier, où il est gardé par Céton. Selon que j'en ai ouï parler, je juge, et sur des conjectures bien raisonnables et quasi assurées, que l'on croit ici qu'il avoit des desseins bien hardis et bien méchants; et j'ai peur qu'il se trouvera d'autres gens enveloppés dans son malheur. Je crois que nous pourrons bientôt prendre le chemin de Paris, où j'ai une extrême impatience d'être.

Depuis avoir écrit cette lettre j'ai vu ici, à Montfrin, celui qui arrêta M. le Grand, qui m'a dit que le lendemain qu'il le fut voir, il se donna deux cents coups dans le visage et sur l'estomac, en sa présence, de sorte qu'il en vomit le sang.

150. — A MADEMOISELLE DE RAMBOUILLET.

(Inédite[1].)

De Montélimart, le 3 juillet 1642.

Mademoiselle, Monsieur est perdu[2], et tous ses gens, d'une perte, à mon avis, infaillible et certaine. Voyez en quel état doit être mon esprit, et si je ne suis pas le plus malheureux homme du monde. J'eusse quitté la fortune de toutes choses, si elle m'eût laissé entière la joie de vous voir, et elle l'est venue troubler par la plus étrange et la plus funeste aventure qui pouvoit arriver. La seule imagination du plaisir de revenir m'avoit fait résister à toutes les incommodités de ce voyage, et après cela, il faut que je retourne beaucoup plus triste que je ne suis venu. A cette affliction, mademoiselle, je ne vois aucune consolation, de quelque côté que je me tourne : car l'honneur de votre amitié, qui me pourroit consoler de tous les autres malheurs, est celui qui me rend celui-ci plus sensible, et je ne me puis résoudre à une infortune par laquelle je suis menacé de passer le reste de ma vie sans vous voir. Dans ce déplaisir où je suis, je reçois de l'amitié de M. de Chavigny toute l'assistance que j'en pouvois attendre, et de grandes assurances que ma fortune n'en sera pas pire. Mais il me semble que je ne puis hon-

[1] *Mss. de Conrart*, t. X, p. 573.

[2] A la nouvelle de l'arrestation de Cinq-Mars, Monsieur, qui était à Bourbon, faisant le malade, s'enfuit en Auvergne, où il se tint caché dans les montagnes, jusqu'à ce que l'abbé de la Rivière, qu'il avait envoyé à Tarascon auprès du roi et du cardinal, eût fait son accomodement. Voyez Mme de Motteville, *Mémoires*, t. I, p. 8.

nêtement n'être pas misérable, et je ne vois pas qu'il y ait pour moi d'autre parti à prendre que celui qui est le plus ruineux. Nous allons bien vite à Paris, où je pense, selon que l'on conte ici, que nous serons le 19 ou le 20 de ce mois [1]; de sorte que j'espère que j'aurai bientôt l'honneur de vous voir, et de tant loin que je jette ma vue sur l'avenir, c'est la seule étincelle de joie que j'y puisse voir. Vous serez étonnée de ce que l'on a découvert; nous allons voir d'étranges et de pitoyables choses; l'on en propose à Monsieur de si étranges à faire et de si fâcheuses à souffrir [2], que je crois assurément qu'il ne recevra pas l'accommodement que l'on lui offre, si cela se peut appeler accommodement. Je vous supplie très-humblement, mademoiselle, ne montrez cette lettre à personne que de chez vous; ayez pitié de moi et faites-moi l'honneur de croire que je suis plus que personne, mademoiselle, votre, etc.

151. — A MONSIEUR DE CHAVIGNY [3].

A Paris, ... 1643 [4]?

Monsieur, je vous jure que c'est par pure force d'amitié que je vous écris, et pour ne pouvoir m'empê-

---

[1] Après avoir été trouver le cardinal à Tarascon (3 juillet), le roi se mit en route pour Lyon où il arriva le 7, et à Fontainebleau le 23.

[2] En récompense de ses indignes aveux, Gaston fut dépouillé de ses principaux domaines, déclaré indigne d'exercer la régence, et relégué à Blois où il arriva le 20 septembre.

[3] *Mss. de Conrart*, p. 673.

[4] Certains passages de cette lettre sembleraient indiquer qu'elle fut écrite après le retour d'Italie, en 1639.

cher de vous dire que je languis ici d'y être si longtemps sans vous. Après avoir tant souhaité de sortir d'Italie, je m'ennuie à Paris plus que je ne faisois à Turin, et ayant un bel appartement dans l'hôtel de Créquy, il m'arrive souvent de souhaiter la chambre de la Grave et celle de la Novalaise, et quelquefois mon lit de la Souchière. Ce jour que le froid, le vent et la pluie me firent le nez d'une si plaisante sorte, j'eus plus de plaisir que je n'en ai ici dans les plus belles journées ; et pour vous faire tout comprendre en un mot, je consentirois d'entretenir quatre heures tous les soirs Madame [Royale[1]] pour avoir l'honneur de vous voir une demi-heure tous les jours. Tout de bon, monsieur, il me semble que je suis tombé dans une crevasse d'où il faudroit quarante-deux brasses de corde pour me tirer. Il n'y a que vous qui m'en puissiez ôter, et jusqu'à ce que vous soyez de retour, j'y demeurerai toujours criant et hurlant horriblement. Il ne se passe, sans mentir, point de jour que je n'ajoute quelque chose à l'affection que j'ai pour vous ; et soit que j'aie eu plus de loisir de me reconnoître et de considérer les obligations que je vous ai, ou qu'étant mêlé avec les autres hommes, je connoisse mieux l'extrême différence qu'il y a de vous à eux, je vous aime beaucoup davantage que je ne faisois dans le voyage, lorsque je vous aimois déjà plus que moi-même. Pardonnez-moi, monsieur, si je vous dis ceci

[1] La reine d'Angleterre devina que c'étoit Mme de Savoie, et dit à Mme de Montausier : « Je voudrois rompre ce feuillet en lui envoyant le livre ; mais on lui en a déjà envoyé un. » (T.). Voyez aussi *Historiettes*, t. IV, p. 50.

avec des termes si libres, et ne trouvez pas étrange que parlant avec beaucoup de passion, je parle un peu inconsidérément. Avec toute cette liberté, je vous assure que j'ai pour vous dans l'âme tout le respect que je suis obligé d'avoir, et que, vous honorant aussi véritablement que vous le méritez, je suis, plus que je ne le puis dire, et autant que je le dois, votre, etc.

152. — A MONSIEUR LE PRÉSIDENT DE MAISONS[1].

[...... 1643 ?]

Monsieur, Mme de Marsilly s'est imaginée que j'avois quelque crédit auprès de vous, et moi qui suis vain, je ne lui ai pas voulu dire le contraire. C'est une personne qui est aimée et estimée de toute la cour, et qui dispose de tout le parlement. Si elle a bon succès d'une affaire dont elle vous a choisi pour juge, et qu'elle croie que j'y aie contribué quelque chose, vous ne sauriez croire l'honneur que cela me fera dans le monde, et combien j'en serai plus agréable à tous les honnêtes gens. Je ne vous propose que mes intérêts pour vous gagner : car je sais bien, monsieur, que vous ne pouvez être touché des vôtres. Sans cela, je vous promettrois son amitié. C'est un bien par lequel les plus sévères juges se pourroient laisser corrompre, et dont un si honnête homme que vous doit être tenté. Vous le pouvez acquérir justement : car elle ne demande de vous que la justice. Vous m'en ferez une que vous me devez, si vous me faites l'honneur de m'aimer toujours autant que vous avez fait autrefois et si vous croyez que je suis, votre, etc.

[1] *Mss. de Conrart*, p. 656.

153. — A MONSEIGNEUR LE DUC D'ENGHIEN

(Sur le succès de la bataille de Rocroi [1]).

[Paris, ... mai 1643 [2].]

Monseigneur, à cette heure que je suis loin de Votre Altesse, et qu'elle ne me peut pas faire de charge, je suis résolu de vous dire tout ce que je pense d'elle il y a longtemps. A dire le vrai, monseigneur, vous seriez injuste si vous pensiez faire les choses que vous faites sans qu'il en fût autre chose, ni que l'on prît la liberté de vous en parler. Si vous saviez de quelle sorte tout le monde est déchaîné dans Paris à discourir de vous, je suis assuré que vous en auriez honte, et que vous seriez étonné de voir avec combien peu de respect et peu de crainte de vous déplaire, tout le peuple s'entretient de ce que vous avez fait. A dire la vérité, ç'a été trop de hardiesse et de violence à vous d'avoir, à l'âge où vous êtes, choqué deux vieux capitaines que vous deviez respecter, quand ce n'eût été que pour leur expérience; fait tuer le pauvre comte de Fontaine, qui étoit, à ce que l'on dit [3], un des meilleurs hommes de

---

[1] *Mss. de Conrart*, p. 771. La copie offre en beaucoup d'endroits des différences notables avec l'imprimé ; je l'ai suivie, comme me paraissant de beaucoup la meilleure.

[2] 19 mai 1643.

[3] *Var.* A cette heure, que je suis loin de Votre Altesse, et qu'elle ne me peut pas faire de charge, je suis résolu de lui dire tout ce que je pense d'elle il y a longtemps, et que je n'avois osé lui déclarer, pour ne pas tomber dans les inconvénients, où j'avois vu ceux qui avoient pris avec vous de pareilles libertés. Mais, monseigneur, vous en faites trop pour le pouvoir souffrir en silence, et vous seriez injuste, si vous pensiez faire les actions que vous faites,

Flandres, et à qui le prince d'Orange n'avoit jamais osé toucher; pris seize pièces de canon qui appartenoient à un prince, qui est oncle du roi et frère de la reine, et avec qui vous n'aviez jamais eu de différend; et mis en désordre les meilleures troupes des Espagnols, qui vous avoient laissé passer avec tant de bonté. Je ne sais pas ce qu'en dit le père Musnier[1]; mais tout cela est contre les bonnes mœurs, et il y a, ce me semble, grande matière de confession. J'avois bien ouï-dire que vous étiez opiniâtre comme un diable, et qu'il ne faisoit pas bon vous rien disputer. Mais j'avoue que je n'eusse pas cru que vous vous fussiez emporté à ce point-là, et si vous continuez, vous vous rendrez insupportable à toute l'Europe, et l'empereur ni le roi d'Espagne ne pourront durer avec vous. Cependant, monseigneur, laissant la conscience à part, et politiquement parlant, je me réjouis avec Votre Altesse de ce que j'entends dire qu'elle a gagné la plus belle victoire et de la plus grande importance que nous ayons vue de notre siècle, et de ce que, sans être *Important*[2],

sans qu'il en fût autre chose, ni que l'on prît la liberté de vous en parler. Si vous saviez de quelle sorte tout le monde est déchaîné dans Paris à discourir de vous, je suis assuré que vous en auriez honte; et que vous seriez étonné de voir, avec combien peu de respect et peu de crainte de vous déplaire, tout le monde s'entretient de ce que vous avez fait. A dire la vérité, monseigneur, je ne sais à quoi vous avez pensé; et ç'a été, sans mentir, trop de hardiesse, et une extrême violence à vous d'avoir à votre âge choqué deux ou trois vieux capitaines, que vous deviez respecter, quand ce n'eût été que pour leur ancienneté; fait tuer le pauvre comte de Fontaine, qui étoit, etc.

[1] Jésuite que M. le Prince mit auprès du duc d'Enghien (T.).
[2] Allusion à la cabale des Importants. « Ce nom leur vint de

elle sait faire des actions qui le soient si fort. La France, que vous venez de mettre à couvert de tous les orages qu'elle craignoit, s'étonne qu'à l'entrée de votre vie vous ayez fait une action dont César eût voulu couronner toutes les siennes, et qui redonne aux rois vos ancêtres autant de lustre que vous en avez reçu d'eux. Vous vérifiez bien, monseigneur, ce qui a été dit autrefois, que la vertu vient aux Césars devant le temps : car vous qui êtes un vrai César en esprit et en science, César en diligence, en vigilance et en courage, César, *et per omnes casus Cæsar*, vous avez trompé le jugement et passé l'espérance des hommes. Vous avez fait voir que l'expérience n'est nécessaire qu'aux âmes ordinaires ; que la vertu des héros vient par d'autres chemins ; qu'elle ne monte pas par degrés, et que les ouvrages du ciel sont en leur perfection dès leurs commencements. Cette nouvelle a ici étonné tout le monde, et a mis de la joie ou de la pâleur sur tous les visages de la cour. Pour les dames, elles sont ravies d'apprendre, que celui qu'elles ont vu dans le bal défaire tous les autres hommes, fasse de plus glorieuses défaites dans les armées [1], et que la plus belle tête de France soit aussi la meilleure et la plus ferme. Il n'y a pas jusques à Mlle de

Mme Cornuel qui, voyant qu'ils disoient chaque fois qu'ils sortoient que c'étoit pour des affaires d'importance, les appela *Importants* » (T.).

[1] *Var.* Après cela, vous pouvez vous imaginer, comme vous serez bien reçu et caressé des seigneurs de la cour, et quelle joie les dames ont eue d'apprendre que celui qu'elles ont vu triompher dans les bals, fasse la même chose dans les armées, et que la plus belle tête, etc.

Beaumont[1] qui ne parle en votre faveur. Tous ceux qui étoient révoltés contre vous, et qui disoient que vous ne faisiez que vous moquer, avouent que vous ne vous êtes pas moqué cette fois[2]; et, voyant le grand nombre d'ennemis que vous avez défaits, il n'y a plus personne qui n'appréhende d'être des vôtres. Trouvez bon, ô César! que je vous parle avec cette liberté. Recevez les louanges qui vous sont dues, et souffrez que l'on rende à César ce qui appartient à César. Je suis, etc.

154. — A MONSIEUR LE MARQUIS DE PISANI

(Qui avoit perdu tout son argent au jeu, et son équipage, au siége de Thionville[3].)

[.... Août 1643.]

Monsieur, à ce que j'ai appris, on auroit grand tort, si on vous reprochoit que vous avez gardé le mulet au camp de Thionville. Au diable le mulet que vous y avez gardé! On m'a dit aussi que, considérant que plusieurs armées se sont autrefois perdues par leur bagage, vous vous êtes défait de tout le vôtre, et qu'ayant lu souvent dans les histoires romaines (voilà ce que c'est que de tant lire!)[4] que les plus grands

---

[1] Comme elle étoit à l'hôtel de Condé avec une autre, elle ne fut pas traitée fort civilement du duc d'Enghien, qui se mit à rire en leur présence avec Coligny (T.).

[2] *Var.* « Et qui se plaignoient que vous vous moquiez toujours, avouent, que pour cette fois-ci, vous ne vous êtes pas moqué, et voyant, etc. »

[3] *Mss. de Conrart*, p. 677. — Le siége de Thionville fut levé le 10 août.

[4] Persiflage. Nous avons vu que M. de Pisani, homme d'esprit du reste, ne pouvait pas souffrir la lecture ni l'étude.

exploits que leur cavalerie ait faits autrefois, elle les a faits ayant mis pied à terre, et s'étant démontée volontairement dans le fort des combats les plus douteux, vous vous êtes résolu d'éloigner tous vos chevaux, et que vous avez si bien fait qu'il ne vous en est demeuré pas un seul.

<small>Il va de son pied l'éminent personnage [1].</small>

Peut-être que vous en recevrez quelque incommodité. Mais aussi cela est, sans mentir, bien honorable qu'aussi bien que Bias (Bias, vous le connoissez tant!), vous puissiez dire que vous avez avec vous tout ce qui est à vous. Non pas, à dire le vrai, une quantité de hardes inutiles, ni un grand accompagnement de chevaux, ni une extrême abondance d'or et d'argent monnoyé, mais probité, générosité, magnanimité, fermeté dans les périls, opiniâtreté dans les disputes, mépris des langues étrangères, ignorance des faux dés, et une tranquillité inouïe dans la perte des biens faux et périssables : qualités, monsieur, qui vous sont propres et essentielles, et lesquelles ni le temps, ni la fortune ne sauroient séparer de vous. Or, comme ainsi soit qu'Euripide, qui étoit, comme vous savez, ou comme vous ne savez pas, un des plus graves auteurs de la Grèce, écrive en une de ses tragédies « que l'argent fut un des maux qui sortit de la boîte de Pandore, et peut-être le plus pernicieux, » j'admire comme une qualité divine en vous l'incompatibilité que vous avez avec lui; et il me semble que c'est une excellente

---

[1] Ces messieurs du Marais avoient introduit ce mot : *Il va de son pied* (T.).

marque d'une âme grande et extraordinaire, de ne pouvoir durer avec le corrupteur de la raison, l'empoisonneur des âmes et l'auteur de tant de désordres, d'injustices et de violences. Mais je voudrois, monsieur, que votre vertu ne fût pas tout à fait à un si haut point; que vous vous pussiez accommoder en quelque sorte avec cet ennemi du genre humain, et que vous fissiez quelque paix avec lui, comme nous en faisons avec le grand Turc, pour des considérations politiques et pour la raison du commerce. Considérant donc qu'il est très-difficile de se passer de lui, et m'imaginant que, comme je jouai pour vous à Narbonne, vous avez peut-être joué pour moi à Thionville, et que c'est en mon nom que vous avez massé les mulets, je vous envoie cent pistoles, sur et tant moins [1] de la perte que vous pouvez avoir faite pour moi; et afin qu'il n'en arrive pas de celle-ci comme des autres, je vous supplie de n'en pas souiller vos mains, et de les mettre entre celles de François [2], pour la consolation duquel je les envoie principalement.

155. — A MONSEIGNEUR LE DUC D'ENGHIEN
(lorsqu'il fit passer le Rhin aux troupes qui devoient joindre celles de M. le maréchal de Guébriant [3]).

[Novembre 1643.]

Eh! bonjour, mon compère le Brochet! bonjour, mon compère le Brochet! Je m'étois toujours bien dou-

---

[1] *Var.* Sur l'étant moins.
[2] Son valet de chambre (T.).
[3] *Mss. de Conrart*, p. 767. — Pour l'intelligence de cette lettre, il faut savoir qu'avant que M. le duc partît de Paris, étant en

tée que les eaux du Rhin ne vous arrêteroient pas; et connoissant votre force et combien vous aimez à nager en grande eau, j'avois bien cru que celles-là ne vous feroient point de peur, et que vous les passeriez aussi glorieusement que vous avez achevé tant d'autres aventures. Je me réjouis pourtant de ce que cela s'est fait plus heureusement encore que nous ne l'avions espéré, et que, sans que vous ni les vôtres y aient perdu une seule écaille, le seul bruit de votre nom ait dissipé tout ce qui se devoit opposer à vous. Quoique vous ayez été excellent jusqu'ici à toutes les sauces où l'on vous a mis, il faut avouer que la sauce d'Allemagne vous donne un grand goût et que les lauriers qui y entrent vous relèvent merveilleusement. Les gens de l'Empereur qui vous pensoient frire et manger avec un grain de sel, en sont venus à bout, comme j'ai le dos[1]; et il y a du plaisir de voir que ceux qui se vantoient de défendre les bords du Rhin ne sont pas à cette heure assurés de ceux du Danube. Tête d'un poisson, comme vous y allez! Il n'y a point d'eau si trouble, si creuse, ni si rapide où vous ne vous jetiez à corps perdu. En vérité, mon compère, vous faites bien mentir le proverbe, qui dit : Jeune chair et vieux poisson : car, n'étant qu'un jeune brochet, comme vous êtes,

---

compagnie de dames avec lesquelles il vivoit très-familièrement, il se mit à jouer avec elles à de petits jeux, et particulièrement à celui des Poissons, où il étoit le brochet. Ce qui donna sujet à l'auteur, qui étoit aussi du jeu sous le nom de la Carpe, de lui écrire cette raillerie ingénieuse. (*Note de Pinchêne.*)

[1] C'est-à-dire, n'en sont pas venus à bout. On dit ironiquement à un menteur, qui soutient qu'une chose est véritable : *Oui, comme j'ai le dos* (*Dictionnaire de Trévoux*).

vous avez une fermeté que les plus vieux esturgeons n'ont pas, et vous achevez des choses qu'ils n'oseroient avoir commencées. Aussi, vous ne sauriez vous imaginer jusques où s'étend votre réputation. Il n'y a point d'étangs, de fontaines, de ruisseaux, de rivières, ni de mers, où vos victoires ne soient célébrées ; point d'eau dormante où l'on ne songe à vous ; point d'eau bruyante où il ne soit bruit de vous. Votre nom pénètre jusques au centre des mers et vole sur la surface des eaux, et l'Océan qui borne le monde ne borne pas votre gloire. L'autre jour, que mon compère le Turbot et mon compère le Grenaut, avec quelques autres poissons d'eau douce, soupions ensemble chez mon compère l'Éperlan, on nous présenta au second un vieux Saumon, qui avoit fait deux fois le tour du monde, qui venoit fraîchement des Indes occidentales, et avoit été pris comme espion en France, en suivant un bateau de sel. Il nous dit, qu'il n'y avoit point d'abîmes si profonds sous les eaux où vous ne fussiez connu et redouté, et que les baleines de la mer Atlantique suoient à grosse goutte et étoient toutes en eau dès qu'elles vous entendoient seulement nommer. Il nous eût dit davantage, mais il étoit au court bouillon, et cela étoit cause qu'il ne parloit qu'avec beaucoup de difficulté. Pareilles choses, à peu près, nous furent dites par une troupe de harengs frais qui venoient devers les parties de Norwége : ceux-là nous assurèrent que la mer de ces pays-là s'étoit glacée cette année deux mois plus tôt que de coutume, par la peur que l'on y avoit eue sur les nouvelles que quelques macreuses y avoient apportées, que vous dressiez vos pas vers le

Nord, et nous dirent que les gros poissons, lesquels, comme vous savez, mangent les petits, avoient peur que vous ne fissiez d'eux, comme ils font des autres ; que la plupart d'entre eux s'étoient retirés jusque sous l'Ourse, jugeant que vous n'iriez pas là ; que les forts et les foibles sont en alarmes et en troubles, et particulièrement certaines anguilles de mer qui crient déjà comme si vous les écorchiez, et font un bruit qui fait retentir tout le rivage. A dire le vrai, mon compère, vous êtes un terrible Brochet? et n'en déplaise aux hippopotames[1], aux loups-marins, ni aux dauphins mêmes, les plus grands et les plus considérables hôtes de l'Océan ne sont que de pauvres cancres au prix de vous ; et si vous continuez comme vous avez commencé, vous avalerez la mer et les poissons. Cependant, votre gloire se trouvant à un point qu'il est assuré qu'elle ne peut aller plus loin ni plus haut, il est, ce me semble, bien à propos, qu'après tant de fatigues, vous veniez vous rafraîchir dans l'eau de la Seine, et vous récréer joyeusement avec beaucoup de jolies Tanches, de belles Perches et d'honnêtes Truites, qui vous attendent ici avec impatience. Quelque grande pourtant que soit la passion qu'elles ont de vous voir, elle n'égale pas la mienne, ni le désir que j'ai de pouvoir témoigner combien je suis, votre très-humble, et très-obéissante servante et commère,

La Carpe.

[1] Comme s'il y avoit des hippopotames dans l'Océan (*Note de Huet*).

156. — A MONSIEUR LE MARQUIS DE MONTAUSIER,

prisonnier en Allemagne[1].

[A Paris, ... décembre 1643.]

Monsieur, vous ne seriez pas fâché d'être pris, si vous saviez combien vous êtes plaint. Il y a, sans mentir, moins de plaisir d'être à Paris, que d'y être regretté comme vous êtes, et les plaintes que font pour vous tant d'honnêtes gens valent mieux que la plus belle liberté du monde. Si vous ne pouvez, à cette heure, demeurer d'accord de cela (car, en l'état où vous êtes, vous avez bien la mine de ne pouvoir entendre raison), je vous le ferai comprendre ici quelque jour, et avouer que vous ne devez pas mettre entre vos malheurs, un accident qui vous a fait recevoir des témoignages de l'affection de tout ce qu'il y a d'aimables personnes en France. Dans ce sentiment général de tout le monde, il n'est pas, ce me semble, à propos, monsieur, que je vous dise à cette heure les miens : car, quelle apparence y a-t-il que vous me dussiez considérer parmi des princesses, des princes, des ministres, des dames, et parmi des demoiselles qui valent mieux que les dames, les ministres, les princes et les princesses? Quand vous aurez songé assez longtemps à toutes ces personnes-là, je vous supplierai très-humblement de croire qu'il n'y a qui que ce soit au monde qui prenne plus de part à toutes vos bonnes

---

[1] *Mss. de Conrart*, p. 665. — Le marquis, depuis duc de Montausier, fut fait prisonnier à la journée de Dutlingen, le 21 novembre 1643.

et mauvaises fortunes, que moi, ni qui soit avec plus de passion, votre, etc.

157. — A MONSEIGNEUR LE COMTE D'AVAUX,
surintendant des finances, et plénipotentiaire pour la paix[1].

A Paris, le 13 décembre 1643.

Monseigneur, vous seriez ravi d'être parti d'ici, si vous saviez combien vous y êtes regretté. Il y a, sans mentir, moins de plaisir d'être à Paris que d'y être désiré comme vous êtes, et quand vous l'aimeriez autant que vous avez fait autrefois, les plaintes que tant d'honnêtes gens y font pour vous devroient faire que vous fussiez bien aise de n'y être pas. Quand je jette les yeux sur votre vie, monseigneur, il me semble que cet homme du temps passé, que son bonheur fit surnommer *Preneur de villes*, ne méritoit pas ce titre avec plus de raison que vous le méritez : car, s'il est vrai qu'il n'y a pas de meilleur moyen de s'en faire maitre que de prendre le cœur des citoyens, il n'y eut jamais au monde un Poliorcète comme vous, et l'on peut mettre Hambourg, Copenhague, Stockholm, Paris, Venise et Rome, au nombre de vos conquêtes. Vous ne sauriez croire le déplaisir qu'a ici causé votre éloignement. Pour moi, monseigneur, je vous jure que j'en suis au désespoir et que rien ne m'en peut consoler.

---

[1] Claude de Mesmes, comte d'Avaux, né en 1595, mort à Paris en 1650 ; « l'homme de la robe qui avoit le plus bel esprit, et qui écrivoit le mieux en françois, » dit Tallemant. Voyez plus haut, page 332. Il fut nommé conjointement avec le duc de Longueville et Servien pour représenter la France aux conférences de Munster. Voyez une lettre écrite de Cambrai à Philippe IV, par don Diego Saavedra, aux *Archives de Simancas*.

A dire le vrai, en quelle autre personne saurois-je rencontrer tant d'esprit, tant de savoir, et tant de vertu? Où pourrois-je trouver au monde des entretiens si doux, des conversations si utiles, et des potages si bien conditionnés? Depuis que vous êtes hors d'ici, je n'ai point trouvé de viande qui ne fût trop salée, ni d'homme qui ne le fût trop peu : *omnia aut insulsa, aut salsa nimis*. Il n'y a plus rien à mon goût : *nec convivium ullum, nec conviva ullus placet*. De ce sel d'Attique, dont j'ai mangé plus d'un minot avec vous, et qui, comme dit Quintilien : *quamdam facit audiendi sitim*, il n'y en a pas un grain dans Paris :

Non est in tanto corpore mica salis.

Sans mentir, monseigneur, ce fut un grand malheur pour moi, lorsque je vous rencontrai ici plus habile, plus savant, et plus honnête homme que jamais, et en puissance et en volonté de me faire du bien et de l'honneur. J'achète maintenant bien cher les quatre mille livres de rente que vous m'avez données[1]; et si vous êtes longtemps dehors, votre absence me fera plus de mal que votre présence ne m'a fait de bien :

Vah, quemquamne hominem in animo instituere,
Aut parare, quod sit charius, quam ipse est sibi?

Mais j'abuse un peu trop de votre bonté de vous entretenir si longtemps. Il faut pourtant que je vous dise, devant que de finir, que la reine reçut admirablement bien votre cabinet[2], et le trouva comme il est, et me commanda de vous en remercier de sa part. Les quatre

---

[1] En le faisant son premier commis (T.).
[2] Un cabinet d'ébène, garni d'argent (T.).

ou cinq jours d'après, pas une princesse ni duchesse ne fut chez elle, à qui elle ne le fît voir; particulièrement elle le montra à Mme la Princesse, à qui elle dit mille biens de vous. Il est bien juste, monseigneur, que je vous dise à vous, qui avez commencé ma fortune et qui m'avez mis en bonheur, qu'il a plu à la Reine me donner la pension de mille écus qu'elle m'avoit promise, dès que vous étiez ici, et qu'elle l'a fait mettre sur l'abbaye de Conches, dont elle a admis la résignation que l'abbé en a faite en faveur d'un des enfants de M. de Maisons. Je suis, monseigneur, votre, etc.

158. — AU MÊME.

A Paris, le 1er avril 1644[1].

Monseigneur, quoique je ne reçoive point de vos lettres, c'est assez que je reçoive de vos bienfaits pour être obligé à vous écrire; et il me semble que le moins que je puisse faire est de vous rendre des paroles pour de l'argent. S'il étoit à mon choix, je connois si bien le prix des choses, que j'aimerois mieux vous donner de l'argent pour avoir de vos paroles; mais puisque vous voulez qu'il soit autrement, je crois qu'il est mieux pour vous et pour moi qu'il soit ainsi :

Permittoque ipsis expendere Numinibus, quid
Conveniat nobis, rebusque sit utile nostris.

Quand je vous aurai rendu les très-humbles grâces que je vous dois, je crois, monseigneur, qu'il me restera peu de chose à vous dire : *neque enim te credo in stomacho ridere posse* : et dans les soins et les chagrins où vous êtes, je ne crois pas qu'il y ait lieu à cette

---

[1] Les éditions portent à tort 1645.

sorte de lettres que j'avois accoutumé de vous écrire. Or, de vous parler de votre division [1], il me semble qu'il n'est pas non plus à propos. *Quid enim aut me ostentem, qui si vitam pro tua dignitate profundam, nullam partem videar meritorum tuorum assecutus? aut de aliorum injuriis querar, quod sine summo dolore facere non possum.* Quand je saurai que vous aurez plus de gaieté, que vous m'aurez mandé que l'orage est passé, que le temps est plus serein, et qu'il ne pleut, pla, ple, pli, plo, plus, alors je retournerai à cette façon d'écrire, que Cicéron appelle *genus litterarum jocosum*. Cependant, je vous dirai une chose qui ne doit pas être de médiocre consolation pour vous : c'est que, dans les différends que vous avez eus avec M. [Servien], hors quelques personnes qui ont un attachement à lui, le reste du monde est de vôtre parti, et que cette étoile de bienveillance qui vous a toujours fait aimer partout, vous donne en cette rencontre toute la cour et toute la ville. J'espère que par la présence de M. de Longueville [2] toutes choses changeront en mieux à Munster. Au moins, la scène va changer, et il y va monter de nouveaux personnages et assez beaux :

*Alter ab integro seclorum nascitur ordo,
Jam venit et Virgo...*

N'étoit que vous m'avez assuré que je n'entends rien en astrologie, et que je ne connois point les astres, je

---

[1] Avec Servien : la dispute alla assez loin ; des factums furent publiés de part et d'autres, et l'on fut obligé d'envoyer M. de Longueville pour les accommoder. Voyez *Historiettes*, t. VI, p. 104.

[2] M. de Longueville arriva à Munster le 30 juin 1645.

vous ferois des prédictions : car je vois une étoile chevelue qui promet beaucoup de choses et qui doit causer de grands événements. Au moins, monseigneur, vous ne vous plaindrez plus de la Westphalie, comme d'un pays barbare, et où les Grâces et les Muses ne peuvent aller. N'est-ce pas à cette heure qu'il faut dire :

*Quoquo vestigia figis,
Componit furtim, subsequiturque Venus*[1] ?

Que ce *furtim* est beau, si vous le considérez bien ! Mais comment vous accommodez-vous du Père de Chavaroche ? n'est-ce pas un vrai bonhomme et bon religieux, de bonnes mœurs, de bon esprit et de bon sens ? Il écrit ici des merveilles de vous avec des passions étranges, et le curé de Saint-Nicolas ne vous aime pas plus qu'il fait. Cependant je loue Dieu que parmi tant de sujets de déplaisir, votre santé ne vous ait pas abandonné, ni même, à ce que j'entends dire, tout à fait votre bonne humeur. Je souhaite de tout mon cœur, que l'une et l'autre augmente tous les jours, et que je puisse vous témoigner combien je suis, monseigneur, votre, etc.

159. — A MADEMOISELLE DE RAMBOUILLET.

Ce 16 mai 1644.

Mademoiselle, je ne savois guère ce que je faisois, quand après avoir eu la force de gronder si longtemps je m'accommodai avec vous la veille de votre départ, et cela me fait bien voir ce que vous m'avez dit beau-

---

[1] Il fait allusion à la prochaine arrivée à Munster de la duchesse de Longueville, qui devait y rejoindre son mari. Voyez t. II, p. 44.

coup de fois, que je n'ai guère de jugement. Vous ne sauriez croire combien cette paix-là me coûte de trouble et de désordre, et quel bien ce me seroit que d'être encore mal avec vous. Jamais absence ne m'a paru si longue que celle-ci qui ne fait que commencer. Je sens à cette heure toutes les choses que je vous écrivois autrefois, et il me semble que Paris et la France et tout le monde sont allés à Rouen avec vous [1]. Considérez, je vous supplie, mademoiselle, vous qui vous êtes moquée de moi toutes les fois que je vous ai dit que rien ne m'étoit si contraire que de veiller, combien d'inquiétudes, de déplaisirs et de peines j'aurois évités, si le vendredi, septième d'avril, je me fusse couché à minuit, et combien je devrois souhaiter d'avoir été bien endormi les deux dernières heures que j'ai passées avec vous. C'est, sans mentir, une bizarre destinée que celle qui veut, que ni loin ni près de vous, je ne sois jamais en repos :

Ni sin ti, ni contiguo,
Puede vivir el mundo.

Ayant pourtant essayé beaucoup de fois de l'un et de l'autre, je trouve que la douleur de ne vous point voir est la plus sensible de toutes, et que vous ne me faites jamais tant de mal que lorsque vous n'y êtes pas.

160. — A LA MÊME [2].

A Paris, le 30 mai 1644.

Mademoiselle, quand bien ce que vous dites seroit vrai, que vous auriez acquis quelque bonté dans ce voyage, ce seroit toujours une méchanceté à vous de

[1] Pour un procès (T.).
[2] *Mss. de Conrart*, p. 597.

me le faire savoir, et d'augmenter par là le déplaisir
que j'ai d'être loin de vous. Car si je vous regrette
méchante, quel ennui aurois-je de ne vous point voir,
si je vous croyois devenue bonne, puisque c'est la seule
qualité que j'aie jamais trouvée à désirer en vous?
Aussi me garderai-je bien de me le laisser persuader,
et la chose n'est pas si vraisemblable que l'on la doive
croire d'abord sur votre parole. Le coup de griffe, que
vous me donnez en passant[1] [*como quien no dize
nada*], me fait bien voir que vous n'avez pas perdu
toute votre fierté à Rouen, et qu'il vous reste encore
quelqu'une de vos humeurs, puisque vous prenez plaisir à me tourmenter. A propos de cela, mademoiselle,
j'ai bien du regret, sans mentir, que je n'ai été à votre
entrevue de vous et de la mer, pour voir quelle mine
vous [vous] fîtes, ce que vous jugeâtes l'une de l'autre,
et ce qui arriva le jour que les deux plus fières choses
du monde se trouvèrent ensemble. Si la conformité
doit faire naître l'affection, vous devez être en grande
amitié toutes deux. Car quand je considère ses calmes,
ses bonaces, ses tempêtes et ses courroux, ses bancs,
ses écueils et ses rochers; les dommages et les utilités
qu'elle apporte au monde; combien elle est admirable
et incompréhensible; belle à ceux qui la voient et
terrible à ceux qui se mettent à sa merci; opiniâtre,
indomptable, amère, fière et dépite; il me semble que
vous vous ressemblez comme deux gouttes d'eau, et
que tout le bien et le mal que l'on peut dire d'elle, on
le peut aussi dire de vous. Il y a cette différence, mademoiselle, que toute grande et vaste qu'elle est, elle

[1] Comme sans rien dire.

a ses bornes, et vous n'en avez point; et tous ceux qui connoissent votre esprit avouent qu'il n'y a en vous ni fond ni rive. Et, je vous supplie, de quel abime avez-vous tiré ce déluge de lettres, que vous avez envoyées ici, toutes belles, toutes admirables et telles, que chacune d'elles mériteroit, pour la faire, autant de temps qu'il y en a que vous êtes absente ? Quel autre esprit ne tariroit pas et pourroit suffire à gagner tant de gens, à solliciter tant de juges et à écrire à tant de personnes ? La mer, en vérité, vous a fait un bon tour (et c'est une marque de votre bonne intelligence) de vous avoir envoyé si à point nommé Mme de Guise à Rouen [1]; et, pour rendre ce roman plus célèbre, la Fortune a bien fait d'y faire intervenir une personne aussi considérable que vous. Ne semble-t-il pas que toutes les aventures d'un pays attendent à y arriver au temps que vous y êtes ? Il y a bien en cela quelque chose d'extraordinaire,

El dia que tu naciste
Grandes señales avia [2].

Et je ne doute pas à cette heure, que quand vous mourrez, on ne mette votre mort dans la Gazette. Pour la Gargouille, mademoiselle, je vous avoue que je ne sais ce que c'est. J'ai lu les relations de Fernand Mendez Pinto, et celles des Espagnols et des Portugais, des Indes occidentales et orientales. Mais il ne me souvient pas d'y avoir jamais vu ce mot-

---

[1] Mme la comtesse de Bossu arriva à Rouen en ce temps-là (T.). — Voyez *Historiettes*, t. VII, p. 115.

[2] « Le jour où vous êtes née a été marqué par de grands signes » : paroles d'une romance espagnole que Voiture composa en l'honneur de Mlle de Rambouillet. Voyez t. II, aux *Poésies*.

là. Je vous supplie très-humblement de m'en informer. C'est dommage, sans mentir, que vous ne courez le monde : vous nous instruiriez tout autrement que ne le font les autres voyageurs. Je voudrois bien avoir à vous mander des choses aussi agréables que celles que vous nous écrivez; mais depuis que vous êtes hors d'ici, Paris ne fournit plus tant de nouvelles que Rouen. Cela fait bien voir que, tant vaut l'homme, tant vaut sa terre. Madame votre mère se porte bien. M. [Arnaud] fait rage des pieds de derrière, à cette heure qu'il a ses coudées franches, avec Mme ***. M. de Saint-Mégrin, du jour du départ de M. le duc, est devenu si beau, si brillant, que c'est une merveille[1]. Je vis hier monsieur votre frère. M. de Châtenay est ici depuis deux jours. Voilà, ce me semble, tout ce que j'ai à vous dire. Je vous baise très-humblement les mains, et suis avec plus de passion que vous ne sauriez croire, mademoiselle, votre, etc.

161. — A MONSIEUR DE CHAVAROCHE[2].

[1644?]

Monsieur, sachant combien vous aimez les procès et combien vous m'aimez aussi, je crois que je vous ferai une prière qui ne vous sera pas désagréable, en vous suppliant de tout mon cœur de vouloir prendre la peine de vous instruire de l'affaire de ma sœur, de l'aider de votre conseil et de l'assister de votre crédit. Je vous l'adresse comme à un des hommes du monde

---

[1] Voyez plus haut, p. 373, note 2.

[2] Intendant de la maison de Rambouillet, et ancien gouverneur de M. de Pisani. Plus tard Voiture se battit en duel avec lui dans les jardins même de l'hôtel. Voyez *Historiettes*, t. IV, p. 43.

en qui je me confie le plus et qui la peut le mieux conseiller en cette occasion. Je crois que Mlle de Rambouillet ne vous refusera pas de solliciter pour vous et pour elle (car je fais déjà votre affaire de la sienne), et si vous le prenez à cœur, comme je l'espère, je ne doute pas qu'elle en ait toute l'issue qu'elle peut désirer. En récompense, je vous promets que de ma vie je ne vous appellerai *Pourceau*, et que je vous donnerai la première chapelle qui sera à ma nomination[1]. Car de vous dire que cette obligation augmentera la passion que j'ai de vous servir, ce seroit vous tromper, puisqu'il est vrai qu'il y a déjà longtemps que je suis autant qu'il se peut, monsieur, votre, etc.

Encore une fois, monsieur, je vous supplie très-humblement de faire rage.

162. — A MONSIEUR LE MARQUIS DE MONTAUSIER[2].

[1644?]

Monsieur, quoique je sois très-assuré de votre amitié, et que la franchise avec laquelle vous avez accoutumé de procéder en toutes choses ne laisse pas lieu de douter de votre affection à ceux à qui vous l'avez promise, je ne laisse pas néanmoins d'avoir une extrême joie toutes les fois que vous me dites que vous m'aimez, et je ne saurois recevoir trop d'assurances d'une chose qui m'est si avantageuse et si agréable. Le plaisir que j'ai eu à lire votre lettre est un des plus grands que j'aie reçus depuis que je suis hors de Paris, et hors les

---

[1] Il s'étoit fort tourmenté pour faire avoir l'abbaye d'Yères à Mlle de Rambouillet ; ce qui fait qu'il lui promet qu'il sera le *pourceau de l'abbaye* (T.). Voyez aussi *Historiettes*, t. IV, p. 43.

[2] *Mss. de Conrart*, p. 667.

remercîments que vous m'y faites; je n'y ai rien vu qui ne m'ait touché sensiblement le cœur. Sans mentir, monsieur, je reçois de jour en jour de nouvelles satisfactions de m'être enfin laissé vaincre à vos bienfaits, et d'avoir quitté la dureté de cœur qui m'a trop longtemps séparé de vous[1]. Quoique je fasse quelque scrupule de tourner ma pensée vers ce temps-là, je vous avoue pourtant que je prends quelque plaisir de m'en souvenir, pour avoir plus de joie en le comparant à celui-ci; et (si ce n'est pas trop dire) il y a même des fois que je ne voudrois pas qu'il fût arrivé autrement: car, outre que l'on jouit avec plus de contentement d'un bien que l'on croyoit avoir perdu, et que les amitiés qui, après avoir été interrompues, viennent à se renouer, ont quelque ardeur que les constantes et les vieilles amitiés n'ont pas, cette mauvaise intelligence m'a donné occasion de recevoir un signalé témoignage de votre bonté, en me faisant voir avec quelle douceur et quelle affection vous m'avez reçu dès que je me suis rapproché de vous. Au moins, monsieur, je sais certainement que j'en tirerai ce bon effet, qu'ayant vu une fois quelle faute j'avois faite de mal ménager l'honneur de vos bonnes grâces, et connu par expérience combien difficilement je m'en puis passer, je ne serai plus capable à l'avenir de faillir de la sorte, et que rien ne me

---

[1] « Montausier n'avoit jamais eu d'inclination pour lui, parce qu'il étoit persuadé qu'il lui avoit plutôt nui qu'autrement auprès de Mme de Montausier dans sa recherche; et il lui est arrivé plusieurs fois de dire, quand Voiture faisoit quelque chose pour rire: « Mais cela est-il plaisant? mais cela est-il divertissant? » (*Historiettes*, t. IV, p. 44.)

sauroit jamais empêcher d'être toujours, monsieur, votre, etc.

163. — A MADAME LA MARQUISE DE VARDES[1].

[1644?]

Madame, le long temps...

Madame, si je ne savois jusqu'où s'étend votre bonté...

Madame, si l'extrême respect que...

Madame, en vérité l'on est bien empêché, comme vous pouvez voir ici, et l'on ne sait par où commencer à se remettre à son devoir quand on a failli si longtemps, et mêmement contre une personne à qui on a de si étroites obligations que je vous en ai, et à laquelle on doit tant de respect, de soin et d'affection. Il y a beaucoup de mois que je travaille pour trouver une excuse à ma faute, et que je tâche à vous faire une belle lettre dans laquelle je vous prouve par vingt ou trente raisons que je n'ai point failli; mais je vous avoue que je n'en ai encore pu trouver pas une. Je crois même que toute l'éloquence et tous les esprits de notre Académie n'en pourroient venir à bout, et c'est tout ce que pourroit faire le vôtre, et celui de M. le marquis ensemble. Aussi, madame, c'est à vous deux que je m'adresse pour vous supplier de me mander

---

[1] C'est Mme de Moret, que M. de Vardes épousa, après que Henri IV et plusieurs autres y eurent passé, aimant mieux le mariage que les autres. (T.) Sur la fin de ses jours elle perdit la vue, sur quoi l'on fit ce joli distique :

> *Cum longas noctes Moreta ab Amore rogaret*
> *Favit Amor votis, perpetuasque dedit.*

Voyez le *Patiniana*, p. 15, et les *Historiettes*, t. I, p. 167.

franchement ce que peut dire un homme qui est en ma place. Ma foi, je crois que vous y seriez empêchés aussi bien que moi; mais si vous n'avez pas assez d'invention pour couvrir ma faute, ayez au moins assez de bonté pour me la pardonner. Vous ne sauriez l'un et l'autre mieux vérifier par aucune autre chose ce que je dis ici de vous tous les jours, qu'il n'y a point sous le ciel deux autres personnes si bonnes, si sociables, si généreuses. Je vous supplie pourtant de croire qu'il y a fort longtemps que le repentir de mon crime me presse, et que je ne cherche que les moyens d'en sortir : de sorte qu'à le bien prendre, je ne suis véritablement coupable que du premier mois, car tout le reste du temps c'est la honte qui m'a retenu, et la confusion où doit être tout homme d'honneur d'avoir si vilainement failli. Que si tout ceci ne vous adoucit point, je sais, madame, un autre moyen de vous satisfaire, c'est que dans trois jours je m'irai mettre entre vos mains pieds et poings liés, afin que vous me le fassiez comparoir aussi chèrement que je l'ai desservi, et que vous me donniez en moi un exemple

Qui fasse à l'avenir trembler tous les ingrats.

Car enfin, madame, je ne veux pas vivre plus longtemps dans votre mauvaise grâce, et il n'y a point de péril, où je ne me mette pour vous montrer que je suis votre, etc.

164. — A MADAME LA MARQUISE DE RAMBOUILLET[1].

[1644.]

Madame, j'avois raison de m'opiniâtrer à mon chemin de Valenton[2]. Cet autre si droit, par lequel on

---

[1] *Mss. de Conrart*, p. 849.
[2] Petit village sur la route d'Yères.

m'assuroit que je ne me pourrois perdre quand je le voudrois, je m'y perdis hier trois fois, en ne le voulant pas. Comme je fus aux murailles de Brévane¹, au lieu de prendre à droite je pris à gauche et je m'en allai droit comme un jonc à un village qui étoit à deux grandes lieues hors de mon chemin. Je ne vous saurois pas dire comme cela se fit, mais j'avois étrangement dans l'imagination Mlle d'Angennes² et Mlle de Saint-Mégrin, et je les voyois comme deux ardents³ qui marchoient toujours devant moi et qui m'éclairoient en me perdant. [Cependant, madame, je suis arrivé, Dieu merci! aussi sûrement que si j'eusse eu votre laquais]. Je n'ai point trouvé de loups par le chemin, ni aucun des hasards que vous craigniez pour moi, et je n'ai couru de fortune que par les personnes que j'ai laissées auprès de vous. Je vous supplie néanmoins très-humblement de ne leur en point faire de réprimandes, car j'aurois peur qu'elles ne me fissent pis une autre fois, et mon dessein est de n'avoir rien à démêler avec cette sorte de personnes-là, et de souffrir toutes choses plutôt que d'être avec elles. Je vous assure, madame, que ce jour-ci ne se passera pas sans que

---

¹ Le château de Brévane appartenait au fils aîné de la présidente Aubry (Voyez *Historiettes*, t. VIII, p. 21).

² Aujourd'hui Mlle de Rambouillet, qui étoit alors en pension à Yères. Voiture, qui n'a jamais pu trouver un chemin, s'égara de là à Paris (T.). Elle s'appelait Angélique-Claire d'Angennes, et épousa en 1658 le comte de Grignan. Mlle de Saint-Mégrin était élevée également à Yères. C'est la même qui inspira une vive passion au duc d'Orléans. Voyez M. Cousin, *Mme de Longueville*, p. 210.

³ Feux follets. Voyez le *Dictionnaire de Trévoux*.

je souhaite beaucoup de fois de voir le cheval griffon [1] et vous, et d'être de la promenade que vous ferez. Je suis, votre, etc.

165. — A MADAME DE B., MADEMOISELLE DE B., ET MADEMOISELLE C.[2]

[1644?]

Madame et mesdemoiselles, sans mentir, vous êtes bien cruelles d'être venues troubler mon repos si à contre-temps, et il faut que vous soyez bien destinées à me tourmenter, puisque les grâces mêmes que vous me voulez faire me nuisent, et qu'il ne me vient jamais de bien de vous, qu'afin que j'en aie après plus de mal. Il n'y a pas fort longtemps que j'eusse donné toutes choses pour recevoir une lettre comme celle que l'on me vient d'apporter, et elle est venue en une saison qu'il n'y a rien que je ne donnasse pour ne l'avoir point reçue. J'ai regret, madame, d'être contraint de répondre ainsi à l'honneur qu'il vous a plu de me faire. Mais les demoiselles qui sont avec vous sont si présomptueuses, que je sais que si je mets ici des douceurs, elles les prendront toutes pour elles, et la compagnie à laquelle vous vous êtes jointe m'oblige à vous parler plus rudement que je ne voudrois. Trouvez donc bon, s'il vous plaît, et elles aussi, que je vous dise que les mécontentements que vous me laissâtes en partant avoient fait un si bon effet dans mon esprit, que, sans mentir, vous n'y étiez plus : au moins vous

[1] Il y a une certaine roche couverte d'arbres à Rambouillet, qu'on appelle le *Cheval griffon* (T.).

[2] *Mss. de Conrart*, p. 519. — Je n'ai pu découvrir à qui étaient adressées ces deux lettres.

n'y faisiez plus les désordres que vous aviez accoutumé d'y faire. Je souffrois votre éloignement avec beaucoup de patience, et j'attendois votre retour dans une parfaite tranquillité. Je commençois à croire qu'il y avoit dans le monde quelques autres choses que vous, qui fussent aimables. Il me sembloit que quand vous seriez revenues, je serois bien trois ou quatre mois sans vous voir, et sans en mourir : et pour vous dire le vrai, je vous haïssois un peu plus que je ne vous aimois. Comme je me réjouissois d'un si grand amendement, votre lettre est venue renverser en un moment tout ce que la raison avait fait en beaucoup de temps et avec beaucoup de peine. Vous avez, comme par un effet de magie, changé mon esprit avec un certain nombre de paroles, et le caractère tout seul des choses que vous avez écrites m'a rendu tout autre que je n'étois. Je m'étonnerois davantage de cette merveille, si je ne savois que des personnes, où il y en a tant, en peuvent bien faire quelques-unes, et si je n'avois connu par d'autres expériences, que dans tout ce qui vient de votre part il y a certains poisons, et je ne sais quels enchantements secrets, dont on ne peut se garder. Cependant il est vrai qu'il ne me pouvoit arriver rien de plus dangereux que cette demi-faveur que vous m'avez faite, qui a assez de force pour m'ôter de colère, et qui n'en a pas assez pour me rendre content. De sorte qu'en l'état où je suis, je ne vois pas quel parti je dois prendre, et ne puis avoir ni la satisfaction de vous haïr, comme je devrois, ni le plaisir de vous aimer, comme je voudrois. Dans cet embarras où se trouve mon esprit, je ne vous puis pas bien démêler ses sentiments, ni juger de quel côté il se tournera. Ce que je vous puis dire, c'est qu'il me semble que j'ai assez d'envie de vous revoir, et que je crains que je ne sois assez foible pour retomber entre vos mains. Si cela arrive, traitez-moi mieux que vous n'avez fait : car enfin, tant de dépits font mauvais effet à la longue ; et, sans mentir, ce seroit dommage que je ne fusse pas avec la même passion, et le même respect que par le passé, madame et mesdemoiselles, votre, etc.

166. — BILLET A MADEMOISELLE DE MAROLLES[1].

1644?

La fée qui nous brouilla hier au soir est une des plus malicieuses qui fut jamais, et les malédictions de toutes les autres ne m'auroient pu causer tant de mal, qu'elle m'en a fait. Je ne m'offensai point de ce que vous me reprochâtes que je ne suis point d'humeur accommodante : car c'est une qualité dont on vous accuse plus que moi, et qui ne peut être un défaut, puisqu'elle se trouve en une personne toute parfaite. Mais je vous trouvai trop cruelle, quand vous vous empêchâtes de tourner les yeux sur moi, et que du plus beau visage du monde vous en fîtes un mauvais. Il me semble alors que tout le ciel me regardoit de mauvais aspect, et qu'il se faisoit deux éclipses de soleil tout à la fois. Cela me couvrit le cœur de ténèbres et de

---

[1] Mlle de Marolles (Madeleine de Lenoncourt) étoit fille d'honneur de la Reine-mère ; elle épousa en 1649 M. de Brancas, depuis de Villars. Voyez *Historiettes*, t. VIII, p. 223. Voyez aux *Poésies*, des stances que Voiture lui adressa, ou du moins qu'il composa à son occasion.

Philis, je suis dessous vos lois, etc.

frayeurs, qui ne m'ont point laissé reposer, et quelque orageuse qu'ait été la nuit passée, elle n'a point égalé celle que vous m'avez jetée dans l'esprit. Elle dure encore, je vous assure, et quoiqu'il fasse jour pour les autres, il n'y en aura point pour moi, que vous ne me l'ayez donné. De l'humilité avec laquelle je vous parle vous devez juger que je ne suis pas si glorieux que vous dites, et que si je ne suis point accommodant, je suis au moins raccommodable. Si vous l'êtes autant que moi, vous recevrez mes satisfactions et mes présents. J'avois toujours gardé ce ruban gris-de-lin [1] pour me sauver dans une nécessité comme celle où je me trouve : souffrez qu'il fasse l'effet que j'en ai espéré, et qu'il me tire du labyrinthe où je suis. Je ne saurois nier que je n'aie fait une faute, puisque je vous ai fâchée. Mais au moins, j'ai su trouver quelque couleur pour la couvrir, et vous ne sauriez dire qu'elle ne soit pas belle, puisque c'est celle que vous aimez. Vous en verrez tantôt une autre sur mon visage, qui vous devra encore plus toucher et qui vous dira le reste de ce que je n'ose vous écrire ici.

167. — A MADAME L'ABBESSE [D'YÈRES]
(pour la remercier d'un chat qu'elle lui avoit envoyé[2]).

[1644.]

Madame, j'étois si fort à vous que je pensois que vous deviez croire qu'il n'étoit pas besoin que vous

---

[1] Le ruban que portaient les chevaliers de l'ordre des Égyptiens. Voyez plus haut, p. 259.

[2] *Mss. de Conrart*, p. 669. — Claire-Diane d'Angenne de Rambouillet, abbesse d'Yères, morte le 16 mars 1669.

me gagnassiez par des présents, ni que vous fissiez dessein de me prendre comme un rat, avec un chat. Néanmoins j'avoue que votre libéralité n'a pas laissé de produire en moi quelque nouvelle affection, et s'il y avoit encore quelque chose dans mon esprit qui ne fût pas à vous, le chat que vous m'avez envoyé a achevé de le prendre et vous l'a gagné entièrement. C'est, sans mentir, le plus beau et le plus agréable qui fût jamais. Les plus beaux chats d'Espagne ne sont que des chats brûlés auprès de lui, et Rominagrobis même (vous savez bien, madame, que Rominagrobis est prince des chats) ne sauroit avoir meilleure mine, et ne sentiroit pas mieux son bien. J'y trouve seulement à dire qu'il est de très-difficile garde, et que pour un chat nourri en religion, il est fort mal disposé à garder la clôture. Il ne voit point de fenêtre ouverte qu'il ne s'y veuille jeter; il auroit déjà sauté vingt fois les murailles si on l'avoit laissé faire, et il n'y a point de chat séculier qui soit plus libertin ni plus volontaire que lui. J'espère pourtant que je l'arrêterai par le bon traitement que je lui fais : je ne le nourris que de fromages et de biscuits. Peut-être, madame, qu'il n'étoit pas si bien traité chez vous : car je pense que les dames [d'Yères] ne laissent pas aller les chats aux fromages, et que l'austérité du couvent ne permet pas que l'on leur fasse si bonne chère. Il commence déjà à s'apprivoiser : il me pensa hier emporter une main en se jouant. C'est, sans mentir, la plus jolie bête du monde : il n'y a personne en mon logis qui ne porte de ses marques. Mais quelque aimable qu'il soit de sa personne, ce sera toujours en votre considération que j'en ferai cas, et je l'aimerai tant, pour l'amour de vous, que j'espère que je ferai changer le proverbe, et que l'on dira dorénavant, qui m'aime, aime mon chat. Si, après ce présent, vous me donnez encore ce corbeau que vous m'avez promis, et si vous voulez m'envoyer un de ces jours Poncette¹ dans un panier, vous vous pourrez vanter de m'avoir donné toutes les bêtes que j'aime, et de m'avoir obligé de tout point, d'être toute ma vie, votre, etc.

168. — A MONSIEUR DE MAUVOY²

(pour le remercier de la terre sigillée qu'il lui avoit envoyée).

[1644.]

Monsieur, voici le premier hommage que je vous rends de la terre que je tiens de vous, et je voudrois bien, en vous le rendant, vous pouvoir témoigner combien je me sens redevable aux soins et à l'affection

---

¹ La fille du portier de l'hôtel de Rambouillet. Comme c'étoit une enragée, on la donna à Mme d'Yères, pour voir si elle en viendroit à bout. Aujourd'hui qu'elle peut avoir dix-neuf ans, on l'a trouvée feuilletant Voiture, pour voir comme il parloit d'elle, et ayant trouvé cet endroit : « N'y a-t-il que cela? dit-elle. Vraiment, voilà bien de quoi ! » (T.).

² *Mss. de Conrart*, p. 680. — Mauvoy ou Mauroy? Il y eut un Mauroy qui succéda au secrétaire d'État de Noyers dans la charge d'intendant et contrôleur général des finances (janvier 1641). Il est question de lui dans les *Lettres de Balzac*. — On appelait *terre sigillée*, une terre argileuse tirée anciennement de l'île de Lemnos, formée en petits pains orbiculaires, gros comme le bout du pouce, arrondis d'un côté et aplatis de l'autre, marqués de quelques armes ou de certaines figures. Cette terre passait pour avoir de grandes vertus médicinales. Voyez le *Dictionnaire de Trévoux*.

avec laquelle il vous a plu de m'obliger. Sans mentir, vous vérifiez bien ce que l'on a accoutumé de dire, que tant vaut l'homme, tant vaut sa terre. Vous avez si bien fait valoir celle que vous m'avez donnée, et vous me l'avez envoyée avec tant de fleurs, et des paroles si obligeantes, que vous l'avez rendue précieuse, et que vous avez trouvé moyen de me faire un grand présent en me donnant peu de chose. Cependant, monsieur, moi qui n'avois pu de ma vie avoir un pouce de terre, je ne vous suis pas peu obligé de ce que, par votre moyen, j'ai commencé à en avoir quelqu'une, et que vous avez rompu le premier le mauvais destin qui sembloit vouloir que je n'en eusse jamais. Ce que je puis vous dire, c'est que celle que vous avez mise entre mes mains ne sera pas ingrate. Elle a déjà produit en moi toute la reconnoissance qui est due à une civilité si accomplie que la vôtre, et cette obligation a ajouté quelque chose à la passion avec laquelle j'étois déjà, votre, etc.

169. — A MADAME LA MARQUISE DE RAMBOUILLET.

[1644.]

Madame, c'est une chose merveilleuse, qu'ayant tant de qualités qui vous devroient faire mépriser tout le monde, vous soyez la plus civile personne qui y soit, et que vous ayez autant de bonté pour moi, que si vous voyiez dans mon cœur toutes les pensées que j'ai de vous honorer et de vous servir. Je vous assure, madame, que votre nom y est écrit d'une sorte qu'il ne s'y effacera jamais; et quelque éloignée que vous soyez du monde, rien n'est à présent en ma mémoire que vous. Je serois au désespoir, madame, de ne vous pouvoir représenter avec quelle joie et quel respect j'ai reçu l'honneur qu'il vous a plu me faire, si je ne croyois qu'un esprit aussi extraordinaire que le vôtre peut deviner ce que je pense. Figurez-vous donc, s'il vous plaît, madame, tout le ressentiment que peut avoir le plus reconnoissant homme du monde, et qui a le plus d'inclination à vous honorer. Ce sera à peu près ce que je sens, et une partie de la passion avec laquelle je suis, votre, etc.

170. — A LA MÊME.
(Inédite [1]).

16..

Vous m'avez appris en trois lignes tout ce que je désirois savoir, et si vous ne m'avez écrit une grande lettre, au moins vous m'avez mandé de grandes nouvelles. Selon la brièveté du style et l'importance des matières, il me sembla d'abord que c'étoit une Lacédémonienne qui m'écrivoit, et la mère de Brasidas auroit sans doute écrit de la sorte, si elle avoit eu à parler de maître Martin [2], ou à dire quelque chose des religieuses d'Yères. Sans mentir, il faut avouer que vous êtes merveilleuse en tout ce que vous faites! Vous ne vous contentez pas de posséder les vertus solides de ces dames romaines, qui étoient l'honneur de leur république; vous y voulez encore ajouter les grâces de tous les autres pays. Et quoique vous ne bougiez quasi jamais de votre cabinet, il semble que vous voyagiez tous les jours par tout le monde, pour y

[1] *Mss. de Conrart*, t. X, p. 539.
[2] Martin de Pinchéne.

apprendre ce qui s'y pratique de plus louable et de digne d'être imité. J'eusse seulement désiré, madame, que vous m'eussiez dit quelque chose des potages, et si ces plats de l'entremets que nous ouïmes un soir prononcer si barbarement, ont été mieux exécutés qu'ils ne furent lus par M. de Chaveroche [1]. Une chose d'une si grande instruction méritoit bien, possible, d'être traitée plus amplement, et il seroit à désirer, pour la satisfaction des honnêtes gens, que Mlle Paulet, qui n'écrit pas tant à la laconique que vous, eût entrepris la description de toute cette affaire. Cependant je me réjouis de ce que maître Martin a dégagé si glorieusement sa parole et la mienne. Je vous supplie très-humblement de le reconnoître, autant que son affection et sa capacité le méritent, et de lui donner dans votre esprit une place tout auprès d'Alexandre [2]. Je ne sais, madame, si je puis prétendre d'être mis avec ces deux grands hommes ; mais si vous me faites cet honneur, ce sera une grâce que je tiendrai purement de votre bonté, et qui m'obligera sur toutes choses, à être toute ma vie, madame, votre, etc.

Post-scriptum.—Madame, si vous n'aimez monsieur votre mari beaucoup moins que de coutume, vous ne serez pas fâchée que je l'assure ici que je suis son très-humble et très-obéissant serviteur. Je ne me saurois pas empêcher aussi de dire à M. de Chaudebonne que personne ne l'honore et ne le respecte plus que moi ; et, sans mentir, il y a quelques heures au jour, où je

---

[1] Voyez plus haut, p. 414.
[2] Voyez plus haut, p. 170.

doute si je vous aime plus que lui. Je me réjouis extrêmement de l'avis que l'on a donné à M. de Vaugelas. Il est bien raisonnable qu'ayant jusqu'ici converti en air toutes les choses qu'il a commencées, il convertisse à cette heure l'air en quelque chose. Hé! madame, au pauvre *pourceau* [1], dites-lui, s'il vous plaît, un compliment pour moi., etc.

171. — A MONSEIGNEUR LE COMTE D'ALAIS [2].

[1644.]

Monseigneur, si votre affliction est une affliction publique, et si elle touche généralement tout ce qu'il y a d'honnêtes gens en France, je pense que vous ne doutez pas que je ne la ressente extrêmement, moi que vos bontés ont obligé plus que personne à prendre part à tout ce qui vous regarde. Je sais, monseigneur, combien constamment vous la souffrirez. Mais cela ne diminue en rien mon déplaisir, et ce qui m'en devroit consoler m'afflige davantage. Plus je considère avec quelle force, quelle constance et quelle grandeur d'âme vous porterez ce coup de la fortune, plus j'ai de regret que nous ayons perdu un prince en qui vraisemblablement toutes ces qualités-là devoient revivre, et en la personne duquel j'espérois que nous reverrions un jour les vertus que je crains que nous ne retrouverons plus désormais qu'en vous. Je souhaite, monseigneur, que nous les y puissions voir longtemps; que la fortune, qui

---

[1] Chavaroche. Voyez plus haut, p. 415.
[2] *Mss. de Conrart*, p. 795. Sur le comte d'Alais, voyez plus haut, p. 372.

a si cruellement coupé cette branche, épargne au moins le tronc, et qu'elle respecte une tête aussi chère et aussi précieuse que la vôtre. C'est, je vous assure, autant pour la France que je fais ce souhait-là, que pour moi, qui suis, avec toute sorte de respect et de passion, monseigneur, votre, etc.

FIN DU PREMIER VOLUME.

TABLE DES MATIÈRES.

Notice sur la vie et les ouvrages de Voiture.
Éloge de Voiture par son neveu Pinchêne.

LETTRES.

A Mme de Saintot. — 17, 279, 281, 282, 283, 284.
A M. de Balzac. — 20.
A Mgr le cardinal de la Valette. — 25, 44, 52, 53, 54, 75, 206, 252, 254, 256, 260, 264, 287, 308, 322.
A M. le marquis de Rambouillet. — 26.
A Mgr le duc de Bellegarde. — 31, 244.
A Mme la marquise de Rambouillet. — 33, 35, 170, 286, 315, 418, 426, 427.
A Mlle de Rambouillet (Mme de Montausier). — 37, 59, 73, 83, 146, 193, 198, 214, 217, 219, 221, 227, 230, 232, 237, 240, 241, 250, 293, 297, 300, 301, 311, 313, 316, 325, 336, 343, 361, 363, 364, 366, 370, 392, 410, 411.
A Mlle de Bourbon (Mme de Longueville). — 40.
A Mlle Paulet. — 55, 76, 79, 81, 85, 87, 98, 107, 114, 120, 130, 137, 155, 161, 167, 171.
A Mme de Vigean. — 57.
A Mme la marquise de Sablé. — 60, 64, 68, 71, 72, 303, 329, 331.
A M. Goulas. — 89.
A M. de Chaudebonne. — 84, 90, 118, 122, 150, 157, 184, 197.
A M. de Fargis. — 92, 127.
A M. de Puylaurens. — 94, 97, 125.
A M. ***. — 117.
A M. ***. — 153.
A une dame (*lettre espagnole*). — 154.
A Mgr le comte d'Olivarès. — 169.
A M. ***. — 180.
A M. de ***. — 183.
A M. le marquis de Montausier. — 188.
A M. le marquis de Pisani. — 191, 292, 339, 348, 399.

A M. Gourdon, à Londres. — 195.
A M. Godeau. — 209.
A M. ***. — 213.
A M. le marquis de Sourdeac. — 235.
A Mme de Combalet (duchesse d'Aiguillon). — 246, 249.
A M. *** (sur la prise de Corbie). — 267.
A une maîtresse inconnue. — 281.
A M. Arnaud. — 285, 324.
A M. le marquis de Jonquières. — 299.
A M. Cottar. — 318.
A M. l'évêque de Lisieux. — 319.
A M. de Lionne. — 321.
A madame la Princesse. — 327.
A M. Chapelain. — 328, 342, 383.
A Mme de R. 335.
A M. le marquis (depuis duc) de Montausier. — 340, 405, 415.
A Mgr le cardinal de Richelieu. — 341.
A M. le comte de Guiche (duc de Gramont). — 346, 357, 359.
A Mme la duchesse de Savoie. — 349.
A Mlle Servant. — 351.
A M. de Cerisantes. — 352.
A M. de Maison-Blanche. — 354.
A M. de Chavigny. — 356, 393.
A M. le président de Maisons. — 375, 378, 388, 395.
A M. le marquis de Roquelaure. — 381.
A M. le marquis de Saint-Mégrin. — 382.
A M. Esprit. — 386.
A Mgr le duc d'Enghien (M. le Prince). — 396, 401.
A M. le comte d'Avaux. — 406, 408.
A M. de Chavaroche. — 414.
A Mme la marquise de Vardes. — 417.
A Mme de B. ***, Mlle de B. *** et Mlle de C. ***. — 420.
A Mlle de Marolles. — 422.
A Mme l'abbesse d'Yères. — 423.
A M. de Mauroy. — 425.
A M. le comte d'Alais. — 429.

FIN DE LA TABLE DU PREMIER VOLUME.

Paris. — Imprimerie de GUSTAVE GRATIOT, 30, rue Mazarine.

www.ingramcontent.com/pod-product-compliance
Lightning Source LLC
Chambersburg PA
CBHW060518230426
43665CB00013B/1560